普通高等教育"十一五"国家级规划教材
管理科学名家精品系列教材

现代项目管理学
（第四版）

邱菀华 等 著

科学出版社
北京

内 容 简 介

本书对项目管理知识体系、理论、方法和应用进行了全面论述，并介绍了项目管理的概念和相关知识。对项目管理所涉及的主要方面——项目管理过程、项目时间管理、项目费用管理、项目质量管理、项目风险管理、项目组织和人力资源管理、项目可行性研究与评价、项目的决策理论与方法、项目信息管理等领域进行了详细的讨论。此外，组织级项目管理和大型客机项目等项目管理实践能使读者更好地领悟项目管理的前沿和发展方向。本书以知识的应用为导向，注重实用性和可操作性。

本书内容全面系统，并配有相关案例，既可作为高校管理科学与工程、工商管理类本科生、研究生以及有工作经验的项目管理工程硕士、MBA教材，也可作为项目管理专业人士的培训教材和实践指南。

图书在版编目（CIP）数据

现代项目管理学/邱菀华等著. —4版. —北京：科学出版社，2017
普通高等教育"十一五"国家级规划教材　管理科学名家精品系列教材
ISBN 978-7-03-051744-9

Ⅰ. ①现… Ⅱ. ①邱… Ⅲ. ①项目管理-高等学校-教材 Ⅳ. ①F224.5
中国版本图书馆 CIP 数据核字（2017）第 025600 号

责任编辑：方小丽 / 责任校对：郭瑞芝
责任印制：赵　博 / 封面设计：蓝正设计

科学出版社 出版
北京东黄城根北街 16 号
邮政编码：100717
http://www.sciencep.com

北京华宇信诺印刷有限公司印刷
科学出版社发行　各地新华书店经销

*

2002年2月第 一 版　　开本：787×1092　1/16
2017年3月第 四 版　　印张：23
2025年1月第十六次印刷　字数：546 000
定价：56.00 元
（如有印装质量问题，我社负责调换）

第四版序言

21世纪初，项目管理作为一门新学科被引入我国。科学出版社以锐利的科学眼光率先出版我们的《现代项目管理学》（第一版）。它问世以来，被诸多高校作为各专业管理类本科生、普通硕士研究生、工程硕士研究生和MBA项目管理课程的教材，也成为社会各项目管理工作者的实践指南，重印了十几次、近三万册，使我们深感荣幸和欣慰。为满足市场需求，在科学出版社的大力支持下，我们不断修改和完善前版教材，形成了今天的《现代项目管理学》（第四版）。

著书立说为"传道、授业、解惑"之用，我深知任重而道远。十多年来，我们从未间断过对真理的探索、交流和学习。种种付出只为呈现给读者一份较为满意的答卷。我希望第四版《现代项目管理学》，在通往项目最终成功的道路上占据越来越重要的地位，助推我们不断学习，成为共载我们驶向成功彼岸的一叶小舟。

《现代项目管理学》（第四版）吸收了近年来国内外学者在本领域公开发表的新成果，对前版细处作文字修饰并进一步删繁就简。其具体补充和修订的主要内容如下：

（1）全面进行了文字的精练和语句的调整，使其更为顺畅。

（2）依据当前项目管理学知识的进展，以及范围规划、项目章程说明书、管理计划等重要内容的创新，对部分内容进行了增加和删减。

（3）我们还选择了国内外科技和管理实践发展中的前沿热点领域，如对大型客机项目进度风险管理、在组织种群生态理论基础上发展起来的新兴交叉学科"组织生态学"（organizational ecology）与组织资源管理、软件项目采购管理等，分别进行了重点介绍并加以分析。

本书共13章。序言、第1章、第2章、第3章、第11章和第13.2节以及全部附录由邱菀华撰写、范新安校阅，第4章、第8章和第13.3节由谷晓燕修改，第5章、第7章和第13.1节由贾增科撰写并修改，第6章由杨敏撰写并修改，第9章由王卫东撰写并修改，第10章、第12章由范新安修改，谷晓燕和范新安博士为本书的集成和付梓做了大量无私的贡献，责任编辑张凯和兰鹏同志对本书的编写提出过许多宝贵的意见，在此向他们致以最崇高的敬意和最诚挚的感谢！

此外，还要借此机会向那些为本书的第四次出版付出艰辛劳动的出版社领导、编辑和工作人员们，所有参考书的作者、项目管理同行和给本书提供过意见的各国专家，以及前版教材问梓以来的广大读者表示感谢！他们的帮助始终是充盈满溢的，我将永远珍视和感激。

由于水平所限，书中疏漏和不当之处难免，敬请不吝指教，谢谢！

祝大家做一个快乐、好运的读书人！

邱菀华

2017年2月17日于北京北航紫菀斋

目 录

第1章 绪论 1
1.1 现代项目管理的产生 1
1.2 项目管理学术的发展 2
1.3 项目管理资质认证 4
1.4 现代项目管理的应用 5
1.5 项目管理展望 8

第2章 项目管理的基本原理 11
2.1 项目 11
2.2 项目管理 14
2.3 项目范围管理 15
2.4 项目管理过程 21
2.5 项目生命期理论 26
2.6 项目利益相关者 30
2.7 项目沟通管理 32
2.8 项目合同管理 33
思考题 35

第3章 项目时间管理 36
3.1 项目时间管理概述 36
3.2 网络计划技术 40

3.3	进度计划的优化	51
3.4	项目进度的控制	61
3.5	关键链项目管理	67
	思考题	76

第 4 章　项目费用管理 ... 79

4.1	项目费用管理的基本概念	79
4.2	规划成本管理	85
4.3	项目费用估算	87
4.4	项目费用预算	90
4.5	项目费用控制	95
4.6	项目费用核算体系与分析	103
4.7	费用审计	104
4.8	软件项目费用管理	105
	思考题	109

第 5 章　项目质量管理 ... 110

5.1	项目质量管理的基本概念	110
5.2	项目质量规划	115
5.3	项目质量控制	120
5.4	项目质量保证与质量管理体系	126
5.5	项目配置管理	133
	思考题	135

第 6 章　项目风险管理 ... 137

6.1	项目风险管理概述	137
6.2	风险管理规划	140
6.3	风险识别	143
6.4	风险定性分析	149
6.5	风险量化分析	153
6.6	风险应对	157
6.7	风险监控	160
	思考题	162

第 7 章
项目组织和人力资源管理 163
7.1 项目组织 163
7.2 项目团队的组建 174
7.3 项目中的人力资源管理 181
思考题 193

第 8 章
项目采购管理 194
8.1 项目采购管理概述 194
8.2 采购计划的编制 196
8.3 采购计划的实施 202
8.4 项目合同管理 206
8.5 软件项目采购管理 213
思考题 214

第 9 章
组织级项目管理 216
9.1 组织级项目管理的基本概念 216
9.2 组织级项目管理相关要素 219
9.3 组织级项目管理成熟度模型举例 222
9.4 提升组织级项目管理能力步骤 231
9.5 组织中的项目管理文化 232
思考题 233

第 10 章
项目可行性研究与评价 234
10.1 项目可行性研究的主要内容 234
10.2 项目价值分析 241
10.3 项目风险分析 252
10.4 项目评估内容和方法 257
10.5 项目后评价内容和方法 261
思考题 264

第 11 章
项目的决策理论与方法 265
11.1 项目决策概述 265
11.2 决策模型和方法 267

思考题 287

第12章 项目信息管理 288

- 12.1 项目信息管理概述 288
- 12.2 项目信息管理的主要内容及组织规划 291
- 12.3 项目管理信息系统 295
- 12.4 项目管理软件介绍 298
- 思考题 313

第13章 项目管理案例 314

- 13.1 大型客机项目进度风险管理 314
- 13.2 ZY-X卫星研制项目管理案例 327
- 13.3 Y型号航空发动机研制项目管理案例 337

参考文献 345
相关网站 347
附录A 累积泊松分布表 349
附录B 熵函数定义的证明 352
附录C 熵函数的性质 358

全书案例

第1章

绪 论

■ 1.1 现代项目管理的产生

自古以来,劳动人民创造了众多伟大的项目,如中国的万里长城、都江堰工程,埃及的金字塔。由于技术的发展和激烈的市场竞争,现代大型复杂工程项目对"时间、质量和成本"提出了极为严格的要求,传统的经验管理方式无法对项目进行有效的管理,因此产生了现代项目管理理论与方法。

20世纪20年代起,美国开始有人研究工程项目管理,如杜邦公司的亨利·甘特首先提出了时间管理的重要工具——甘特图法(又称横道图法)。当时在科学管理与经济学领域,项目计划管理方法和经济分析方法有了一定进展。1936年,美国在洪水控制水利工程中提出了直至目前仍在沿用的"效益与费用比"的基本准则。

20世纪50年代,美国在研制原子弹的项目——"曼哈顿"项目(The Manhattan Project)中首先系统、全面地采用了现代项目管理的理论和方法,在"北极星导弹计划"中开发并应用了时间管理的另一个重要工具——计划评审技术(program/project evaluation and review technique,PERT),它们被认为是现代项目管理的起点。

20世纪60年代,美国在"阿波罗计划"中,通过立案、规划、评价、实施,开发了著名的"矩阵管理技术"。美国还成功开发了国防部规划计划预算系统(planning programming budgeting system,PPBS)。1962年,为解决航天技术落后于苏联的问题,美国召开了"全国先进技术管理会议",出版了会议文献汇编《科学、技术与管理》。随着项目管理理论与方法的发展和学术研究的需要,欧洲于1965年成立了一个国际性组织——国际项目管理协会(International Project Management Association,IPMA),几乎所有欧洲国家都是其成员。美国于1969年成立了项目管理学术组织——美国项目管理协会(Project Management Institute,PMI)。

在中国,建立起较系统的、适合中国国情的现代项目管理制度的标志性人物是著名科学家华罗庚教授和钱学森教授，他们分别倡导了项目管理的两种重要方法——统筹法和系统工程。1965年，华罗庚教授出版了一套项目管理著作《统筹方法平话及其补充》，内容包含了调查研究、绘制箭头图、找主要矛盾线，以及在设定目标条件下优化资源配置等。统筹法在20世纪60年代初期西南三线建设工地上得到了广泛的推广和运用，在修铁路、架桥梁、挖隧道等工程项目管理上取得了成功。1992年，钱学森教授提出了"从定性到定量的综合集成研讨厅"的项目管理体系，指出了研究和解决开放的复杂巨系统的方法应以系统论为指导，开创了现代项目管理学的一个新的研究领域。

1983年，美国国防部防务系统管理学院组织编写了《系统工程管理指南》，该书是理论与实践的结合，是美国30多年实践经验的总结。该书在不断补充的基础上，于1986年出版第二版，于1990年出版第三版。该书基本上以美国国防部指令DoDD5000.1《重大和非重大的防务工程项目采办管理规定》和MIL-STD-499A《工程管理》为基础编写，对实现武器装备系统的费用、进度、性能的综合优化，提高系统效能和战备完好性，起到了重要的作用。

1.2 项目管理学术的发展

进入20世纪90年代，项目管理科学有了很大发展，学术研究活跃。

1.2.1 单项目管理标准

项目管理知识体系和组织级的项目管理成熟度模型是PMI的主要研究成果，也是影响最大的两个项目管理标准。PMI于1983年8月在《项目管理》杂志上发表了有关项目管理研究的第一份特别报告，并以此为基础，经过4年的继续研究，于1987年8月正式出版了《项目管理知识体系》(*The Project Management Body of Knowledge*, PMBOK®)。之后，根据实践的需要，PMI于1996年和2004年修订出版了新的标准——《项目管理知识体系指南》(*A Guide to The Project Management Body of Knowledge*, PMBOK® Guide)。目前，该标准已升至2008年版（第四版）。新版本更加强调了知识领域共享在项目启动、规划、执行、监控和收尾过程中的作用。PMBOK® Guide是目前世界上影响力最大的知识体系。

另一个影响较大的项目管理标准是受控环境下的项目管理（Project in Controlled Environment, PRINCE2）。20世纪80年代，很多项目，特别是信息系统项目执行绩效欠佳，促使英国政府开发了PRINCE2过程。目前，英国公共部门的信息系统项目必须使用PRINCE2过程进行管理，该种应用也促进了PRINCE2过程在其他项目中的应用。PRINCE2强调商业论证，并以产品为导向强调多层面、灵活的计划过程，通过良好界定的阶段进行项目管理，英国政府目前正致力于在各级政府部门建立项目管理卓越中心，全面实施并实现PRINCE2管理。

此外，中国项目管理研究委员会（Project Management Research Committee，PMRC）在 2000 年推出了中国项目管理知识体系与国际项目管理专业资质认证标准（Chinese-Project Management Body of Knowledge & National Competence Baseline，C-PMBOK & NCB）。

1.2.2 多项目管理标准

对于企业来说，如何从组织的层面对项目群和项目组合进行管理尤为重要。目前，已有多种对多个项目进行管理的标准，如美国软件工程学会（Software Engineering Institute，SEI）的 CMM 模型、Kerzner 的项目成熟度模型、James 和 Kevin 的项目成熟度模型、Berkely 的 PM 过程成熟度模型等。

从 1998 年开始，PMI 花费了近 6 年的时间，组织了来自 35 个国家的 800 多名专家，在对已有 27 种项目管理成熟度模型研究及世界优秀企业采用项目管理"最佳实践"分析的基础上，于 2004 年正式发布了组织项目管理成熟度模型（organizational project management maturity model，OPM3）。OPM3 在单个项目的成功与实现组织的战略目标之间架起了一座桥梁。作为组织项目管理标准化的架构组织，PMI 推出 OPM3 后立即在全球项目管理界产生了极大的影响。根据实践的需要和 PMI 标准的生命周期，2005 年 PMI 成立了 OPM3V2.0 修订小组，并于 2008 年 12 月推出了 OPM3 第二版。新版本的 OPM3 的一个重要特点是保证了与 PMBOK® Guide 第四版的一致性。2013 年，PMI 认识到当今项目干系人管理对项目成败的重大作用，所以第五版 PMBOK 中，PMI 已经将干系人管理作为独立章节加以讲解和强调干系人管理的重要性。

1.2.3 学术交流与合作

进入 20 世纪 90 年代以来，中国项目管理的学术研究有了很大进展，学术组织——中国项目管理研究委员会作为中国优选法和统筹法学会（中国"双法"学会）的二级学会于 1991 年 6 月正式成立，并每两年召开一次全国性的大会（每四年一次国内会议、每四年一次国际会议）。1995 年 9 月，中国项目管理研究委员会在西安市西北工业大学组织召开了首届项目管理国际学术会议。之后，中国项目管理大会陆续举办了十届。最近一次是 2015 年在西安举办的主题为"项目管理与组织环境"的中国项目管理研究委员会第十三届中国项目管理大会。

1993 年，中国国家自然科学基金会列题开展"重大科技工程项目管理理论与方法研究"，这是当年两个重点管理科学研究课题之一，是国内首次列题研究项目管理。许多高等院校和软科学研究机构提出申请，经过激烈竞争，北京航空航天大学管理学院和航空工业总公司系统工程研究所中标，被定为两个主体研究单位，共同承担研究任务，并通过三年的努力，于 1996 年 12 月完成了多达 100 多万字的研究报告，取得了一批具有较高水平的成果。

2004 年，在 IPMA 理事会上，全体代表投票决定：2006 年第 20 届项目管理全球大会在中国上海召开，这是中国第一次获得项目管理全球大会的承办权。2006年10月16日~17日，在中国上海召开的第20届项目管理全球大会是世界项目管理学术界和实践领域的最高层次和水平的年底盛会，汇集了全球80多个国家顶级的项目管理专家、著名学者和国际跨国企业领袖，此次盛会的主题是"项目管理——创新时代发展的关键"。

1.3 项目管理资质认证

项目管理专业人员资质认证是指，国际的或各国权威机构对项目管理人员进行考核的一种制度。通过这种制度进行考核，项目管理人员能够拿到国际的或各国承认的相应级别的项目经理资格证书。这种制度不仅有利于国家和企业立法的规范化，还将提高项目管理人员的管理知识水平和管理实践能力，为他们的从业竞争提供更多的机遇，更能促进项目管理的推广与发展。

最早的项目管理专业人员资质认证，是PMI于1984年推出的。IPMA于1995年进行首次项目管理专业人员资质认证（international project management professional，IPMP）。

IPMP是在全球推行的四级项目管理专业资质认证体系的总称。PI是对项目管理人员知识、经验和能力水平的综合评估证明，根据IPMP认证等级划分获得正MP（management project）各级项目管理认证的人员，将分别具有负责大型国际项目、大型复杂项目、一般复杂项目或具有从事项目管理专业工作的能力。IPMA依据国际项目管理专业资质标准（IPMA competence baseline，ICB），针对项目管理人员专业水平的不同将项目管理专业人员资质认证划分为四个等级。

PMP（project management professional，即项目管理专业人士资格认证）是由PMI在《项目管理知识体系指南》知识体系之上建立并在全球推广的一种项目管理专业人士认证制度，现由三种资格认证体系构成。

中国国际项目管理专业资质认证委员会于2001年7月16日于北京成立。同年7月18~20日在中国首次成功启动了国际项目管理专业人员C级认证工作。至今，中国已经拥有A、B、C和D各级国际项目经理一万余人。

经IPMP中国认证委员会同意并授权中国建筑业协会工程项目管理委员会（construction project management committee，CPMC）负责MP中国建设行业的专业培训和资质认证工作，其中包括建立国际项目管理（建设行业考前）培训体系。国际（工程）项目管理专业资质认证考前培训的教材统一使用中国项目管理研究委员会编写的《中国项目管理知识体系与国际项目管理专业资质认证标准》以及国际项目管理专业资质（IPMP）中国认证委员会授权中国建筑业协会工程项目管理委员会组织编写的《中国工程项目管理知识体系》专业培训教材。

2002年，中国劳动和社会保障部颁布了项目管理师的国家职业标准（China project management professional，CPMP）。中国的项目管理师共分"项目管理员"、"助理项目管理师"、"项目管理师"和"高级项目管理师"四个级别。考核主要侧重于理论、实践和上机能力三个方面。

毫无疑问，项目经理环境意识的加强，其工作的标准化、科学化和法规化，是提升各类项目价值及其社会经济效益的关键途径。为此，对项目管理专业人员的教育、培训和资质认证工作就尤显重要。在全球经济一体化的知识经济新时代里，人才资源对综合国力竞争已经具有了决定性的意义，所以加快推进职业经理人培养和推进项目经理职业化建设的必要性和迫切性将日益突出。如何做好职业经理人的培养和项目经理职业化建设工作，是未来需要我们认真对待的一个新课题。

有关国际的和各国的项目管理资质认证的详细情况，请查阅相关资料和网站。

1.4 现代项目管理的应用

由于学术团体的积极推动以及各行业对项目管理的迫切需要，2000年以后，项目管理在各行业得到了蓬勃发展。项目管理除了在国防工业继续得到发展，在电力、水利、交通、环境、建筑与地产、医药、化工、矿山、政府公共事业等部门也得到了广泛的应用，如三峡工程、大亚湾核电站项目等均采用了项目管理的方式。项目管理已不仅是工程概念，其内涵更为广泛，已发展到社会领域，一个重大法律问题、一项具有重要创意的广告活动，甚至于一次议员或政府官员的竞选，都可应用项目管理的理论和方法。

1.4.1 项目管理在国防工业中的应用

早在20世纪60年代初，中国老一辈科学家如钱学森等致力于推广系统工程理论和方法，十分重视大型科技工程的系统工程与项目管理。从那时起，中国国防科研部门一直在有计划地引进系统工程与项目管理理论和方法，系统工程领域的最新发展被迅速引入国内，并编辑出版了丛书，开发了决策分析方法，积累了系统的资料和技术。例如，60年代在研制第一代战略系统时，中国引进计划评审技术（program evaluation and review technigue，PERT）、规划计划预算系统（planning programming and budgeting system，PPBS）、工作分解结构（work breakdown structure，WBS）等项目管理技术，并结合中国国情建立了一套组织管理理论，如总体设计部、两条指挥线等。

系统工程与项目管理在航空航天领域取得了巨大的成功，并在中国载人航天中得到了应用，2006年1月，中国空间技术研究院院长袁家军主编了《神舟飞船系统工程管理》一书。该书反映了神舟飞船研制过程中对技术状态、进度、质量、经费、风险、集成等各个要素的管理实践，阐述了将技术状态、可靠性、安全性、软件工程化作为独立的项目要素进行管理的思想，提出了以完整的计划流程保证并行工程和目标管理的实施方法，建立了以"项目经理负责制"为核心的组织管理体系、以总体设计为龙头的技术体系、综合统筹的计划体系、系统规范的质量体系以及坚持创新、创造、创业的人力资源管理体系。全书突出了神舟飞船项目在"集成管理"和"神舟飞船项目管理成熟度模型"

方面的特色与创新。这些成果对于中国国防科技工业以及其他行业大型工程项目管理具有重要的参考和借鉴价值。

2006年6月，在北京召开了中国国防科技工业系统工程与项目管理论坛，中国宇航学会、中国航空学会、中国核学会、中国造船工程学会、中国兵工学会承办了该论坛，与会数百名代表会聚一堂共谋项目管理在中国国防科技工业中的发展。

1.4.2 项目管理在建设领域中的应用

20世纪80年代中期，中国利用世界银行贷款项目对云南鲁布革水电站进行招标，结果日本的大成公司以低于标底1/3的价格中标，大成公司采用项目管理的方法科学地对该水电站进行施工管理，不仅大大降低了成本，而且提前完成了该水电站项目。从此，中国建设部门意识到在建设项目中开展项目管理的重要性，开始在全行业广泛推广项目管理理论与方法，并在全行业普遍实行"项目经理"认证，2004年开始推广"建造师"认证。建筑行业成为项目管理推广和应用最快、规模最大的行业之一。

三峡工程、小浪底水库、二滩电厂等大型项目均采用了现代项目管理的方法。

不仅如此，现代项目管理在建筑行业的理论研究也越来越深入，如工程项目施工风险评估、大型建设工程采购管理、大型工程项目决策管理体系模型、索赔风险管理模型、勘察设计及工程分包管理等一系列理论的研究，都为今后项目管理在建筑行业中更好的应用奠定了基础。

1.4.3 项目管理在IT行业中的应用

由于微软和IBM等国际大型IT企业积极采用项目管理的方法，项目管理在IT行业也得到了迅速的发展。1991~1993年IBM公司经历了严重的业绩下滑，这导致公司引进了新的总裁Louis V. Gerstner。他在进行了一轮业务流程重组后，认识到为了更好地发挥业务流程重组的作用，还需要另辟蹊径重振公司的业务，因此IBM公司于1996年11月19日宣称公司变为项目化的组织，并将项目管理作为公司的核心竞争力，以实现组织变革的目标。其中，最重要的一个举措就是建立IBM的项目管理中心。该中心由经过选择的、在全球性的组织中服务的专家组成。此外，IBM公司还制定了系列配套的项目管理方法，确立了重要项目的项目经理负责制和项目绩效评估制度，并体现为一整套项目管理的技术、工具、管理体系以及员工职业发展计划等方面，将项目管理融入了IBM的传统。

国内著名IT企业，如联想、神州数码、大唐电讯、华为集团、中兴集团等均采用了项目管理的组织形式及系统的项目管理方法。

针对IT企业的特点，一系列相关研究也在不断成熟，诸如软件项目的风险管理、电子商务项目开发风险、多项目管理信息系统开发及应用以及信息化项目管理绩效评价，都在不断将项目管理与IT企业相结合，总结优势和劣势，从而为今后完善IT企业项目管理奠定基础。

1.4.4 项目管理在重大公共活动中的应用

在奥运项目中，1968 年的蒙特利尔冬季奥运会最先采用了项目管理的方法，2008 年北京奥运会也采用了项目管理的运作方式。澳大利亚政府将 2000 年悉尼奥运会的火炬接力活动作为项目实施，比原来漫长的计划节约了约一年的时间，并取得了圆满成功。2004 年雅典奥运会进行了从 IDEF0 模型到项目计划的转换，并将其应用于奥运会后勤服务中，取得了良好的效果。

在美国，一些非营利性组织，如大学、医院和政府部门也通过项目化转型将那些日常管理事务转变为各种项目，甚至竞选活动、独唱音乐会、结婚典礼都使用了项目管理的方法。

美国加利福尼亚交通部建立了项目办公室来完成各部门工作的协调，推进职能管理者向项目管理者转变，把跨部门的工作通过项目团队的方式进行管理和控制。美国中央情报局已经在整个机构内开始了全面的项目管理培训和认证计划（project management training and certification program，PMTCP），情报分析人员在工作中广泛地采用了标准项目管理技术来完成他们的工作，他们将日常工作转化为项目来做，按照项目的标准和要求进行管理。除此以外，项目管理还应用于立法工作、政府投资建设项目、市政公用设施项目等各种公共活动中，并取得了良好的效果。

1.4.5 项目管理在科研管理中的应用

科学技术对经济发展、社会进步、生活质量的提高、国家综合国力的增强起着重要的作用。科研项目是科学研究活动的主要形式，在科研经费逐年增长的背景下，如何更加有效地对科研项目进行管理成为一个重要问题。项目管理已随着其自身的成熟和发展而逐渐应用于科研管理领域。

根据项目生命周期理论，科研项目管理按阶段可分为立项管理、实施管理和验收管理。但由于科研项目通常具有研究周期长、不可预见因素多等特点，项目目标受外部环境变化的影响较大，而中国目前的科研管理普遍存在只重视项目立项阶段管理和验收阶段管理，而忽视项目实施阶段管理的问题。因此，为了更好地发挥科学基金的使用效益，科学基金项目管理方式正在逐步转向全过程管理，重视科研成果的公开和共享，并积极开展项目后评价工作，从根本上改善科研项目的管理效率。

目前，国家自然科学基金委员会、北京市自然科学基金委员会等众多科研机构与组织将项目管理理论与方法应用于科研项目选择、科研项目评价及后评估等，取得了较好的应用效果。

1.5 项目管理展望

近年来,项目管理在实践、理论、管理信息系统等方面都取得了突破性的进展。管理技术逐渐应用到项目管理中,如蒙特卡罗模拟技术、决策树技术、风险评级技术、模糊数学方法、风险分析模型、风险注册数据库系统等。

1.5.1 实践方面

项目管理在企业的应用向两极发展,一方面,出现了项目型驱动组织,如欧盟的伽利略导航卫星计划即是项目型组织,以项目为导向的组织使组织能够更好地适应不确定性的市场环境。另一方面,项目管理向一般管理领域渗透,将项目管理方法应用于企业运作的各个方面,即"按项目管理"的观念在一些企业得到应用。"按项目管理"是指将项目管理的方法和技术应用于企业日常工作,它打破了传统的一般管理的方式和界限,将项目的观念渗透到企业所有的业务领域,包括市场、工程、质量管理、战略规划、人力资源管理、组织变革、业务管理等。

组织级的项目管理成熟度模型研究及其应用受到许多大型组织(企业)的关注,如何不断提高组织的项目管理水平将是未来项目管理理论研究与实践的热点之一。

企业的项目管理成为另一个热点。例如,IBM形成了独特的"全球项目管理方法论"(world wide project management method,WWPMM),其核心理念包括:全球一致的客户关系管理,专业资源的全球调度和有效利用;以客户为导向的销售经理与项目经理紧密矩阵;适当灵活的价格体系;质量与风险管理体系(quality and risk management system,QRMS)的保驾护航;IBM服务精神绝不因客户经营规模而有差异;形成了全球服务项目风险分析系统。

1.5.2 理论方面

近年来,项目管理已不再限于传统的计划与控制图技术(如甘特图、进度计划网络技术和资源分配图法等),随着人们对项目管理要求的程度越来越高,一些新的技术和新的管理思想方法得到很好的开发和利用。

1. 项目风险管理技术

在传统的项目管理中,一直把风险管理作为项目管理的附加内容,而不是把它作为项目管理中不可分割的组成部分。在项目管理实践中,人们越来越认识到项目风险管理的重要性,因此复杂的风险分析与项目集成化和结构化管理技术成为现代项目管理取得革命性发展的一大特征,它是指在项目的组织、计划与控制以及人力系统采用集成化的管理方法,将项目的进度控制、成本控制、质量控制和人力资源管理进行整合,形成管理的整体化和集成化。实现集成化的主要方法就是项目管理的结构化技术,包括项目分解结构(project breakdown structure,PBS)、组织分解结构(organization breakdown structure，OBS）、工作分解结构和费用分解结构（cost breakdown structure，CBS）。项目管理的结构化不仅为集成化提供了框架，而且为项目的组织与管理系统的设计、计划与控制以及人力资源管理等方面提供了帮助。实际上，现代项目管理主要就是依靠这种结构化技术。

2. 项目管理可视化技术

项目管理的复杂性、庞大性和专业分工的多样性，为项目团队的沟通、控制带来了很大的障碍，这是项目管理的不可见属性。为此，人们提出了一种独特的可视化项目管理方法。这种技术借助信息技术，采用精心设计的图表和 3D 模型，将项目管理的顺序管理和情景管理行为与项目管理的通用词汇表、团队协作、项目周期和项目管理元素结合在一起，使复杂的项目管理形象化为简单的流程和原则，为项目团队提供了一种易于沟通和信息交流的管理平台。

3. 项目过程测评技术

一个项目有很好的市场前景和很好的计划，并不意味着项目的成功。项目管理中如何保证项目按预定的计划执行，一直是项目管理者头疼的问题。项目过程测评技术正是为解决这一问题而提出的。该技术是将项目划分为若干个可控阶段，并设计每一阶段应交付的工作成果和阶段结束时的检查清单，每一阶段结束时及时检查项目进展状况并对项目过程的健康程度做出评价，提出待解决的问题，分析即将面临的风险，确定应采取的应对措施。

4. 项目回顾和项目管理成熟度评价思想与方法

项目是一次性的，但项目管理绝对不是一次性。传统的工程项目管理中，人们也经常对项目管理的结果进行总结评价，但主要是针对项目管理的绩效进行评估。项目回顾的思想和方法是回顾和评议项目管理整个过程和各个方面，包括成功之处和失败之处，需要改进的地方和改进的方式，以及可能暂时还无法克服的问题等，并形成最终的项目回顾（或评价报告）。需要注意的是，项目回顾不应该是追究责任，而是讨论如何改进。通过项目回顾，项目团队的成员得到持续不断的学习机会，以改进未来的项目工作。项目管理成熟度评价是指评价一个企业项目管理水平的成熟程度。

5. 大型项目管理和多项目管理方法

大型项目通常涉及数以百计甚至数以千计的承包商、设计单位、咨询单位、监理单位、材料设备供应商等，因此项目的计划、协调和监控是相当困难的。20 世纪 90 年代中期起源于德国的项目总控管理模式能够较好地解决大型项目管理的问题。这一模式就是设立专门的项目总控单位，它以现代信息技术为手段，为业主提供项目总体目标的策划和控制服务，这样就形成了为大型建设工程的业主提供控制服务和项目管理的两个层面，即项目总控和工程监理。大型工程项目往往是由多项目组成的，一个企业内部有多个项目同时在运行也是普遍现象。多项目环境下的项目管理面临着资源分配与需求冲突、角色多重性、超负荷工作等问题，因此如何有效地协调多项目冲突，使多个项目同步平衡运行是值得研究的问题。

1.5.3 管理信息系统

项目管理的实现需要信息化手段来支持，信息化建设一定要以提升企业的业务能力为目标，注重与管理流程结合，以促进管理效率的提高。而项目管理信息化的难点将集中在项目管理与业务流程的集成、多项目综合管理、多层组织之间的管理协同、风险管理/成本管理等方面。

项目管理的计算机应用，目前除各种单项性能软件外，正有向集成的方向发展的趋势，综合性项目管理信息系统将建立，如项目信息系统（project management information system，PMIS）、项目决策支持系统（project management decision support system，PMDSS）、项目专家系统（project management expert system，PMES）等。项目管理软件方面的进展主要表现在对企业级多项目的管理，多项目管理的软件功能主要包括：综合排序和评分的功能，以便对项目的重要性、项目组合的合理性做出准确的评估；提供整个组织中所有项目的进展状况信息，多个项目的比较和联系可以显示在一个报表和视图中；实时的多项目信息共享。

1.5.4 多学科介入

项目管理向多学科介入的方向发展，将显示出更强的科学性与综合性。首先，系统工程学是项目管理的一个核心理论基础。项目管理以系统工程学为指导，把人（团队）、科学技术、资源、科研生产、流程、时间及经济活动有效地组织起来，构成一个系统，应用数学方法和电子计算机等工具，对系统的构成要素、组织结构、信息交换和反馈控制等进行分析、设计、制造和服务，以便最充分地发挥人力、物力和财力的作用，高效实现项目目标。其次，把组织行为学、管理理论和技术方法有机结合起来，以充分发挥项目运行过程中人力资源的作用，使项目管理在理论和应用两个方面达到一个新的高度，最终成为项目管理研究的重要发展方向之一。在这里，激励机制是项目管理的一个重要导向，这是项目管理的特性和组织结构形式所需要的。随着项目及项目管理活动的推进，奖惩制度等激励机制将逐步趋于科学和完善，这将进一步调动项目成员的积极性，激励项目成员在项目中尽职、尽责、尽力，促进项目高效完成。

第 2 章

项目管理的基本原理

2.1 项目

人类在进行有目的、有组织的活动时就产生了项目。中国的长城、埃及的金字塔是古代项目的代表；美国的阿波罗登月以及中国的原子弹是近代的优秀项目；英法海底隧道、北京申奥、三峡工程是现代项目的典范。这些项目促进了人类文明的进步，同时，人类智慧也丰富并促进了项目管理的逐步完善。在当今社会中，项目无处不在，不论是经济的发展，还是社会的进步，无一例外都依赖于项目的成功实施。目前，项目实施的好坏已成为国家、企业和社会最为关心的问题。项目管理作为管理科学的重要分支已渗透到各行各业。在当今项目林立的时代，项目管理不仅是大型、复杂项目管理的有效方法，而且已经成为企业组织和管理的一种主要形式。国内外根据实践经验，总结出一套完整系统的项目管理理论，形成一门独立的学科。

本章重点介绍了项目和项目管理的概念、项目管理的范围和过程、项目生命期理论、项目利益相关者、项目沟通管理和项目合同管理等内容。

2.1.1 项目的定义

1. 已提出的定义

项目无处不在，形成日益发展的各个行业。基于不同的视角，研究者针对项目提出了不同的定义，其中具有代表性的包括以下几种。

（1）PMI 对项目的定义。项目是为提供某项独特的产品、服务或成果所做的临时性努力。

（2）从投资角度提出的定义。联合国工业发展组织的《工业项目评估手册》对项目的定义是："一个项目是对一项投资的一个提案，用来创建、扩建或发展某些工厂企业，以便在一定周期时间内增加货物的生产或社会的服务。"世界银行认为，"所谓项目，一般系指同一性质的投资，或同一部门内一系列有关或相同的投资，或不同部门内的一系列投资"。

（3）从建设角度提出的定义。所谓建设项目，就是按照一个总体设计进行施工的基本建设工程。中国建筑业对"建设项目"的定义是：在批准的总体设计范围内进行施工，经济上实行统一核算，行政上有独立组织形式，实行统一管理。

（4）从综合角度出发提出的定义。"项目是在一定时间内为了达到特定目标而调集到一起的资源组合，是为了取得特定的成果开展的一系列相关活动"，并归纳为"项目是特定目标下的一组任务或活动"。现代项目是指那些作为管理对象，按限定时间、预算和质量指标完成的一次性任务。

2. 本书定义

本书认为，作为项目学或项目管理学给"项目"以定义，应当是从学术角度出发，而且是一个共用的定义。本书建议将"项目"的定义确定如下：项目是完成某些特定指标的一次性任务。考虑到一些特征的重要性，可将上述定义具体化为：所有项目都是一项有待完成的专门任务，是在一定的组织机构内，在限定的资源条件下，在计划的时间里，按满足一定性能、质量与数量的要求去完成的一次性任务。

2.1.2 项目的特征

项目具有以下重要特征。

1. 临时性特征

临时性是指每一个项目都有明确的开始和结束时间，当项目的目的已经达到，或者已经清楚地看到该目的不会或不可能达到时，或者该项目的必要性已不复存在并已终止时，该项目即已达到了它的终点。临时性不一定意味着时间短，许多项目都要延续好几年。然而，在任何情况下，项目的期限都是有限的，项目不会持续不断地进行。

此外，临时性一般不适用于项目所产生的产品、服务或成果。大多数项目是为了得到持久的结果。例如，兴建国家纪念碑项目就是为了达到使其世代相传的目的。

2. 独特性特征

项目的独特性是指项目所创造的独特的可交付成果，如产品、服务或成果。项目可以创造：生产出来可以量化的产品，既可以本身就是最终产品，也可以是其他产品的组成部分；提供服务的能力，如辅助生产或流通的商业职能；成果，也可以是文件，如研究项目的可行性论证报告等。

独特性是项目可交付成果的一种重要特征。例如，办公楼已经建造了成千上万栋，但其中每一栋都是独特的，即不同的使用要求、不同的设计、不同的地点等。重复部件的存在并不改变整个项目工作的独特本质。

3. 逐步完善特征

由于项目的临时性和独特性，因此项目具有逐步完善的特性。逐步完善意味着分步、连续的积累。例如，在项目的早期，项目范围说明和进度计划是粗略的，随着项目的进展，团队对目标和可交付成果的理解更加完整和深入，项目的进度和范围就更加具体和详细。

在这些基本特性的基础上，项目还具有其他特征。

4. 多目标性特征

项目管理的最终结果就是为了实现一定的目标，项目的目标通常包括时间（T）、成本（C）、质量（性能）（Q）三个方面的内容。

项目管理的目标就是要在规定的时间内、在批准的预算内，达到预期的质量性能要求。

项目的时间、成本、质量构成项目三角形（S），三角形所包含的面积即是项目的工作范围，如图 2.1 所示。其中，任何一个因素的变化均会引起其他因素的变化。每个项目都必须受制于时间、成本、质量和范围的约束，如何同时满足这 4 个方面的要求，往往成为项目管理人员面临的巨大困难和严峻挑战。

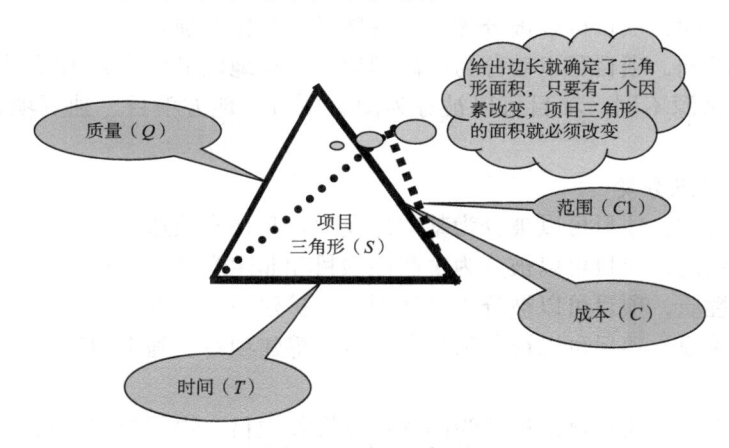

图 2.1 项目三角形

值得注意的是，在项目管理的 4 个目标中，范围目标是最重要、最关键的，只有范围明确了，项目所需的时间、成本、所需的人员和其他资源才能明确。许多项目经理非常关注项目的进度或成本，而往往忽略了对项目范围的界定和管理，结果越到后来越被动。

5. 整体性特征

一个项目是一个整体，在按其需要配置生产要素时，必须追求高的费用效益，做到数量、质量、结构的总体优化。

6. 生命期阶段特征

任何项目都有其生命期，不同项目的生命期阶段划分不一致，有的著作将其分为项目选定、项目计划、项目实施、项目评估四个阶段。中国对基本建设项目的管理程序为长远规划→项目建议书→评估→计划任务书→项目设计→年度计划→设备订货→施工→竣工验收→财务决算和验收报告，归纳起来是可行性研究、设计、施工、交工四个阶段。银行贷款投资项目分为初选与立项、审查与评估、付款与执行、回收与考核四个阶段。

国外将防务系统项目分为方案探索、论证确认、全面研制、生产使用四个阶段。可见，任何项目都有其生命期。

2.1.3 项目分类

项目可以按照不同的分类原则分类，当前我国对项目的分类如下。

1. 综合性分类

根据产业不同，项目可以被分为农业型项目、工业型项目、商业型项目及服务型项目等；

根据规模不同，项目可以被分为大、中、小型项目；

根据服务对象不同，项目可以被分为生产、生活、服务型项目和科研型项目；

根据期限不同，项目可以被分为长远项目、短平快项目、紧急项目和一般项目；

根据参与不同，项目可以被分为单一性项目和合作型项目；

根据地域不同，项目可以被分为地区型项目、跨地区型项目和国际型项目；

根据资金来源不同，项目可以被分为国家项目、地方项目、独资项目、集资项目及合资项目。

2. 按投资特点分类

根据投资管理，项目可以被分为基本建设项目和技术改造项目；

根据投资用途，项目可以被分为生产性项目和非生产性项目；

根据投资性质，项目可以被分为新建项目、扩建项目和改建项目；

根据投资阶段，项目可以被分为预备项目、筹建项目、施工项目、收尾项目和投产项目；

根据资金来源，项目可以被分为国家预算拨款项目、银行贷款项目、自筹资金项目及外资项目。

2.2 项目管理

2.2.1 项目管理的定义

项目管理就是把各种知识、技能、手段和技术应用于项目活动之中，以达到项目的要求。项目管理是通过应用和综合诸如启动、规划、实施、监控和收尾等项目管理过程来进行的。项目经理是实现项目目标的负责人。

管理一个项目所需要的工作包括：识别利益相关者的要求和期望；确定清晰的、量化的、可实现的目标；权衡项目利益相关者对项目质量、范围、时间和费用方面的要求，并满足这些要求；制订项目基准计划并监控项目的执行状态。

据此，本书仍按传统的管理五要素阐述项目管理，但赋予现代含义。我们试提出以下定义:"项目管理"就是运用科学的理论和方法,对项目进行计划、组织、指挥、控制和协调,实现项目立项时确定的目标。进一步说,作为一门学科,它是融决策、管理、效益为一体的组织、过程和方法的集合。

2.2.2 项目管理的特点

现代项目管理认为,项目管理的基本特点包括以下几个方面。

(1)项目管理具有普遍性。人类社会现有的物质文化成果都是通过项目的方式实现的,项目无处不在,普遍存在于社会、经济和生产活动当中,人们的想法、建议等最终都会通过项目的形式得以实现。正是项目的这种普遍性,使得项目管理也具有了普遍性。大到人类金字塔工程,小到装修房屋都是项目,都需要项目管理,因此项目管理具有普遍性。

(2)项目管理具有目的性。所有项目管理活动都是为了实现已经明确和清楚规定的项目目标以及尚未明确清楚的项目追求。因此,项目管理的目的性不仅表现在通过管理活动去实现那些项目有关各方已经明确提出的项目目标,还要通过项目管理去满足那些尚未明确的潜在需要。例如,一个中央空调的安装项目,客户会提出相应的要求,由于客户并不是专业人士,所以他的要求会存在纰漏,但是客户需要项目相关负责人把中央空调装好,于是项目设计者要运用自己的专业知识和技能,设法满足客户预想的和潜在的期望。

(3)项目管理具有复杂性。项目一般由多个部分组成,工作跨越多个部门或机构,需要运用多种学科知识来解决问题;项目工作通常没有或很少有可以借鉴的经验;项目实施中有很多不确定性因素和风险;项目团队往往由来自不同组织、具有不同背景和经验的人员组成,管理上难度较大;等等。这些因素都决定了项目管理是一项复杂的工作,需要更多的知识、技能、工具和技巧。

(4)项目管理具有生命期。由于项目的特性,项目管理本质上就是计划和控制一次性的工作,在规定期限内达到预定目标。一旦目标满足,项目就因失去其存在的意义而解体。因此,项目管理具有可以预知的生命期。

(5)项目管理需要更多协调与沟通。项目的复杂性因范围的不同而变化很大,项目越大、越复杂,其所涉及的学科、技术、知识和技能等要求也越高。项目进行过程中常常需要组织内部和外部的多个部门的配合,要求这些组织、部门迅速做出反应。因此,对项目经理的要求就更多地体现在协调资源和人员沟通方面。

2.3 项目范围管理

2.3.1 项目范围管理概述

项目范围(project scope)包括项目的最终产品或服务以及实现该产品或服务所需要

做的各项具体工作。所以从这种意义上讲，项目范围的确定就是为成功地实现项目的目标，规定或控制哪些方面是项目应该做的，哪些是不该做的，也就是定义项目的范畴。

在项目管理领域里，"范围"一词是指：

（1）产品范围，即确定客户对项目最终产品或服务所期望包含的功能和特征的总和。

（2）产品规格，即产品所包含的特征和功能具体是怎样的。

（3）项目范围，也就是为了交付满足产品范围要求的产品或服务所应做和必须做的工作，简单讲，就是项目要做些什么以及如何做才能实现项目的目标。

在此，需要强调的是产品范围和项目范围的区分：产品范围的界定就是对产品要求的度量，项目范围的界定在一定程度上是产生项目计划的基础；产品范围的完成是对照产品要求来进行衡量的，而项目范围的完成是对照项目计划来进行衡量的。

图2.2描述了项目范围管理各过程概貌。这些管理过程包括：

（1）项目范围规划，编制项目范围管理计划，明确如何确定、核实与控制项目范围，以及如何制作工作分解结构。

（2）项目范围定义，编制详细的项目范围说明书，作为将来项目决策的依据。

（3）制作工作分解结构，将项目的主要可交付成果划分为相对较小的和更易管理的组成部分。

（4）项目范围核实，正式验收已经完成的项目可交付成果。

（5）项目范围控制，控制项目范围的变更。

2.3.2　项目范围规划

项目范围规划就是确定项目范围并编制项目范围管理计划的过程。项目范围管理计划是一种规划工具，说明项目团队如何确定项目范围、如何制定详细的项目范围说明书、如何确定与制作工作分解结构、如何进行项目范围核实，以及如何控制项目范围的蔓延和变更。

项目范围规划的主要依据包括以下几个方面。

（1）事业环境因素。事业环境因素包括组织文化、基础设施、工具、人力资源、人事方针及市场状况，所有这些都影响项目范围的管理方式。

（2）组织过程资产。组织过程资产是能够影响项目范围管理方式的正式和非正式的方针、程序和指导原则。其主要包括与项目范围规划与管理有关的组织方针、组织程序及历史信息。

（3）项目章程。

（4）项目初步范围说明书。

（5）项目管理计划。

范围规划的主要工具与技术包括以下两个方面。

（1）专家判断。专家判断是指在制订项目范围管理计划时，利用专家就以往类似项目的范围管理方式所做出的判断。

```
                        ┌─────────────────┐
                        │  项目范围管理    │
                        └─────────────────┘
```

项目范围规划	项目范围定义	制作工作分解结构
1.依据 （1）事业环境因素 （2）组织过程资产 （3）项目章程 （4）项目初步范围说明书 （5）项目管理计划 2.工具与技术 （1）专家判断 （2）模板、表格与标准 3.成果 　项目范围管理计划	1.依据 （1）组织过程资产 （2）项目章程 （3）项目初步范围说明书 （4）项目范围管理计划 （5）批准的变更请求 2.工具与技术 （1）产品分析 （2）方案识别技术 （3）专家判断 （4）项目干系人分析 3.成果 （1）项目范围说明书 （2）请求的变更 （3）项目范围管理计划（更新）	1.依据 （1）组织过程资产 （2）项目范围说明书 （3）项目范围管理计划 （4）批准的变更请求 2.工具与技术 （1）工作分解结构的层次结构 （2）工作分解结构编码 3.成果 （1）项目范围说明书（更新） （2）工作分解结构 （3）工作分解结构词汇表 （4）范围基准 （5）项目范围管理计划（更新） （6）请求的变更

项目范围核实	项目范围控制
1.依据 （1）项目范围说明书 （2）工作分解结构表 （3）项目范围管理计划 （4）可交付成果的清单 2.工具与技术 　检查 3.成果 （1）验收的可交付成果 （2）请求的变更 （3）推荐的纠正措施	1.依据 （1）项目范围说明书 （2）工作分解结构 （3）工作分解结构词汇表 （4）项目范围管理计划 （5）绩效报告 （6）批准的变更请求 （7）工作绩效信息 2.工具与技术 （1）变更控制系统 （2）偏差分析 （3）补充规划 （4）配置管理系统 3.成果 （1）项目范围说明书（更新） （2）工作分解结构（更新） （3）工作分解结构词汇表（更新） （4）范围基准（更新） （5）请求的变更 （6）推荐的纠正措施 （7）组织过程资产（更新） （8）项目管理计划（更新）

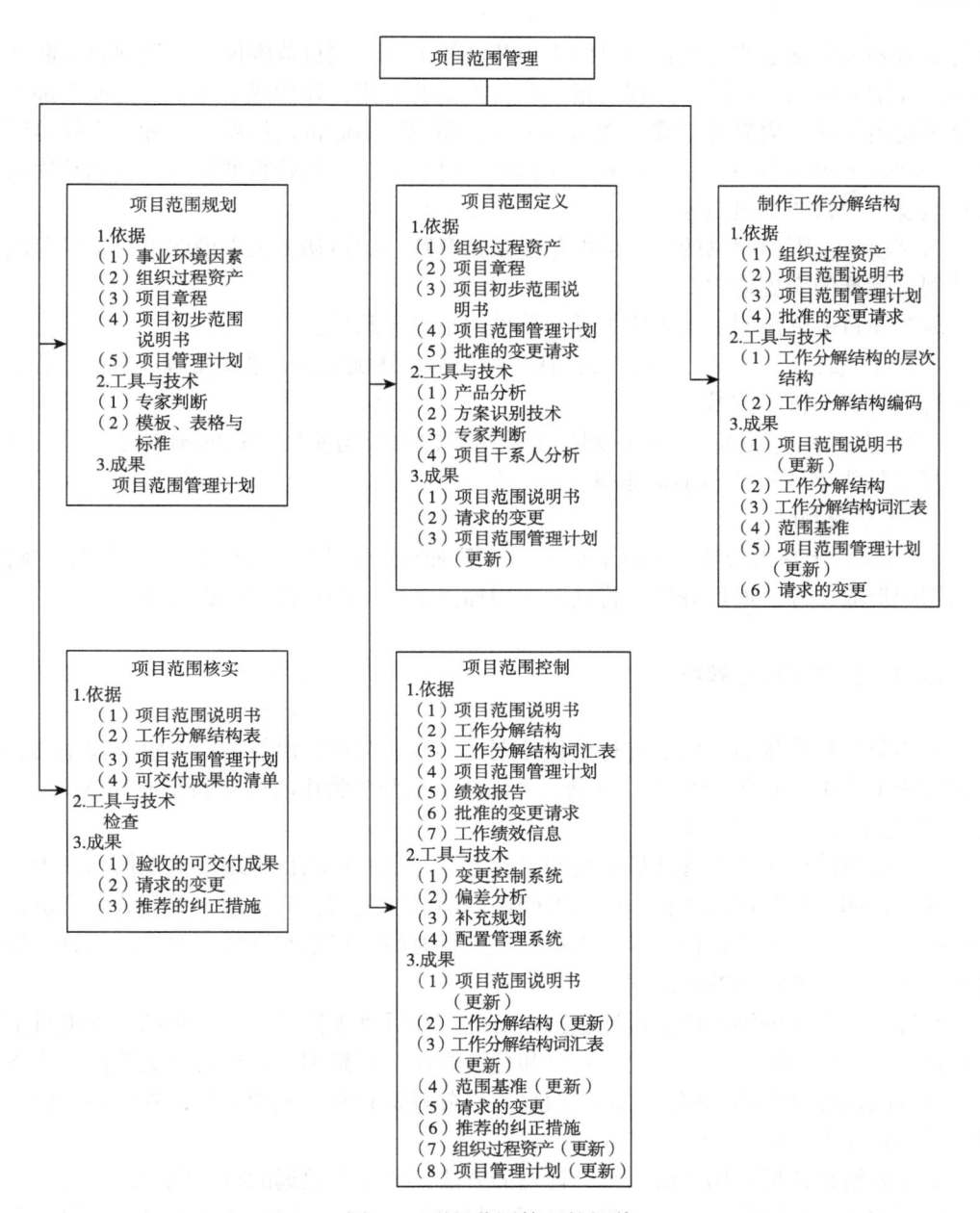

图 2.2 项目范围管理的概貌

（2）模板、表格与标准。模板包括工作分解结构模板、范围管理计划模板等。表格包括项目范围变更控制表格等。

2.3.3 项目范围定义

项目范围定义过程的成果是项目范围说明书。项目范围说明书详细说明了项目的可交付成果和为提交这些可交付成果而必须开展的工作。项目范围说明书使项目团队能够实施更详细的规划,在执行过程中指导项目团队的工作,并构成了评价变更或增加的工作是否超出了项目边界的基准。详细的项目范围说明书通常包括项目目标、产品范围说明书、项目要求说明书、项目边界、项目可交付成果、产品验收准则、项目制约因素、项目假设、项目初步组织等。

编制项目范围说明书的主要依据包括项目章程、项目初步范围说明书、项目范围管理计划、批准的变更请求。

编制项目范围说明书的主要工具与技术包括以下几项。

(1) 产品分析。产品分析主要包括产品分解、系统分析、系统工程、价值工程、价值分析和功能分析等技术。

(2) 方案识别技术。方案识别技术是指提出执行与实施项目的不同方案的一种技术。其包括头脑风暴法与横向思维。

(3) 专家判断。

(4) 项目干系人分析。项目干系人分析识别各种项目干系人的影响和利益,并将他们的期望形成文件。通过分析,将这些期望加以量化,编写出要求说明书。

2.3.4 制作工作分解结构

工作分解结构是为了便于进行项目计划、估算和监控,而将项目分解成较小的、易于管理的工作单元(或工作包),它是一个以产品或服务为中心的项目组成部分的"家族树",规定了项目的全部范围。

工作分解结构是项目管理最重要的工具之一,是开展项目管理其他工作的基础。工作分解结构的主要作用在于:明确和准确说明项目的范围;为各独立单元分派人员,规定这些人员的相应职责;针对各独立单元,进行时间、费用和资源需要量的估算,提高时间、费用和资源估算的准确度。

此外,工作分解结构的作用还包括:是建立项目管理信息平台的基础;将项目工作与项目的财务账目联系起来;便于划分和分派责任;积累和分析项目历史数据,为项目管理持续改进建立基础。因此,进行项目工作分解是非常重要的工作,它在很大程度上决定了项目能否成功。

工作分解结构可采用"滚动式"计划的方法,即要在很远的将来完成的可交付成果或子项目的工作分解结构可略粗些,当可交付成果或子项目被详细阐明时,再将工作分解结构作进一步的细化。

通常,分解整个项目分为以下几个步骤。

(1) 识别项目的主要组成部分,即项目的主要可交付成果。

(2) 确定工作分解结构的结构与编排。

(3) 确定可交付成果的构成要素。构成要素可以用有形的、可检查的结果来描述,以便据此对项目绩效进行评价。

(4) 为工作分解结构组成部分进行编码。

（5）核实工作分解的程度是否必要而又足够。即核实分解是否正确，要求工作分解结构下层的组成部分不但是为完成上层对应的可交付成果所必需的，而且是充分的。

工作分解结构的主要工具与技术包括工作分解结构的层次结构和工作分解结构编码。

1. 工作分解结构的层次结构

工作分解结构的层次因不同的要求而定。工作分解增加一个层次，就提高了规划、管理和控制该工作的能力。然而，过细的分解可能造成管理精力的无效耗费、资源效率不高，甚至降低实施该工作的效率。项目管理团队需要权衡工作分解结构详细程度的高低，既不能太粗，也不能太细。通常，对于一个较大的项目来说，工作分解结构分解到4~6个层次就足够了。工作单元（工作包）是工作分解结构中的最底层，能够可靠地估算工作费用和持续时间。工作包的详细程度因项目大小与复杂程度而异。

工作分解结构的结构类型主要有三种：①基于可交付成果划分，如图2.3所示，把主要可交付成果和子项目作为分解的第一级；②基于生命期阶段的划分，如图2.4所示，把项目生命期的各个阶段作为分解的第一级，将项目可交付成果放在第二级；③将按可交付成果划分和按阶段划分结合在一起。

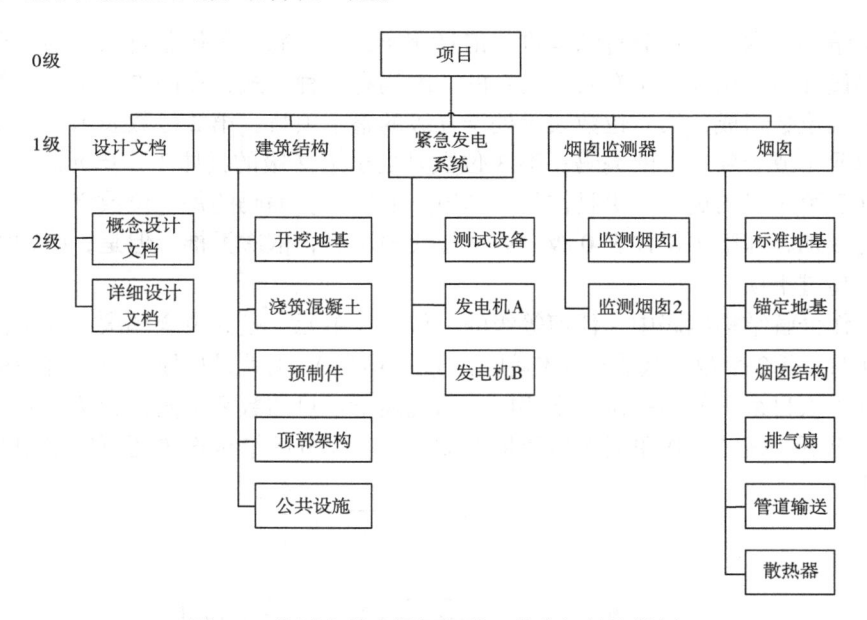

图2.3 按可交付成果组织的工作分解结构举例

2. 工作分解结构编码

工作分解结构中的每一项工作都要编上号码，用来唯一确定项目工作分解结构每一个单元，这些号码的全体叫做编码系统。编码系统同项目工作分解结构本身一样重要，在项目规划和以后的各个阶段，项目各基本单元的查找、变更、费用计算、时间安排、资源安排、质量要求等各个方面都要参照这个编码系统。若编码系统不完整或编排得不合适，会引起很多麻烦。

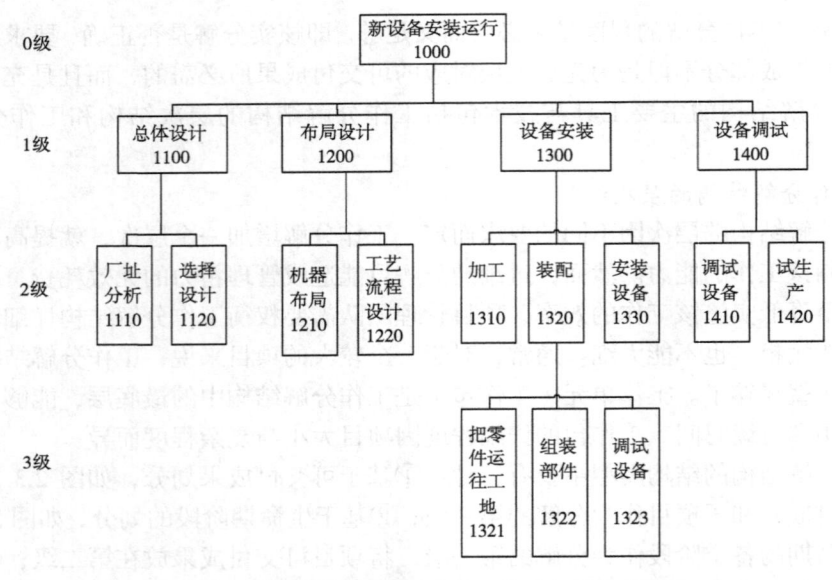

```
0级                        新设备安装运行
                              1000

1级        总体设计        布局设计        设备安装        设备调试
           1100            1200            1300            1400

2级    厂址   选择      机器    工艺        加工   装配   安装      调试   试生
       分析   设计      布局    流程        1310  1320  设备      设备   产
       1110   1120     1210   设计                      1330     1410  1420
                              1220

3级                                              把零   组装   调试
                                                 件运   部件   设备
                                                 往工   1322   1323
                                                 地
                                                 1321
```

图 2.4 按生命期阶段划分的工作分解结构举例

利用编码技术对工作分解结构进行信息交换，可以简化工作分解结构的信息交流过程。编码设计与结构设计是有对应关系的。编码有多种方式，在图 2.4 中，工作分解结构编码由四位数组成，第 1 位数表示处于 0 级的整个项目；第 2 位数表示处于第 1 级的子工作单元（或子项目）的编码；第 3 位数是处于第 2 级的具体工作单元的编码；第 4 位数是处于第 3 级的更细、更具体的工作单元的编码。编码的每一位数字，由左到右表示不同的级别，即第 1 位代表 0 级，第 2 位代表 1 级，依次类推。但是，此种编码方式每层不能超过十项。

在工作分解结构编码中，任何等级的一位工作单元，是其余全部次一级工作单元的总和。例如，第 2 个数字代表子工作单元（或子项目），也就是把原项目分解为更小的部分。所有子项目编码的第一位数字相同，而代表子项目的数字不同，紧接着后面两位数字是零。再下一级的工作单元的编码依次类推。工作分解结构编码还可以采用图 2.5 所示的形式。

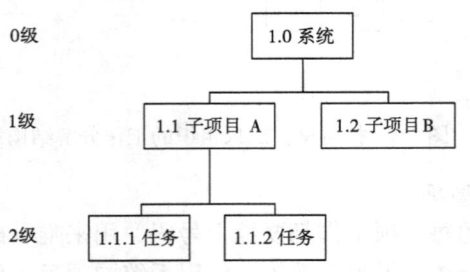

```
0级                1.0 系统

1级         1.1 子项目 A      1.2 子项目 B

2级       1.1.1 任务    1.1.2 任务
```

图 2.5 工作分解结构编码方式举例

进行工作分解过程中应注意：分解后的任务应该是可管理的、可定量检查的、可分配任务的、独立的；复杂工作至少应分解成两项任务；最低层的工作应具有可比较性；

与任务描述表一起进行;包括管理活动;应包括分承包商的活动。

3. 项目的其他分解结构

通常,在工作分解结构的基础上可以得到项目的其他分解结构。

(1)费用分解结构。按照费用控制的类别,费用分解结构定义了各费用要素,并利用工作分解结构进行费用估计,它有助于进行资金控制。

(2)组织分解结构。组织分解结构是指按照层次将工作项目与组织单位形象地、有条理地联系起来的一种项目组织安排图形。通常,企业组织分解结构描述了企业的职能,而项目组织分解结构则展示了工作分解结构中每个工作包的关键人员和责任团队。

(3)风险分解结构(risk breakdown structure,RBS)。风险分解结构是指对已识别的项目风险按照风险类别形象而又有条理地说明已经识别的项目风险的层次结构的一种图形。

(4)资源分解结构(resource breakdown structure,RBS)。资源分解结构是指按照种类和形式而对用于项目的资源进行划分的层级结构。

2.3.5 项目范围核实

项目范围核实是利益相关者对已完成的项目范围及相应的可交付成果正式验收的过程。核实项目范围还包括审查可交付成果,确保每一项结果都令人满意。范围核实与质量控制的不同之处在于:范围核实关心验收交付成果,而质量控制主要是满足可交付成果规定的质量要求。质量控制一般先于范围核实,但两者也可以同时进行。

项目范围核实的主要依据包括项目范围说明书、工作分解结构表、项目范围管理计划、可交付成果的清单。项目范围核实的主要工具与技术是检查,主要包括测量、仔细检查与核实等过程,用来判断工作与可交付成果是否符合要求及验收原则。检查有评审、产品评审、审核等各种形式。项目范围核实的成果是:①验收的可交付成果。项目范围核实记录了已完成并通过验收的可交付成果,同时也记录了已完成但尚未验收的可交付成果,并附有未验收的理由。②请求的变更。③推荐的纠正措施。

2.4 项目管理过程

项目管理就是将知识、技能、工具和技术应用于项目活动之中,以满足项目的要求。它是通过利用项目管理知识、技能、工具和技术的过程实现的,这些过程凭借依据创造出成果。

过程就是为完成事先指定的产品、成果或服务,将输入(资源)转化为输出而需执行的一系列相互联系的活动。为了使项目取得成功,项目团队必须在项目管理过程组中选用实现项目目标所必需的合适过程。

项目管理可分为5个过程组,每个过程组的主要目标如下。

（1）启动过程组：明确并核准项目或项目阶段。

（2）规划过程组：确定和细化目标，并为实现项目目标和完成项目要解决的问题范围而规划必要的行动路线。

（3）执行过程组：整合人与其他资源以实施项目管理计划。

（4）监控过程组：定期测量并监控绩效情况，发现偏离项目管理计划之处，以采取纠正措施来实现项目的目标。

（5）收尾过程组：正式验收产品、服务或成果，并有条不紊地结束项目或项目阶段。

对于项目管理的各个过程，本书是分开介绍的，彼此之间保持清楚的界线。但在实践中，它们会以某种方式相互交叉及重叠。大多数经验丰富的项目管理人员都认识到管理项目的方式不止一种。项目被定义为实现的若干目标，这些目标能否实现取决于项目的复杂程度、风险大小、规模大小、时间限制、项目团队的经验、资源的有无与多寡、历史信息的数量、各个组织对项目管理的熟练程度、所处的行业和应用领域等。

对于一个项目，项目管理各过程要反复多次使用，许多过程会在项目绩效期间进行多次重复和修改。项目经理及其项目团队应负责确定过程组中哪些子过程将用于该项目、由何人使用以及执行这些过程应当遵守的严格程度。

项目管理的过程组包括以各自的依据和成果相互联系的项目管理子过程，也就是说，一个过程的结果或成果变成了另一个过程的依据。项目管理各过程组之间的关系如图 2.6 所示。

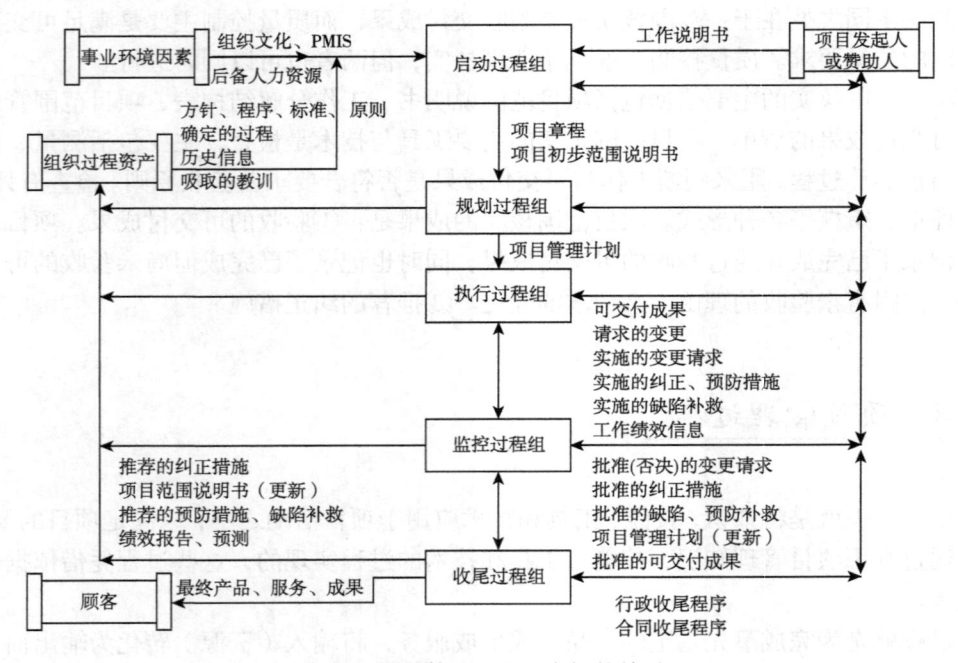

图 2.6 项目管理过程组之间的关系

2.4.1 启动过程组

启动过程组一般由一组有助于正式授权开始一个新项目或一个项目阶段的过程组成。通常，在项目启动之前，组织就已将其经营需要或要求形成了文件。在启动过程中，应进一步细化最初对于项目范围和组织投入资源的说明。

颁发项目章程和任命项目经理是一个项目正式授权和启动的标志。对于大型或复杂项目，其生命期划分为多个阶段，每一阶段开始时对启动过程进行审查，有助于让项目始终将注意力集中在它本来应当解决的项目目标和商业需要上。此时要组建该阶段的项目团队，决定项目是否已经做好了继续下去的准备。

项目启动阶段的主要工作内容是：制定项目章程；编制项目初步范围说明书。

1. 制定项目章程

项目章程将项目与组织的日常业务联系起来并使项目获得批准。项目章程通常包括项目的背景、项目目标、项目主要交付物、项目生命期阶段的划分、项目里程碑计划、项目人力资源计划及组织形式、项目管理措施等。项目章程由在项目团队之外的组织、计划或综合行动管理机构颁发并授权核准。

2. 编制项目初步范围说明书

它是为项目提出初步粗略高层定义的过程。其内容包括对项目和可交付成果的要求、产品要求、项目的边界、验收方法等。在多阶段项目中，这一过程确认和细化每一阶段的项目范围。

2.4.2 规划过程组

项目规划是项目实施的基础。项目管理的实践中项目计划最先发生，并处于首要地位，是项目管理的龙头。项目规划过程的主要成果是项目管理计划，在项目规划过程中，通常需明确：为完成项目目标的各项任务范围；确定负责执行项目任务的全部人员；制定各项任务的时间进度表；阐明每项任务所必需的资源（人、财、物）；确定每项任务的预算；进行风险的识别、风险评价，制定风险应对措施；识别各种依赖关系、要求、机会、假设和制约因素。

以上项目管理各方面的计划最终应形成一个综合的项目管理计划，并得到项目主要利益相关者的认可。另外，在项目规划过程中，项目团队应当根据对项目和项目结果的影响大小，邀请有关的项目干系人参与。项目干系人具备制订项目管理计划及其任何部分计划中所需要的知识和技能，项目团队应当加以利用。项目团队也必须创造出便于项目干系人做出贡献的环境。

规划过程组包括的项目管理过程为制订项目管理计划、项目范围规划、项目范围定义、制作工作分解结构、活动定义、活动排序、活动资源估算、活动持续时间估算、制定进度表、费用估算、费用预算、质量规划、人力资源规划、沟通规划、风险规划、风险识别、定性风险分析、定量风险分析、风险应对计划编制、采购规划、发包规划。

2.4.3 执行过程组

项目管理计划编制完后,就需要执行该计划。在项目执行过程中,不仅要按照项目管理计划统一实施项目活动,而且还需要协调人和其他资源。

在项目执行过程中,正常的项目执行偏差有时候需要重新规划项目的某些方面,进行计划的更新。项目执行可能出现的偏差包括项目范围的变更、工作持续时间的变化、资源产出率以及未预料到的风险等。

当出现偏差时,需要对偏差的原因进行分析,分析的结果可能引发某一变更请求,一旦批准这一变更请求,项目管理计划就得修改,甚至建立新的基准计划。

执行过程组包括的项目管理过程为指导与管理项目执行、实施质量保证、项目团队组建、项目团队建设、信息发布、询价、卖方选择。

2.4.4 监控过程组

项目监控过程通过定期测量项目的执行绩效,以便识别项目管理计划在执行过程中的偏差,识别出潜在的问题,并在必要时采取纠偏措施。监控过程组还包括控制变更,并在可能发生问题之前预先建议预防措施。

监控过程的主要工作过程为:对照项目管理计划和项目实施基准来监控正在进行的项目活动;进行绩效分析和偏差分析,对造成较大进度、费用和质量偏差的影响因素施加影响,进行变更控制并做到仅实施已批准的变更。

监控过程组包括的项目管理过程为监控项目工作、整体变更控制、范围核实、范围控制、进度控制、费用控制、实施质量控制、项目团队管理、绩效报告、利益相关者管理、风险监控、合同管理。

2.4.5 收尾过程组

收尾过程组是指正式结束项目或项目阶段的所有活动,将完成的成果交与他人或结束已取消的项目的各个过程。这一过程组一旦完成,就表明所有过程组中为结束某一项目或项目阶段而确定的各个必要过程均已完成,以及项目或项目阶段已完成。

收尾过程组包括的项目管理过程如下。

(1)项目收尾,它是正式结束项目或项目阶段所必需的过程。项目收尾工作的主要内容包括为用户准备交接报告、项目内部交接、项目团队内部总结、检查客户满意度调查、项目后评估、项目经理和项目成员绩效考评、项目总结大会、解散项目团队。

(2)合同收尾,它是为完成与结算每一项合同所必需的过程,包括解决所有遗留问题并结束每一项与本项目或项目阶段有关的合同。

2.4.6 过程间的相互联系与交互作用

项目管理过程组之间是以它们所产生的成果相互联系的。一个过程的成果一般成为另一个过程的依据或成为项目的可交付成果。例如，规划过程组为执行过程组提供正式的项目管理计划和项目范围说明书，并随着项目的绩效经常变更该项目管理计划。此外，过程组极少是孤立或只执行一次的事件，它们是在整个项目生命期内自始至终都以不同的程度相互重叠的活动。图 2.7 说明了过程组如何联系和作用，也表示了其在各个不同时间相互重叠的水平。

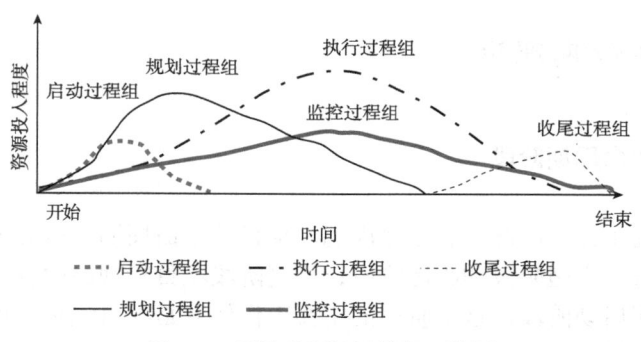

图 2.7 项目过程组间的相互作用

项目管理过程、过程组与知识领域见表 2.1。

表 2.1 项目管理过程和知识领域的相互关系

知识领域	启动过程组	规划过程组	执行过程组	监控过程组	收尾过程组
项目整体管理	●制定项目章程 ●制定项目初步范围说明书	●制订项目管理计划	●指导与管理项目执行	●监控项目工作 ●整体变更控制	●项目收尾
项目范围管理		●项目范围规划 ●项目范围定义 ●制作工作分解结构		●范围核实 ●范围控制	
项目时间管理		●活动定义 ●活动排序 ●活动资源估算 ●活动持续时间估算 ●制定进度表		●进度控制	
项目费用管理		●费用估算 ●费用预算		●费用控制	
项目质量管理		●质量规划	●实施质量保证	●实施质量控制	
项目人力资源管理		●人力资源规划	●项目团队组建 ●项目团队建设	●项目团队管理	
项目沟通管理		●沟通规划	●信息发布	●绩效报告 ●利益相关者管理	

续表

知识领域	启动过程组	规划过程组	执行过程组	监控过程组	收尾过程组
项目风险管理		• 风险规划 • 风险识别 • 定性风险分析 • 定量风险分析 • 风险应对计划编制		• 风险监控	
项目采购管理		• 采购规划 • 发包规划	• 询价 • 卖方选择	• 合同管理	• 合同收尾

2.5 项目生命期理论

2.5.1 项目生命周期阶段

项目是一次性工作，因此具有生命周期。项目的生命周期一般分为四个阶段，即启动阶段、规划阶段、实施阶段和收尾阶段，不同阶段项目管理的内容不同。

第一阶段，即启动阶段。这个阶段的主要工作任务是项目识别、构思及选择，形成的文字资料主要包括项目建议书或可行性研究报告。

第二阶段，即规划阶段。这个阶段主要解决什么时间、怎么做、由谁负责完成项目目标等问题，即制订计划书，包括：确定项目工作范围，进行项目工作分解；估算各个活动所需的时间和费用；进度安排和人员安排；等等。

第三阶段，即实施阶段。这个阶段主要是具体实施项目计划。重点工作是执行项目计划书、跟踪执行过程和进行过程控制，当项目在具体的执行过程中出现偏差时，必须确保项目按计划顺利进行。同时，这个阶段也需要根据项目的执行情况来对项目计划进行必要的修改和补充，即项目的变更控制。

第四阶段，即收尾阶段。项目目标的实现或不可能实现，都说明项目进入收尾阶段。这一阶段的主要任务是项目的交接、对项目结果进行检验、项目的评价和总结、吸取经验教训、为完善以后的项目积累经验。

2.5.2 项目生命期的特征

项目经理或组织可以把每一个项目划分为若干个阶段，以便有效地进行控制，并与实施该项目组织的日常运作联系起来。这些项目阶段合在一起被称为项目生命期。许多组织识别出一套具体的生命期供其所有的项目使用。

项目的生命期通常规定：项目的各个阶段应当从事何种技术工作；项目各阶段可交付成果应何时生成，以及如何审查、核实和确认；项目各阶段由哪些人员参与；如何控制和批准项目各个阶段。

对项目生命期的描述可以十分笼统，也可以非常详细。非常详细的描述和说明可以包括许多表格、图和检查表，使其条理清楚，便于控制。

如图2.8所示，大多数项目生命期具有以下共同特点。

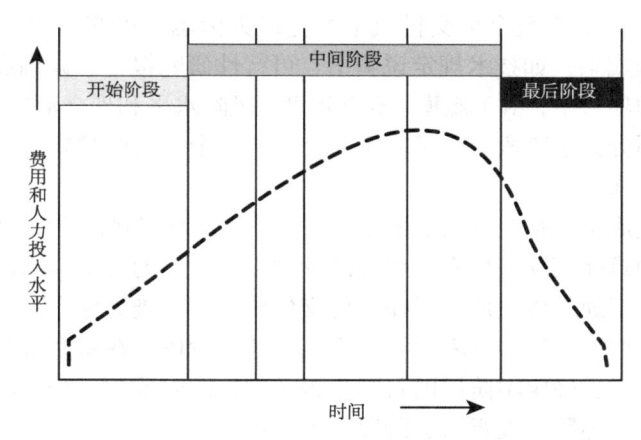

图 2.8 项目费用与人力投入水平在项目生命期中的典型分布

（1）项目阶段一般按顺序首尾衔接，一个阶段均建立在前一个阶段的基础上，阶段之间通常根据某种形式的技术信息传递或交接（如技术规定说明书等）来完成。

（2）项目开始时，人力投入和费用偏低，随之增高，在项目接近收尾时迅速下降。

（3）项目开始时，成功完成项目的可能性最低，因此风险和不确定性最高。随着项目的进展，成功完成项目的概率一般会逐渐上升。

（4）项目开始时，项目利益相关者对项目最终特性和项目最终费用的影响力最强，随着项目的进展，这种影响逐步减弱。究其原因主要是随着时间的推移，项目变更计划和纠正失误而导致的费用增加会大幅度提高。

不同企业和行业生命期阶段的划分不同，项目通常包括四个阶段，即启动、规划、实施和收尾阶段，各阶段工作的主要内容见表2.2。

表 2.2 项目生命期各阶段的主要工作内容

C（启动阶段）	D（规划阶段）	E（实施阶段）	F（收尾阶段）
明确需求、策划项目； 调查研究、收集数据； 进行可行性研究； 明确合作关系； 确定风险等级； 拟订战略方案； 进行资源测算； 提出组建工作组方案； 提出项目建议书； 获准进入下一阶段	确定项目组主要成员； 项目最终产品的范围界定； 实施方案研究； 项目质量标准的确定； 项目的资源保证； 项目的环境保证； 主计划的制订； 项目经费及现金流量的预算； 项目的工作结构分解； 项目政策与程序的制定； 风险评估； 确认项目有效性； 提出项目概要报告； 获准进入下一阶段	建立项目组织； 建立与完善项目联络渠道； 实施项目激励机制； 建立项目工作包； 细化各次项目需求； 建立项目信息控制系统； 执行工作分解结构的各项工作； 获得订购物品及服务； 范围、费用、质量、进度的指导/监督/预测/控制； 解决实施中的问题； 制订赶工计划	最终产品的完成； 评价与验收； 清算最后账务； 项目评估； 文档总结； 资源清理； 转换产品责任者； 解散项目组

2.5.3 项目阶段的特征

每个阶段都以一个或数个可交付成果的完成为标志。可交付成果可以是某种有形的、可验证的工作成果，如技术规定说明书、可行性研究报告、详细设计文件或产品。

在任何具体的项目中，由于规模、复杂程度、风险水平和现金流制约等方面的原因，阶段可以进一步划分为子阶段。为了便于监控，每一个子阶段都要与一个或多个具体的可交付成果联系起来。

阶段的正式完成不包括核准随后的阶段。为了有效地控制，每一阶段都要正式启动，都要根据该阶段的具体情况提出有针对性的计划以及预期的可交付物。

项目阶段的结束通常以完成的工作与可交付成果的审查为标志，目的是确定是否验收，是否仍然需要增加工作，或者是否考虑结束这个阶段。在每个阶段结束时应通过召开阶段评审会的方式，确定本阶段的目标是否达到，同时预测下个阶段的可能风险。各阶段末审查通常被称为阶段放行口、阶段关卡或控制门。

2.5.4 典型行业的项目生命期

1. 建筑项目

如图 2.9 所示，莫里斯（Morris）描述了一个建筑工程项目的生命期。

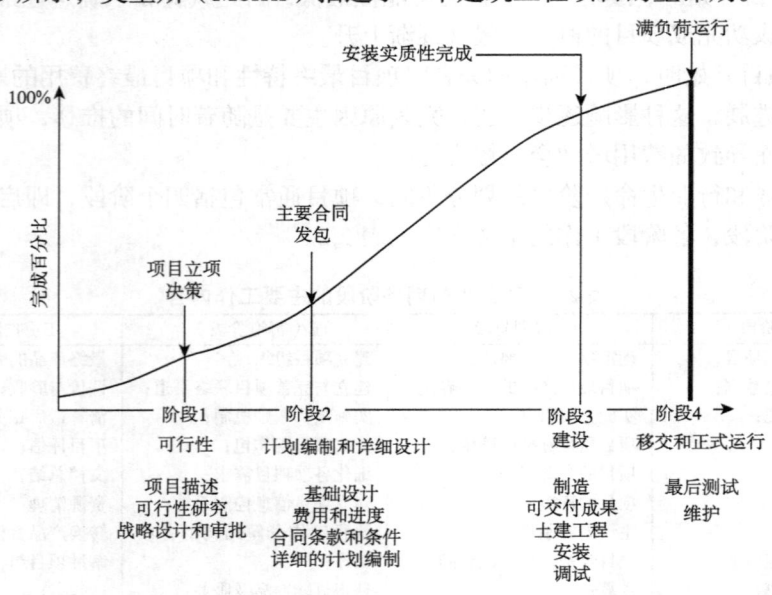

图 2.9 典型的建筑工程项目生命期

（1）可行性阶段，包括项目描述、可行性研究、战略设计和审批。此阶段最后将做出项目启动与否的决定。

（2）计划编制和详细设计阶段，包括基础设计、费用和进度、合同条款和条件、详细的计划编制。在此阶段结束时，将发包主要的合同。

（3）建设阶段，包括制造、可交付成果、土建工程、安装和调试。此阶段将完成大部分的项目设施。

（4）移交和正式运行阶段，包括最后测试和维护。此阶段结束时项目设施将完全投入使用。

2. 制药项目

如图 2.10 所示，莫菲（Murphy）描述了美国开发一种新医药的项目生命期。

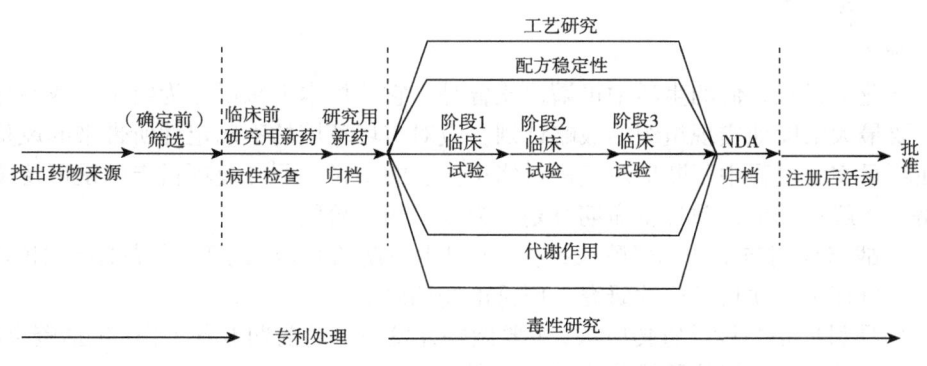

图 2.10　典型的制药项目的生命期

NDA（new drug application）即新药申请

（1）发现和筛选阶段，包括进行基础研究和应用研究，以确定可用于临床前测试的候选药物临床前研究，还包括实验室和动物试验来确定药物的安全性和有效性，以及研究用新药申请的准备。

（2）申报后的活动阶段，包括支持食品和药品管理局对新药申请进行审核的其他工作。

3. 制造业

制造业覆盖的范围十分广泛，包括电子产品制造、食品制造、机械及化工产品等诸多领域。不同领域的制造项目生命期在侧重点上有所不同，但一般情况下可归纳划分为如图 2.11 所示的三个阶段。

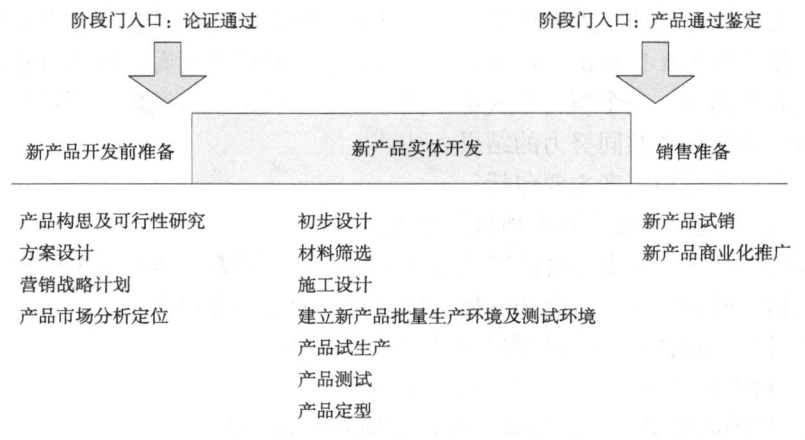

图 2.11　制造业项目生命期

（1）新产品开发前准备阶段，主要包括产品的构思及可行性研究、确定整体设计方案、制订产品市场营销战略计划、产品市场分析定位等方面。

（2）新产品实体开发阶段，属于项目执行阶段，主要包括新产品初步设计、材料筛选、施工设计、建立新产品批量生产环境及测试环境、产品试生产、产品测试、产品定型等环节。

（3）销售准备阶段，即新产品开发收尾阶段，主要包括新产品试销以及新产品商业化推广等工作。

4. 服务业

服务业项目在我们的生活中可谓比比皆是，它从根本上来说是为组织的战略计划服务的。要最大限度地实现组织的战略计划，应对市场环境的不确定性所带来的风险，就需要在项目实施过程中不断地对其进行修正。总的来说，服务业项目走的是可持续发展的道路。一般情况下，项目生命期可划分为以下四个阶段。

（1）战略计划与市场调研阶段，它是项目生命期的开始，包括组织战略计划的制订、拟执行项目筛选、项目可行性研究、项目市场调研等。

（2）项目准备与设计宣传阶段，主要做好开发项目的前期准备工作，包括资金准备、推广项目设计、项目宣传及战略伙伴的确定等。

（3）项目实施阶段，主要包括推广组织的战略计划、收集反馈信息、评估项目执行情况、修正组织战略等。

（4）项目收尾阶段，主要进行项目收尾并同时准备执行新的组织战略等。

2.6 项目利益相关者

2.6.1 利益相关者的定义

项目利益相关者是指任何参与项目或其利益受项目影响的个人和团体。受利益驱动，他们会对项目的启动、实施和结果施加影响。利益相关者理论的创始人罗伯特·爱德华·弗里曼（Robert Edward Freeman）认为，从战略层角度看任何项目管理方法必须以利益相关者为起点。一个项目的成功完成，绝不仅仅是项目经理或项目组的责任，它是所有项目利益相关者共同努力的结果。

通常，项目利益相关者主要包括：

（1）项目经理——负责管理项目的个人。

（2）顾客/用户——使用项目产品的个人或组织。顾客可能有多个层次，如新药的顾客可能包括开药方的医生、服药的病人以及相关的保险公司。

（3）项目实施组织——直接参与项目工作的单位。

（4）项目管理团队——完成项目工作的集体。

（5）项目团队成员——直接参与项目管理活动的团队成员。

（6）赞助方——为项目提供资金或实物财力资源的个人或团体。

（7）施加影响者——同项目产品的取得和使用没有直接关系，但是因其在顾客组织或实施组织中的地位而能够对项目的进程施加积极或消极影响的个人或团体，如政府、行业组织、环境影响评价组织、工会等。

2.6.2 利益相关者的层次划分

项目利益相关者可以划分为三个层次：第一层次为核心利益相关者，特指在项目中有很大投入，或者其利益与项目最终结果紧密相关的人和团体。核心利益相关者通常是对项目"下了赌注"的。第二层次为直接利益相关者，专指那些与项目有直接关系的人和团体。他们的决策和动作通常对项目的启动、实施和结果产生直接影响。第三层次为间接利益相关者，泛指所有受项目活动的间接影响或者影响项目活动的人和团体。

根据以上的层次划分标准，项目经理、赞助方为项目第一层次的核心利益相关者；项目实施组织、项目管理团队、项目团队成员为项目第二层次的直接利益相关者；顾客/用户、施加影响者为项目第三层次的间接利益相关者。

2.6.3 利益相关者的管理

对项目利益相关者进行管理的四个关键问题如下：第一，利益相关群体的确定；第二，利益关系的确定；第三，利益群体的影响力判断；第四，管理方式的确定。

首先，确定谁是利益相关群体。因为项目利益相关者对于项目存在积极和消极两个方面的影响，项目管理团队必须清楚谁是利益相关者。忽视利益相关者可能造成重大损失。项目利益相关者有时是偶尔参与调查，有时是全力赞助项目，包括提供财力和提供政治支持。确定项目利益相关者后，满足他们的明确和隐含的需求是项目成功的最终标志。

其次，确定利益相关者之间存在的利益关系是什么。识别和理解利益相关者的要求和期望，并在项目执行过程中对他们的要求和期望进行管理，并尽量满足这些期望，以确保项目取得成功。项目利益相关者的要求和期望有时是相互矛盾和抵触的，因此项目经理需要在利益相关者的各种要求和期望之间求得平衡。

再次，确定利益相关者对组织的决策和行动有多关键。利益相关者在参与项目时的责任和权限大小变化很大，并且在项目生命期的不同阶段也会变化。置责任和权限于不顾的利益相关者可能会严重影响项目的目标。

最后，决定通过什么方式管理外部利益相关群体关系。对于项目经理来说，领导、沟通、协调、激励及团结队伍是管理利益相关群体必须具备的基本能力。此外，对组织运作的认知能力、一般商业管理以及计划编制、预算、融资等的基本知识，也是应该具备的商业与管理技能。

2.7 项目沟通管理

良好的沟通是保证项目顺利执行直至成功的最重要因素之一。项目沟通管理（project communication management）是指为了确保项目信息合理收集和传输，以及最终处理所需实施的一系列过程。

2.7.1 沟通的基本过程

沟通是指发送者把自己头脑中的想法加工成能够传递出去的各种符号并通过某种途径发送出去，接受者接受信息后形成自己的理解，再把接受到的或理解的信息返回到发送者那里的一个过程，其一般过程如图 2.12 所示。

图 2.12　沟通的一般过程

从图 2.12 中可以看出，沟通的基本过程包括发送、编码、通道、解码、接受、反馈等一系列过程。其中，发送者即沟通主体，也是信息的发出者；接受者即沟通的客体，也是信息的接收者；编码将概念转化成规范代码；通道是指传达代码信息的工具和方法；解码是指客体对接受的信息做出解释、理解；为了体现沟通的效能，反馈是必不可少的。

沟通的主要方式有口头沟通、书面沟通及非语言沟通等。人类行为学的研究表明，人们之间的有效交流大约有 55%以上是通过非正式的非语言方式进行的。语言和文字可以违心地表达，但是表情、声调和动作的表达更加直白，难以伪饰，因此比较真实。研究表明，在非正式场合下，非语言方式对表达效果的贡献往往超过语言和文字本身。

2.7.2 项目沟通管理过程

项目沟通管理包括为了确保项目信息及时适当的产生、收集、传播、保存和最终配置所必需的过程。项目沟通管理过程一般分为项目沟通计划编制、信息发布、绩效报告及管理收尾四个阶段。

首先，要进行项目沟通计划的编制工作，在编制计划过程中，通过精心准备项目沟通规划，对项目沟通进行需求分析并确定项目沟通方式与方法，形成项目沟通管理计划。其次，信息发布过程是使项目利益相关主体适时得到所需信息的过程。再次，绩效报告过程是收集并发布绩效信息，从而向项目利益相关主体提供为达到项目目标如何使用资源的信息的过程。最后，管理收尾过程是为项目阶段或正式结束而建立、收集和分发信息的过程。

2.7.3 项目沟通的方法与技巧

1. 选择恰当的沟通渠道与方式

针对不同的沟通目标，需要选择不同的沟通渠道和方式。例如，在项目实施过程中，项目经理应该根据项目的实际明确双方认可的沟通渠道，如与用户之间通过正式的报告沟通，与项目成员之间通过电子邮件沟通等。同时，建立沟通反馈机制，保证沟通随时都要到位，并定时检查项目沟通情况，如有需要，随时调整沟通渠道和方式。

2. 讲究语言或非语言技巧

项目沟通管理过程中，要正确使用语言或非语言。例如，在正式场合穿着过于随便，发言轻浮而粗鲁；或者相反，在轻松的非正式场合，着装过于正经，说话深沉拘谨，前者给人不礼貌的印象，后者则让人敬而远之，无论如何，都会形成与他人之间的无形障碍。

3. 学会倾听的艺术

项目沟通管理特别强调倾听的重要性，在沟通开始时，尽量少说多听，采取低姿态，让别人充分阐述自己的意见，不要轻易打断。即使需要表达不同意见，也要在充分了解对方观点之后。同时，对话时始终用目光与对方保持接触和交流，表示自己的尊敬态度和认真态度，起到鼓励对方表达的作用。另外，主动运用反馈的技巧，如点头、复述、回应表示赞同，尤其要善于运用提问的技巧主导对话。用开放式问题鼓励对方展开发挥，用封闭式问题引导对方的思路，把对方从无关的主题上拉回来。

2.8 项目合同管理

项目合同管理（project contract management）是指对项目的合同订立、合同履行、合同变更、合同终止、综合评价等全生命周期的过程管理，以及对合同执行过程中出现的违约、索赔、争议处理等进行的管理。

2.8.1 项目合同的定义

项目合同是指为了完成某一项目的目标或规定的内容，项目投资方或其代理人与项目承包人达成的具有明确权利义务关系的协议。项目合同，除了一般合同所具有的特征以外，还可概括出以下特点。

（1）项目合同是一个合同群体。一般来说，大型的工程项目通常投资多、工期长，参与项目实施的团队多。因此，项目合同往往由多项合同组成一个合同群，这些合同之间分工明确、层次清楚，形成一个合同体系。

（2）标的物仅限于项目明确指向的内容。以工程项目合同为例，它与一般的生产合同、产品合同不同，合同标的物主要是建筑物、构筑物的建设，包括线路、管网的建设，土木工程的建设以及设备、材料购置安装等的管理，都是一次性过程。

（3）合同涉及面多。与产品合同比较，大型工程项目要涉及几十种专业、上百个工种、几万人作业，合同内容通常庞大复杂。而且，工程项目经济法律关系的多元性以及工程项目的单件性，决定了建设项目受到多方面、多条件的制约和影响，这些都要相应地反映在项目合同中。

2.8.2 项目合同的作用

项目合同的作用包括以下几个方面。

（1）合同明确了项目实施中双方的权利、责任、利益。项目合同是项目承发包双方行为的准则，对双方起制约作用，明确了双方的权利和义务的相互关系。

（2）合同是在项目实施阶段对项目进行监理的依据。对工程项目实行第三方监理，项目合同是必不可少的依据。若没有项目合同，监理也就失去了据以衡量的标准。

（3）合同是项目实施的法律依据。在法律上，项目合同有三点作用：依法保护双方的权益；追究违反合同条款的法律依据；调解、仲裁和审理纠纷的依据。

2.8.3 项目合同的过程管理

项目合同的过程管理，包含项目合同评审、项目合同订立、项目合同实施计划、项目合同实施控制、项目合同终止和评价。

（1）项目合同评审，是指在合同签订之前对招标文件和合同条件进行的审查、认定和评价。其具体内容包括以下几个方面。

- 项目招标内容和合同的合法性审查。
- 项目招标文件和合同条款的合法性和完备性审查。
- 合同双方责任、权益和项目范围认定。
- 与产品或过程有关要求的评审。
- 合同风险评估。

（2）项目合同订立，是指项目承发包双方或分包方以书面形式订立项目合同和分包合同的过程。良好的项目合同应该具备全面、严密、适变、通达的特征。国际咨询工程师联合会（Fédération Internationale Des Ingénieurs-Conseils，FIDIC）提供了一种国际性工程施工合同条款，是目前国际通行的一种典范的标准化格式合同。FIDIC合同条款于1957年1月发布首版，现已发展到第五版。

（3）项目合同实施计划，包含合同实施的总体安排、分包策划，以及合同实施保证体系的建立等。项目合同实施计划的重点在于：

- 合同实施保证体系应与其他管理体系协调一致，须建立合同文件沟通方式、编码系统和文档系统。
- 项目实施团队（承包人）应对其同时承接的合同作总体协调安排。
- 项目承包人所签订的各分包合同及自行完成分配工作的责任，应能涵盖主合同的总体责任，在价格、进度、组织等方面符合主合同的要求。

• 合同实施计划应规定必要的合同实施工作程序。

（4）项目合同实施控制，包含合同交底、合同跟踪与诊断、合同变更管理和索赔管理等。其具体包括以下几个方面。

• 合同交底是指合同双方的谈判人员在合同实施前进行的信息交换过程。交底的内容应包括合同的主要内容、合同实施的主要风险、合同签订过程中的特殊问题、合同实施计划和合同实施责任分配等内容。

• 合同跟踪与诊断是指收集并分析合同实施的信息和数据，并将实施情况与实施计划进行对比分析，以找出其中的偏差。在项目执行过程中，需要定期诊断合同履行情况，诊断合同执行差异的原因、责任分析以及实施趋向预测，并且及时通报诊断内容，提出意见和建议，并采取相应措施。

• 合同变更管理是指变更协商、变更处理、制定并落实变更措施、修改与变更相关的资料，以及结果检查等管理工程。

• 索赔管理是指发包人对承包人、承包人对分包人、承包人对发包人，以及供应团体之间的损失利益的追偿过程。其具体过程包括：预测、寻找和发现索赔机会；收集索赔的证据和理由，调查和分析干扰事件的影响，计算索赔值；提出索赔意向和报告。

面对索赔要求，被索赔方需要进行反索赔管理工作。其具体包括：对索赔报告进行审查分析，收集反驳理由和证据，复核索赔值，起草并提出反索赔报告。

（5）项目合同终止和评价。一般来说，合同履行结束即合同终止。项目的管理团队应及时进行合同评价，总结合同签订和执行过程中的经验教训，提出总结报告。合同总结报告的内容应包括：合同签订情况评价；合同执行情况评价；合同管理工作评价；对本项目有重大影响的合同条款的评价；其他经验和教训。

思考题

1. 什么是项目？项目都有何特点？
2. 什么是项目管理？
3. 项目管理的生命期理论是什么？有哪些典型项目的生命期？
4. 什么是项目管理知识体系？它包含哪几方面的内容？
5. 项目利益相关者包括哪些？如何划分？
6. 什么是项目沟通管理？项目沟通管理的方法与技巧有哪些？
7. 什么是项目合同管理？项目合同的作用包括哪些？

案例

第 3 章

项目时间管理

项目时间管理（project time management）又称项目进度管理，是指在项目实施过程中，对各阶段的进展程度和项目最终完成的期限所进行的管理。项目时间管理是开展项目其他方面管理的前提，是项目管理的重要组成部分。

在 20 世纪上半叶，进度安排的主要工具是甘特图，该方法可以清晰地反映项目的整体进展状况。但是，不管是从实际项目任务的数量，还是从它所体现的各项目活动之间的相互关系来说，它所传达的信息量都是有限的。基于这些缺陷，产生了关键路径法（critical path method，CPM）和计划评审技术等网络计划方法。由此，本章在介绍时间管理基本过程的同时，也介绍了如何编制网络计划及进度计划的优化等内容。

3.1 项目时间管理概述

对项目开展项目管理，就是要在规定的时间内，制订出合理、经济的进度计划，然后在执行该计划的过程中，检查实际进度是否与计划进度一致，如果出现偏差，就及时找出原因并迅速采取补救措施，甚至调整原定计划来保证项目按时完成。由此，时间管理可概括为如图 3.1 所示的六个过程。

（1）活动定义：确定为完成各种项目可交付成果所必须进行的各项具体活动。

（2）活动排序：识别与记载计划活动之间的逻辑关系。

（3）活动资源估算：估计实施项目活动时所需资源的种类与数量，以及何时用于项目计划活动。

（4）活动持续时间估算：估算完成各项活动所需要的时间长度。

（5）进度计划制订：在分析活动顺序/活动持续时间/资源要求，以及进度制约因素的基础上编制项目进度计划。

第 3 章 项目时间管理

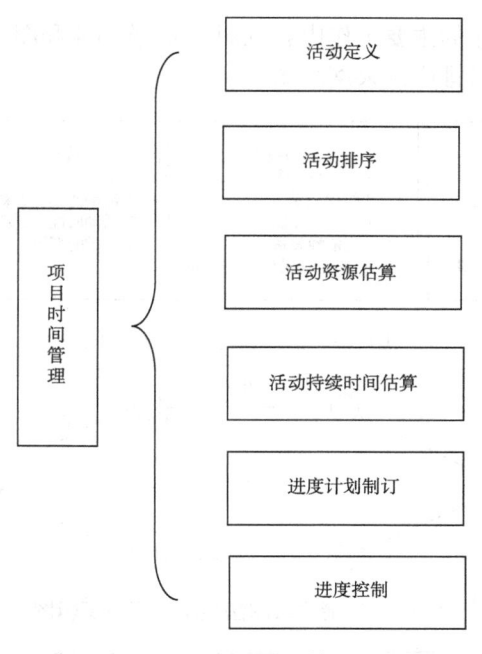

图 3.1 项目时间管理

（6）进度控制：根据项目进度计划实际进展情况进行对比、分析、调整，以确保项目进度目标的实现。

3.1.1 活动定义

活动定义一般被称为计划活动，为估算、安排进度、执行以及监控项目工作奠定基础。其工作内容见图 3.2。

依据
1. 事业环境因素
2. 组织过程资产
3. 项目范围说明书
4. 工作分解结构
5. 工作分解结构词汇表
6. 项目管理计划

工具与技术
1. 分解
2. 样板
3. 滚动式规划
4. 专家判断
5. 规划组成部分

成果
1. 活动清单
2. 活动属性
3. 里程碑清单
4. 请求的变更

图 3.2 活动定义的主要工作

3.1.2 活动排序

活动排序就是对活动清单中各项活动的相互关系进行识别，并据此对各项活动的先后顺序进行安排和确定。在按照逻辑关系安排计划活动顺序时，可考虑适当的紧前关系，也可加入适当的时间提前与滞后量，只有这样在以后才能制订出符合实际和可以实现的项目进度计划。活动排序的主要工作内容见图3.3。图3.4和图3.5是用箭线绘图法和紧前关系绘图法设计的项目排序结果网络图。

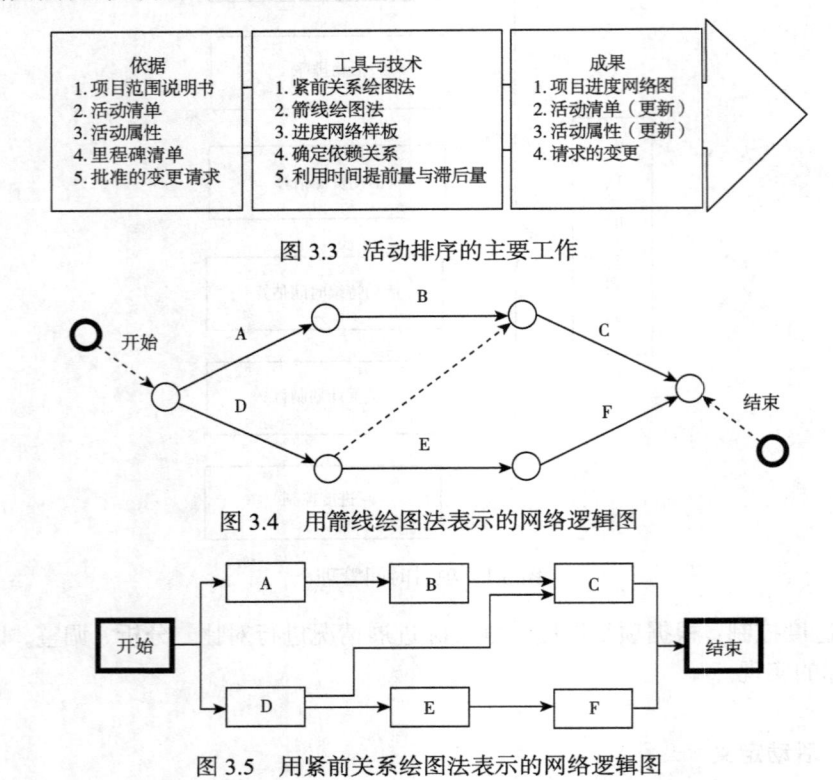

依据
1. 项目范围说明书
2. 活动清单
3. 活动属性
4. 里程碑清单
5. 批准的变更请求

工具与技术
1. 紧前关系绘图法
2. 箭线绘图法
3. 进度网络样板
4. 确定依赖关系
5. 利用时间提前量与滞后量

成果
1. 项目进度网络图
2. 活动清单（更新）
3. 活动属性（更新）
4. 请求的变更

图3.3 活动排序的主要工作

图3.4 用箭线绘图法表示的网络逻辑图

图3.5 用紧前关系绘图法表示的网络逻辑图

3.1.3 活动资源估算

项目资源包括项目实施中需要的人力、设备、材料/能源及各种设施等。活动资源估算就是确定在项目实施过程中要使用什么样的资源、每一种资源使用的数量，以及何时用于项目计划活动中。

活动资源估算过程与费用估算过程紧密相关。例如，汽车设计团队需要熟悉最新的自动装配技术。获取必要知识的途径包括聘请一位咨询人员，派一位设计人员出席机器人研讨会，或者把来自生产岗位的人员纳入设计团队等。项目活动资源估算的主要工作内容见图3.6。

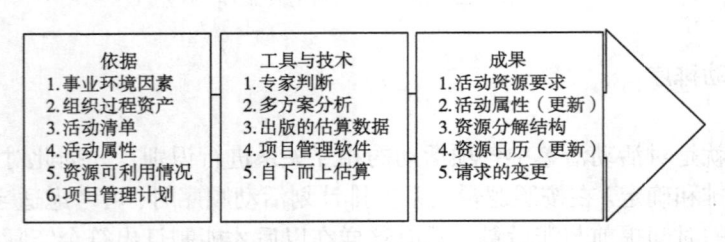

依据
1. 事业环境因素
2. 组织过程资产
3. 活动清单
4. 活动属性
5. 资源可利用情况
6. 项目管理计划

工具与技术
1. 专家判断
2. 多方案分析
3. 出版的估算数据
4. 项目管理软件
5. 自下而上估算

成果
1. 活动资源要求
2. 活动属性（更新）
3. 资源分解结构
4. 资源日历（更新）
5. 请求的变更

图3.6 活动资源估算的主要工作

3.1.4 活动持续时间估算

活动持续时间估算也称活动历时估计或活动工期估计。活动持续时间估算需要考虑的主要因素包括以下几个方面。

（1）工作量和复杂程度。

（2）资源数量。比如说当人力资源减少一半时工作的延续时间一般来说将会增加一倍。

（3）资源能力。对于研发项目来说，熟练技术人员能够大大缩短研发周期。

（4）项目约束和限制条件。其包括项目风险的大小、技术的难易程度和供应商的情况。

（5）历史信息。公用的工作持续时间数据库等。

当项目活动干扰的因素较多，投入的资源量和项目活动工作量较难准确确定时，我们通常采用计划评审技术中的时间估算方法，即三种时间估计值。项目活动持续时间估算的主要工作内容见图 3.7。

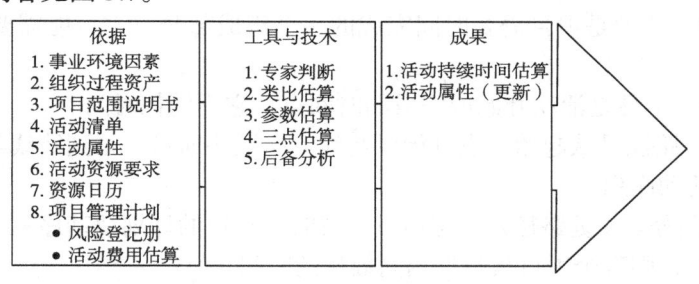

依据	工具与技术	成果
1. 事业环境因素 2. 组织过程资产 3. 项目范围说明书 4. 活动清单 5. 活动属性 6. 活动资源要求 7. 资源日历 8. 项目管理计划 • 风险登记册 • 活动费用估算	1. 专家判断 2. 类比估算 3. 参数估算 4. 三点估算 5. 后备分析	1. 活动持续时间估算 2. 活动属性（更新）

图 3.7　活动持续时间估算的主要工作

3.1.5 进度计划制订

进度计划制订就是根据项目的活动定义/活动排序及活动持续时间估算的结果和所需要的资源进行的进度计划编制的工作。它是一个反复多次的过程，以确定各项目活动的起始和完成日期/具体的实施方案和措施。制订项目进度计划可能要求对持续时间估算与资源估算进行不断地审查与修改，以便在进度计划批准之后能够当做跟踪项目绩效的基准。进度计划制订的主要工作内容见图 3.8。

依据	工具与技术	成果
1. 组织过程资产 2. 项目范围说明书 3. 活动清单 4. 活动属性 5. 项目进度网络图 6. 活动资源要求 7. 资源日历 8. 活动持续时间估算 9. 项目管理计划 • 风险登记册	1. 进度网络分析 2. 关键路线法 3. 进度压缩 4. 假设情景分析 5. 资源平衡 6. 关键链法 7. 项目管理软件 8. 应用日历 9. 调整时间提前与滞后量 10. 进度模型	1. 项目进度表 2. 进度模型数据 3. 进度基准 4. 资源要求（更新） 5. 活动属性（更新） 6. 项目日历（更新） 7. 请求的变更 8. 项目管理计划（更新） • 进度管理计划（更新）

图 3.8　进度计划制订的主要工作

3.2 网络计划技术

网络计划技术是 20 世纪 50 年代后期出现的最为有效和方便的计划技术之一，它最初是作为大规模开发研究项目的计划管理方法而被开发出来的。网络计划技术是用网络计划对任务的工作进度进行安排和控制，以保证实现预定目标的科学的计划管理技术。它既是一种科学的计划方法，又是一种有效的科学管理方法。这种方法不仅能完整地揭示一个项目所包含的全部工作以及它们之间的关系，而且还能根据数学原理，应用最优化技术，揭示整个项目的关键工作并合理地安排计划中的各项工作；对于项目进展过程中可能出现的工期延误等问题能防患于未然，并进行合理的处置。

3.2.1 网络计划技术的基本原理

1. 基本术语

（1）活动。活动是项目需要时间完成的一个组成部分，它可能需要也可能不需要资源。

（2）事件。事件是活动开始或完成的时间点，它不消耗时间。

（3）路线。路线是从起始节点开始沿箭线方向顺序通过一系列箭线与节点，最终到达终止节点的活动序列。

（4）关键路径。关键路径是决定项目持续时间长短的计划活动序列。如果这一路线上的活动被延迟，则整个项目被延迟相同数量的时间。

2. 绘制网络图的基本规则

（1）网络图的主方向是从起点节点到终点节点的方向，在绘制网络图时应优先选择由左至右的水平走向，箭线方向必须优先选择与主方向相应的走向。

（2）必须按工作的逻辑关系画图，只有紧前的相关活动已经完成后，紧后活动才能开始。

（3）工作或事件的字母代号或数字编号，在同一网络图中不允许重复使用，每条箭线箭头节点的编号（j）必须大于其箭尾节点的编号（i）。

（4）网络图中只允许有一个起点节点和一个终点节点。

（5）除起点节点和终点节点外，其他所有节点前后都要用箭线或虚箭线连接起来。

（6）代表活动的箭线，其首尾必须都有事件节点，即在两个事件节点之间只能有一项活动。

（7）网络图是有向的，图中不允许出现封闭循环回路。

（8）绘制网络图时，应尽量避免箭线的交叉。

3. 网络计划的时间参数

网络计划需进行计算的工作时间参数如下。

（1）工作最早开始时间 ES 是指各紧前工作全部完成以后，本工作有可能开始的最早时刻。工作 i–j 的最早开始时间用 ES_{ij} 表示。

（2）工作最早完成时间 EF 是指各紧前工作全部完成后，完成本工作的最早可能时刻。工作 i–j 的最早结束时间用 EF_{ij} 表示。

（3）工作最迟开始时间 LS 是指在不影响整个项目按期完成的条件下，本工作最迟必须开始的时刻。工作 i–j 的最迟开始时间用 LS_{ij} 表示。

（4）工作最迟完成时间 LF 是指在不影响整个项目按期完成的条件下，本工作最迟必须完成的时刻。工作 i–j 的最迟结束时间用 LF_{ij} 表示。

（5）工作的总时差 TF 是指在不影响整个项目完成总工期的前提下，某工作所具有的机动时间。工作 i–j 的总时差用 TF_{ij} 表示。

（6）工作的自由时差 FF 是指在不影响紧后工作最早开始时间的前提下，本工作所具有的机动时间。工作 i–j 的自由时差用 FF_{ij} 表示。

下面举例来说明如何确定关键路径。

【例 3.1】 图 3.9 是一个项目网络图，箭线上的符号、数字分别表示工序的名称及其工作时间。从图 3.9 中可以看出，始点①到终点⑧共有 4 条通路：第一条路径过节点①→②→④→⑦→⑧，完工时间为 11；第二条路径过节点①→②→⑤→⑦→⑧，完工时间为 12；第三条路径过节点①→②→⑥→⑦→⑧，完工时间为 15；第四条路径过节点①→③→⑥→⑦→⑧，完工时间为 13。

完工时间最长的路被称为关键路径。在这条线路上若发生问题延工，将影响到整个工程项目的进度。图 3.9 的关键路径为第三条路，即图 3.9 中双箭线所示的路线，路长为 15。显然，项目管理（领导）者首要关心的路应该是关键路径上的各工序情况，抓主要矛盾，次要矛盾可迎刃而解。

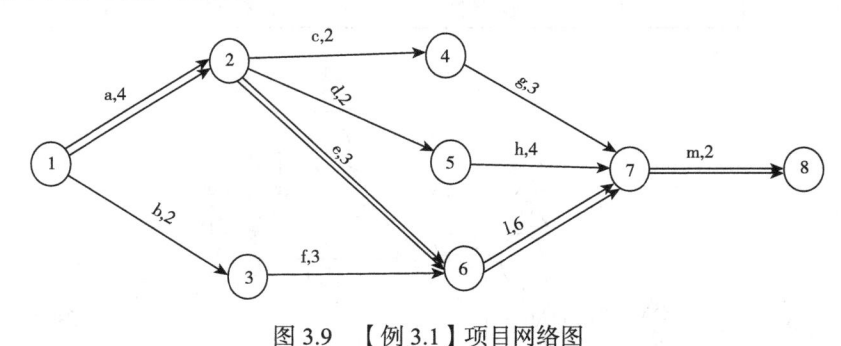

图 3.9　【例 3.1】项目网络图

3.2.2　双代号网络图

1. 基本定义

这是一种用节点表示某事项（件），如任务、活动或工序的开始或结束，用箭线表示有明确目的要求的工作任务或工序的网络图方法。这种技术被称为双代号网络（activity-on-arrow network，AOA）。

2. 时间参数计算及关键路径的确定

下面通过例题来说明网络计划图的绘制和关键路径的确定。

【例 3.2】 研究分析万吨货轮建造工程。货轮建造过程由技术设计、船体放样、钢材截割等工序（或称活动）组成。各项工序需按规定的顺序，花费一定的时间去完成。所有工序完成后，整个造船工程才告结束。

表 3.1 给出了万吨货轮建造工程粗略的活动、时间和内容。以它为基础绘制的网络图见图 3.10，我们称之为双代号网络图。图 3.10 中节点①至节点②箭线上方的数字表示的是工序（技术设计）完成所需的时间，下方方形框内的数字表示工序号。虚箭线表示的是虚作业，该作业仅表示后面那个作业必须在虚作业前面的作业完成后才能进行。因此，虚活动所用时间为零，只为强调活动的先后次序而设。

表 3.1 万吨货轮建造的作业次序

工序（活动）	工序号	工序内容	前项（紧前）工序	耗费时间 t_{ij}（单位）
①→②	1	技术设计	无	5
②→③	2	船体放样	1	2
②→④	3	钢材截割	1	4
③→④	4	虚作业	2	0
③→⑥	5	发动机购买	2	1
④→⑤	6	小合拢	3, 4	2
⑤→⑦	7	虚作业	6	0
⑤→⑧	8	电气安装	6	2
⑥→⑨	9	发动机安装、试车	5	3
⑦→⑧	10	大合拢	7	5
⑧→⑨	11	进坞倾斜	8, 10	8

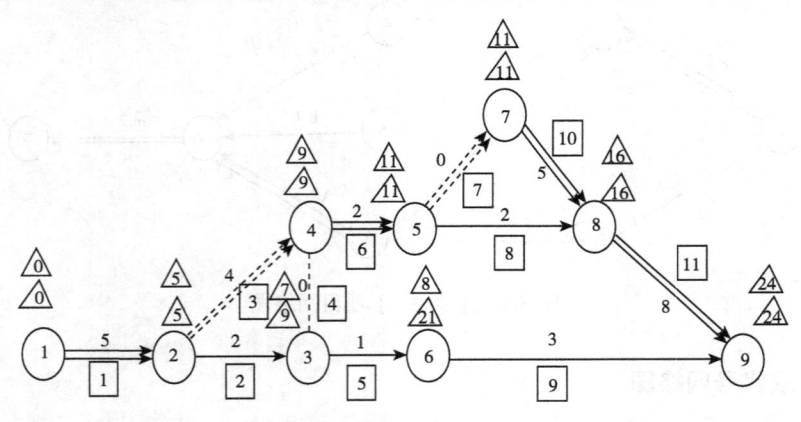

图 3.10 货轮建造工程网络图

显然，只要有了工序作业次序表，就可绘出网络图。这为我们控制工程进度提供了方便而直观的工具。

由于工程项目的复杂性，我们必须对网络图作深入的研究，找出主要矛盾，以控制整个工程。为此，我们先介绍时间参数的计算方法。

(1) 节点 I 的最早开工时间 T_{EI}。

节点 I 的最早开工时间 T_{EI} 是指以 I 为起始节点的活动的最早开工时间，原始节点①的 $T_{EI}=0$，显然：

$$T_{E2} = T_{E1} + 5 = 5$$
$$T_{E3} = T_{E2} + 2 = 7$$
$$T_{E4} = \max\{T_{E2} + 4, T_{E3} + 0\} = \max\{9, 7\} = 9$$
$$T_{E5} = T_{E4} + 2 = 9 + 2 = 11$$
$$T_{E6} = T_{E3} + 1 = 8$$
$$T_{E7} = T_{E5} + 0 = 11$$
$$T_{E8} = \max\{T_{E7} + 5, T_{E5} + 2\} = \max\{11+5, 11+2\} = 16$$
$$T_{E9} = \max\{T_{E8} + 8, T_{E6} + 3\} = \max\{16+8, 8+3\} = 24$$

当某个节点同时是几项工序的结束节点时，由于该节点后面的工序必须等这几项工序全部完成后才能开始。因此，该节点的最早开始时间应取完成时间最迟的工序的结束时间（即 max 值）。我们把计算出的各节点的最早开工时间写入图 3.10 相应各节点的上三角形框内。

(2) 节点 I 的最迟开工时间 T_{LI}。

为了使整个工程在第 24 个单位时间里（或者说是在第 23 个单位时间末）结束，还要计算各节点最迟在第几个单位时间必须开工。为此，先定终节点⑨的最迟开工时间为

$$T_{L9} = 24$$

再反向自右向左逐次计算：

$$T_{L8} = T_{L9} - 8 = 24 - 8 = 16$$

这就是说，若节点⑧最迟在第 16 个单位不开工的话，那么节点⑨在第 24 单位同时就完不了工。类似地：

$$T_{L7} = T_{L8} - 5 = 16 - 5 = 11$$

当节点同时是几项工序的起始节点时，必须取它们之中开工最早者作该节点的最迟开工时间，才不至于使整个工程延误工期。所以，

$$T_{L5} = \min\{T_{L7} - 0, T_{L8} - 2\} = \min\{11-0, 16-2\} = 11$$
$$T_{L4} = T_{L5} - 2 = 9$$
$$T_{L6} = L_{L9} - 3 = 21$$
$$T_{L3} = \min\{T_{L4} - 0, T_{L6} - 1\} = \min\{9-0, 21-1\} = 9$$
$$T_{L2} = \min\{T_{L4} - 4, T_{L3} - 2\} = \min\{9-4, 9-2\} = 5$$
$$T_{L1} = T_{L2} - 5 = 5 - 5 = 0$$

以上计算结果填入图 3.10 相应节点的下三角形框内。

(3) 活动 $i \to j$ 的最早开始时间 T_{ESij} 和最早完成时间 T_{EFij}。

其计算公式是

$$T_{ESij} = T_{Ei}$$
$$T_{EFij} = T_{Ei} + T_{ij}$$

其中，T_{ij} 表示活动 $i \to j$ 所需耗费的时间。

（4）活动 $i \to j$ 的最迟开始时间 T_{LSij} 和最迟完成时间 T_{LFij}。

其计算公式是

$$T_{LSij} = T_{Lj} - T_{ij}$$

$$T_{LFij} = T_{Lj}$$

（5）活动 $i \to j$ 总时差 T_{TFij} 的计算公式是

$$T_{TFij} = T_{LSij} - T_{ESij} = T_{Lj} - T_{Ei} - T_{ij}$$

（6）活动 $i \to j$ 的自由时差 T_{FFij} 是

$$T_{FFij} = T_{ESij} - T_{EFij}(\min)$$

我们把【例 3.2】中对所有上述时间参数的计算结果列于表 3.2 中。把没有时差的工序称做关键工序（或称关键活动）。关键工序组成的线路被称为关键路径。位于关键路径上的工序即使推迟一天，也将导致整个工程的延期完工。而其他工序（即非关键工序）的完工期都是留有缓冲余地的。因此，网络图的最大作用之一是能找出工程的关键路径，这就是整个工程举足轻重的活动所在。把握它们的情况，控制它们的进度，将有利于整个工程的按期或提早完工。

表 3.2 【例 3.2】活动各时间参数值

$i \to j$	耗费时间 T_{ij}（单元）	最早开始 T_{ESij}	最早完成 T_{EFij}	最迟开始 T_{LSij}	最迟完成 T_{LFij}	总时差 T_{TFij}	关键路径 CP
1→2	5	0	5	0	5	0	*
2→3	2	5	7	7	9	2	
2→4	4	5	9	5	9	0	*
3→4	0	7	7	9	9	2	
3→6	1	7	8	20	21	13	*
4→5	2	9	11	9	11	0	*
5→7	0	11	11	11	11	0	
5→8	2	11	13	14	16	3	
6→9	3	8	11	21	24	13	
7→8	5	11	16	11	16	0	*
8→9	8	16	24	16	24	0	*

对于没有时差的工序在表 3.2 的 CP 栏内填"*"号。这些工序在图 3.10 中用双箭线表示。它们组成了关键路径。显然，关键路径所需的总工时最长（正好是总工期 24 个时间单位）。

【例 3.3】在图 3.11 的网络图中，表示活动的箭线上的数字为完成活动所需的天数，试找出它的关键路径。

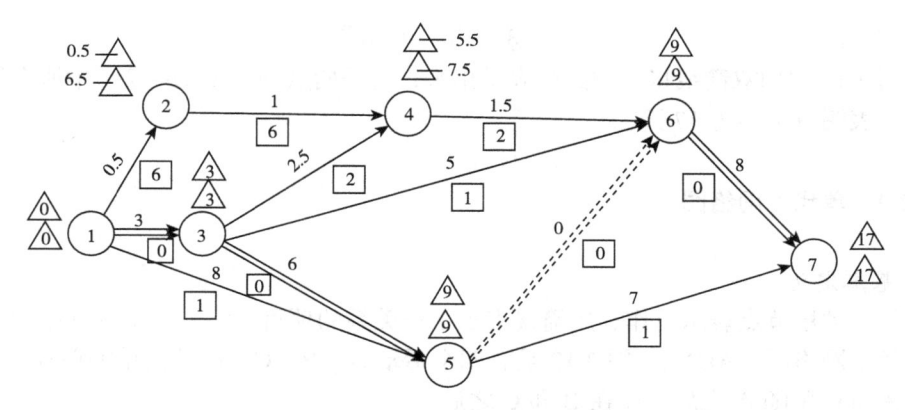

图 3.11 【例 3.3】项目网络图

首先，计算各节点的最早开工时间，并填入图 3.11 的上三角形框：

$T_{E1}=0$, $T_{E2}=0+0.5=0.5$, $T_{E3}=3$
$T_{E4}=\max\{0.5+1,3+2.5\}=5.5$
$T_{E5}=\max\{3+6,0+8\}=9$
$T_{E6}=\max\{5.5+1.5,3+5,9+0\}=9$
$T_{E7}=\max\{9+8,9+7\}=17$

其次，计算各节点最迟开工时间，并填入图 3.11 的下三角框：

$T_{L7}=17$, $T_{L6}=17-8=9$
$T_{L5}=\min\{9-0,17-7\}=9$
$T_{L4}=9-1.5=7.5$
$T_{L3}=\min\{7.5-2.5,9-5,9-6\}=3$
$T_{L2}=7.5-1=6.5$
$T_{L1}=\min\{6.5-0.5,3-3,9-8\}=0$

最后，计算各活动时差 T_{TFij}，并记入图 3.11 相应活动箭线下的方框内：

$T_{TF12}=T_{L2}-T_{E1}-t_{12}=6.5-0-0.5=6$
$T_{TF13}=T_{L3}-T_{E1}-t_{13}=3-0-3=0$
$T_{TF15}=T_{L5}-T_{E1}-t_{15}=9-0-8=1$
$T_{TF24}=T_{L4}-T_{E2}-t_{24}=7.5-0.5-1=6$
$T_{TF34}=T_{L4}-T_{E3}-t_{34}=7.5-3-2.5=2$
$T_{TF36}=T_{L6}-T_{E3}-t_{36}=9-3-5=1$
$T_{TF35}=T_{L5}-T_{E3}-t_{35}=9-3-6=0$
$T_{TF46}=T_{L6}-T_{E4}-t_{46}=9-5.5-1.5=2$
$T_{TF56}=T_{L6}-T_{E5}-t_{56}=9-9-0=0$
$T_{TF57}=T_{L7}-T_{E5}-t_{57}=17-9-7=1$
$T_{TF67}=T_{L7}-T_{E6}-t_{67}=17-9-8=0$

因此，得时差为零的关键路径为

①→③→⑤→⑥→⑦

在图 3.11 中用双箭线将关键路径表示出来,它是始点到点(①→⑦)中所有线路之最长者,表明总工期为 17 天。

3.2.3 单代号网络图

1. 基本定义

这是一种用节点表示工作、用箭线表示工作关系的项目网络图,这种网络图通常被称为单代号网络图(AON)。图 3.12 是有四个活动 A、B、C、D 的简单的单代号网络。其中,B 和 C 紧随 A 之后,D 在 B 和 C 之后。

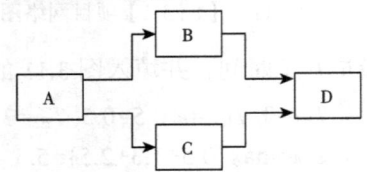

图 3.12 简单的单代号网络

搭接型网络是以节点活动为基础,活动之间的制约关系用"时距"作参数表示在弧上。它是两个相连工序开工的间隔时间(可以小于工序工作时间),描述活动间的平行交叉的约束关系。时距的基本含义有 4 种,见表 3.3。图 3.13 给出了一个搭接型网络图的示例。但它只适用于单代号网络计划。这也是单代号网络计划比双代号网路计划更为优越之处。

表 3.3 时距的基本含义

时距		定义
$T_{FS}=n$		活动 a 完工 n 天后 b 开工
$T_{SS}=n$		活动 a 开工 n 天后 b 开工
$T_{FF}=n$		活动 a 开工 n 天后 b 完工
$T_{SF}=n$		活动 a 开工 n 天后 b 完工

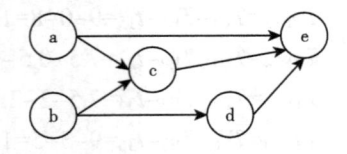

图 3.13 搭接型网络图示例

2. 时间参数的计算

单代号网络可以表示 4 种不同逻辑关系的活动。逻辑关系有时又被称为搭接关系,而搭接所需的持续时间又被称为搭接时距。常见的搭接关系有以下几种。

(1)FTS,即结束—开始(finish to start)关系。

这是一种常见的逻辑关系。例如,混凝土浇捣(A)成型之后,至少要养护 7 天才能拆模（B），见图3.14。我们通常将 A 称为 B 的紧前活动，将 B 称为 A 的紧后活动。

图 3.14　结束—开始关系图

这里的 7 天为搭接时距，即拆模开始时间至少到浇捣混凝土完成 7 天后才能进行（图3.15），不得提前。

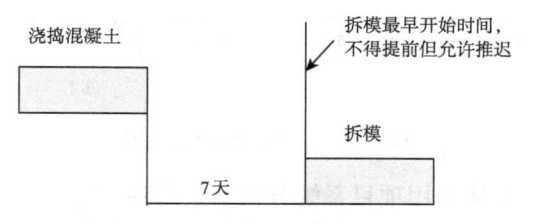

图 3.15　结束—开始关系示例图

当 FTS=0 时，即紧前活动完成后可以紧接着开始紧后活动。这是最常见的工程活动之间的逻辑关系。

（2）STS，即开始—开始（start to start）关系。

紧前活动开始后一段时间，紧后活动才能开始，即紧后活动的开始时间受紧前活动开始时间的制约。例如，某基础工程采用井点降水，按规定抽水设备安装完成，开始抽水一天后可开挖基坑，见图3.16。

图 3.16　开始—开始关系图

（3）FTF，即结束—结束（finish to finish）关系。

紧前活动结束后，经 FTF 单位时间（也可以为 0）紧后活动才能结束，即紧后活动的结束时间受紧前活动结束时间的制约。例如，基坑回填土结束后基坑排水才能停止，见图3.17。

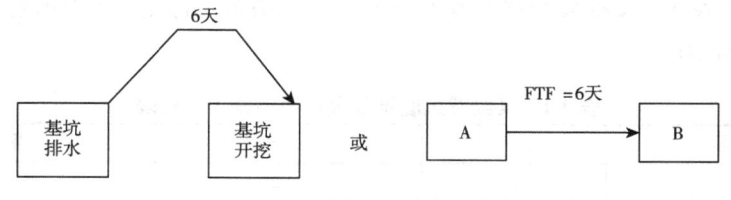

图 3.17　结束—结束关系图

（4）STF，即开始—结束（start to finish）关系。

紧前活动开始后一段时间，紧后活动才能结束，这在实际工程中用得较少。示例见图 3.18（a）。

搭接时距允许的是最小值。例如，墙面粉刷后至少需要 10 天才能上油漆，否则不能保证质量，即实际安排可以大于它，但不能小于它。搭接时距还可以用最大值定义。又如，设计图样完成后必须经过批准才能施工，而批准时间按合同规定最多 14 天，见图 3.18（b）。

墙面粉刷 —MI=10天→ 油漆　　　设计 —MA=14天→ 施工
　　（a）　　　　　　　　　　　（b）

图 3.18　开始—结束关系图

单代号搭接网络可直接利用项目系统分析结果得到，它以工程活动为节点，以带箭头的箭杆表示逻辑关系。活动之间存在各种形式的搭接关系（如 FTS、FTF、STS、STF）。单代号搭接网络的表示方法有专门的标准。它只有活动的时间参数，其绘画原则、时间参数的算法等与双代号网络类同，除增加了一些有前后搭接关系的算法（如下文所述），其余的参数算法没有变化。

设项目网络活动集合为 A，总工期为 t，活动 j 的工作时间为 t_j。

（1）FTS，即结束—开始关系。

最早时间（从前往后计算）：$T_{ESj}=T_{EFi}+FTS$，$T_{EFj}=T_{ESj}+t_j$；

最迟时间（从后往前计算）：$T_{LFi}=T_{LSj}-FTS$，$T_{LSi}=T_{LFj}-T_j$；

自由时差：$T_{FFi}=T_{ESj}-FTS-T_{EFi}$。

（2）STS，即开始—开始关系。

最早时间（从前往后计算）：$T_{ESi}=0$，$T_{ESj}=T_{ESi}+STS$；

自由时差：$T_{FFi}=T_{ESj}-STS-T_{ESi}$。

（3）FTF，即结束—结束关系。

最早时间（从前往后计算）：$T_{EFj}=T_{EFi}+FTF$；

最迟时间（从后往前计算）：$T_{LFj}=T$，$T_{LFi}=T_{LFj}-FTF$。

（4）STF，即开始—结束关系。

最早时间（从前往后计算）：$T_{ESi}=0$，$T_{EFj}=T_{ESi}+STF$；

最迟时间（从后往前计算）：$T_{LFj}=T$，$T_{LSi}=T_{LFi}-STF$；

自由时差：$T_{FFi}=T_{EFj}-STF-T_{ESi}$。

【例 3.4】表 3.4 表示某经贸大厦维修项目的简略施工计划。试画出它的双代号网络图和单代号网络图。

表 3.4　某经贸大厦维修项目简略施工计划表

工序名称	符号	工作时间	紧前工序
框架	a	2	—
屋面	b	1	a

续表

工序名称	符号	工作时间	紧前工序
外墙	c	3	a
门窗	d	2.5	c
卫生管道	e	1.5	c
电气	f	2	b,d
内部装修	g	4	e,f
外部油漆	h	3	b,d
验收	i	1.3	g,h

图 3.19 和图 3.20 分别给出了【例 3.4】所示项目的双代号网络图和单代号网络图，其单代号网络图的图例见图 3.21。

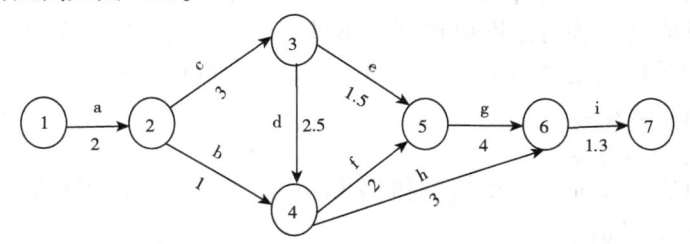

图 3.19 某经贸大厦维修项目双代号网络图

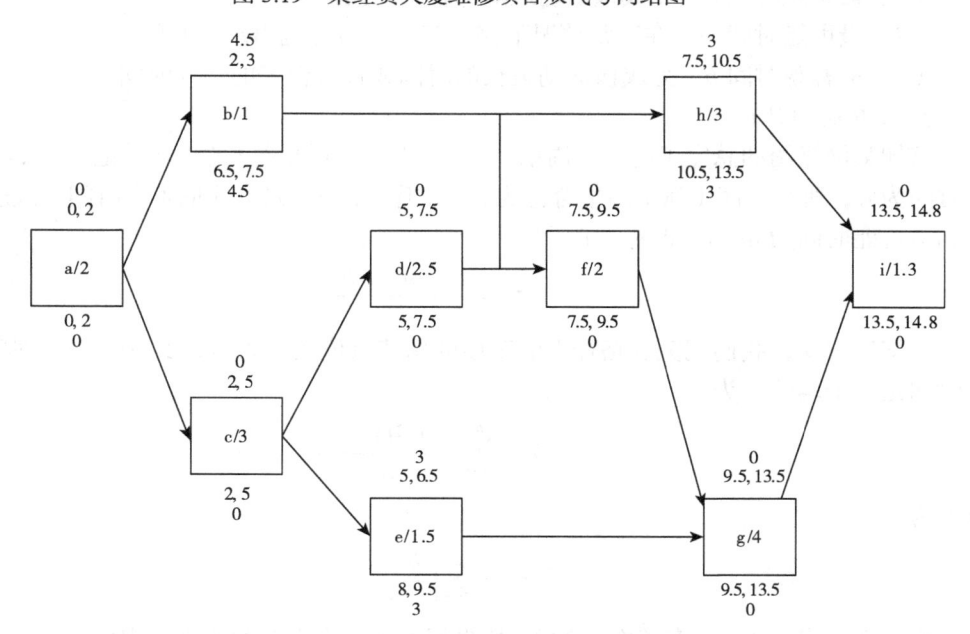

图 3.20 某经贸大厦维修项目单代号网络图

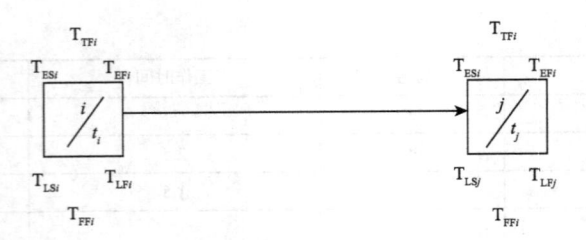

图 3.21　图 3.20 的图例

3.2.4　计划评审技术

计划评审技术是一种双代号非确定型网络分析方法。这种方法就是先用概率统计方法求得项目活动平均需要的时间，并以此时间作为网络图中相关工作的持续时间，化非肯定型网络计划为肯定网络计划，再进行网络计划时间参数计算和分析。由于各工作持续时间采用的是通过估算所得的，不是十分准确，所以应进一步根据概率统计理论分析其概率大小。

1. 三种时间估计值

三种时间估计值即对工作持续时间 t 做出 a、b、m 三个估计值。其理论依据是将 t 视为一个连续型的随机变量。

（1）最乐观时间 a：完成该活动最短的估计时间。

（2）最可能时间 m：在正常情况下完成某工作最可能出现的时间。

（3）最悲观时间 b：完成该活动最长的时间或称最保守的估计时间。

2. 工序时间估计

已知某网络图的总完工时间（周期）为 T，节点 i 到节点 j 的工序［记为 (i,j)］工作时间为 t_{ij}，所有工序（弧）的集合记为 A，工序 (i,j) 完工的最乐观时间、最悲观时间和最可能时间为 a_i、b_i 和 m_i，则

$$t_{ij} = \frac{a_i + 4m_i + b_i}{6}$$

为叙述方便，我们把关键路径上的工序的始节点依次记为 $1, 2, \cdots, n$，则项目完工时间是一个均值，为

$$T = \sum_{i=1}^{n} \frac{a_i + 4m_i + b_i}{6}$$

方差为

$$\sigma^2 = \sum_{i=1}^{n} \left(\frac{b_i - a_i}{6} \right)^2$$

的近似正态（实为 β）分布（图 3.22）。如果规定项目完工时间为 T_K，则

$$\lambda = \frac{T_K - T}{\sigma} \sim N(0,1)$$

$$T_K = T + \lambda\sigma, \lambda \sim N(0,1)$$

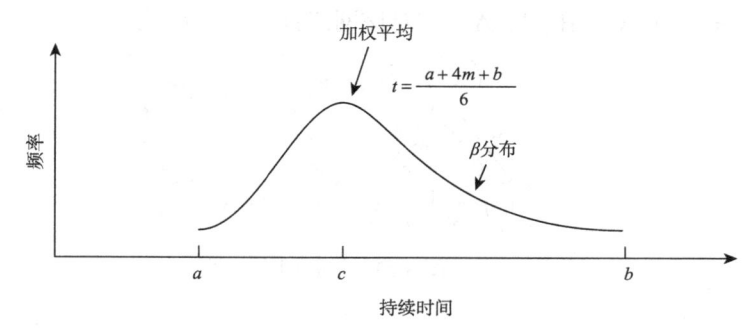

由此，可计算出项目完工时间的概率，或有一定概率值的项目完工时间。

图 3.22　三种时间估计值的 β 分布曲线

3.3　进度计划的优化

所谓优化，就是根据预定目标，在满足约束条件的要求下，按某一衡量指标寻求最优方案。网络计划优化就是利用作业的总时差不断改善网络计划的最初方案，使之获得最佳工期、最低费用，以及最有效地利用资源。

3.3.1　工期优化

1. 工期优化的概念

工期优化就是调整进度计划的计算工期，使其在满足要求工期的前提下，达到工期最为合理的目的。即在人力、材料、设备、资金等资源有保证的情况下，寻求最短的工期，提高系统的经济效益。特别是当网络计划的计算工期超过要求工期，且有时差可用时，就必须立即对网络计划进行优化，从而调整网络，缩短工期进度。

2. 工期优化的方法和措施

（1）强制缩短法。主要采取强硬措施使网络中关键路径上的工作尽可能压缩，以期缩短关键工期。

（2）调整关键工作。根据项目的可能性，将某些串联的关键工作调整为平行工作或交替工作。通过优化工作之间的组织关系来缩短关键路径长度。

（3）把富余线路上的资源调整到关键路径上，包括推迟非关键工作的开始时间、延长非关键工作的延续时间及其两者的结合。

（4）从计划外增加人、财、物等资源，使计划达到加快速度、缩短生产周期的目的。

（5）在人力资源有保证时，增加工作班次，改一班制为多班制，以缩短进度。

3. 工期优化示例

现举例说明工期优化的步骤和方法。

【例 3.5】已知网络计划如图 3.23 所示，箭线下方括号外为正常持续时间，括号内为允许最短持续时间，假定要求工期为 100 天。根据实际情况并考虑有关因素后，缩短顺序为 B、C、D、G、H、I、A。试对该网络计划进行优化。

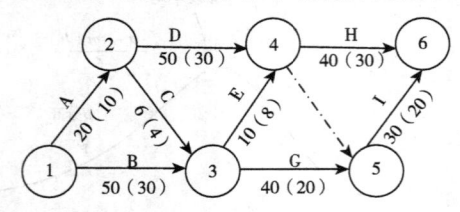

图 3.23　初始网络计划

解：
（1）确定出关键路径及正常工期 T_c＝120 天，如图 3.24 所示。

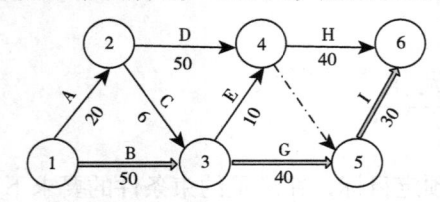

图 3.24　找出关键路径

（2）由已知得，应缩短时间为
$$\Delta T=T_c-T_r=120-100=20（天）$$

（3）根据已知条件，先将 B 缩至极限工期，再找出关键路径为 A→D→H（图 3.25）。

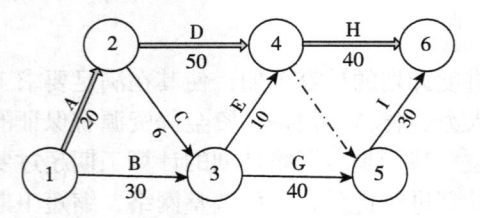

图 3.25　将 B 缩至 30 天后的网络计划

（4）增加 B 的持续时间至 40 天，再次求出关键路径为 A、D、H 和 B、G、I，而 B 仍为关键工作（图 3.26）。

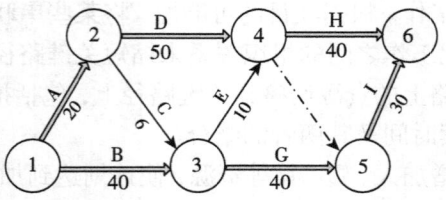

图 3.26　将 B 缩至 40 天后的网络计划

（5）根据已知缩短程序，决定将 D、G 各压缩 10 天，使工期达到 100 天的要求（图3.27）。

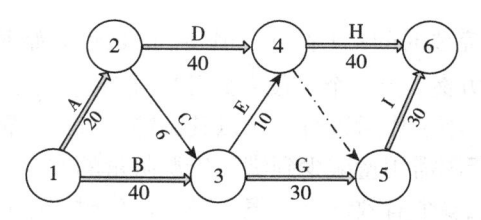

图 3.27　压缩 D、G 而达到要求工期的优化网络计划

3.3.2　资源优化

1. 资源优化的概念

资源优化就是解决网络计划中资源的供需矛盾或实现资源均衡利用的有效方法。它是一项工作量较大的作业，往往难以将项目进度和资源利用都做出合理的安排，常常是需要进行几次综合平衡后，才能得到最后的优化结果。

在时间管理范畴内，资源优化按优化的目标通常包括两类。

（1）"资源有限-工期最短"。在一定时期内，项目中的人力、物力和财力资源总是有限的，编制网络计划时，必须对资源问题加以统筹安排，并利用各作业所具有的时差进行调整，以资源限制为约束条件，以工期最短为目标，从而改善项目的进度。

（2）"工期固定-资源均衡"。在可用资源数量不受限制和保持工期不变的情况下，用调整各项非关键工作进度的办法，使资源的需要量随时间的变化趋于平整的过程，即"削峰填谷"的过程，这是一种启发式的优化方法。

对于一项工程计划，如果安排得不合理，就会在计划工期内的某些时段出现资源需求的"高峰"，而在另一些时段，则会出现资源要求的"低谷"。这样，在资源限制的情况下，当计划的某些时段内资源需求量超过最大可供应量时，势必造成资源的突击供应或推迟工作开工时间；而在出现资源需求低谷时，又造成资源的大量积压。

2. "资源有限-工期最短"的优化

这种优化过程就是不断调整进度计划安排，使得在工期延长最短的条件下，逐步达到满足资源限量的目的。

1）优化步骤

（1）计算网络计划每天的资源需用量 Q_t。

（2）检查资源需用量是否超过资源限量。检查应从网络计划的开始之日起，逐日进行。

（3）调整超出资源限量时段的工作安排。对于超过资源限量的时段，必须逐段进行调整以满足资源限量要求。调整方法是在该时段内同时进行的几项工作中，拿出一项安排在另一项完成后进行，即使这两项工作从平行作业关系变为依次作业关系，从而减少该时段的资源需用量。此时，项目进度计划的工期将相应延长，其延长的工期为

$$\Delta D_{mn,ij} = EF_{mn} - LS_{ij}$$

其中，$\Delta D_{mn,ij}$ 为将工作 i-j 安排在工作 m-n 之后进行时，项目进度计划工期延长的时间；

EF_{mn} 为工作 $m-n$ 的最早完成时间;LS_{ij} 为工作 $i-j$ 的最迟开始时间。

(4)确定有效调整方案。当一个时段有好几项同时进行的工作时,其中任何一项工作都可安排到其他任何一项工作后进行,所以其调整的方案是很多的。但在这些调整方案中,只要能使该时段资源需用量减少到满足资源限量的要求,此方案即为有效调整方案。一个时段可有一个或多个有效调整方案。进行优化时,应将所有有效调整方案都寻找到并确定下来。

(5)调整其他超出资源限量时段。以上一时段每一个有效调整方案为基础,对下一超过资源限量的时段进行调整。如此不断调整,直至全部时段的资源需用量等于或小于资源限量为止。

(6)确定最优方案。在所有有效调整方案中,工期最短的方案即为最优方案。

2)优化示例

【例 3.6】已知网络计划如图 3.28 所示,图 3.28 中箭线上方为资源强度,箭线下方为持续时间,若资源限量 $Q=12$,试求 $Q_t<Q$ 的最短工期。

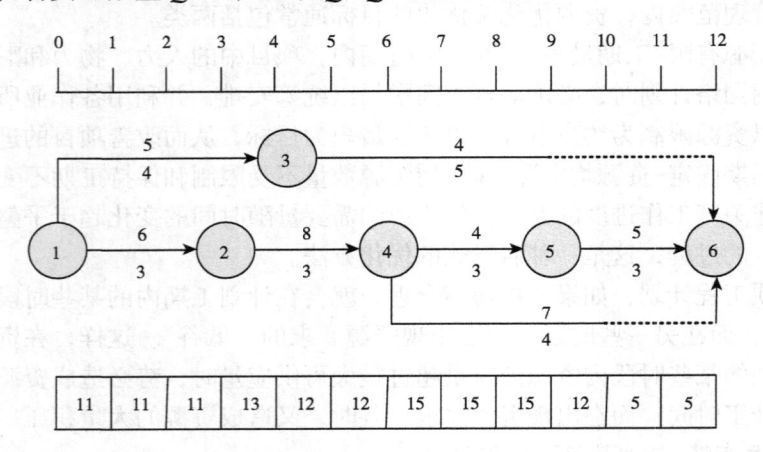

图 3.28 初始网络计划

解:图 3.28 中,第二时段 $Q_t<Q$,故对第二时段进行调整,如表 3.5 所示。

表 3.5　图 3.28 第二时段工期延长值

工作代号	最早完成时间	最迟开始时间	方案编号	安排在前面的工作	安排在后面的工作	工期延长时间	工期	$Q_t>Q$ 记"×" $Q_t<Q$ 记"√"
1—3	4	3	No.1	2—4	1—3	3	15	×
2—4	6	3	No.2	1—3	2—4	1	13	×

表 3.5 中所示两个方案见图 3.29 和图 3.30。从图 3.29 和图 3.30 中可看出资源需用量是否大于资源限量,一般逐日检查到 $Q_t>Q$ 时,就可在最后一栏记上"×"。

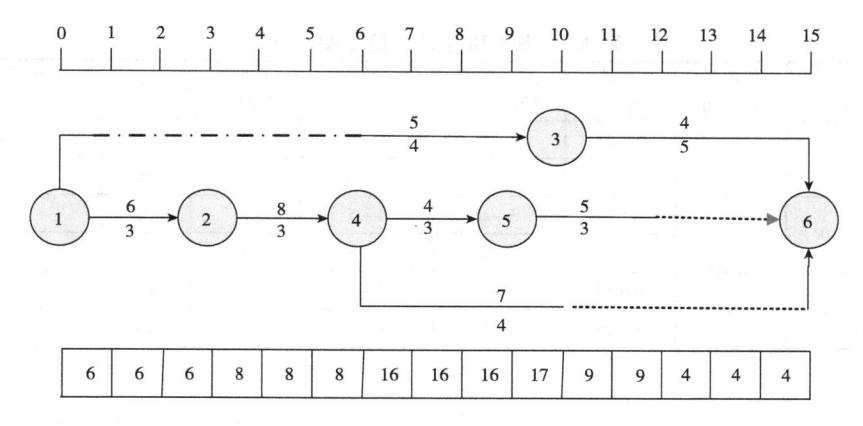

图 3.29 方案 No.1 的网络计划

图 3.29 第三时段 $Q_f>Q$，对第三时段进行调整如表 3.6 所示。

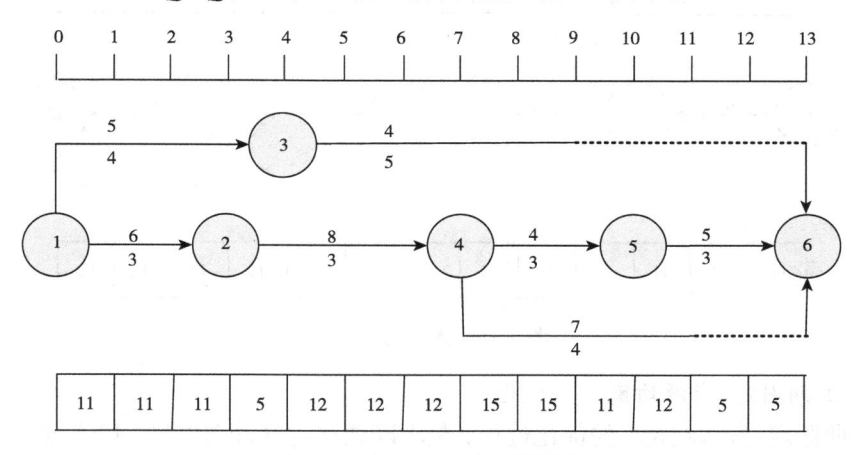

图 3.30 方案 No.2 的网络计划

表 3.6 图 3.29 第三时段工期延长值

工作代号	最早完成时间	最迟开始时间	方案编号	安排在前面的工作	安排在后面的工作	工期延长时间	工期	$Q_f>Q$ 记 "×" $Q_f<Q$ 记 "√"
3—6	10	6	No.11	4—5	1—3	3	18	√
			No.12	4—6	1—3	4	19	√
4—5	9	9	No.13	1—3	4—5	1	16	√
			No.14	4—6	4—5	1	16	√
4—6	10	11	No.15	1—3	4—6	−1	15	×
			No.16	4—5	4—6	−2	15	×

图 3.30 第四时段 $Q_f<Q$，对第四时段进行调整如表 3.7 所示。

从表 3.5~表 3.7 可以看出，No.25 为优化方案。

优化后的网络计划如图 3.31 所示。

表 3.7　图 3.30 第四时段工期延长值

工作代号	最早完成时间	最迟开始时间	方案编号	安排在前面的工作	安排在后面的工作	工期延长时间	工期	$Q_r>Q$ 记 "×" $Q_r<Q$ 记 "√"
3—6	9	8	No.21	4—5	3—6	2	15	√
			No.22	4—6	3—6	3	16	√
4—5	10	7	No.23	3—6	4—5	2	15	√
			No.24	4—6	4—5	4	17	√
4—6	11	9	No.25	3—6	4—6	0	13	√
			No.26	4—5	4—6	1	14	√

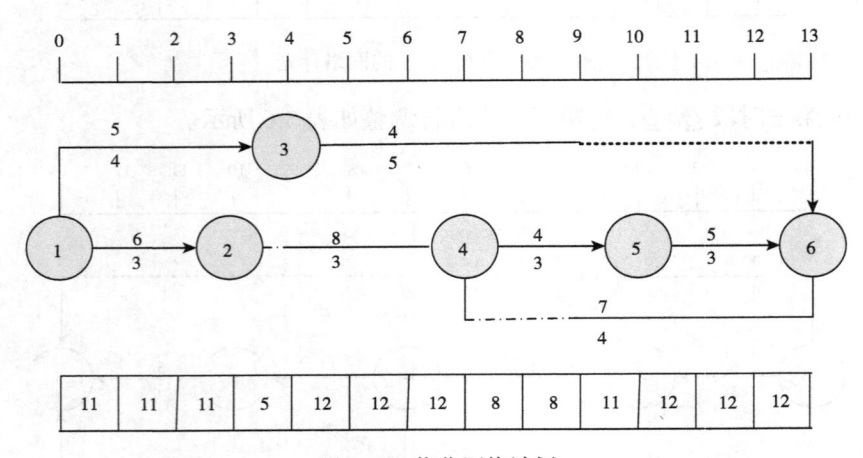

图 3.31　优化网络计划

3. "工期固定–资源均衡"的优化

"工期固定–资源均衡"的优化过程，是不断调整进度计划安排，以实现在保持工期不变的前提下，资源需用量尽可能均衡的目的。

下面通过示例来说明其具体步骤。

【例 3.7】某工程的各工序所需工作天数及人员数如表 3.8 所示。

表 3.8　各工序计划表（一）

工序名称	工序 i	工序 j	工序工时/天	人员数/人	紧前工序
a	①	⑥	4	9	—
b	①	④	2	3	—
c	①	②	2	6	—
d	①	③	2	4	—
e	④	⑤	3	8	d
f	②	③	2	7	c
g	③	⑤	3	2	df
h	⑤	⑥	4	1	eg

第一步：绘制网络图（图 3.32），并计算各工序时差和关键路径，见表 3.9（注：图 3.32 中第一位数字表示工序工期；第二位数字表示该工序所需人员数）。

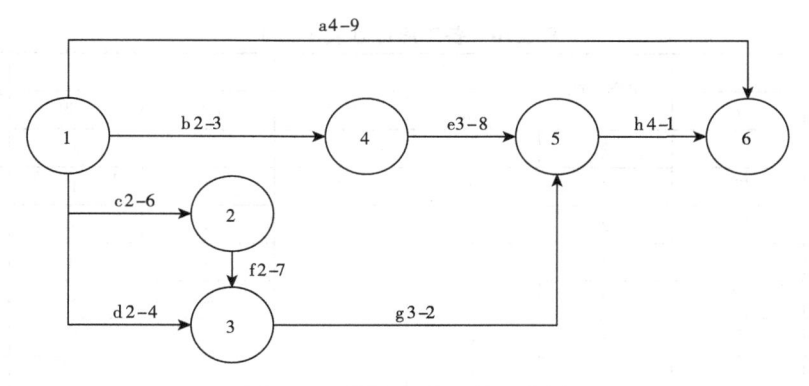

图 3.32 【例 3.7】网络示意图

表 3.9 各工序计算结果

| 工序 || 工序时间 | 开始时间 || 结束时间 || 时差 |
i	j		最早	最迟	最早	最迟	
①	②	2	0	0	2	2	0
①	③	2	0	2	2	4	2
①	④	2	0	2	2	4	2
①	⑥	4	0	7	4	11	7
②	③	2	2	2	4	4	0
③	⑤	3	4	4	7	7	0
④	⑤	3	2	4	5	7	2
⑤	⑥	4	7	7	11	11	0

第二步：将各工序的预计最早开工时间列出其日程，如图 3.33 所示。统计出每一天资源占用的数量。从日程中可以看出，每天的人员需用量是不均匀的。为了使人力负荷均匀，充分发挥作用，故必须进行网络计划的调整。

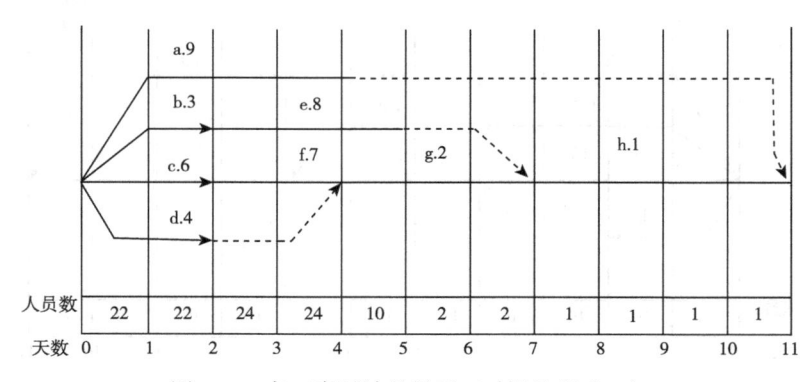

图 3.33 各工序预计最早开工时间日程（一）

第三步：利用时差，削峰填谷，进行劳动力资源的平衡。进行第一次优化，将 a 工序按预计最迟必须开工时间安排，如表 3.10 所示。

表 3.10　各工序计划表（二）

工序		工序时间	开始时间		结束时间		时差
i	j		最早	最迟	最早	最迟	
①	②	2	0	0	2	2	0
①	③	2	0	2	2	4	2
①	④	2	0	2	2	4	2
①	⑥	4	0	7	4	11	7
②	③	2	2	2	4	4	0
③	⑤	3	4	4	7	7	0
④	⑤	3	2	4	5	7	2
⑤	⑥	4	7	7	11	11	0

第四步：进行第二次优化，将 e 工序按预计最迟必须开工时间安排，如图 3.34 所示。

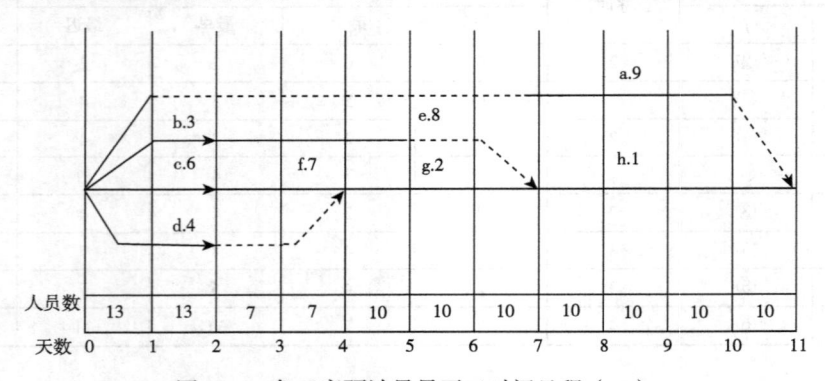

图 3.34　各工序预计最早开工时间日程（二）

第五步：进行第三次优化，将 b 工序按预计最迟必须开工时间安排。如图 3.35 所示，人员的使用已达到基本平衡的要求，实现了资源的优化。

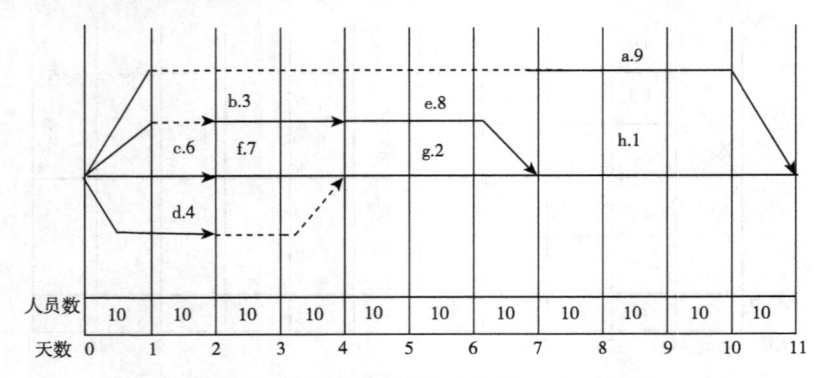

图 3.35　各工序预计最早开工时间日程（三）

3.3.3 费用优化

1. 项目实施费用与工期的关系

网络图的费用优化是指以最低的成本提前或按期完成任务。一项工程的总成本可分为直接费用与间接费用两大类。直接费用是指能够直接计入成本的费用，包括材料费、人工费、设备购置与使用费等。间接费用是指与维持项目正常进行有关的费用，包括日常管理费用、资源的机会成本，以及在有合同约束下的罚款和奖励支出。

一般情况下，项目费用与工期的关系如图 3.36 所示，其间接费用与项目工期大致成正比关系，它将随工期的延长而递增。其直接费用与工期呈曲线关系。通常情况下，它会随工期的缩短而增加，但工期不正常延长时，其费用也会增加。因此，对于一项工程来说，不能一概认为缩短工期必然增加成本，或延长工期必然降低成本。实际上它们之间存在着一个总费用最少的最优工期（最优进度），即最佳工期-费用组合。从图 3.36 所示的费用曲线就可看到这个最优工期。对应于图 3.36 中的 P 点，工期为 TP，费用为 CP。网络计划的费用优化就是根据这种工程的工期与费用的关系，寻求以最少的直接费用去缩短工期，或求出总费用最少的最优工期的方法。

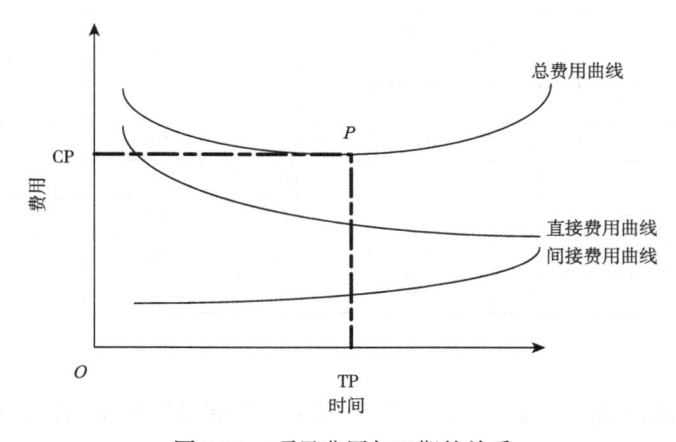

图 3.36 项目费用与工期的关系

2. 费用优化的步骤

费用优化又称时间成本优化，就是通过进度计划的调整，使其工期接近最优工期，以实现项目实施总费用最少的目的，费用优化的步骤如下。

（1）确定关键路径并计算总工期。

（2）求出正常工作时间条件下的总费用，并计算各项工作的费用率。总费用包括项目直接费用和间接费用。费用率是直接费用率的简称，它是指一项工作每缩短一个单位时间所增加的直接费用。其可表示为

$$费用率 = \frac{赶工费用 - 正常费用}{正常时间 - 赶工时间}$$

（3）确定缩短持续时间的关键工作：取费用率（或组合费用率）最低的一项关键工

作（或一组关键工作）作为缩短持续时间的对象。

（4）确定持续时间的缩短值：在缩短时间后该工作不得变为非关键工作，其持续时间也不得小于最短持续时间（赶工时间）。

（5）计算缩短持续时间的费用增加值。

（6）计算总费用。

（7）缩短新的关键工作并计算其费用。确定新的应缩短持续时间的关键工作（或一组关键工作），并按上述（4）、（5）、（6）的步骤计算新的总费用。如此重复，直至总费用可再降低为止。

3. 费用优化示例

【例 3.8】某产品各工序的时间及成本资料如表 3.11 所示，间接费用为每天 1 000 元，求工程总费用最小的工程总工期。

表 3.11 某产品各工序时间及成本

活动代号	紧前活动	工时/天 正常	工时/天 赶工	活动费用/元 正常	活动费用/元 赶工	赶工成本/元	可能缩短工期/天	费用率/（元/天）
A	—	8	6	4 000	5 000	1 000	2	500
B	A	4	3	2 000	2 800	800	1	800
C	A	10	6	6 000	6 600	600	4	150
D	C	2	2	500	500	0	0	0
E	B	6	5	5 000	5 200	200	1	200
F	C	4	2	3 000	3 200	200	2	100
G	D	4	3	1 000	1 700	700	1	700
H	E、F	7	4	8 000	11 600	3 600	3	1 200
I	G、H	5	4	5 000	5 800	800	1	800

解：

第一步：绘出网络图，见图 3.37，按正常工作时间计算网络时间，确定关键路径和总工期。

第二步：求出正常工作时间条件下的总费用，并计算各项工作的费用率。

$$总费用 = \sum 各项工作直接费用 + 间接费用$$

$$总成本 = 3.45 + 34 \times 0.1 = 6.85（元）$$

第三步：选择被压缩的工作（作业、工序），计算压缩后的工期及工程、成本节约额。要注意以下事项：

• 压缩工期的工作必须是关键工作；

• 被压缩对象的顺序是从费用率最低的工作开始；

• 当有多条关键路径时，应优先考虑缩短它们共同作业的作业时间。

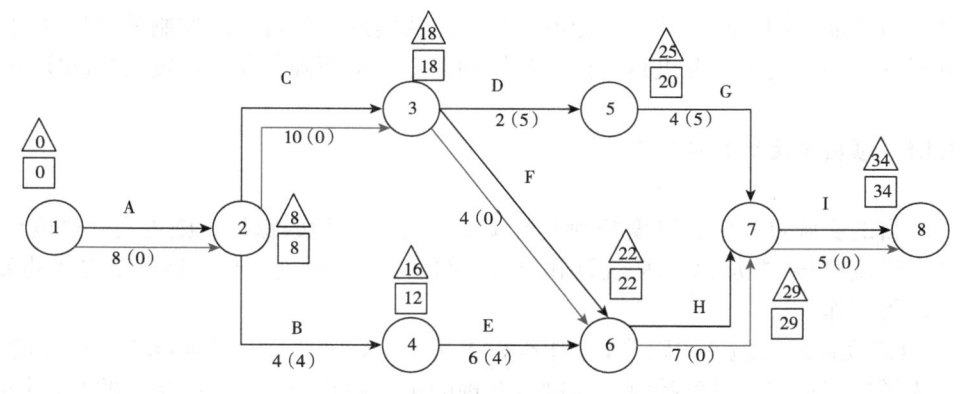

图 3.37 【例 3.8】网络示意图

（1）先压缩费用率最低的 F 活动 2 天，依费用率高低再压缩 C 活动 2 天，A 活动 2 天，I 活动 1 天。此时，总工期缩短 7 天（2 天+2 天+2 天+1 天），引起费用的节约额为 1 000×7－（100×2+150×2+500×2+800×1）=4 700（元）。

（2）A、I 活动已不能压缩，考虑成对关键路径②③⑥和②④⑥。②③⑥线路图中，F 活动费用最低，不能再压缩，只能压缩 C 活动。C 活动的费用率为 150 元/天。②④⑥线路中，E 活动的费用率比 B 活动费用率低，C 和 E 两活动费用率之和为 350 元，比工程每天的间接费用 1 000 元低。因此，成对地压缩 C 和 E 活动各 1 天，此时工程总工期缩短 1 天，工程费用节约额为 1×1 000－（150+200）×1=650（元）。

（3）C 活动还有 1 天可以压缩，B 活动也可压缩 1 天，其费用率为 800 元，成对压缩 C 和 B 活动的费用率之和为 950 元，低于工程的间接费用，因此成对压缩 C 和 B 活动各 1 天，工程总工期又缩短 1 天，工程费用又可节约，节约额为 1×1 000－（150+800）×1=50（元）。

由于工程项目中，进一步成对压缩关键活动的费用率均大于 1 000 元，即总工程压缩 1 天，直接费用的增加额将大于工程提前 1 天完工间接费用的节约额，因此优化过程到此结束。

所以最佳工期为 34－（7+1+1）=25（天），总工期压缩后的工程总费用为

工程总费用=赶工前的工程总费用－工程费用节约额
=68 500－（4 700+650+50）
=63 100（元）

3.4 项目进度的控制

项目进度计划为项目的实施提供了科学合理的依据，从而确保项目的如期完成。然而在编制项目进度计划时事先难以预料的问题很多，由于项目执行过程中的外部环境和条件发生变化，项目的实际进度经常会与计划偏离，如果不能及时纠正这些偏差，就可

能导致项目不能按期完成,甚至会影响项目目标的实现。项目进度控制就是根据项目进度计划对项目实际进展情况进行对比、分析和调整,从而确保项目进度目标的实现。

3.4.1 项目进度计划的检查

在项目的实施过程中,进度控制人员应经常地/定期地跟踪检查施工实际进度情况,收集项目进度资料,并加以整理/统计和分析,确定项目实际进度与计划进度之间的关系,主要有以下工作。

(1)进度计划实施的跟踪检查。跟踪检查主要是定期收集反映实际工程进度的有关数据。为了更好地实施进度控制,应制定合理的跟踪检查的时间,并提高收集数据的质量。跟踪检查的间隔日期与项目的类型、结构、规模及对进度执行的要求程度有关,可视具体情况为每月、每半月或每周一次。为了保证收集数据的质量,项目执行者应按规定时间填写进度报表,并定期召开进度工作会议,协调各方的进度状态。有关负责人要经常深入现场察看项目实际进度情况,掌握实际进度的第一手资料。

(2)整理、统计和分析所收集的数据。对收集到的项目实际进度数据进行必要的整理、统计和分析,形成与计划进度具有可比性的数据,得出实际完成工作量的百分比、累计完成工作量的百分比、当前项目实际进展状况等。

(3)实际进度与计划进度的对比。利用特定的方法将整理后的实际进度数据与计划进度相对比,比较实际进度与计划进度是否一致。通常采用的方法有甘特图比较法、"S"形曲线比较法、"香蕉"形曲线比较法、实际进度前锋线比较法等。

(4)对进度检查的结果进行处理。项目进度检查的结果,应写成进度控制报告向有关部门汇报。

3.4.2 项目进度计划的调整

根据实际进度与计划进度的比较,当判断出现进度偏差时,应认真分析产生偏差的原因及偏差对总工期和后续工作的影响,并采取合理的调整措施及时进行更新,确保实现进度目标。调整进度的方法主要有两种:一是压缩关键工作的持续时间来缩短工期;二是改变某些工作的逻辑关系来缩短工期。

1. 压缩关键工作的持续时间

通过上述进度的分析对比,当某项工作出现进度偏差时,应先分析它对后续工作及总工期的影响。若关键工作出现偏差,则无论其偏差大小,都会对后续工作及总工期造成影响,因此必须采取相应的调整措施。若非关键工作出现偏差,则需根据偏差值与总时差和自由时差的关系,确定其对后续工作和总工期的影响度。我们重点分析关键工作出现偏差的情况。

关键工作无机动时间,其中任一工作持续时间的缩短或延长都会对整个项目工期产生影响。因此,关键工作的调整是项目进度调整的重点,有以下两种情况。

(1)关键工作的实际进度较计划进度提前时的调整方法。若仅要求按计划工期执行，则可利用该时机降低资源强度及费用。实现的方法是，选择后续关键工作中资源消耗量大或直接费用高的予以适当延长，延长的时间不应超过已完成的关键工作提前的量；若要求缩短工期，则应将计划的未完成部分作为一个新的计划，重新计算与调整，按新的计划执行，并保证新的关键工作按新计算的时间完成。

（2）关键工作的实际进度较计划进度落后时的调整方法。调整的目标就是采取措施将耽误的时间补回来，保证项目按期完成。调整的方法主要是缩短后续关键工作的持续时间。

为保证项目按计划工期完成，通常采取增加资源投入、改进技术、提高劳动效率等措施来缩短某些工作的持续时间，使进度加快。

2. 改变某些工作的逻辑关系

这种方法的特点是不改变工作的持续时间，而只改变工作的开始时间和完成时间。若实际进度产生的偏差影响了总工期，则在工作之间的逻辑关系允许改变的条件下，改变关键路径和超过计划工期的非关键路径上有关工作之间的逻辑关系，达到缩短工期的目的。这种方法调整的效果是显著的。例如，可以将依次进行的工作变为平行或互相搭接的关系，以缩短工期。但这种调整应以不影响原定计划工期和其他工作之间的顺序为前提，调整的结果不能形成对原计划的否定。

3.4.3 项目进度计划实施的比较分析

将项目的实际进度与计划进度进行比较分析，确定实际进度与计划进度不相符合的原因，进而找出对策，这是进度控制的重要环节之一。进行比较分析的方法主要有以下几种。

1. 甘特图比较法

甘特图是描述计划进度最常用的工具。它将项目活动与时间的关系表示成二维图形，纵轴表示项目活动，横轴表示活动时间，横道线显示了每项活动的开始时间、结束时间以及活动的持续时间。由于它形象、直观、易于编制，因此被广泛应用于项目管理中。

甘特图比较法是将在项目进展中通过观测、检查、搜集到的信息经整理后，用不同颜色或不同线条将实际进度横道线并列画在计划进度的横道线之下，一起进行比较的方法。它明确反映了实际进度与计划进度的关系，如图 3.38 所示。

这种比较方法直观、清晰，但是只适用于各项工作都匀速进行，即每单位时间内完成的工作量都相等的情况。当工作安排为非匀速进行时，就要对甘特图的表示方法稍作修改，即横道的长度只表示投入的工作时间，而所完成的工作量的累计百分比在甘特图上下两侧用数字表示，如图 3.39 所示。由图 3.39 可知，当 3 月末进行检查时，计划应完成的工作量为 45%，实际完成的工作量已达 50%，实际进度已超前 5%。但随后有 10 天停工未干，当 6 月底检查时，该项工作只完成了 90%，而进度计划要求该项工作在 5 月底就全部完成，所以实际进度已远远落后于进度计划，必须采取调整措施以追回整个项目的进度。

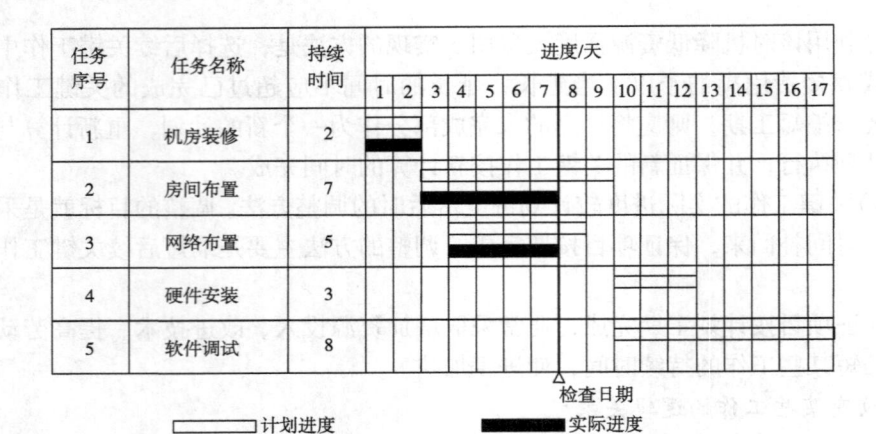

任务序号	任务名称	持续时间	进度/天
1	机房装修	2	
2	房间布置	7	
3	网络布置	5	
4	硬件安装	3	
5	软件调试	8	

□ 计划进度　　■ 实际进度

图 3.38　计划进度与实际进度的比较

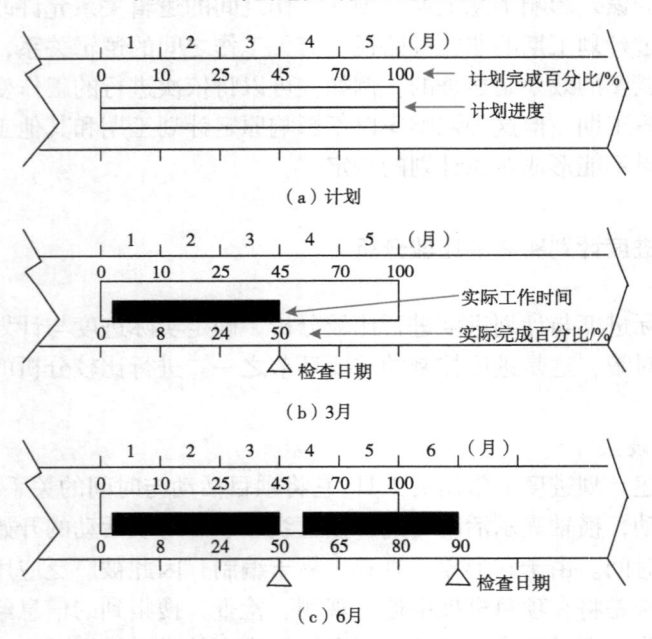

（a）计划

（b）3月

（c）6月

图 3.39　甘特图比较

2. "S" 形曲线比较法

在大多数项目的开始实施阶段和收尾阶段，由于准备工作及其他配合事项等因素的影响，其进度一般都较缓慢一点，而在项目实施的中间阶段，一切趋于正常，进度也要稍快一些，其单位时间内完成的工作量曲线如图 3.40（a）所示，此时，其累计完成工作量曲线就是一条中间陡而两头平缓的形如"S"的曲线，见图 3.40（b）。

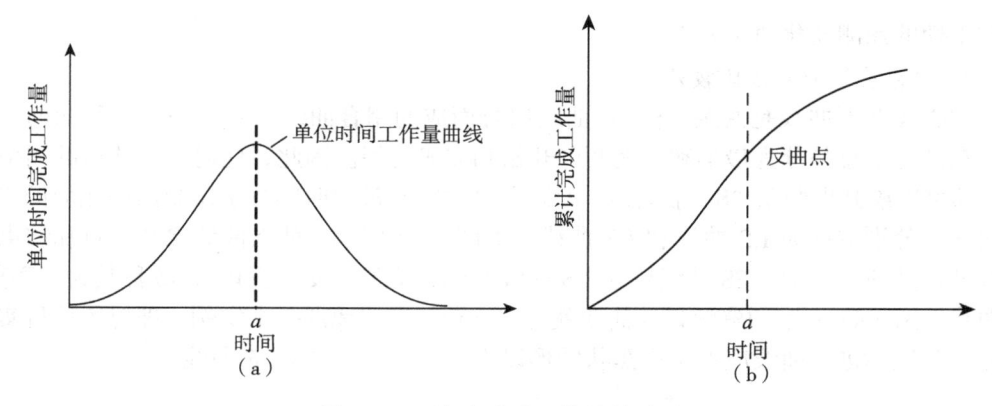

图 3.40 时间与完成工作量关系图

以横坐标表示进度时间，纵坐标表示累计完成工作量，绘制出一条按计划时间累计完成工作量的"S"形曲线，如图 3.41 所示。

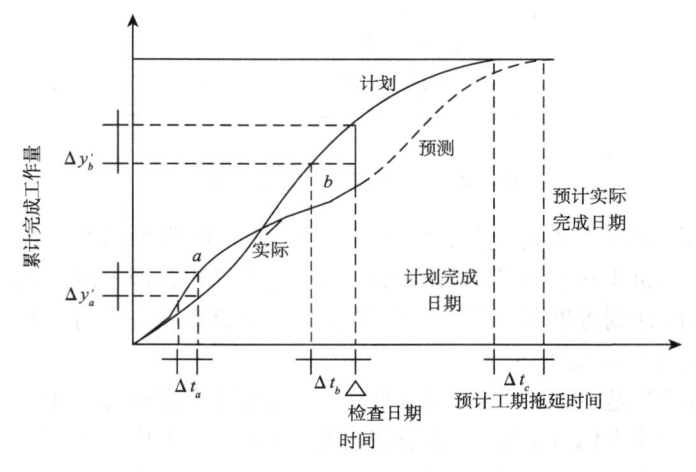

图 3.41 "S"形曲线比较图

通过分析，可以看出：

（1）工作实际进度与计划进度的关系。如按工作实际进度描出的点在计划"S"形曲线左侧（如 a 点），则表示此刻实际进度已比计划进度超前；反之，则表示实际进度比计划进度拖后（如 b 点）。

（2）实际进度超前或拖后的时间。从图 3.41 可知，实际进度比计划进度超前或拖后的具体时间（如图 3.41 中的 Δt_a 及 Δt_b）。

（3）已完成的工作量。由实际完成的"S"形曲线上的一点与计划"S"形曲线相对应点的纵坐标可得，此时已超额或拖欠的工作量的百分比差值（如图 3.41 中的 $\Delta y'_a$ 和 $\Delta y'_b$）。

（4）后期工作进度预测。在实际进度偏离计划进度的情况下，如工作不调整，仍按原计划安排的速度进行（如图 3.41 中虚线所示），则总工期必将拖延，从图 3.41 中可得此时工期的预测变化值（如 Δt_c）。

3. "香蕉"形曲线比较法

"香蕉"形曲线是两条"S"形曲线组合而成的闭合曲线。对于一个项目的网络计划，在理论上总是分为最早和最迟两种开始和完成时间。因此，任何一个项目的网络计划，都可以绘制出两条"S"形曲线，即以最早时间和最迟时间分别绘制出的相应的"S"形曲线，分别被称为 ES 曲线和 LS 曲线。如图 3.42 所示，两条曲线除开始点和结束点重合外，其他各点中，ES 曲线皆在 LS 曲线左侧，形如一支"香蕉"，故称其为"香蕉"形曲线。图 3.42 所示的资源累计曲线就是"香蕉"形曲线的一个实例。理想的项目实施过程，其实际进度曲线应处于香蕉状图形以内（如图 3.42 中的 R 曲线）。

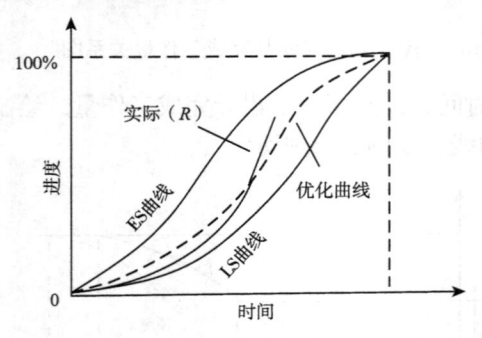

图 3.42　"香蕉"形曲线比较图

利用"香蕉"形曲线进行比较，所获信息和"S"形曲线基本一致，但它存在按最早开始时间的计划曲线和最迟开始时间的计划曲线构成的合理进度区域，从而使得判断实际进度是否偏离计划进度以及对总工期是否会产生影响变得更为明确、直观。

4. 实际进度前锋线比较法

实际进度前锋线是一种在时间坐标网络中记录实际进度情况的曲线，简称前锋线。它从计划检查时间的坐标点出发，用点到线依次连接各项工作的实际进度点，最后到计划检查时间的坐标点为止，形成前锋线。根据前锋线与工作箭线交点的位置判断项目实际进度与计划进度偏差，如图 3.43 所示。

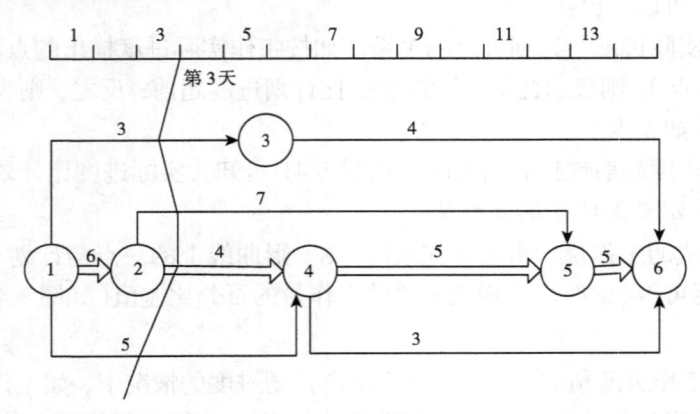

图 3.43　前锋线图

从图 3.43 中可获得如下信息：①各项工作实际进展情况；②实际进度对进度计划总工期的影响；③实际进度对后续工作的影响。

3.5 关键链项目管理

3.5.1 传统进度管理方法存在的主要问题及分析

CPM 技术侧重于成本管理，各活动的历时是固定的，在进行项目分析时它决定了关键路径和完成项目的最少时间；而 PERT 技术可以看做 CPM 的扩展，考虑到活动时间的不确定性，PERT 假定活动的持续时间是一个随机变量，通过完成活动的最乐观时间、最可能时间和最悲观时间，对活动历时进行估计。由于两者的互补性，CPM/PERT 很快便融合发展，形成了当今最主要的项目进度管理方法。但是由于 CPM/PERT 在进度计划和风险管理上存在缺陷，在项目实施过程中工期延误的现象依然常见。

1. 传统进度管理方法存在的主要问题

（1）项目计划工期估计过长。为了获得高的完工保证率，项目执行人员在对活动历时进行估计的时候会虚报有足够安全裕量的估计。当项目经理汇总这些估计作为整个项目的历时估计时，同样倾向于保护他们的安全裕量，因此，他们在汇总的项目历时水平上再增加自己的安全裕量。而组织的高层管理人员追求进度的快速推进，对于历时较长的活动，他们将大幅削减计划用时。项目团队注意到这个事实后，会在初始的时间计划中额外再添加一定的时间，这样就导致了历时估计的严重膨胀。在"金字塔"式的组织结构中，出现了项目计划工期估计过长的不良现象。

（2）项目工期超期。项目实施过程尽管采用了 Project 等项目管理软件进行辅助管理，但是项目最终的完成时间往往要超过既定的计划时间。在制订项目进度计划的过程中，各活动留有足够多的裕量并没有使项目提前完成，工期延误的现象依然常见。

2. 传统进度管理方法存在问题分析

不确定性是项目的典型特征，防患于未然的心理本无可厚非，项目管理者层层虚报历时估计的根本原因是组织内部不合理的机制设计——对提前完工没有适当的奖励，对未按时完工却有惩罚。那么，为什么各活动足够多的裕量并没有使项目提前完成呢？

1）没有考虑资源的约束

CPM/PERT 在编制进度计划的时候，往往先假定资源总能满足要求，仅仅依据活动间的逻辑关系确定关键路径。但实际中，资源是有限的，常存在某些稀缺资源为关键路径和非关键路径上的活动共享，使得并行进行的活动不得不串行安排。此外，关键路径的改变或者活动工期的延长，意味着管理重心的改变和风险的增加，不利于项目管理者工作的推进，最终导致项目延期。

2）忽略了人的行为和心理影响

在项目进度管理过程中，影响项目进度有两大因素，一个是不确定性因素，另一个是人管理项目的方式。人作为项目计划的制订和实施者，对项目的顺利进行起到举足轻重的作用。CPM/PERT 在建模的过程中忽略了人的行为和心理预期的影响，会在管理过程中出现严重不足。Goldratt 从组织行为学的角度对导致项目延期的行为进行了深入分析。

（1）学生综合征（student's syndrome）。学生综合征即在学校中许多学生都有"闲时不烧香，忙时抱佛脚"的习惯——只有临近考试时，才会拿起书本认真学习。也就是说，人们倾向于去做那些很快就到截止日期的任务，而忽视那些还有很长时间才到截止日期的任务。

学生综合征在项目管理上的反映，就是人们都习惯于等待和拖拉，不到最后关头不会推进项目。因此，尽管各个活动都有足够的安全裕量，项目却依然常常延误。

（2）帕金森定律（Parkinson's law）。帕金森定律是指，时间越充裕，完成一项任务所要做的事情也就越多。一个人做同样的事所耗费的时间可能差别极大：一个人可以在 10 分钟内看完一份报纸，也可以看半天；一个忙人 20 分钟可以寄出一叠明信片，但一个无所事事的老太太为了给远方的外甥女寄张明信片，可以足足花一整天。在工作中，如果时间充裕，工作会自动地膨胀，占满一个人所有可用的时间。这说明，如果人们认为他有足够的时间完成一项工作，就会以很低的效率去处理事情直到它用完允许的所有可用时间，而在时间紧迫的情况下，效率反而会高。

帕金森定律在项目管理上的反映，就是人们尽量让工作把计划时间充满，即便提早完工也不报告，导致各环节节约的时间无法使其他环节及整个项目受益。

正是由于上述人的行为因素的影响，人在施工过程中会将预留的安全时间浪费掉，当不确定性事件发生时，项目就会产生延期。

3）线路合并

大多数项目都有并行活动，只有所有并行的活动全部完工后才能转入下一活动。线路合并滤掉了提前完工线路的效益，而延误的活动将会由于逻辑关系产生级联效应，把延期带给后续活动。

如图 3.44 所示，B、C、D 是三个并行活动，工期均为 10 天，E 为其紧后活动。如果在施工过程中，B 活动正常完成，C 活动提前 5 天完成，而 D 活动延误 5 天完成，则 E 活动只能拖延 5 天才能开始。

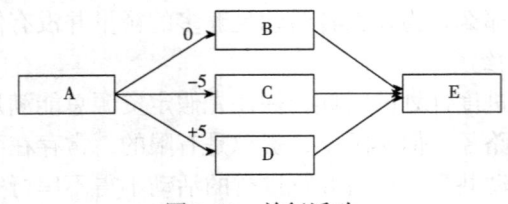

图 3.44　并行活动

4）多任务

多任务是指在某一时刻，同一资源被同一项目或跨项目的不止一个活动占用。这将使资源在活动间或项目间频繁地切换以响应优先级最高的活动。而资源在频繁地切换过程中会造成时间的浪费和工作效率的损失，导致各活动或项目执行时间的延长和管理费用的增加。

如图 3.45 所示，A、B、C 三个活动历时均为 5 天。某资源需要同时参与这三个活动，并在三个活动中不停地切换。在项目的执行过程中，每个活动的历时明显地增长，由最初的 5 天变为 10 天。考虑到资源在切换过程所需的额外时间，那么完成这三个活动的历时将进一步增加。

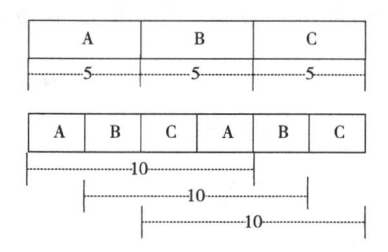

图 3.45　多任务切换的负面影响

以上分析说明，在资源约束的条件下，CPM/PERT 已经不能很好地解决项目延期的问题，必须寻找一种能够在项目进度计划的制订和实施过程中，克服传统进度计划方法的缺陷、整体优化项目并进行动态管理的计划方法。而由 Goldratt 提出的关键链项目管理（critical chain project management，CCPM）方法，是约束理论（theory of constraints，TOC）在项目管理中的应用，它将 TOC 的核心思想与项目的特点相结合，考虑到资源的限制和人的行为习惯，通过设置多种不同类型的风险缓冲区来缩短项目工期，动态监控项目的执行。该方法自提出以来成功地指导了多个具体项目，有效地降低了项目受不确定性因素影响的程度，改善了项目的执行情况。

3. 关键链的概念

关键链是指在充分考虑活动的逻辑依赖关系与资源约束等因素的前提下，工期最长的路径。

在第 3.2 节中我们提到过，关键路径是整个项目中持续工期最长的网络图路径。它是在仅考虑活动的逻辑依赖关系与各自的工期基础上，将活动周期简单累加得到的。但 CCPM 认为，项目经理应关注的是结合了活动逻辑关系限定和资源约束双重因素的路径，也就是关键链。

传统网络计划法由于活动开始和完成时间以及各个活动之间的逻辑依赖关系都是唯一确定的，因此在制订项目进度计划过程中关键路径是唯一确定的，而关键链根据采用的资源规划方法不同可能有不同的形式，也没有严格的紧前、紧后关系。由于关键链是与某种关键资源有关的一系列活动的集合，所以关键链在形式上可能并不连续。此外，与传统的项目进度管理技术所不同的是，CCPM 方法尽可能推迟活动的开始时间，以降低行为效应的影响。

关键链的确定是一个持续不断寻找更优的过程。根据关键链技术的基本思想，在编制项目进度计划的过程中应先根据绘制的网络图依活动间的逻辑关系找出关键路径和关键活动，再通过资源平衡化解资源冲突。综合考虑活动进度和资源占用的情况，路径最长的就是关键链。

3.5.2 关键链项目管理的原理

1. 活动持续时间的假定

CCPM 方法认为，根据墨菲法则（Murphy's law，即一切可能发生的麻烦都必然会发生），完成一个活动所需的估计历时服从一个右倾的分布，如图 3.46 所示。

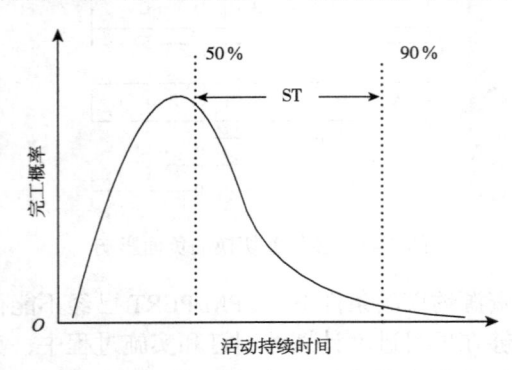

图 3.46 活动持续时间估计概率分布

从图 3.46 中可以看出，活动完成的概率是一个与时间相关的函数，即分配给活动的时间越多，活动在规定时间内完成的概率就越大。项目人员通常采用低风险的估算，在执行时间中包含大量的安全裕量，对活动持续时间的估计倾向于 90%的完工率。Goldratt 将 90%的概率完工时间与 50%的概率完工时间之差，定义为"安全时间"（safety time，ST）。为了在 90%或者更高的置信度上估计活动的完成，持续时间被高估了 200%。这种裕量的累加在项目中产生了大量的额外时间，但却常由于学生综合征、帕金森定律、多任务工作等而被浪费掉，导致项目工期拖延。

对活动持续时间估计及安全时间的假定，充分考虑了人的行为特征，是 CCPM 方法重要的理论基础。CCPM 方法采用 50%的概率完工时间来估计活动的持续时间，将活动持续时间极大地压缩，使项目人员形成一种紧迫感，从而一定程度上避免了学生综合征等对项目工期拖延的影响。

2. 缓冲设置

为了把活动执行过程中的不确定性因素造成的工期延误及时地消化掉，Goldratt 博士提出缓冲区的概念。

1）三个缓冲的介绍

CCPM 方法中主要有三种形式的缓冲区，即项目缓冲（project buffer，PB）、输入缓冲（feeding buffer，FB）和资源缓冲（resource buffer，RB）。其中，项目缓冲和输入缓冲被称为时间缓冲。

（1）项目缓冲。为了减少整个项目的不确定性，将工期延误控制在预期的范围内，CCPM 方法在关键链的尾端加入项目缓冲，把分散在关键路径中的安全时间重新配置，如图 3.47 所示。

关键路线法：| 活动 A | ST | 活动 B | ST | 活动 C | ST |

关键链法：| 活动 A | 活动 B | 活动 C | PB |

图 3.47　项目缓冲示意图

根据概率理论，安全时间重新配置后，提供的是同等程度的完工保证率，换句话说，在没有增加总体完工风险的情况下，CCPM 方法大大缩短了项目的计划工期。

（2）输入缓冲。在非关键链和关键链的交接处设置输入缓冲，以防止非关键链上活动延期对关键链上各项活动所造成的影响。输入缓冲对关键链起到了保护作用，能消化汇入关键链的非关键活动带来的延期影响，如图 3.48 所示。

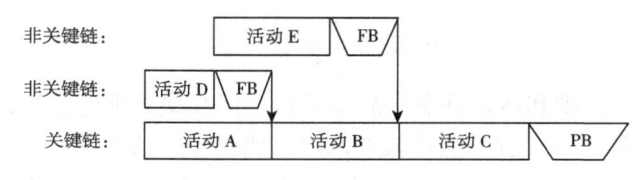

图 3.48　输入缓冲示意图

（3）资源缓冲。与项目缓冲和输入缓冲不同，资源缓冲是一种资源预警机制。由于资源在不同活动间切换常需要一定的准备时间，CCPM 方法要求在关键活动所需的资源被紧前的非关键活动占用或紧前关键活动使用的是不同资源时，提前一定时间在项目进度计划上标识资源缓冲，防止因资源不能及时到位而延误关键活动。

资源缓冲设置在关键链上，如图 3.49 所示，通过设置一定的前置时间来提醒项目管理者协调资源，保证关键链上所需资源及时到位。

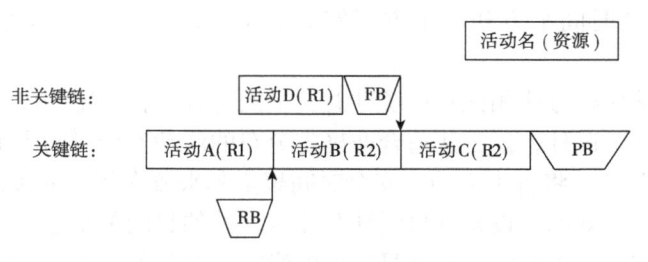

图 3.49　资源缓冲示意图

缓冲机制是 CCPM 方法的核心和精华所在。项目缓冲和输入缓冲的插入，可以将不确定因素在系统内部消化掉；资源缓冲的设置减少了由于资源切换而造成的时间浪费，以及资源冲突而造成的关键活动的延误。缓冲区可大大降低项目重计划的频率，体现了项目进度管理的科学性和艺术性。

2）缓冲区大小的确定方法

关于项目缓冲和输入缓冲的计算，通常有以下三种方法。

定义符号如下：i 为链路上第 i 个活动；n 为关键链或非关键链上的活动数目；Buffer 为缓冲大小；a_i 为乐观估计，即活动持续时间 50%置信度估计；b_i 为悲观估计，即活动持续时间 90%置信度估计；ST 为安全时间，即 $ST = a_i - b_i$。

（1）Goldratt 的经验法则，即保留 50%的项目总体缓冲。Goldratt 将活动持续时间 50%的一半作为缓冲的大小，如下式所示：

$$Buffer = \frac{1}{2}\sum_{i=1}^{n} a_i$$

（2）剪切粘贴法（cut and paste method，C&P）。首先，根据传统方法估计项目中每个活动的持续时间。其次，从每个活动的持续时间中剪掉安全时间，并根据剪切后的活动执行时间进行项目的调度。最后，将关键链上活动被剪掉的安全时间总和的 1/2 定义为关键链项目缓冲区的大小；将非关键链上活动被剪掉的安全时间总和的 1/2 定义为非关键链输入缓冲区的大小。时间缓冲区大小的计算如下式所示：

$$Buffer = \frac{1}{2}\sum_{i=1}^{n}(b_i - a_i)$$

Goldratt 的经验法则和剪切粘贴法简单易行，但是缺乏理论依据，由于缓冲区的大小与链路长度成线性关系，容易造成缓冲区过大或过小的估计。

（3）根方差法（root square error method，RSE）。根方差法认为活动的安全时间 ST 代表活动执行过程中的不确定性，Newbold 提出了数学化的推导模型，他用 ST/2 作为活动工期的标准差，并以 2 倍的链路标准差计算相应链路缓冲的大小。

假定链路上各活动的持续时间相互独立，用活动持续时间的悲观估计和乐观估计之差表示活动所需的安全时间，根据中心极限定理可得

$$Buffer = 2\left[\sum_{i=1}^{n}\left(\frac{b_i - a_i}{2}\right)^2\right]^{\frac{1}{2}} = \left[\sum_{i=1}^{n}(b_i - a_i)^2\right]^{\frac{1}{2}}$$

即将相应链路安全时间平方和的平方根定义为项目缓冲或输入缓冲的大小，如上式所示。

根方差法与前两种方法相比具有统计意义上的解释，在一定程度上减小了对缓冲区过大或过小的估计。此外，该方法适合非确定分布的活动安全时间累加的统计规律。

在 CCPM 方法中，将各个活动的安全时间聚集起来放在相应的缓冲区，已从理论和实际上被证明是有成效的。设置项目缓冲和输入缓冲的目的都是通过汇集活动的安全时间来处理进度计划中的不确定性对项目工期的影响。过长的缓冲区会降低活动执行的效率，容易造成学生综合征现象；过短的缓冲区又起不到保护关键链的作用，容易造成项目工期的拖延。所以，缓冲区大小的确定是 CCPM 方法中非常重要的问题，也是目前国内外研究的重点。但由于缓冲的大小与活动的相关属性、链路的复杂度和项目利益相关者的风险偏好等因素有明显的关系，因此对时间缓冲的计算一直没有统一的方法。

3）三色法进度管理及监控

CCPM 方法中缓冲区的设置保证了项目的顺利进行：如果链路上的活动发生拖延，拖延的时间会被缓冲区吸收；如果链路上的活动提前完成，提前完成的时间也会被缓冲

区吸收并可向下游活动传递。特别的，输入缓冲区更保证了关键链活动不受非关键链活动拖延的影响，保证了项目的工期。所以，对缓冲的监控是评价和管理项目进展情况的直接工具。

缓冲监控的主要思想就是通过在项目执行过程中分析缓冲区的消耗情况，来判断项目延迟的可能性，从而采取适当的措施以保证项目的按期完工。Goldratt 将时间缓冲区等分为绿色区、黄色区和红色区三部分，如图 3.50 所示。缓冲监控本质上是基于两个触发点，即绿色区和黄色区的分界点、黄色区和红色区的分界点。管理时间缓冲区的基本原则是：①当缓冲消耗量低于总缓冲时间的 1/3，即缓冲侵入绿色区时，表明项目如期进行，不需要采取任何行动；②当缓冲消耗量侵入黄色区时，管理者应及时识别问题、检查原因，密切关注或准备采取相应措施；③当缓冲消耗量侵入红色区时，表示项目的执行出现了严重问题，项目工期有可能延误，所以必须立即采取措施改善项目的执行。

图 3.50　Goldratt 提出的缓冲区的三色进度管理法

为了发挥缓冲区的监控作用，还需要同时关注项目的实际进度。例如，如果项目已完成 80%，而只使用了 50%的项目缓冲区，那么项目进展顺利；反过来，如果项目只完成了 20%，而已经使用了 50%的项目缓冲区，则项目管理者需果断采取措施，避免项目进度持续恶化。

3. 关键链技术的实施步骤

关键链项目管理具体是指，在项目的整个过程中，对关键链进行规划、工期计划和维护等方面的工作。传统的项目经理根据关键路径上的资源使用需求进行资源水平调配，而关键链项目经理则会制订一份关键链计划。下面通过例子来说明制订关键链计划的每个步骤。

（1）步骤 1：建立早开进度项目网络图。图 3.51 显示的是一个由 7 个任务组成的项目的最早开始时间项目进度。整个项目的工期预计是 16 天，每个任务都有自己的储备时间。图 3.51 中 C1—C2—C3 正是传统的关键路径。

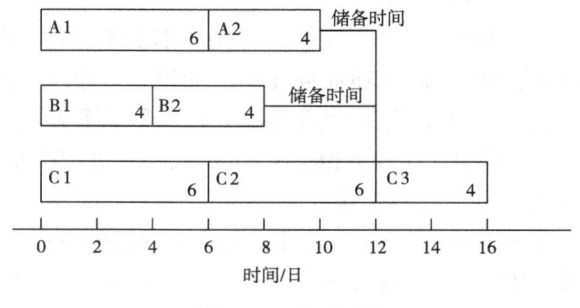

图 3.51　早开进度

（2）步骤 2：将早开进度转化为迟完进度并增加资源。使用 CCPM 的项目经理先是将任务进度转化为迟完进度，具体见图 3.52。在这个过程中，去掉了任务 A1—A2 和任务 B1—B2 所在任务链上的储备时间。实际上，我们已取消了本项目中所有任务和任务链中的储备时间。同时，用任务最可能完成时间替代原来的预计工期（包括一定的应急储备时间）。因此，整个项目的预计工期从原来的 16 天减为现在的 8 天。并且，我们还为各项任务增加了 3 个资源/人员（小王、小李和小张）。其中，在任务 A2 与任务 B2 中，资源小李是互相冲突的。

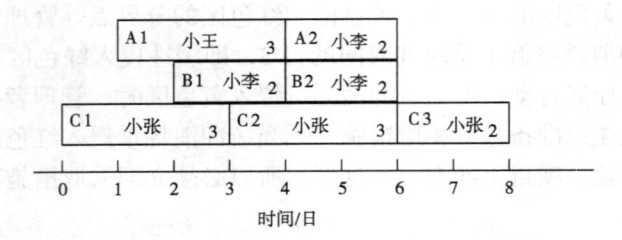

图 3.52　带资源配置的迟完进度计划

（3）步骤 3：解决资源冲突。总体来讲，解决资源冲突的步骤一般从缓冲时间最少的任务链开始。从图 3.52 中我们可以看出，关键链（C1—C2—C3）没有任何资源冲突的问题。接着我们应考虑缓冲时间次少的任务链 A1—A2。我们可让小李先做任务 B2；当小王完成 A1 之后，小李再开始做 A2。具体解决方案见图 3.53。

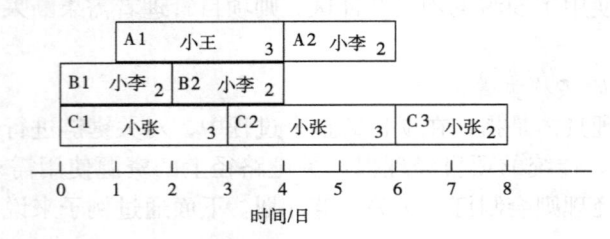

图 3.53　解决资源冲突的方法之一

（4）步骤 4：使用缓冲。缓冲是一种时间段，通常被设置在任务链的末端，以保护任务的进度。时间缓冲的长短取决于所属任务链的总工期。基本上，缓冲的长短即是任务链中所有任务的应急储备时间之和。

如图 3.53 所示，项目可以在第 8 天完成。解决小李的资源冲突问题并没有延长项目的工期。首先，我们在项目的最后一项任务 C3 后面设置一个项目缓冲。该项目缓冲的时间长度是任务 C1、C2 和 C3 各自的时间储备平方之和的平方根（即 9、9、4 之和的平方根），大约是 4.7 天。其次，在任务链 A1—A2 和 B1—B2 后面设置输送缓冲。相应的时间分别为 3.6 天和 2.8 天，见图 3.54。

我们发现，利用 CCPM 方法得到的项目工期（含应急储备缓冲）是 13.7 天，而原来的项目工期为 16 天。由此可见，将每项任务中的储备时间提取出来统一设置在任务链末端，并对它们进行有效的管理，可以使预计项目进度缩短。

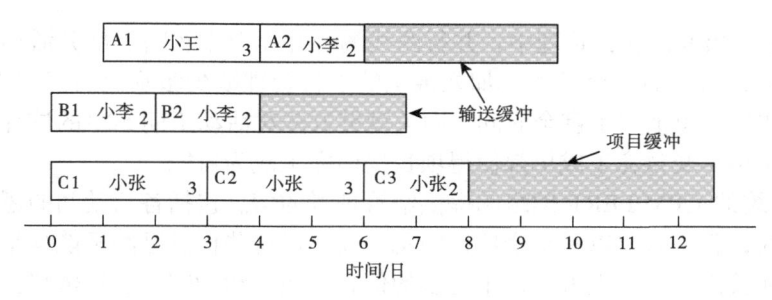

图 3.54 增加了缓冲的项目进度

3.5.3 关键链方法与 CPM/PERT 的对比

CPM/PERT 与关键链方法的特点和优势归纳如下。

（1）CPM/PERT 仅强调活动间的逻辑依赖关系，没有充分考虑到资源约束对计划的影响，忽略并行活动间因资源共享而可能存在的制约关系，常常造成计划与实际的严重脱节，使计划的日程安排的可行性降低。而关键链方法多了对资源约束的考虑，认为资源依赖与活动间逻辑关系依赖同等重要，所制订的进度计划更加符合实际应用。

（2）CPM/PERT 以里程碑方式来评估绩效，具有局部最优的思想，认为只要做好每一个活动，就能很好地完成整个项目，但项目里程碑是造成项目工期膨胀的根本原因。而关键链方法从系统的观点考虑问题，强调整体最优。它把关键链作为项目的控制对象，使项目实施管理人员关注于项目整体的完工而不是单个活动的完工。相应的，关键链采用缓冲机制，将活动的安全时间以项目缓冲的形式移至关键链之后，消化项目中不确定性因素对项目计划执行影响的同时也缩短了项目工期。

（3）CPM/PERT 对项目执行主体的心理和行为因素未予考虑，如项目执行者高完工保证率的心理问题，Goldratt 的学生综合征和帕金森定律等行为效应。在进度计划的编制中，过长的工期估计使得拖延行为的发生成为可能，容易导致项目工期的延误。而关键链方法对活动工期的确定运用概率分布理论，考虑了人的行为特征，活动工期按 50% 可能性估计，使项目的执行者有一种紧迫感，克服了传统进度管理方法实施过程中由于人的心理、行为因素导致项目延期的问题。

（4）传统项目管理中，各项活动从项目的开始日期起按照"尽早开始"进行排程，计算项目总工期，这样会降低项目延期的风险。而关键链项目管理却要求非关键链活动越晚开始越好，这恰好符合人的行为特点。活动安全时间的缩减，减少了学生综合征的影响，使得项目执行人员能集中精力快速完成活动，同时还减少了每个活动对资金的占用周期，缓解了企业现金流的压力。

（5）多任务分配在当今项目管理中非常普遍，但由于同一资源在同一时间承担了多项活动，数个活动轮流进行，资源的频繁切换会造成时间的浪费，降低项目执行的效率。因此，关键链方法提出消除并行活动，降低由于活动间互相干涉而导致的延误。

（6）设置汇入缓冲不仅能够吸收非关键链带来的延误风险，而且还克服了并行活动延误对关键链和项目工期的影响。

（7）CPM/PERT 项目管理中，并行路线的合并无形中忽略了部分活动提早完工的效益，而将延误带给后一个任务，加之传统的项目管理缺少激励提前完成工作的机制，"完工不报告"现象浪费了富余时间。而关键链方法对活动工期50%的估计和在企业文化中提倡员工尽早交付完工成果都使得项目提前完工成为可能。

（8）传统的 CPM/PERT 网络图提供给管理者的信息包括各活动间的逻辑关系，最早、最迟时间，各种时差以及整个项目的总工期，但这些信息已经不能满足现代项目管理的要求。而关键链为管理者提供了更多的信息，除了活动间的逻辑依赖关系外，它标识了项目周期的制约因素和资源瓶颈，指出了项目中的关键活动，为项目管理人员进行重点监控指明了方向。此外，时差往往起不到保护关键路径的作用，由于活动间的相互制约和影响关系，时差可能导致关键路径发生转移、总工期延长等问题。关键链方法通过增加缓冲避免了关键链在项目执行过程中发生转移，也保证了非关键链按时完成和关键链的安全，是评价和管理项目进展情况的直接工具。

3.5.4 关键链项目管理的成功案例

实践证明，通过使用 CCPM，很多项目获得了成功。

1. 霍尼韦尔航空电子防御系统

利用关键链的概念，霍尼韦尔的一个研发组将一个项目的预计工期从 13 个月缩短至 6 个月，而且他们最终也的确在 6 个月内完成了该项目。

2. 朗讯科技

以一个通过 CCPM 方法，确认项目工期为一年的项目为例，很多人都认为该项目根本无法在一年内完成，但它的确如期完成了，而且还有富余的缓冲时间。

关键链的好处是最大限度地发挥工作人员的积极性和效率，可以提高项目的绩效；在项目管理中便于抓住重点，对重点工作进行管理，提前完成项目。

思考题

1. 什么是项目的时间管理？它通常包括几个过程？
2. 网络计划技术的基本原理是什么？
3. 计划评审技术与关键路径法有何异同？
4. 绘制网络图应遵循哪些基本原则？
5. 节点最早开始时间和节点最迟完成时间是如何确定的？
6. 请解释总时差和自由时差的概念。关键路径是如何确定的？
7. 每项作业的时间参数有几个？它们是如何计算的？
8. 请描述项目进度控制的过程，并举例说明。
9. 设某工程的活动时序表如表 3.12 所示。

案例

表 3.12　某工程的活动时序表

作业名称	A	B	C	D	E	F	G	H	I
紧前作业	B、C	D、E、F	E、F	G、H	G、H	H	I	I	—
作业时间	5	4	3	7	5	6	2	8	4

求：（1）请绘制网络图；

（2）计算节点最早开始时间及最迟完成时间；

（3）计算工序的最早开始时间和最早完成时间、最迟开始时间和最迟完成时间。

10. 如果在图 3.55 正态曲线下标明的两点之间取值概率达到 95%，期望值是多少？方差是多少？

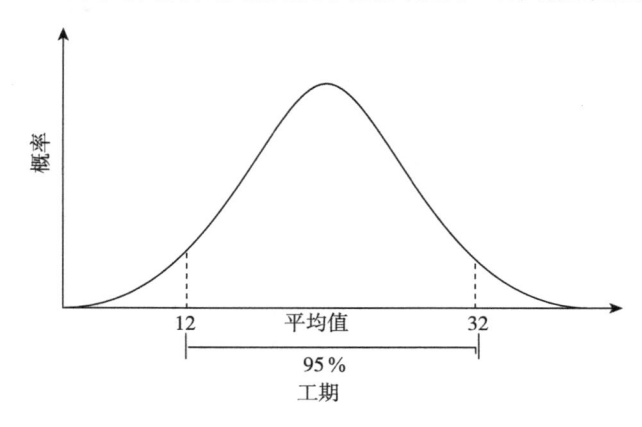

图 3.55　正态曲线图

11. 设某些工作的时序表如表 3.13 所示。

表 3.13　某些工作的时序表

作业名称	A	B	C	D	E	F	G	H
紧后作业	D	E、F	H	G	G	—	—	—
作业时间/天	4	1	4	2	1	2	3	3
需要人数/人	12	8	8	4	8	8	7	13

求：（1）请分别绘制单代号网络图和双代号网络图。

（2）请在 9 天总工期内，对 20 名劳动力进行平衡。

12. 某工程双代号施工网络计划图见图 3.56，该进度计划已经监理工程师审核批准，合同工期为 23 个月。

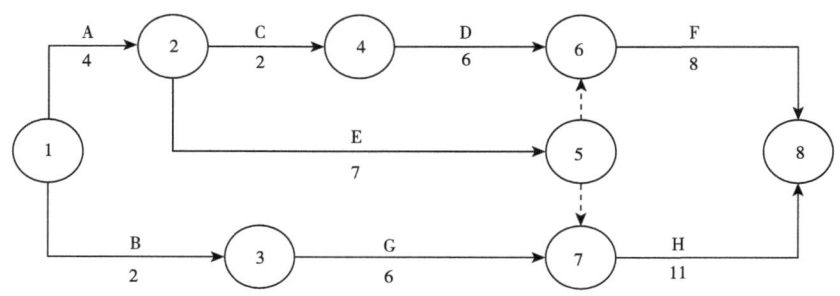

图 3.56　某工程双代号施工网络计划图

求：(1) 请计算该网络的时间参数,确定工期和关键路径。

(2) 如果工作 C 和工作 G 需共用一台施工机械且只能按先后顺序施工(工作 C 和工作 G 不能同时施工),该施工网络进度计划应如何调整较合理?

13. 在项目实施过程中,为加速项目进度,最可能调整哪些工作?为什么?
14. 什么是甘特图?它是如何描述项目的进度情况的?
15. 什么是关键链管理?它与关键路径法有何不同?
16. 实施关键链项目管理的步骤有哪些?它的基本原理是什么?

第4章

项目费用管理[①]

广义地讲，项目费用是指项目形成全过程所耗用的各种费用的总和。项目费用一般包括项目决策费用、招标费用、勘察设计费用、项目运行费用等。在我国，项目费用管理一直是项目管理的弱项，"开源"和"节流"总是说得多、做得少。例如，在项目前期，由于没有深入地调研，不能准确估算完成项目活动所需的资源成本，造成开源不足的局面；或者由于项目的资金"源"自政府或股东，花起来不心疼，更谈不上节流了。部分项目甚至根本就没有预测和分析项目现金流和财务执行情况，那么决策失误就在所难免了。本章参照第五版《项目管理知识体系指南》，将项目管理的一般过程概括为：①规划成本管理；②费用估算，即估计完成项目活动所需资源的数量；③费用预算，即对将全部费用分配给各个工作包的估算；④费用控制，即控制对预算的更改。虽然会计学上成本与费用概念略有差别，但在项目管理中，两个概念一般被认为是等同的。在本章中，两个概念等同使用。

4.1 项目费用管理的基本概念

4.1.1 成本的概念与分类

成本的通常定义是，为了达到某一个特定目标所失去或放弃的一项资源。按照传统的会计方法，成本被认为是为了购买商品或劳务而必须付出的货币量。例如，在日常生活中，我们要购买许多不同物品，食物、衣服、汽车、房子等，每件商品的价格计量了我们为了得到这些商品而必须付出的代价。

[①] 本章得到国家自然科学基金（编号：71271014）资助。

1）机会成本

由于进行某项行为而放弃的另一项行为所能带来的最大收益被称为机会成本。正确地估算某产品的机会成本要求决策制定者将所有可能的选择列出机会集合，并对每项可能的选择计算相应的净收益。在这一基础上，可以找出机会集合中净现金流入量最大的一项决策，其相应的净收益即机会成本。

2）沉没成本

沉没成本是指业已发生或承诺、无法回收的成本支出，如因失误造成的不可收回的投资。沉没成本是一种历史成本，对现有决策而言是不可控成本，不会影响当前行为或未来决策。从成本的可追溯性来说，沉没成本可以是直接成本，也可以是间接成本。从成本的形态来看，沉没成本可以是固定成本，也可以是变动成本。一般来说，资产的流动性、通用性、兼容性越强，其沉没的部分就越少。固定资产、研究开发、专用性资产等都是容易沉没的，分工和专业化也往往与一定的沉没成本相对应。此外，资产的沉没性也具有时间性，会随着时间的推移而不断转化。以具有一定通用性的固定资产为例，在尚未使用或折旧期限之后弃用，可能只有很少一部分会成为沉没成本，而中途弃用沉没的程度则会较高。

3）会计成本

会计成本与带有预测意味的机会成本不同，它是以产品生产所消耗的资源历史成本为基础计算的。企业会计系统产生会计成本数据，而非机会成本数据。

4）直接与间接成本

有关成本的一个重要问题就是成本是与特定的成本对象直接相关还是间接相关。直接成本是与特定成本对象直接相关的，能够经济而又方便地追溯到各个成本对象的成本。间接成本是与特定成本对象相关的，但不能够经济而又方便地追溯到各个成本对象的成本。间接成本通过成本分配的方法分配给成本对象。

例如，把一根棒球棒看做一个成本对象。制造棒球棒所需的木材的成本是直接成本，原因是木材的数量可以容易地追溯到棒球棒。而球棒生产车间的照明成本是间接成本，因为虽然照明是生产球棒所必需的，但若要精确计算生产某一根球棒到底耗费了多少照明成本就不够方便了。

5）固定与可变成本

成本按成本形态可分为可变成本和固定成本。可变成本就是按成本动因变动的比例在总量上发生变动的成本。固定成本是尽管成本动因变动，但其总量保持不变的成本。

4.1.2　项目生命期成本

费用估算、计划、监管和控制系统都需要考虑项目一个或多个方面的成本。项目是在一个时间连续体里进行的，并且这个连续体的每个部分的成本是不同的。项目经理的责任是，确保客户能够完全了解可能影响项目的所有生命期的成本。

生命期成本（life cycle cost，LCC）是指项目系统在产品的整个生命期内，业主为采办、拥有和维护系统所花费的总费用。在项目的生命期内，可以将其划分为方案探索/

定义阶段、方案验证和确认阶段、全面研制阶段、使用和保障阶段四个里程碑阶段。

生命期成本分析法是一个分析项目生命期各个阶段成本的方法。因此，LCC 需要贯穿整个项目生命期。它是战略规划过程中的以成本为基础的那部分分析。LCC 分析的是持有使用期内的一件产品、一座建筑或是一个系统而产生的总成本。它还包括那些以前在计划周期中常被忽略的成本。LCC 分析的是项目整个生命期内的成本，而不是占某一单项活动一部分的工作包或单元的成本。LCC 是长期战略成本计划中需要重点使用的分析方法。LCC 分析可以分成几个不同的阶段或内容。

项目立项以后，先进入方案探索/定义阶段（里程碑 1）。该阶段要求探索满足项目立项书规定的任务需求的备选方案，项目组得以成立。在这段时间里，要求竞争和创新，以辨明并探索所有备选的解决办法。可以采用广泛的数值和计算机分析及建模技术，用以确定在费用、进度以及其他参数方面几个最好的方案。

在该阶段，项目组应该审查可能对项目成功起作用的各种技术，编制技术路线图。该图要能一般性地反映本项目所要利用的各种技术、项目的开发进度和费用。本阶段里，要进行一般意义上的费用估算，费用估算在整个项目生命期上都起着极为重要的作用。项目组对费用的承受性是用来对各个方案进行评价、比较的重要准则之一，所以要从一开始就着手进行分析。

当项目结束里程碑 1 后进入第二阶段——方案验证和确认阶段。该阶段中，要求对各种备选方案进行可行性验证，业主以及项目利益相关人必须选择最好的方案，以满足项目需求。在该阶段内，整个项目系统的信息可能并不完备，因而必须要在项目所涉及的所有领域中，通过强化竞争和制订合适的计划来抵消风险。所以，该阶段非常需要有才能的职业经理。该阶段包括各种预研活动试制、试验及规划等活动，计划和更新项目概算也是该阶段内非常重要的活动。通过该阶段的一系列活动达到里程碑 2 阶段的主要要求，从而使项目进入里程碑 3 阶段——全面研制阶段。

项目进入全面研制阶段，将要消耗大量的资源，因而会伴随着大量的项目风险。费用控制会变成项目管理中的主要矛盾，所以费用基线以及各种阈值的管理和控制是项目经理的主要任务。

广义来说，里程碑 4 阶段——使用和保障阶段可能不算是项目管理的一部分。因为项目系统产品一旦投入使用，项目组可能已经解散，大多数项目成员会转移到其他项目中去，但是产品使用中的某些问题、售后服务保障以及产品的升级换代还必须是该项目的一个部分，项目成员还必须回到项目中来，对于某些大型项目来说，还要有相当的费用支出，因而是不能忽略的问题。图 4.1 给出了一个简要的生命期曲线。

从以往的经验来看，较低的硬件初始采办费用并不能保证整个生命期的费用也低，事实上也恰好是这样。如图 4.1 所示，整个生命期费用的大头通常是使用和保障费用。一般情况下，大型的项目系统总是有保障和使用方面的设计。但是就项目某些利益相关人来说，并不愿意下太多的功夫进行此方面的研究和设计，这就造成了业主在产品接受后支出更多的费用，得不偿失。另外，项目组一般要求所接受方案的使用和保障费用不能过高，这往往需要在项目的前期阶段上花费更多的经费，以提高系统的可靠性和维修性。

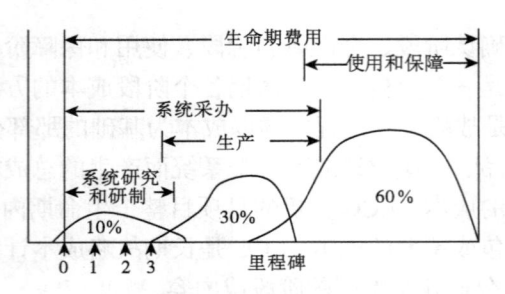

图 4.1 典型系统生命期费用分布

下面对以上各阶段的 LCC 进行总结。

在方案探索/定义阶段，LCC 的主要工作是确定费用的主宰因素，评价备选方案在 LCC 方面的差异，确定 LCC 的估计值以及支持系统方案书，进而支持该阶段的里程碑。

在方案验证和确认阶段，LCC 的重点是为每一个备选方案确定一个 LCC 的估计值。

在全面研制阶段，在上一阶段建立的 LCC 基线费用估计值必须精确化，LCC 开始从一个项目的设计要素向控制要素转移。需要注意的是，在做所有决策时，都应该考虑这些决策对 LCC 的影响。在研制阶段，通过高度重视决策和更改项目总费用的影响，使 LCC 成为一种保证项目正常进行的控制工具。

在使用和保障阶段，利用 LCC 考虑改型、价值工程建议、产品性能、售后服务等方面的问题。

分析了项目的全生命费用的各个阶段以后，我们对项目生命费用的组成做一个一般的概述，图 4.2 给出了项目生命期费用的组成示例。

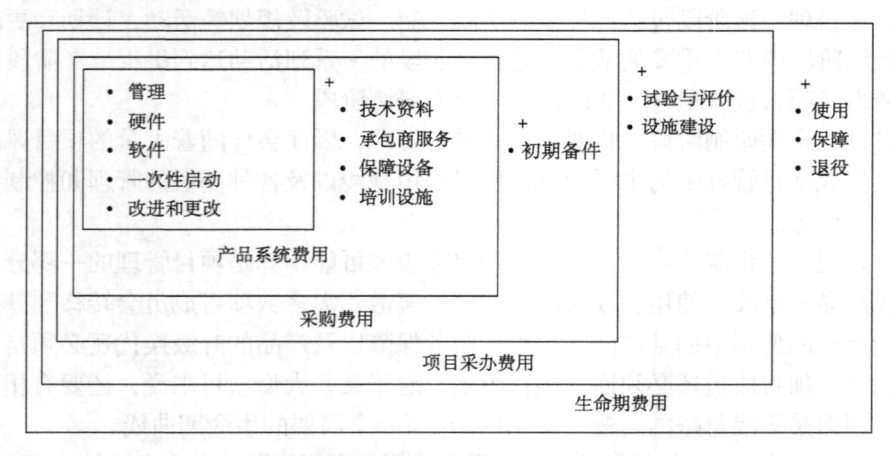

图 4.2 项目生命期费用的组成示例

图 4.2 的一些术语定义了一般的费用形式。图 4.2 最里面的框所包含的费用就是项目经理和承包商通常所说的出厂费，加上技术资料、承包商服务、保障设备、培训设施，就构成了产品系统费用，再加上初期备件，就形成了采购费用。采购费用加上试验与评价以及设施建设，构成了项目采办费用。项目采办费用再加上使用、保障和退役（产品报废处理）费用等，就构成了生命期费用。

值得注意的是,保证项目组建立和完成生命期费用大纲是项目管理的职责。对生命期费用大纲执行情况的评价应该在项目管理审查和技术审查期间进行,在关键项目论证里程碑完成之前完成。在项目管理审查期间,项目组有责任说明:生命期费用实施计划和关键活动的状态;费用主宰因素和为减少或控制费用已采取的措施;与费用有关的指标的状况;计划进行的、正在进行的或已完成的情况分析;等等。

4.1.3 项目费用的概念

项目费用是围绕项目发生的资源耗费的货币体现,包括项目生命期各阶段的资源耗费,从设计到完成期间所需的全部费用的总和。项目费用包括基础投资、前期的各种费用、项目建设中的贷款利息、管理费及其他各种费用等。

项目费用的构成是指项目总费用的构成成分。项目费用是项目形成全过程所耗用的各种费用的总和。项目费用是由一系列的项目费用细目构成的,主要的项目费用细目包括以下内容。

1)项目定义与决策成本

项目定义与决策是每个项目都必须经历的第一个阶段,项目定义与决策的好坏对项目实施和项目建成后的经济效益与社会效益会产生重要影响。为了对项目进行科学的定义和决策,在这一阶段要进行翔实的各种调查研究,搜集和掌握第一手信息资料,进行项目的可行性研究,最终做出抉择。要完成这些工作需要耗用许多人力、物力资源,需要花费许多的资金,这些资金构成了项目费用中的项目定义与决策成本。

2)项目设计成本

根据项目的可行性研究报告,通过分析、研究和试验等环节以后,项目就可以进入设计阶段了。任何一个项目都要开展项目设计工作,不管是工程建设项目(它的设计包括初步设计、技术设计和施工图设计),还是新产品开发项目(它的设计就是对于新产品的设计),或是科学研究项目(它的设计是对整个项目的技术路线和试验方案等的设计)。这些设计工作同样要发生费用,同样是项目费用的一个重要组成部分,这一部分通常被称为项目设计成本。

3)项目采购成本

所谓项目采购成本,是指为了获得项目所需的各种资源(包括物料、设备和劳务等),项目组织必须开展的询价、选择供应商、广告、承发包、招投标等一系列的工作。对于项目所需商品购买的询价、供应商选择、合同谈判与合同履约的管理需要发生费用,对于项目所需劳务的承发包,从发标、广告、开标、评标、定标、谈判到签约和履约,同样也需要发生费用。这些就是项目为采购各种外部资源所需要花费的成本,即项目的采购成本。

4)项目实施成本

在项目实施过程中,为生成项目产出物所耗用的各项资源构成的费用,统一被称为项目实施成本。这既包括在项目实施过程中所耗费物质资料的成本(这些成本以转移价值的形式转到了项目产出物中),也包括项目实施中所消耗活劳动的成本(这些以工资、奖金和津贴的形式分配给了项目团队成员）。项目实施成本的具体科目包括以下几项。

（1）项目人工成本。这是给各类项目实施工作人员的报酬。其包括项目施工、监督管理和其他方面人员（但不包括项目业主/客户）的工资、津贴、奖金等全部发生在活劳动上的成本。

（2）项目物料成本。这部分是项目组织或项目团队为项目实施需要所购买的各种原料、材料的成本，如油漆、木料、墙纸、灌木、毛毯、纸、艺术品、食品、计算机或软件等。

（3）项目顾问费用。当项目组织或团队缺少某项专门技术或缺少完成某个项目任务的人力资源时，他们可以雇用分包商或专业顾问去完成这些任务。为此，项目就要付出相应的顾问费用。

（4）项目设备费用。项目组织为实施项目会使用到某种专用仪器、工具，不管是购买这些仪器或设备，还是租用这些仪器或设备，所发生的成本都属于设备费用的范畴。

（5）项目其他费用。不属于上述科目的其他费用。例如，项目期间有关人员出差所需的差旅费、住宿费、必要的出差补贴、各种项目所需的临时设施费等。

（6）项目不可预见费。项目组织还必须准备一定数量的不可预见费（意外开支的准备金或储备），以便在项目发生意外事件或风险时使用，如由于项目费用估算遗漏的费用、由于出现质量问题需要返工的费用、发生意外事故的赔偿金、因需要赶工加班而增加的成本等。

5）项目财务成本

为了使项目顺利进行、为了满足项目对资金使用的需求而进行筹资所产生的借款利息等，在财务管理中应当计为财务费用，但由于该项筹资行为是由项目的实施直接引发的，所以应计入项目成本之中。

项目实施成本是项目总成本的主要组成部分，在没有项目决策或设计错误的情况下，项目实施成本一般会占项目总成本的 90%左右。因此，项目费用管理的主要工作是对项目实施成本的管理与控制。

4.1.4 项目费用管理的概念

项目费用管理是在整个项目的实施过程中，为确保项目在批准的费用预算内尽可能更好地完成而对所需的各个过程进行管理。现代项目费用管理的主要内容包括以下几个方面。

1）规划成本管理

规划成本管理是为规划、管理、花费和控制项目成本而制定政策、程序和文档的过程。规划成本管理是项目规划管理的一部分。规划成本管理的输出主要是成本管理计划。

2）项目费用估算

项目费用估算是指根据项目资源需求和计划以及各种资源的市场价格或预期价格等信息，估算和确定出项目各种活动的成本和整个项目全部成本的一种项目费用管理工作。项目费用估算最主要的任务是确定用于项目所需人、机、料、费等成本和费用的概算。

3）项目费用预算

项目费用预算是一项制定项目费用控制基线或项目总费用控制基线的项目费用管理工作。它主要包括根据项目的费用估算为项目各项具体活动或工作分配和确定其费用预算，以及确定整个项目总预算两项工作。项目费用预算的关键是合理、科学地确定项目的费用控制基准（项目总预算）。

4）项目费用控制

项目费用控制是指在项目的实施过程中，努力将项目的实际费用控制在项目费用预算范围之内的一项成本管理工作。其包括：依据项目费用的实施发生情况，不断分析项目实际成本与项目预算之间的差异，采用各种纠偏措施和修订原有项目预算的方法，使整个项目的实际成本能够控制在一个合理的水平。

事实上，上述这些项目费用管理工作相互之间并没有严格独立而清晰的界限，在实际工作中，它们常常相互重叠和相互影响。同时在每个项目阶段，上述项目费用管理的工作都需要积极地开展，只有这样，项目团队才能够做好项目费用的管理工作。

4.1.5 与项目费用管理直接相关的其他方面

1）项目费用与项目进度

一般情况下，项目的进度越快，项目的费用就越高。例如，为了赶工期，就需要员工在节假日加班，而为了激励员工继续工作而放弃休假，就必须多付员工薪水。因此，项目费用也就随之增加。

2）项目费用与项目目标

财务会计上有这样一个原则："目的不同，成本不同。"项目的成本也是如此，项目的目标不同，项目费用当然也不相同。例如，开发一种新产品的费用要远远大于改良一种老产品所需花费的费用。

3）项目费用与项目质量

一般来说，工作质量水平越高，项目费用也越高。在开展项目质量管理活动时，为了提高质量，就需要采用高质量的材料和过分复杂的生产工艺等，但同时也增加了成本。因此，不能只片面强调提高项目质量而忽视降低成本，从而导致利润率降低，造成成本浪费。

4.2 规划成本管理

规划成本管理可以在整个项目中为如何管理项目成本提供指南和方向。

4.2.1 规划成本管理的输入

1. 项目管理计划

成本管理计划是项目管理计划的组成部分，在成本管理计划中应记录成本管理过程、工具及技术。项目管理计划中用以制订成本管理计划的信息包括（但不限于）：

（1）范围基准。范围基准包括项目范围说明书和工作分解结构详细信息，可用于成本估算和管理。

（2）进度基准。进度基准定义了项目成本将在何时发生。

（3）其他信息。项目管理计划中与成本相关的进度、风险和沟通决策等信息。

2. 事业环境因素

会影响规划成本管理过程的事业环境因素包括（但不限于）：

（1）能影响成本管理的组织文化和组织结构。

（2）市场条件，决定着在当地及全球市场上可获取哪些产品、服务和成果。

（3）货币汇率，用于换算发生在多个国家的项目成本。

（4）发布的商业信息。经常可以从商业数据库中获取资源成本费率及相关信息。这些数据库动态跟踪具有相应技能的人力资源的成本数据，也提供材料与设备的标准成本数据，还可以从卖方公布的价格清单中获取相关信息。

（5）项目管理信息系统，可为管理成本提供多种方案。

3. 组织过程资产

会影响规划成本管理的组织过程资产包括（但不限于）：

（1）财务控制程序（如定期报告、费用与支付审查、会计编码及标准合同条款等）。

（2）历史信息和经验教训知识库。

（3）财务数据库。

（4）现有的、正式的和非正式的、与成本估算和预算有关的政策、程序和指南。

4.2.2 规划成本管理的工具与技术

1. 专家判断

基于历史信息，专家判断可以对项目环境及以往类似项目的信息提供有价值的简介。专家判断还可以对是否需要联合使用多种方法，以及如何协调方法之间的差异提出建议。

针对正在开展的活动，基于某应用领域、知识领域、学科、行业等的专业知识而做出的判断，应该用于制订成本管理计划。

2. 分析技术

在制订成本管理计划时，可能需要选择项目筹资的战略方法，如自筹资金、股权投资、借贷投资等。成本管理计划中可能也需详细说明筹集项目资源的方法，如自制、采购、租用或租赁。如同会影响项目的其他财务决策，这些决策可能对项目进度和风险产生影响。

组织政策和程序可能影响采用哪种财务技术进行决策。可用的技术包括(但不限于)回收期、投资回报率、内部报酬率、现金流贴现和净现值。

3．会议

项目团队可能举行规划会议来制订成本管理计划。参会人员可能包括项目经理、项目发起人、选定的项目团队成员、选定的干系人、项目成本负责人以及其他必要人员。

4.2.3 规划成本管理的输出

成本管理计划是项目管理计划的组成部分,描述将如何规划、安排和控制项目成本。成本管理过程及其工具与技术应记录在成本管理计划中。例如,在成本管理计划中规定：

（1）计量单位。需要规定每种资源的计量单位。

（2）精确度。根据活动范围和项目规模,设定成本估算向上或向下取整的程度。

（3）准确度。为活动成本估算规定一个可接受的区间,其中可能包括一定数量的应急储备。

（4）组织程序链接。工作分解结构为成本管理计划提供了框架,以便据此规范地开展成本估算、预算和控制。在项目成本核算中使用的工作分解结构组件,被称为控制账户。每个控制账户都有唯一的编码或账号,直接与执行组织的会计制度相联系。

（5）控制临界值。可能需要规定偏差临界值,用于监督成本绩效。它是在需要采取某种措施前,允许出现的最大偏差。通常用偏离基准计划的百分数来表示。

（6）绩效测量规则。需要规定用于绩效测量的挣值管理规则。例如,成本管理计划应该：①定义工作分解结构中用于绩效测量的控制账户；②确定拟用的挣值测量技术(如加权里程碑法、固定公式法、完成百分比法等)；③规定跟踪方法,以及用于计算项目完工估算的挣值管理公式,该公式计算出的结果可用于验证通过自下而上方法得出的完工估算。

4.3 项目费用估算

4.3.1 项目费用估算概述

费用估算是对完成项目各项活动所必需资源成本的估算。根据合同进行项目费用估算时,应当区别费用估算与定价。费用估算是对一个可能的量进行评估——项目工作单位提供合同规定的产品或服务所需的费用。定价是一项商业决策——生产单位对产品与服务要收多少钱,它也适用费用估算,但只是众多要考虑的因素的一部分。

费用估算包括考虑和确定各种不同的费用估算方案。例如,在大多数应用领域,一般认为在设计阶段多做些工作可能会节省后期阶段的大量费用。因而,费用估算过程必须考虑这种附加预研、设计工作的费用能否抵消期望节省的费用,因为要考虑多种不同的方案。

4.3.2 常用的项目费用估算方法

1. 类比估算

费用类比估算是指利用过去类似项目的实际费用作为当前项目费用估算的基础。当对项目的详细情况了解甚少时（如在项目的初始阶段），往往采用这种方法估算项目的费用。类比估算是一种专家判断。

类比估算的费用通常低于其他方法，但其精确度通常也较差。此种方法在以下情况中最为可靠：以往项目的实质相似，而不只是在表面上相似，并且进行估算的个人或集体具有所需的专业知识。

例如，估算建筑面积 65 000 米^2、拥有 800 个房间的宾馆的成本。以前有 500 个房间的宾馆的成本是 3 500 万美元，而建筑面积是 50 000 米^2，则 800 个房间的宾馆的成本估计如下：

（A）[35 000 000（美元）/500（房间）] × 800（房间）=70 000（美元/房间）× 800（房间）=56 000 000（美元）

或（B）[35 000 000（美元）/50 000（米^2）] × 65 000（米^2）=700（美元/米^2）× 65 000（米^2）=45 500 000（美元）

使用此种方法，不可能仅用一个类似的系统与所要求的系统进行比较。关键在于估算人员要对所估算的每一个系统或分系统做一个独立的双向比较，这样才可能得到一个比较接近实际的结果。

2. 参数估算

参数估算法是一种运用历史数据和其他变量（如施工中的平方英尺造价、软件编程中的编码行数、要求的人工小时数）之间的统计关系，来计算计划活动资源的费用估算的技术。这种技术估算的准确度取决于模型的复杂性及其涉及的资源数量和费用数据。与费用估算相关的例子是，将工作的计划数量与单位数量的历史费用相乘得到估算费用。

3. 自上而下估算

首先，收集上、中层管理人员的经验和判断，以及相关历史数据。其次，上、中层管理人员估计整个项目的费用和各个分项目的费用，将此结果传送给下一层管理人员，责成其对组成项目和子项目的任务和子任务的费用进行估算，并继续向下传送其结果，直到项目组的最基层，如图 4.3 所示。

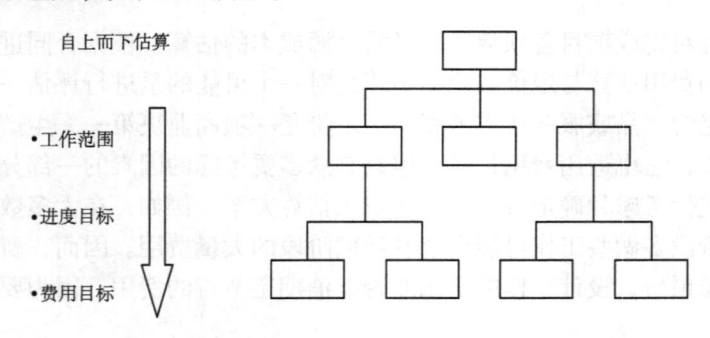

图 4.3　自上而下估算法示意图

一般要求在有类似完成项目经验的情况下使用该方法，按照工作分解结构过程，从最高层到最低层进行逐层分解。在自上而下估算中，上、中层管理人员能够比较准确地掌握项目整体的费用分配，从而使项目的费用能够控制在一个合理的水平上，这在一定程度上避免了项目的费用风险，但是需要建立好上下管理层畅通的沟通渠道，否则很容易导致项目的失败。

4. 自下而上估算

这种技术是指估算个别工作包或细节最详细的计划活动的费用，然后将这些详细费用汇总到更高层级，以便用于报告和跟踪目的（图 4.4）。自下而上估算法的费用与准确性取决于个别计划活动或工作包的规模和复杂程度。一般情况下，需要投入量较小的活动可提高计划活动费用估算的准确性。

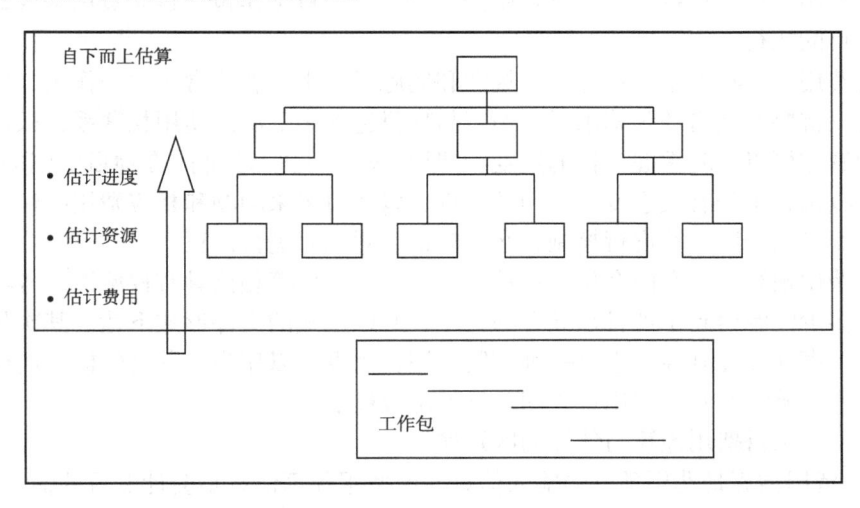

图 4.4　自下而上估算法示意图

自下而上估算法比其他估算法更为准确，可以避免以后费用预算过程中的一些冲突和不满。但是，各项目组进行估算时可能发生"虚报"现象，当各团队成员如实地估算其工作包的费用时，就可以得到更为准确的估算，但是当费用要素具有一些风险时，团队成员可能会增加估算，产生"虚报"。"虚报"是指给结果增加一些宽限，这些宽限会导致估算的最后结果无法被接受。

5. 准备金分析法

很多费用估算师习惯于在计划活动费用估算中加入准备金或应急储备，但这存在一个内在问题，即有可能会夸大计划活动的估算费用。应急储备是由项目经理自由使用的估算费用，用来处理预期但不确定的事件。这些事件被称为已知的未知事件，是项目范围和费用基准的一部分。

费用应急储备的一种管理方法是，将相关的单个计划活动汇集成一组，并将这些计划活动的费用应急储备汇总起来，赋予到一项计划活动内。这个计划活动的持续时间可以为零，并贯穿这组计划活动的网络路径，用来储存费用应急储备。这种费用应急储备管理方法的一个事例是，在工作包水平，将应急储备赋予一个持续时间为零的活动，该活动跨越该工作包子网络的开始到结束。随着计划活动的绩效改变,可以根据持续时间不为零的计划活动的资源消耗测量应急储备,并进行调整。因此,对于由相关的计划活动组成组合活动来说,费用偏差就精确得多,因为它们不是基于悲观的费用估算。

4.4 项目费用预算

4.4.1 项目费用预算的概述

项目费用预算是指将全部估算费用分配给各个项目工作包,建立费用基线,来度量和控制项目的执行。

项目费用预算在整个项目计划、规划和实施过程中起着非常重要的作用,项目做得精细与否,首要看项目的预算水平。预算与项目进展中资源的使用相联系,根据预算,项目管理者才可以实时掌握项目的进度和费用,对项目进行控制。在项目实施的过程中,应该不断收集和报告有关进度和费用的数据,以及对未来问题和相应费用的估计,项目管理者从而可以按照预算进行控制,必要时也可对预算进行修正。

项目费用预算主要有两个特性:首先是其与费用估算相比具有权威性,各项目小组能够拥有多少资源得到了项目领导者的肯定,并以正式的文件形式下达。其次是项目费用预算的约束性和控制性。它是一种控制机制,预算可以作为一种比较标准而被使用,即一种度量资源实际和计划用量之间差异的基线标准。

总结得出项目费用预算与估算的区别如下:

(1)费用估算是费用预算的输入信息,而费用预算信息是会计账目的输入信息。

(2)费用估算信息由战术和运营管理层的经理使用,而费用预算信息由战略经理使用。

(3)费用估算是工作,而费用预算是一个要遵守的计划。

(4)费用估算可以看成费用预算的一个组成部分。

(5)费用估算是通过分析得来的,而费用预算是通过计划得来的。

(6)费用估算关注于个别活动或相关活动组,而费用预算关注于整个项目。

(7)费用估算与费用预算之间的关系就如同时间估算与时间计划之间的关系。

(8)费用估算是一个概括的过程,而费用预算是一个具体的过程。

4.4.2 项目费用预算工作内容

项目通过费用预算可以将单个项目活动或工作包的估算费用汇总,以确立衡量项目绩效情况的总体费用基准。项目范围说明书提供了汇总预算,但计划活动或工作包的费用估算在详细的预算请求和工作授权之前编制。

项目费用预算的一般过程可以概括为图4.5。

第4章 项目费用管理

费用估算文件 → 费用分解结构 → 费用基线

图 4.5 费用预算的一般过程

1. 费用分解结构

将估算的费用按工作包分配到工作分解结构中去，替换其中的产品或服务，得到比较明晰的费用分配树，如图 4.6 所示。

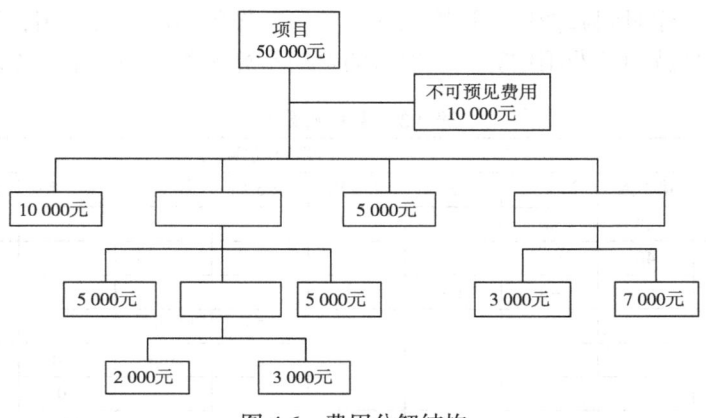

```
                    项目
                  50 000元
                     |
         ┌───────────┴───────────┐
         |                   不可预见费用
         |                    10 000元
    ┌────┼────┐            ┌──────┴──────┐
  10000元    5000元       3000元        7000元
    ┌────┬────┐
  5000元  5000元
    ┌────┴────┐
  2000元  3000元
```

图 4.6 费用分解结构

2. 费用曲线

费用曲线是费用计划的表达形式之一，包括费用负荷曲线和费用累计负荷曲线。费用曲线的编制原理及编制的主要步骤与资源曲线相同。

【例 4.1】某项目的甘特图计划如图 4.7 所示，该项目工作时间及工作量如表 4.1 所示。该项目工作费用如表 4.2 所示。根据甘特图绘制项目实施期间的费用负荷曲线及累计负荷曲线。

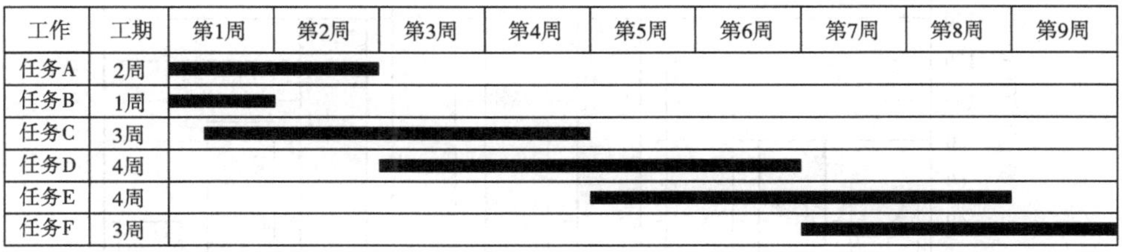

工作	工期	第1周	第2周	第3周	第4周	第5周	第6周	第7周	第8周	第9周
任务A	2周	██	██							
任务B	1周	█								
任务C	3周		█	██	██					
任务D	4周				██	██	██	██		
任务E	4周						█	██	██	█
任务F	3周							█	██	██

图 4.7 项目甘特图

表 4.1 某项目工作时间及工作量估计表

工作	工作时间/天	人力资源	工作量/工时	平均工作量/(工时/天)	每天需安排人数/人
A	10	工程师	4 000	400	50
B	5	工人	1 600	320	40
C	15	工程师	6 000	400	50
D	20	工程师	4 800	240	30
E	20	工人	16 000	800	100
F	15	工程师	6 000	400	50

表 4.2　某项目工作费用估算表（单位：万元）

工作	A	B	C	D	E	F
费用	60	40	150	360	300	120
每周费用	30	40	50	90	75	40

分析：

（1）根据工作时间和费用，计算该项目各项工作每周需要的费用，结果见表 4.2。

（2）根据甘特图及费用估算编制项目的费用预算累积费用，结果见表 4.3。

表 4.3　费用预算表

| 工作 | 预算值/万元 | 进度日程预算/万元 |||||||||
		第1周	第2周	第3周	第4周	第5周	第6周	第7周	第8周	第9周
A	60	20	40							
B	40	40								
C	150		40	60	50					
D	360			60	90	120	90			
E	300					50	100	100	50	
F	120							40	40	40
周计	1 030	60	80	120	140	170	190	140	90	40
累计		60	140	260	400	570	760	900	990	1 030

（3）根据表 4.3，绘制该项目的费用负荷图及费用累积曲线，结果如图 4.8 和图 4.9 所示。

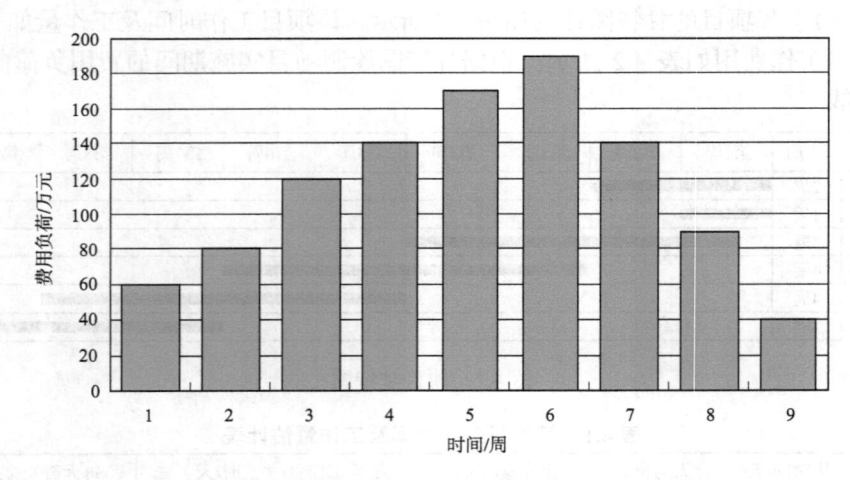

图 4.8　【例 4.1】费用负荷图

3. 费用基线

费用基线是一项面向阶段时间的预算，主要用于测量和监控项目费用执行情况，这是将按阶段估算的费用汇总后制定的，一般用"S"形曲线表示。

这里的阶段时间可以按里程碑之间的时间来计算，也可以按一定的日历来计算，

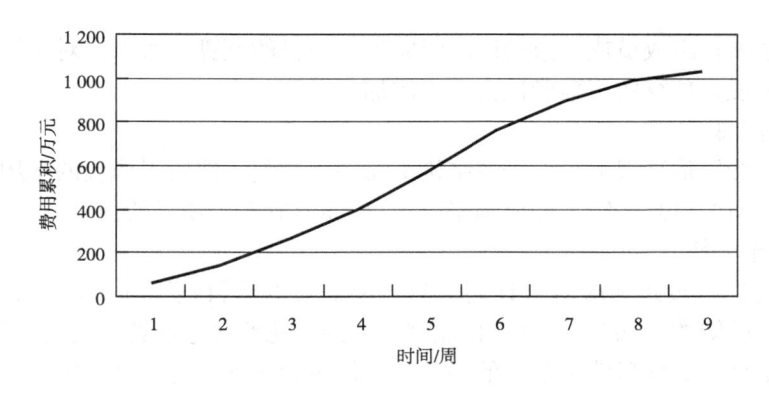

图 4.9 【例 4.1】费用累积曲线

或按工作包工期等来计算。每期的费用估算是根据组成该工作包的各个活动的进度确定的，当工作包的预算成本确定以后，就能继而确定在何时使用了多少预算，这个值是通过截至某期的每期预算费用累积而得出的，称为累积预算费用，是到某期为止按进度计划完成的工程预算值，作为费用使用绩效的基准。图 4.10 是费用基线图。

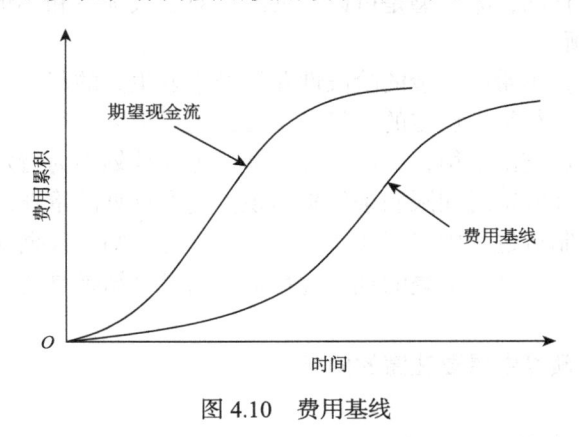

图 4.10 费用基线

4.4.3 项目费用预算工具与技术

费用估算中所用到的方法与技术在这里同样适用。

应该说，费用预算是费用估算结果的一个更具权威的反映，或者说是由"纸上谈兵"变成了"实战演练"。估算的结果比较准确，那么预算的变动一般不会太大，但事情往往不是那么简单，由于估算本身就带有很多假设和不确定性，因而预算也是一样。所以，预算要作为项目的费用基线，必然是动态地适时调整的，以适应诸如新材料、新技术的出现和突发事件等因素对项目的影响。

在某些领域，项目费用估算、预算是比较准确的。例如，图书出版商只需知道一本书的字数、开本和印刷数就可以相当准确地做出此项目的预算。但对于一个研发项目来说，事情就没有这么简单。因为项目本身就是在一定的假设基础上进行的，不确定性很大，只能通过项目组成员或专家的以往经验进行项目的预算。所以，对于依赖很多智力因素的项目来说，预算的不准确性会大大增加。

1）成本汇总

计划活动费用估算根据工作分解结构汇总到工作包，然后工作包的费用估算汇总到工作分解结构中的更高一级（如控制账户），最终形成整个项目的预算。

2）准备金分析

管理应急准备金是为应对未计划但有可能需要的项目范围和费用变更而预留的预算。它们是"已知的未知"，并且项目经理在动用或花费这笔准备金之前必须获得批准。管理应急准备金不是项目费用基准的一部分，但包含在项目的预算之内。因为它们不作为预算分配，所以也不是实现价值计算的一部分。

3）参数建模

参数估算技术是指在一个数学模型中使用项目特性（参数）来预测总体项目费用。模型可以是简单的，也可以是复杂的。参数模型的费用和准确度起伏变化很大。一般在下列情况下，最有可能是可靠的：①用于建立模型的历史信息是准确的；②在模型中使用的参数是很容易量化的；③模型是可以扩展的，对于大项目和小项目都适用。

4）资金限制平衡

对组织运行而言，不希望资金的阶段性花销经常发生大的起伏。因此，要尽量使资金的花销在由用户或执行组织设定的项目资金支出的界限内进行平衡。需要对工作进度安排进行调整，以实现支出平衡，这可通过在项目进度计划内为特定工作包、进度里程碑或工作分解结构组件规定时间限制条件来实现。进度计划的重新调整将影响资源的分配。如果在进度计划制订过程中以资金作为限制性资源，则可根据新规定的日期限制条件重新进行该过程。经过这种交叠的规划过程形成的最终结果是费用基准。

4.4.4 项目费用预算中需要注意的问题

1. 费用预算是一个动态的过程

对于一个项目来说，在整个进程中，改变项目开始制订的计划是很正常的。如果不能及时调整计划预算，那么其造成的影响将会把整个项目计划搞乱。除非此项目能够获准增加新的预算，否则项目团队将会十分被动，没有时间调整最开始的费用预算。

因此，费用预算并不只是项目开始阶段的工作，它应当贯穿项目始终，并且不是僵化的、一成不变的，项目团队应该在项目进展过程中对项目运营情况随时进行监控，从而及时、有效地调整原来的费用预算计划。

2. 预算系统与会计系统可能会不协调

应该引起注意的是，在有些情况下，会计系统和预算系统会有不协调的地方。这主要是由于预算一般是按照项目阶段（进度）进行的，而会计却要考虑记账的方便，并不是按照进度进行的。例如，项目的一个任务需要经费4万元，一个月之内完成，按照项目的预算，一般情况下，经费的安排肯定是不均匀的。实际支出时，可能是第一个星期就使用几千元，第二个和第三个星期会使用经费的绝大部分，月末只是使用几千元收尾，但在会计记账时，却是线性分配，每个星期1万元。虽然在实质上没有什么差别，但却造成了项目现金流和账面上反映的不同，同时在时间价值上也会有所不同，所以项目管理者要特别注意这一点，尤其是时间价值大到会影响项目费用的时候。

4.5 项目费用控制

4.5.1 项目费用控制的概念

项目费用控制工作是在项目实施过程中，通过开展项目费用管理努力将项目的实际费用控制在项目预算范围内的一项管理工作。随着项目的进展，根据项目实际发生成本的情况，不断修正原先的费用估算，并对项目的最终成本进行预测等工作也都属于项目费用控制的范畴。

项目费用控制涉及对那些可能引起项目费用变化的影响因素的控制（事前控制）、项目实施过程中的费用控制（事中控制）和项目实际成本发生以后的控制（事后控制）这三个方面的工作。要实现对项目费用的全面控制，最根本的任务是要控制项目各方面的变动和变更，以及项目费用的事前、事中和事后控制。

项目费用控制的具体工作包括：监视项目的成本变动，发现项目费用控制中的偏差，找到导致这些偏差发生的原因，采取各种纠偏措施防止项目费用超过预算，确保实际发生的项目费用和项目变更都能够有据可查；防止不正当或未授权的项目变更所发生的费用被列入项目费用预算，以及采取相应的成本变动管理措施等。

有效控制项目费用的关键是要经常性地收集项目的实际费用，进行费用计划值（目标值）和实际值的动态比较分析，并进行费用预测，尽早地发现项目费用出现的偏差和问题，以便在情况变坏之前能够及时采取纠正措施——包括经济、技术、合同、组织管理等综合措施，以使项目的费用目标尽可能好地实现。项目费用一旦失控，是很难挽回的，所以只要发现项目费用的偏差和问题就应该积极地着手去解决它，而不是寄希望于随着项目的展开一切都将变好。项目费用控制问题越早发现和处理，对项目范围和项目进度的冲击就会越小，项目就越能够达到整体的目标要求。

4.5.2 项目费用控制需要注意的问题

1. 计划变更的问题

费用控制的依据是成本计划，但在实际的项目实施过程中，原计划或设计经常会有许多修改，这会给原始的成本计划带来影响，从而产生新的成本计划。在项目实施过程中，只有将这个新的计划成本和实际成本相比较才有意义，才能获得项目收益的真正信息。因此，费用控制必须要一直追踪最新的成本计划。

2. 建立良好的信息管理系统

如果一个财务部门要负责一个大型项目或同时负责几个较小型的项目，那么该部门面临的工作量将会很大，再加上几个项目在优先级方面的转变，就很容易使工作变得一团糟。从各利益方面来考虑，尤其是为了简化工作、提高效率，建立一套独立的项目费用信息管理系统是非常必要的。该系统应当由项目会计师、项目估算师、项目费用工程师、项目账目管理人员或有类似资质的人员来管理和维护。

4.5.3 项目费用和进度综合控制方法——挣值分析

最重要的费用控制技术就是绩效测量技术。对一个项目的绩效进行测量有两种主要方法：一是挣值（earned value，EV）测量；二是进度跟踪。挣值测量在西方国家是测量绩效最常用的方法。它综合了范围、成本和进度测量，帮助项目管理队伍评价项目绩效。

1. 挣值的概念

挣值是一种与进度、技术绩效有关的资源规划管理技术，挣值测量涉及三个关键值。

（1）已安排工作的预算费用（budgeted cost of work scheduled，BCWS），即根据批准认可的进度计划和预算，到某一时点应当完成的工作所需投入资金的累计值，也称计划值（planned value，PV）。这个值对衡量项目进度和项目费用都是一个标尺或基准。

（2）已完成工作的预算费用（budgeted cost of work performed，BCWP），即根据批准认可的预算，到某一时点已经完成的工作所需投入资金的累计值。由于业主是根据这个值对承包商完成的工作量进行支付的，也就是承包商获得（挣得）的金额，故称挣值。当然，已完成工作必须经过验收，符合质量要求。挣值反映了满足质量标准的项目实际进度，真正实现了投资额到项目成果的转化。

（3）完成工作实际费用（actual cost of work performed，ACWP），即到某一时点已完成的工作所实际花费的总金额，也称实际费用（actual cost，AC）。

通过三个基本值的对比，可以对项目的实际进展情况做出明确的测定和衡量，有利于对项目进行监控，也可以清楚地反映出项目管理和项目技术水平的高低。

项目投资额的三个基本值实际上是三个关于进度（时间）的函数，即

$$BCWS(t), 0 \leqslant t \leqslant T$$
$$BCWP(t), 0 \leqslant t \leqslant T$$
$$ACWP(t), 0 \leqslant t \leqslant T$$

其中，T 表示项目完成时点；t 表示项目进展中的监控时点。

理想状态下，上述三条函数曲线应该重合于 $BCWS(t)$（$0 \leqslant t \leqslant T$）。如果管理不善，$ACWP(t)$ 会在 $BCWP(t)$ 曲线之上，说明费用已经超支；$BCWP(t)$ 会在 $BCWS(t)$ 曲线之下，说明进度已经滞后。

从上述三个基本值还可导出以下几个重要指标。

（1）费用偏差（cost variance，CV）。CV 是指在某个检查点上 BCWP 与 ACWP 之间的差异，即

$$CV = BCWP - ACWP$$

当 CV 为负值时，表示超支，实际费用超过预算费用，若在几个不同的检查点上都出现此问题，则说明项目执行效果不好。

当 CV 为正值时，表示节支，实际费用没有超出预算费用，项目执行效果良好（图 4.11）。

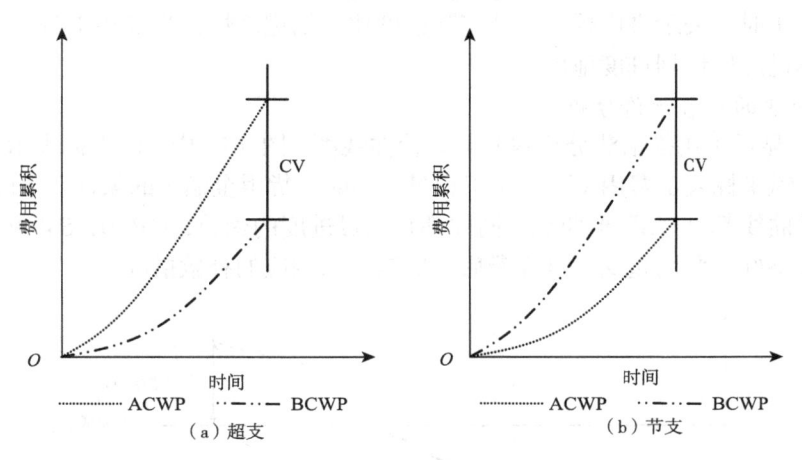

图 4.11　费用偏差示意图

（2）进度偏差（schedule variance，SV）。SV 是指在某个检查点上 BCWP 与 BCWS 之间的差异，即

$$SV = BCWP - BCWS$$

当 SV 为负值时，表示进度滞后；当 SV 为正值时，表示进度提前（图 4.12）。

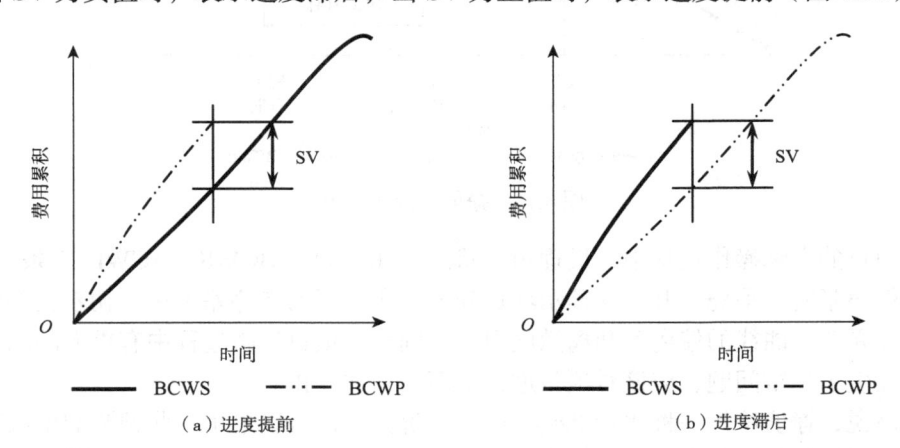

图 4.12　进度偏差示意图

CV 和 SV 能够转化为反映任何项目费用和进度绩效的效率指标。

（3）费用绩效指数（cost performance index，CPI）。CPI 是指 BCWP 与 ACWP 的比值，即

$$CPI = BCWP/ACWP$$

当 CPI>1 时，表示节支，即实际费用低于预算费用；当 CPI<1 时，表示超支，即实际费用高于预算费用。

（4）进度绩效指标（schedule performed index，SPI）。SPI 是指 BCWP 与 BCWS 的比值，即

$$SPI=BCWP/BCWS$$

当 SPI>1 时，表示进度提前，即实际进度比计划进度快；当 SPI<1 时，表示进度滞后，即实际进度比计划进度拖后。

2. 挣值法的一般评价分析

图 4.13 显示了用挣值法分析得到的评价曲线图。图 4.13 中，横坐标表示时间，即项目的进度，纵坐标表示费用（可以是工程量、工时、货币金额）的累计。由图 4.13 中可以看出三种曲线都是"S"形曲线，同样都是项目进度的函数，CV<0，SV<0，表示项目运行的效果不好，费用超支，进度滞后，应该采取相应的补救措施。

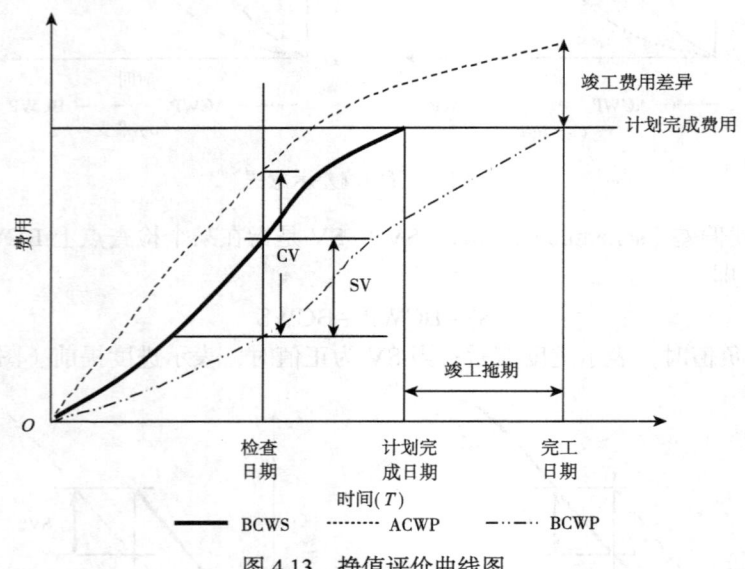

图 4.13 挣值评价曲线图

在项目的实际操作过程中，最理想的状态是 BCWP、BCWS、ACWP 三条"S"形曲线靠得很紧密，平稳上升，这预示项目和人们所期望的走势差不多，朝着良好的方向发展，如果三条曲线的偏离度和离散度很大，则表示项目实施过程中有重大的问题隐患或已经发生了严重问题，应该对项目进行重新评估和安排。

应该说，挣值法是一种比较准确的事后评价方法，可以采用一些预测的手段来对项目的发展进行评价，但准确性会大大降低。基于此方法事后评价的特性，我们可以根据以往的经验，给出费用超支的部分原因。

（1）宏观原因：出现重大的技术难题，计划不充分，物价上涨，总工期拖延，工作量大幅增加。

（2）微观原因：工作效率低下，返工增多，管理协调不好。

（3）内部原因：管理效率低下，员工素质不高，直接成本增加，事故。
（4）外部原因：上级、业主的干扰，国家相关产业政策的变动，其他风险。
（5）其他原因。

原因分析可以采用因果关系图进行定性分析，也可以利用因素差异分析法进行定量分析。当发现费用超支时，人们通常会采取挪用其他工作包经费的方法暂时渡过难关，其实这种拆东墙补西墙的办法对项目的危害是非常大的，不仅会损害项目产品的质量，而且会严重扰乱项目的计划，最终会导致更大的费用超支。

根据有关统计资料，完全没有超支和进度拖延的成功项目至今人们还没有做到，因而费用的超支是比较正常的，但必须是良性的超支我们才能接受，如与预算偏离度不大且可以接受的超支，购买更新、更高效的技术、原材料，购买特别保险，实施过程的重新规划，等等。下面给出一个挣值法参数分析与应对措施表（表 4.4）。

表 4.4 挣值法参数分析与应对措施表

序号	图例	参数关系	分析	措施
1		ACWP>BCWS>BCWP CV<0，SV<0	效率低 进度较慢 投入超前	用高效率人员替换低效率人员
2		BCWS>ACWP>BCWP CV<0，SV<0	效率较低 进度慢 投入延后	增加高效率人员的投入
3		BCWP>ACWP>BCWS CV>0，SV>0	效率较高 进度快 投入超前	抽出部分人员，放慢进度
4		BCWP>BCWS>ACWP CV>0，SV>0	效率高 进度较快 投入延后	如果偏离不大，可以维持原状
5		ACWP>BCWP>BCWS CV<0，SV>0	效率较低 进度较快 投入超前	抽出部分人员，增加少量骨干人员
6		BCWS>BCWP>ACWP CV>0，SV<0	效率较高 进度较慢 投入延后	迅速增加人员投入

注：——— 表示 BCWS，—·—·— 表示 BCWP，·········· 表示 ACWP

使用挣值方法进行费用控制后，可能会出现对费用估计以及项目计划进行更新的几种情况，项目管理人员应对此予以重视。

3. 预测最终成本和进度结果的方法

首先，要测量实际的工作绩效，检查是否在计划的时间内完成了计划的工作内容。如图4.14所示，用1.0表示按计划完成工作。

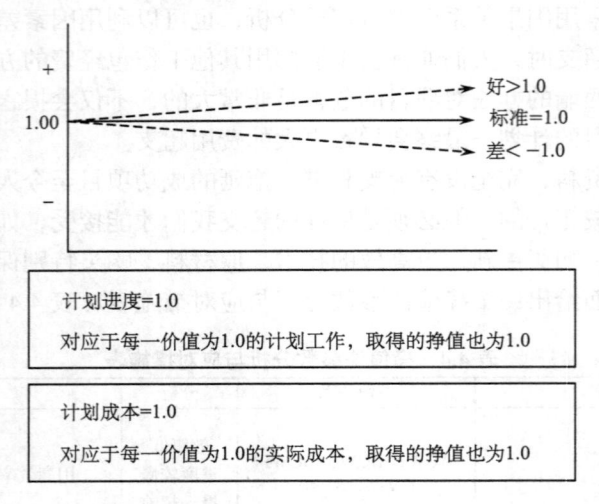

图 4.14 监控挣值绩效

其次，要测量实际的成本绩效。同样，可以用1.0表示标准成本效率，这表示对应于每一价值为1.0的计划工作，取得的挣值也为1.0。

多年来，随着挣值管理技术的不断发展，人们已经演化出近20个用于预测完成时费用估算值的公式。由于篇幅有限，在这里我们只讨论其中三个应用较广的公式。

请注意，我们通过公式进行计算得到结果，不是要为项目结果挑选一个预测数值，而是要试图评估项目当前是否存在成本问题、是否需要采取应对措施。其计算过程如下：①加总到目前为止实际发生的成本；②计算剩余工作（work remaining, WR）的价值，也就是没有完成的工作的预算价值；③WR除以某个绩效参数（如累计CPI，或CPI乘以SPI，或这两个指数的其他某种组合参数）。

第一个预测公式被称为"数学"或"超支"EAC（estimate at completion, 即完成时估算，或称完工估算）预测，如图4.15所示，并给出其计算公式。这个公式也可以简单地表示为EAC=AC+(BAC[①]−EV)。为了方便对这三个公式进行比较，我们使用相同的表达方式，即实际成本加上剩余工作与绩效因素的差值。

这表示所有剩余的工作都会按计划开始，按计划结束。政府部门认为这个公式没有什么用处，但在私人企业中应用较多。

第二个是低端"累计CPI"EAC，是所有计算公式中应用最普遍和评价最高的，如图4.16所示。

[①] BAC（budget at completion）即完成时预算，或称完工预算。

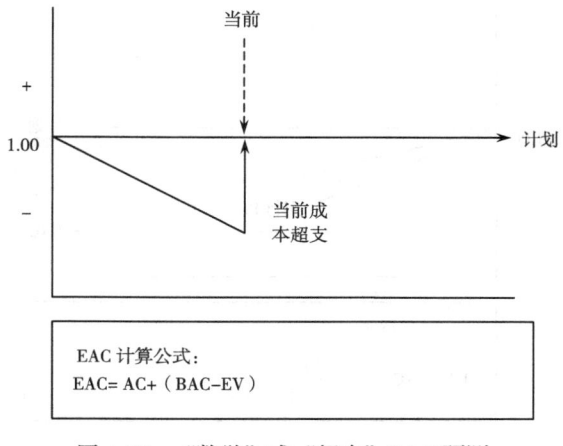

图 4.15 "数学"或"超支"EAC 预测

EAC 计算公式：
EAC= AC+（BAC−EV）

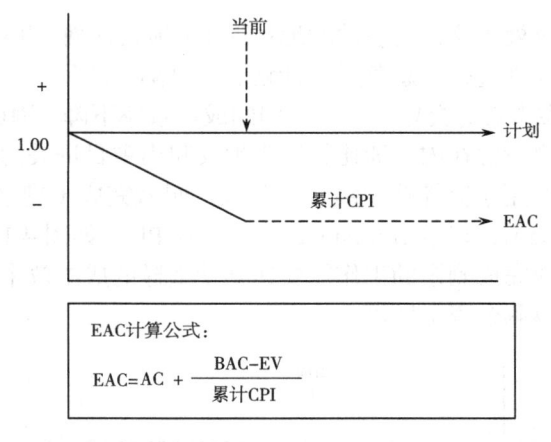

图 4.16 低端"累计 CPI"EAC

EAC 计算公式：
$$EAC = AC + \frac{BAC-EV}{累计CPI}$$

该公式使用了最科学的累积数据，以支持预测结果的可靠性。研究表明，累计 CPI 值在合约完成 20% 之后就不会有太大变化，变化范围一般不会超过 10%；在多数情况下，只有在合约即将完成时，累计 CPI 的值才会恶化。

有些人认为低端"累计 CPI"EAC 计算公式的结果是完成整个项目所需的最低成本，也有另外一些人认为其计算结果是完成整个项目所需的最可能成本。无论怎样，低端"累计 CPI"EAC 计算公式在快速预测项目最终成本方面都是最精确的。该公式应当受到项目经理的重视。

第三个是高端"累计 CPI 乘以 SPI"EAC，广泛受到专业人士的喜爱，见图 4.17。该公式集合了累计 CPI 和 SPI 两个指数。

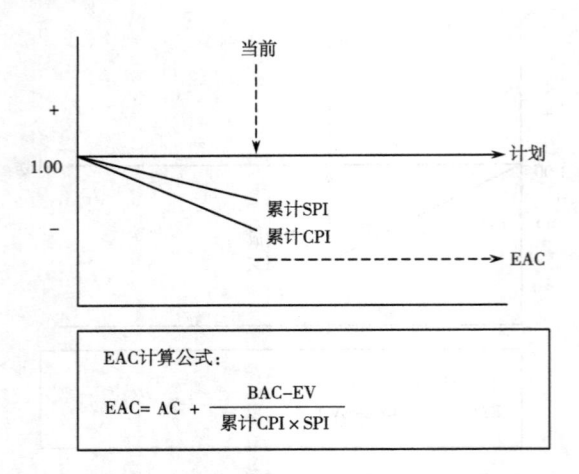

图 4.17 高端"累计 CPI 乘以 SPI"EAC

没有一个项目愿意处于这样的尴尬境地：制订了项目计划，并得到了管理层的批准，但在执行时却不能按计划进行，总落后于计划。一旦陷入这种境地，项目管理者为了赶上进度，将不惜多耗费资源，会导致不可挽回的成本效率下降。因此，在预测 EAC 时将成本和进度两个因素都考虑在内，能比较客观地反映出项目进展的情况。

另外，再介绍一个用于监控挣值绩效的参数，叫做完成（剩余工作）绩效指数［to complete（the remaining work）performance index，TCPI］。如图 4.18 所示，TCPI 表示为了在预定的财务目标内完成剩余的工作需要达到什么样的成本效率，其计算也非常简单，用剩余工作的挣值除以剩余资金即可。

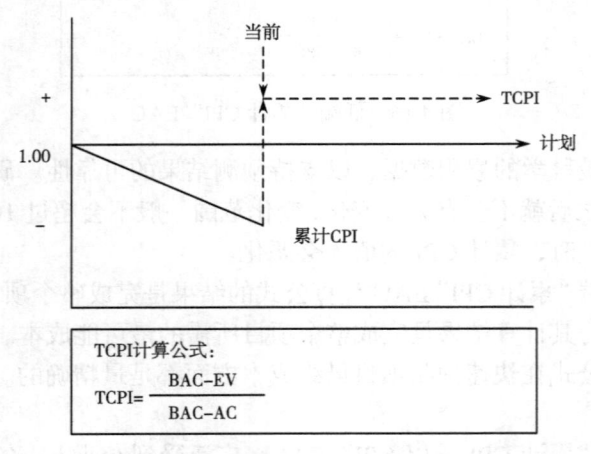

图 4.18 完成（剩余工作）绩效指数

图 4.18 的公式中，BAC 根据具体情况的不同，还可以使用 EAC 或合约中约定的固定价格来计算。

4.6 项目费用核算体系与分析

4.6.1 项目费用会计核算概述

项目费用核算对象是指在计算项目费用中，确定归集和分配生产费用的具体对象，即生产费用承担的客体。成本计算对象的确定，是设立项目费用明细分类账户，归集和分配生产费用以及正确计算项目费用的前提。

项目不等于成本核算对象。有时一个项目由几个子项目或多个部分组成，跨越多个组织，需要多方面的合作才能完成，因此需要分别核算。按照分批法原则，项目费用一般应以每一独立编制预算的组成部分作为成本核算对象，但也可以按照项目的规模、工期、结构类型、组织和工作场地等情况，结合成本管理要求，灵活划分成本核算对象。一般来说，有以下几种划分方法。

（1）一个项目由几个承包商共同完成时，各承包商都应以同一项目作为成本核算对象，各自核算自行完成的部分。

（2）规模大、工期长的项目，可以将项目划分为若干单元或子项目，分别以各单元或子项目作为成本核算对象。

（3）同一项目的若干子项目，如果由同一承包商完成，并在同一地点，属同一类型，开工、竣工时间详尽的，可以合并作为一个成本核算对象。

4.6.2 项目费用会计核算的原则

首先，资金具有时间价值。资金的时间价值是指随着时间的推移，资金具有增值的能力，即处于不同时间点上的数额相等的资金，其价值不一定相等。资金的运动伴随着生产与交换的进行，生产与交换活动会给投资者带来利润，表现为资金的增值。

其次，资金一旦用于投资，就不能用于现期消费，从消费者的角度来看，资金的时间价值体现为对放弃现期消费的损失所应做的必要补偿。

4.6.3 项目费用核算需要注意的问题

项目的成本核算必须与企业会计的成本核算相结合，形成一个集成系统。但如果将企业会计核算用于工程的费用控制中，则会有如下问题。

（1）会计作为企业经济核算的职能部门，不直接参与项目的控制过程，没有项目费用控制责任，因此不可能积极地提供信息并参与到项目的费用控制过程中。

（2）会计核算是静态的核算，反映计划期的各项开支；而费用控制是动态的、跟踪的过程，根据目标变化，不断地进行成本分析、诊断、预测结束期成本状态，分析变化的影响因素。

（3）企业的会计核算所设立的一般科目仅能达到项目，即以项目作为一个成本核算的科目，有时还可分到成本项目，这对项目的费用控制来说是远远不够的。项目费用控制有自己的成本分项规则，必须按成本计划多角度地进行分析和控制。

4.7 费用审计

本节简要介绍有关费用审计方面的内容。

审计是由有胜任能力的独立人员对特定经济实体的可计量的信息证据进行客观地收集和评价，以确定这些信息与既定标准的符合程度，并向利害关系人报告的一个系统过程。审计按过程分为事前审计、事中审计和事后审计。

项目费用审计就是派遣有胜任能力的独立人员确定项目管理中有关费用使用情况与既定标准的符合程度，并向项目利害人提交相应的审计报告。既定标准涉及费用使用的合法性、合理性和有效性等。费用审计是项目审计的重要组成部分，是项目费用管理的一种辅助手段，贯穿于项目的全过程。

费用审计可以按照项目的生命期或里程碑来进行安排，一般可分为项目计划期费用审计、项目实施期费用审计和项目结束期费用审计三个阶段。

1. 项目计划期费用审计

项目计划期完成项目实施期的准备工作。这个时期将依据项目的立项说明、可行性报告、工作分解结构、资源计划、进程规划等，对项目费用进行科学的估计和合理的规划预算。这个时期的费用审计主要针对资金来源、费用估算和费用计划预算进行审计。

该时期审计的主要内容包括：所需资金的筹措方法是否正确，资金来源是否正当、落实、筹集的资金数量能否满足需要；资金的筹措和使用进度计划是否与项目的实施进度计划一致，有无脱节情况；采用了哪几种费用估算方法，采用的方法是否合理；费用估算的依据或假设是否合理；费用估算结果的可信度有多大；费用计划采用了什么方法，方法是否科学；费用计划的依据或假设是否充分；费用计划能否满足费用控制的要求；费用风险是否在可以控制的范围内；等等。

审计依据：项目的立项说明、可行性报告、工作分解结构、费用预算、费用计划等。

审计结果：项目计划期费用审计报告。

2. 项目实施期费用审计

项目实施期是项目费用的主要使用过程和管理的主要控制过程，也是项目费用审计的关键阶段。项目实施阶段的费用审计包括成本报告的审计和实施成本的审计。

（1）成本报告的审计。成本报告的审计包括审核成本报告的内容是否全面，报告格式是否规范；审查报告与实际发生成本的吻合情况；结合进程报告和质量报告判断成本报告的真实性。

审计依据：成本报告、进程报告、质量报告。

审计结果：项目实施期成本审计报告。

（2）实施成本的审计。实施成本的审计工作主要有审查计划成本的支出和实际支出偏离的情况，查明发生成本与计划成本的偏差幅度及其原因；审查发生的成本是否合理，有无因管理不善造成成本上升和乱摊成本的问题；审查成本控制方法、程序是否有效，是否有严格的规章制度；审查有无擅自改变项目范围的行为。若存在成本失控问题，应查明原因，提出整改建议。

审计依据：成本报告、进度报告、质量报告。

审计结果：项目实施成本审计报告。

3. 项目结束期费用审计

项目结束阶段，项目业主要对项目进行全面审计并进行验收，这个时期的费用审计主要进行项目费用审计。其做法是对照项目预算费用审计实际费用的发生情况，查看是超支还是节支。如果超支，要查明是因为费用控制不利还是因为擅自扩大项目范围或乱摊成本等因素所致；如果节支，则要查明是否缩小了项目范围或降低了项目产品标准。

审计依据：成本报告、进度报告、质量报告。

审计结果：项目结束期费用审计报告。

4.8 软件项目费用管理

软件项目的成本管理同样包含对成本进行估算、预算、融资、管理和控制等各个过程，从而确保项目在批准的预算期内完工。对软件项目成本的影响在早期最大，稳定的软件架构和使能技术（如配置管理、质量保证和测试工具）对软件的成本有很大的影响——尤其对后期变更的成本。本节内容主要涵盖工作量的估算和管理软件项目成本的其他方面。工作量和进度与软件项目密切相关，因为工作量是人与时间的乘积。人是软件开发的主要成本因素，因此工作量估算是软件项目成本估算的基础。额外的成本可包括按照工作量成本的一定比例计算的管理费用。

4.8.1 软件项目规划成本管理

软件项目规划成本管理包括确定增量资金模型和建立变更控制，来管理成本控制计划的变化。有些组织使用分析技术来建立决策阈值和财务控制限，用做软件项目规划成本管理的输入。来自预测性生命周期软件项目的历史数据，通常使用统计技术进行分析。来自适应性生命周期软件项目的性能数据，则在软件开发的每个周期进行收集和分析。项目的成本管理计划通常包括成本估算的准确性、测量单位，以及使用的成本绩效测量方法。

4.8.2 软件项目估算成本

软件项目估算成本可能需要包括一些超出开发和部署成本的额外因素，如包含在软件产品中的供应商软件许可费和内部系统的基础设施升级费用，这些成本中的一部分可能作为企业的管理费用，如基础设施资源和软件开发工具。对于其他项目基础设施资源和工具可能被看做软件项目的直接费用，或以项目团队的人数为基础进行估价。

（1）项目直接成本因素。个人绩效、团队技能、规模及软件产品的复杂性，以及与其他系统的集成的变动是软件项目主要的直接成本因素。

（2）信用要求和政府法规。符合法规或监管限制可能需要被包含在软件项目估算成本中。

（3）符合标准。有些软件项目可能包含符合组织治理框架的部分标准成本。

（4）组织变革。可能影响软件项目的实际组织变革的成本通常包含在估算成本中。

（5）成本和价值风险。对于一些软件项目而言，产品不能收回预期价值的可能性会影响成本计划或在重新评估项目投资时导致在里程碑的增量估算。

（6）融资成本。额外的成本估算因素可能包括总拥有成本（total ownership cost, TOC）、投资回收期、盈亏平衡点和投资回报。

1. 估算成本：输入

1）项目进度计划

预测性软件项目往往制定详细的时间表，包括主要里程碑和其他评审和评估时间。适应性软件项目则基于最小的初始计划，包括详细的项目进度计划。进度计划的细节与待实现特性的优先级随着项目的演进而细化。预测性和适应性软件项目都可以使用统计方法来解释进度计划的不确定性。

2）风险登记册

所有的软件项目（预测性和适应性）都可以受益于初始及持续的风险管理。通过记录识别的风险因素和要采取的缓解策略，风险登记册可以作为估算成本的一个输入。对估算成本的信心依赖于识别的风险因素的发生概率和潜在影响，如功能专家和学科专家在需要他们的时候的可用性。机会管理也追求识别成本节约和额外的成本效益回报社会的机会。对估算的成本和价格进行风险分析，对于竞争性采购的软件项目的投标尤其重要。

有大量的可变因素可以影响估计，有关这些因素的假设需要在风险登记册中记录和跟踪。

3）事业环境因素

企业级软件产品的架构水平和成熟度对于软件开发的工作量和进度有显著的影响。与现有企业架构的一致性往往会降低软件开发所需的时间和工作量，同时它也增加了对解决方案的限制，特别在使用商用货架产品（commercial-off-the-shelf, COTS）或其他非开发软件时。一旦确定了架构，一些开发任务就可以并行执行，从而能够以更快的完成速度缩短进度。

4）软件规模和复杂性

软件的规模和复杂性是影响软件成本的两个最重要的因素，所以它们是大多数软件成本和进度估算模型的主要输入。得出恰当的规模和复杂性的估算既不直接也不简单，因此量化软件的属性本身就很困难，即使在软件开发的后期，对于软件规模和复杂性的估算，以及由此导出的工作量、进度和成本估算也经常是不准确的。因此，估算人员一般使用一种以上的方法来估算工作量、进度和成本。

5）工作速率

稳定的软件开发团队拥有所有需要的技能（跨职能团队），团队人员长时间在一起工作，能够为生产可工作、可交付的软件建立一个可预测的速率。生产速率被称为周转率（velocity），它可以为开发软件增量提供准确的估算。

2. 估算成本：工具和技术

在确定了项目范围和产品范围，并制定了软件项目成本规划之后，软件项目经理和项目团队估算开发和交付软件产品的成本。初始估算的目的是快速地形成一个量级估算。这样的初始估算用于建立初始规划。类比法、历史数据和专家判断通常在此时使用。

1）时间盒估算

适应性项目具有时间盒限制和不断演进的产品范围，应该确保它们的成本估算不只是支持性活动（level of effort，LOE）的合计。当前的生产速率和将要使用的资源决定了成本。例如，如果软件特性的未完成项需要在 12 个月内交付，有 5 个人可用，则可用的工作量为 60 个月。尽管这种方法有时会产生准确的估计，但也应小心，因为它也许会提供不切实际的估计，除非要包含的需求和特性被压缩到由那 5 个人在 12 个月内可完成的内容。

2）功能点和代码行估算

以往，代码行或功能点的估算数值被用做工作量估算的主要输入变量。功能点估算被认为更准确，而且更容易在不同的项目之间应用，因为对于同一个功能，代码行会基于编程语言和程序员的不同而变化显著。较新的输入度量项包括故事、故事点、用例、特性和架构对象。

3）故事点和用例点估算

故事点和用例点有时被用做成本估算法的输入。历史的生产率数据可用于准备估算。例如，可以用每历史故事点的人天数乘以估算的故事点，得到估算的人天数。

4）估算可重用代码工作量

软件工作人员考虑软件代码是否要开发或现有的代码是否会被原样重用，从一个以前的项目改编、获取开源代码，或者是它们的某种组合。使用无须修改的重用代码所需的工作量可能比较小，所需要的可能就是集成测试的工作量，用来检查重用代码是否被正确地集成了。可能需要额外的工作量来修改现有的代码库，以适应重用代码。改编的代码可能具有正确的设计，但需要转化，因为新的软件使用不同的编程语言；或者改编的代码可能需要一定量的重新设计，以改变或增加性能。一些估算模型包含用于估算重用代码工作量的参数。

5）价格策略

估算软件项目的执行成本是估算价格的基础，也就是什么样的价格客户愿意支付。尤其对于竞争性采购，价格的计算方法为成本加利润或费用。理想的价格策略是给出客户愿意支付的价格。期望投标低于竞争对手，但不至于低到不合理或显示出供应商未理解项目而被客户的评估人员拒绝。价格策略应在建造成本和制定现实的投标之间达成平衡。对按价格策略进行的投标进行风险分析，以便按照投标价格执行项目的风险，对供应商的组织而言是可以接受的。

4.8.3 软件项目制定预算

软件项目的预算是基于对所有识别的工作活动的估算总和，加上应对可能出现的工作的额外储备。在项目进展过程中，储备预算或者用于应对突发事件，或者作为盈余或利润保留下来。理想情况下，随着项目的进展以及风险和不确定性都被解决，需要的储备量将在项目结束时降至零。如果随着时间的推移来绘图，需要的储备量应该像一个圆锥体（该"不确定性锥"在项目开始时最大，在项目结束时缩小到零）。储备可能会被分成两部分，一部分是项目经理可以直接使用的（应急储备），另一部分是需要授权才能被应用到项目中的管理储备。

4.8.4 软件项目控制成本

有效的软件项目经理持续地监测干系人需求和其他条件的变化，来分析对项目成本的潜在影响。有些变化会在范围内，无须改变工作量分配（包括成本），而有些变化可能会超出范围，这就需要改变工作量（成本）和进度。这对于适应性生命周期的软件项目尤其重要，因为干系人的需求通常以动态的方式演变，并且变化会随着项目的发展迅速发生。另外，不同的组织和他们的客户使用不同的成本收益计算方法，用于测量软件项目的成功与否。例如，项目可交付成果在成功集成和验证测试后可能被认为是价值增量，而其他人可能被认为只有在成功的用户验收测试和产品交付到运行环境之后才是价值增量。

1. 挣值管理

当应用于生产物理工件的项目时，挣值管理关注按照成本、进度和工作产品生产速度的总体计划来测量成本和进度的进展。在预测性生命周期软件项目的构建阶段和适应性生命周期软件项目的生产过程中，频繁的测试和演示工作软件增量支持挣值分析技术的使用，因为可工作的、可演示的软件在两种情况下都可以作为进展的测量尺度。然而，其他软件工作产品（如需求、设计文档和测试计划）的无形性使得项目很难在周期性地生成准确的挣值报告所要求的粒度水平上测量和报告工作的进展。

2. 预测

软件开发预测方法期望的属性包括在短时间内提供可靠的估算，快速传达决策或行动的需要，以及使项目发起人能够选择如何使用软件开发资金。挣值曲线图、燃尽图和累积流量图提供了项目最新花费成本的指标，并能提供项目完成时成本的预测。这些机制通常以工作量（人时）为单位，或者以考虑劳动力成本加额外费用的货币为单位报告成本。

3. 管理测量指标

挣值曲线图、燃尽图和累积流量图基于计划的和实际的成本、时间和产品的特性为项目控制提供可视化的软件测量指标。

（1）挣值曲线图。项目的挣值曲线图在纵轴上显示预算和实际成本以及估算的和实际的进度的进展，在横轴上显示时间。基于定期挣值报告的累积趋势线显示计划的与实际的成本以及计划的与实际的进度的进展之间的偏差,以及估算的实际成本和预订的完工日期的预测。

(2)燃尽图。燃尽图是剩余的工作与时间的关系的图形化展示。剩余的时间(未完项)通常显示在纵轴上,时间显示在横轴上。燃尽图可以用于显示项目的完成进度。一组前期的燃尽图可以显示出项目的趋势。

(3)累积流量图。累积流量图为适应性生命周期的软件项目提供了跟踪项目进展的方法。累积流量图在指示完成程度的同时沟通进展,因为它们显示总范围、工作进展、完成的工作。累积流量图可以与资源消耗相关联,以支持成本控制。

思考题

1. 项目费用管理与传统的成本管理有何联系和区别?
2. 项目费用管理与项目造价管理的区别是什么?
3. 现有项目费用估算的主要方法有哪些?各自的优缺点和存在的问题是什么?
4. 用挣值分析法对项目费用进行控制有哪些要求和前提条件?为什么?
5. 请分析挣值分析法中几种预测 EAC 的方法与实际完成时成本的偏差。
6. 请分析软件项目费用管理的特点。

案例 1   案例 2

第 5 章

项目质量管理

衡量项目是否成功有三个标准,即项目是否按时、按成本和按质量完成。通常,项目的时间和成本易于衡量,但是当问及项目经理项目质量的含义时,回答就不太确定了;当问及他们如何进行项目质量管理时,回答就更加不确定了。本章将全面讨论项目质量管理的内涵及其基本过程,阐述项目质量规划、质量控制、质量保证与管理体系的主要内容,并对产品质量变更控制的一个重要问题——配置管理进行描述。

5.1 项目质量管理的基本概念

5.1.1 质量和项目质量的概念

1. 质量的概念

对于什么是质量有许多不同的说法,所以质量的定义也有许多种。其中,美国著名质量管理专家朱兰(J. M. Juran)对于质量的定义和国际标准化组织(International Standard Organization,ISO)对于质量的定义最具代表性。

1)美国质量管理专家朱兰

美国质量管理专家朱兰博士认为:任何组织的基本任务就是提供能满足用户要求的产品,产品包括货物和劳务,产品应既能为产生该产品的组织带来收益,又不会为社会带来损害。

满足用户要求的这一基本任务,给我们提供了质量的基本定义:质量就是适用性。"质量就是适用性"的内涵超越了传统的"质量就是符合性"的概念。适用性和符合性是在含义和范畴上本质完全不同的两个概念。符合性是从生产者的角度出发,判断产品是否符合规格。而适用性是从顾客的角度出发,是指产品在使用期间能满足顾客的需求。

因此，顾客最有资格对产品的适用性做出评价，不断满足顾客对产品适用性的需求是企业永恒的目标。

2）国际标准化组织

国际标准化组织在 ISO 9000：2000 标准中对质量的定义为：质量是一组固有特性满足要求的程度。该定义包括以下含义。

（1）质量的主体是产品、体系、项目或过程，质量的客体是顾客和其他相关方。

（2）质量的关注点是一组固有的特性，而不是赋予的特性。

（3）质量是满足要求的程度。要求包括明示的、隐含的和必须履行的要求和期望。这里，明示的要求和必须履行的要求是指规定的要求，是由客户明确提出的要求或需要，通常是指产品的标准、规范、图纸、技术参数等，由供需双方以合同的方式签订，要求供方保证实现。隐含的和必须履行的要求是指按照组织、顾客和其他相关方的惯例或一般做法，人们所公认的、不言而喻的、必须履行的要求。在项目范围内，质量管理的一个重要方面是通过项目范围管理把隐含要求转变为明确要求。

（4）质量的动态性。质量要求不是固定不变的，随着技术的发展、生活水平的提高，人们对产品、项目、过程或体系会提出新的质量要求。

（5）质量的相对性。在不同国家和地区，由于自然环境条件不同、技术发达程度不同、消费水平不同和风俗习惯不同，顾客会对产品（项目）提出不同的要求，产品（项目）应具有这种环境适应性。

2. 项目质量的概念

项目质量在很大程度上既不同于产品质量，也不同于服务质量，因为项目兼具产品和服务两个方面的特性以及项目的一次性、独特性与创新性的特性，所以项目质量具有自己的特性。

项目质量包含两个方面。一方面是指项目产品质量，即指项目所提交的产品或服务是否符合客户的技术性能要求，它是项目的最终目标，产品的质量会在项目结束后很长时间内产生影响。另一方面，质量也可以是某项活动或过程的工作质量，即在规定的时间内、在批准的预算内、在规定的范围内完成任务。这种管理过程的质量会为项目产品质量做出贡献，按照已经定义好并且被证明为正确的活动增加成功的机会，也能保证最终的产品质量。项目工作质量体现在项目生命周期的各个阶段，如可行性研究的质量、项目决策质量、项目设计质量、项目施工质量、项目竣工验收质量，还可以是质量管理体系运行的质量。由执行组织主动采取的质量提高措施（如全面质量管理、持续改进等）既能提高项目管理的质量，也能提高项目的产品质量。

然而，项目团队应认识到项目管理的质量与项目产品的质量之间存在较大的差别——项目的临时性意味着在产品质量提高上的投资，尤其是缺陷的预防和鉴定评估，必须由执行组织承担，因为这种投资的效果可能在项目结束以后才得以体现。

将项目的产品质量和工作过程质量整合起来考虑，如果项目能满足如下要求，这个项目就是好的。

（1）符合要求（规格）。符合要求就是"好"，而不是"贵"。项目交付的产品与顾客要求或事先定义的产品规格中的要求相符就是质量好。

（2）顾客满意。即使规定的顾客要求符合顾客的愿望并满足了顾客的愿望，也不一定能确保顾客满意。质量的更进一步要求是使顾客满意。ISO9000：2000 对顾客满意的定义是：顾客对其要求已被满足的程度的感受。该定义表明：顾客抱怨是一种满意程度低的最常见的表达方式，但没有抱怨并不一定表明顾客很满意。另外，让顾客满意（"好，就是这样"）和超越顾客的期望（"太好了"）是不一样的。如果花费非常少的额外成本就能超越顾客的期望，这当然是件好事。但是，如果超越顾客的期望会造成太多的成本投入，导致项目无利可图，就应该把目标仅仅锁定在满足顾客期望基础上。

值得注意的是，项目团队不应混淆质量和等级两个概念。等级是对具有相同功能而技术特征却不尽相同的实体进行分类和排序，低等级和低质量并不相同，低等级意味着功能不强，而低质量则意味着功能的质量不好，是需解决的问题，两者并无逻辑关系。

5.1.2 质量管理和项目质量管理的概念

1. 质量管理

国际标准化组织在 ISO9000：2000 标准中对质量管理的定义是：在质量方面指挥和控制组织的协调的活动。质量管理的首要任务是确定质量方针、目标和职责，核心是建立有效的质量管理体系，通过具体的四项活动，即质量规划、质量控制、质量保证和质量改进，确保质量方针、目标的实施和实现。

图 5.1 是质量的五要素模型。

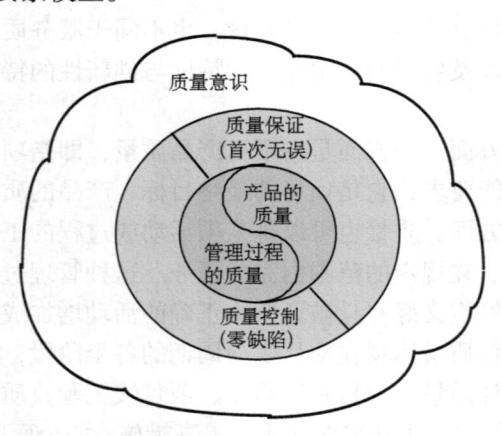

图 5.1 项目质量的五要素

（1）两个涉及质量的要素：产品的质量、管理过程的质量。
（2）两个实现产品和管理过程的质量方法：质量保证、质量控制。
（3）每个人的质量意识：组织中从最高层领导到每个员工都向零缺陷的目标努力。

其中，质量意识是项目组织中各利益相关者对实现项目的质量所应承担的义务，质量意识是质量管理的灵魂。日本企业提出"质量意识第一，管理意识第二"的方针。麻省理工学院的一份学术研究报告指出：质量问题的解决，85%取决于人们对质量的态度，而只有 15%才依靠技术。

质量管理的主要活动包括以下四方面内容。

（1）质量规划。其目标是确定与项目相关的质量标准，并决定如何满足这些标准。其涉及的主要内容包括：①设定质量目标；②识别顾客——接受产品或服务的人或组织；③确定顾客的需要；④开发满足需要的产品；⑤开发能够生产具有这种特征产品的过程；⑥设定过程控制，并把由此得出的计划转换成为操作计划。

（2）质量控制。监控具体项目结果以确定其是否符合相关的质量标准，并制定相关措施来消除导致不满意执行情况的原因。这一过程包括以下步骤：①评价实际的绩效；②将设计绩效同质量目标对比；③对设计绩效采取措施。

（3）质量保证。定期评价总体项目执行情况，以使客户或第三方对产品满足相关质量标准充满信心。

（4）质量改进。质量改进是指增强满足质量要求的能力的循环活动。制定改进目标和寻找改进机会的过程是一个持续的过程，该过程通常是采用纠正措施和预防措施来改进影响质量的环节。其方法也包括一系列通用步骤：①识别改进对象；②为每一产品建立一个产品小组，明确使每一产品取得成功的职责；③提供所需要的资源、激励和培训。

表 5.1 说明了质量保证与质量控制之间的异同。

表 5.1 项目质量的四象限

项目	产品	管理过程
质量保证	● 以前的经验 ● 明确的说明 ● 标准 ● 设计评审 ● 合格的资源 ● 变更控制	● 以前的经验 ● 明确的说明 ● 标准 ● 状况检查 ● 合格的管理人员 ● 稳定的过程
质量控制	1.监控 2.比较 3.修正 ● 每一个部件 ● 它们的配置 ● 整个产品	1.监控 2.比较 3.修正 ● 过程 ● 报告 ● 结果

2. 项目质量管理

项目质量管理的概念与一般质量管理的概念有许多相同之处，但也有许多不同之处。这些不同之处是由有关项目的特性决定的。项目质量管理的基本概念包括：项目质量方针、目标和职责的确定，项目质量体系的建设，以及为实现项目质量目标所开展的项目质量规划、质量控制、质量保证和质量改进等一系列的项目质量管理工作。所以，项目质量管理是执行项目组织确定的质量政策、目标与职责的各过程和活动，从而使项目满足其预定的需求。它通过适当的政策和程序，采用持续的过程改进活动来实施质量管理体系。

项目质量管理需要兼顾项目管理与项目产品两个方面。这一点适用于所有项目，无论项目的产品具有何种特性。产品质量的测量方法和技术则需专门针对项目所生产的具体产品类型。例如，软件产品开发与核电站建设需要采用不同的质量测量方法和技术，但是项目质量管理的方法对两者都适用。无论什么项目，未达到产品或项目质量要求，都会给某个或全部项目相关方带来严重的负面后果。

项目质量管理的主要活动包括了项目质量规划、质量控制、质量保证和质量改进。这些过程不仅彼此相互作用，而且还与其他知识领域中的过程相互作用。基于项目的具体要求，每个过程都可能需要一人或多人的努力，或者一个或多个小组的努力。每个过程在每个项目中至少进行一次，并可在项目的一个或多个阶段（如果项目被划分为多个阶段）中进行。

在质量管理和项目质量管理中，以下四点理念是非常重要的。

1）用户满意是检验和衡量质量优劣的基本尺度

衡量项目成功与否最主要的标准是用户满意度。它不仅需要符合用户要求，即项目应生产出其承诺的产品，而且应该具有适用性，即产品或服务必须满足实际需要。

2）质量管理必须坚持预防为主

质量管理的目的不在于检查、剔除废品，而在于根除和预防错误事件的发生。项目中的所有工作都是通过过程来完成的，产品的质量是设计和制造出来的，而不是检验出来的。检验只是质量管理的一种手段，并不会起到提高质量的作用。重要的是应用检验所得的信息进行质量改进活动，才能提高产品和项目的质量。因此，要把单纯的质量检验变为过程管理，使质量管理从"事后"转到"事前"和"事中"。"事前"包括设计、采购等活动，"事中"包括制造。

3）质量管理必须坚持"三全管理"

"三全管理"要求做到全员、全过程和全方位管理。首先，质量管理是每个员工的责任，其中包括项目经理。管理者对质量应负主要责任，这就是质量管理的全员性。项目产出物质量是项目各环节全体员工工作和活动质量的综合反映，任何一个环节员工的工作或活动的质量，都会不同程度、直接或间接地影响项目产出物的质量。其次，质量形成于项目实施的全过程，因此必须把质量形成全过程中各个环节的工作和活动全面地管理起来，把影响质量的因素、可能造成不合格品的因素，消灭在质量形成的过程中。最后，项目交付成果质量所反映的工作质量，分布于整个项目的所有层次和各个职能部门，要使项目交付成果的质量优良，就必须发挥各个层次和各个职能部门工作质量的作用。

4）质量管理必须坚持 PDCA 循环

PDCA 循环的核心是质量改进。PDCA 循环是质量管理的基本方法，它不是运行一次就结束，而是周而复始地进行，一个循环完了，解决了一部分问题，可能还有其他的问题尚未解决，或者又出现了其他问题，再进行下一次循环。PDCA 的含义如下。

P（plan）——计划。某人有个改进产品或过程的构思，这是第"零"阶段，接着是第一步骤计划如何测试、比较或试验，这是整个循环的基础。仓促的开始会导致效率低下、费用偏高，甚至完全失败。大家往往急于结束这个步骤，迫不及待地开始所有的活动，忙碌地进入第二步骤。

D（do）——执行。依据第一步骤所做出的计划进行比较、试验。

C（check）——检查。研究结果是否与预期相符？如果不是，问题何在？

A（action）——处理。进行改进，或者放弃，或者在不同环境条件、不同原料、不同人员的情况下，再重复这个循环。

图 5.2 表明了 PDCA 循环的整个过程。其中，图 5.2（a）是 PDCA 循环的基本原理；图 5.2（b）是 PDCA 循环的结构，即大环套小环；图 5.2（c）是 PDCA 循环的功能，即通过一次次的循环，便能将质量管理活动推向一个新的高度，使项目管理的质量不断得到改进和提高。

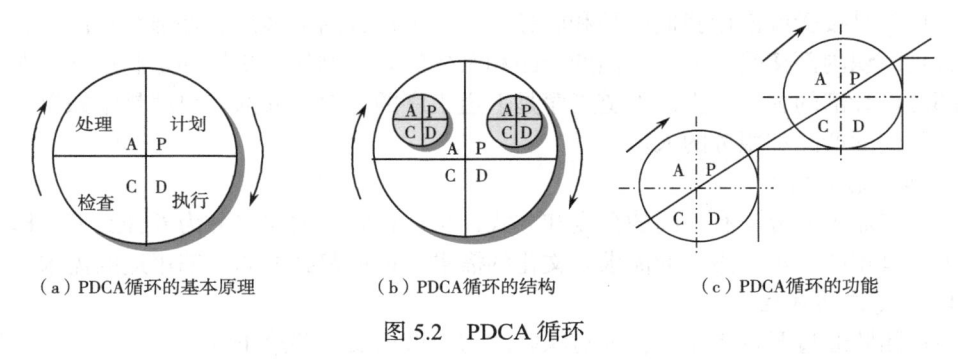

（a）PDCA循环的基本原理　　（b）PDCA循环的结构　　（c）PDCA循环的功能

图 5.2　PDCA 循环

5.2　项目质量规划

5.2.1　项目质量规划的内容与过程

项目质量规划（策划）是确定与项目相关的质量标准，并决定如何达到这些标准的要求。项目质量规划是质量管理的基础，项目团队应事先识别、理解客户的质量要求，然后制订出详细的计划去满足这些需求。

项目质量规划的依据包括质量方针和目标、范围说明、产品描述、标准和规则及其他过程的输出。质量规划过程的主要成果是质量管理计划、质量测量指标、质量核对表、过程改进计划、质量基准。质量管理计划应说明项目管理团队如何具体执行它的质量政策。质量管理计划为项目综合计划提供输入，并为项目提出质量控制、质量保证和质量改进方面的措施。

质量规划过程的主要步骤和内容可以概括为以下几个方面。

1. 制定质量方针和质量目标

质量方针是指"由组织的最高管理者正式发布的该组织总的质量宗旨和方向"。质量方针是总方针的组成部分，由最高管理者批准。例如，某公司的质量方针是："我们将向我们的客户提供及时的、无缺陷的产品和服务。"

质量方针体现了该组织的质量意识和质量追求，是组织内部的行为准则，也体现了顾客的期望和对顾客做出的承诺。一个组织（企业）的质量方针可以作为项目的质量方针应用于项目。但是如果执行组织缺少正式的质量方针，或项目涉及多个执行组织（如合资），项目管理团队需要专门为项目编制质量方针。

质量方针与组织的总方针相一致并为制定质量目标提供框架。处于组织中的项目小组在实施项目的过程中必须依照执行组织质量方针的要求。如果项目的实施缺乏质量方针和目标，或者项目比较独立，项目小组就应制定出项目的质量方针，以确保在质量方向上项目小组与项目投资方达成共识。项目管理班子有责任保证项目相关方全面获知质量方针，包括适当的信息分发。

2. 识别谁是客户

客户就是接受或使用我们产品和服务的人，客户分内部客户和外部客户两种。内部客户就是组织内部接受或使用我们的产品和服务的人。例如，质量部是制造部的客户；制造部是设计部的客户；生产下道工序是上道工序的客户。外部客户就是组织以外接受或使用我们的产品和服务的人。

3. 确定客户需求

对客户需求的分类有不同的角度和方式，朱兰将客户的需求分为五种类型，即表述的需求、真正的需求、感觉的需求、文化的需求、可追踪到的非预期用途的需求。

4. 开发产品特征

项目团队通过开发产品的特征对顾客的需求做出反应并给予满足。

5. 开发满足顾客需求的产品生产过程

生产过程是产品"从概念到顾客"的实质性阶段，这个过程包括：为了实现新产品目标所进行的过程设计，以及过程设计的优化；如何缩短生产周期；对过程能力的分析和评价等一系列为最终满足顾客需求和追求企业最优绩效的质量策划活动。

6. 开发满足顾客需求的过程控制

企业产品形成过程的有效控制是保持合格产品的再现性的关键因素。

5.2.2 项目质量规划的工具和方法

项目质量规划的工具主要有以下几种。

1. 成本效益分析

质量规划过程必须考虑成本与效益两者间的权衡。符合质量要求所带来的主要效益是减少返工，它意味着劳动生产率提高，成本降低，利益相关者更加满意。为达到质量要求所付出的主要成本是开展项目质量管理活动的开支。

2. 基准对照

基准对照又称对标法，是指通过将项目的实际做法或计划做法与其他项目的做法进行对照，产生改进的方法，或者提供一套度量绩效的标准。其他项目既可在实施组织内部，也可在其外部；既可在同一应用领域，也可在其他领域。

3. 质量成本

质量成本（quality cost，QC）是指将产品质量保持在规定的质量水平上所需要的费用，以及当没有获得满意质量时所遭受的损失。质量成本一般分为运行质量成本和外部质量保证成本。

1）运行质量成本

运行质量成本是项目为达到和确保所规定的质量水平所支付的费用，包括以下各项。

（1）预防成本。预防成本是指用于预防产生不合格品与故障所需的各项费用。其包括质量工作费，质量培训费，质量奖励费，新材料、新工艺评审费及产品评审费，质量改进措施费。

（2）鉴定成本。鉴定成本是指为了确保项目质量达到质量标准的要求，而对项目本身以及对材料、构配件、设备等进行试验、检验和检查所需的费用。其包括进料检验费，工序检验费，竣工检查费，检测设备的折旧费、维修费。

（3）内部损失成本。内部损失成本是指项目在交付前，由于项目产出物不能满足规定的质量要求而支付的费用。其包括废品损失、返工损失、停工损失、事故分析处理费、质量过剩支出（是指超过质量标准而发生的费用）。

（4）外部损失成本。外部损失成本是指项目交付后，因产品质量或服务不能满足规定的质量要求，导致索赔、修理或信誉损失而支付的费用，包括申诉受理费、回访保修费、索赔费。

2）外部质量保证成本

外部质量保证成本是指在合同环境条件下，根据用户提出的要求而提供客观证据的演示和证明所支付的费用。其包括：为提供特殊的和附加的质量保证措施、程序、数据等所支付的费用；产品的证实试验和评定的费用；为满足用户要求，进行质量管理体系认证所支付的费用。

质量成本分析的目的是寻求最佳质量成本。质量成本的四个方面的比例，在不同项目、项目的不同阶段是不相同的。但它们的发展趋势总带有一定的规律性，如在开展质量管理的初期，质量水平不太高时，一般鉴定成本和预防成本较低；随着质量要求的提高，这两项费用就会逐渐增加；当质量达到一定水平后如再需提高，这两项费用将急剧增加。内部损失成本和外部损失成本的情况正好相反，当合格率较低时，内、外部损失成本较大；随着质量要求的提高，质量损失的费用会逐步下降。因此，当四项成本之和为最低时，即为最佳质量成本。

组织中的所有活动可以分为有附加值作业和无附加值作业。当一个作业改变了产品的基本性质，那么这个作业就是有附加值作业，否则就是无附加值作业。

有附加值作业具有以下特征：①从客户角度来看，客户情愿为其支付报酬；②该作业能使产品或服务有所变化；③该作业和任何作业不重复。

无附加值作业（浪费）的特征有：①客户不会对此作业支付任何报酬，甚至对其存在产生抱怨；②作业内容重复，如返工、返修、报废。

为降低质量成本，需要消除生产过程和管理过程中的各种浪费（即无附加值活动），丰田公司提出了著名的"消除7种浪费"的原则。

（1）存储：被认为是万恶之源。

（2）生产过剩：生产出的产成品的数量多于顾客所需的数量，造成存储，引起浪费。

（3）缺陷：产品或半成品有缺陷或不符合生产要求。

（4）运输/传递：由于生产布局不合理等原因造成的产品或半成品及其信息的大规模流动。

（5）过度处理：对产品的加工生产不只停留在顾客满意的程度上，还画蛇添足地增加顾客要求外的功能。

（6）等待：生产计划不均衡，导致半成品加工过程中出现等待或产成品无法顺利交付的现象。

（7）不必要的移动：生产过程中不合理的或多余的动作。

图 5.3 是项目研发过程中的各种浪费及其表现。

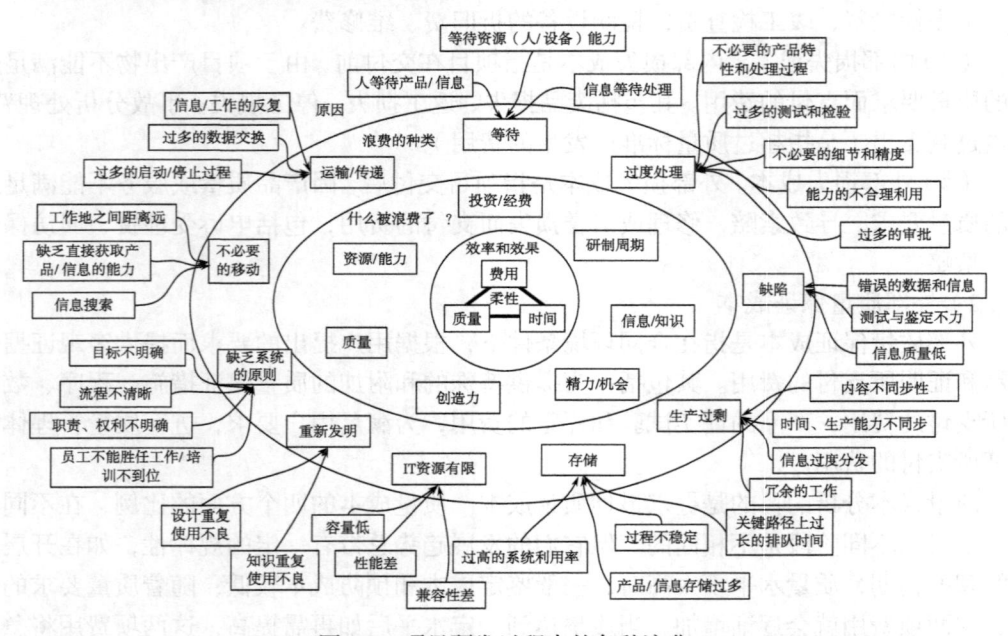

图 5.3　项目研发过程中的各种浪费

4. 试验设计

试验设计是帮助确定在产品开发和生产中，哪些因素会影响产品或过程特定变量的一种统计方法，而且在产品和过程优化中也起到一定作用。例如，组织可以通过试验设计降低产品性能对环境或制造变动因素的灵敏度。该技术最重要的特征是，它提供了一个统计框架，可以系统地改变所有重要因素，而不是每次只改变一个重要因素。通过对试验数据的分析，可以得出产品或过程的最佳状态，着重指明结果的影响因素并揭示各因素之间的交互作用和协同作用关系。

5. 其他质量规划工具

其他质量规划工具包括头脑风暴法、名义团体技术、SWOT（strengths weaknesses

opportunities threats，即优势、劣势、机会、威胁）分析、关系图、流程图和优先排序矩阵等。

5.2.3 项目质量规划的成果

1. 项目质量管理计划

项目质量管理计划往往并不是单独一个文件，而是由一系列文件组成的。项目开始时，应从总体考虑，编制一个较粗的、规划性的质量计划，如质量管理计划；随着项目的进展，编制相应的各阶段较详细的质量计划，如项目操作规范。

项目质量计划的格式和详细程度并无统一规定，通常项目质量计划包括以下内容。

（1）合同评审。计划应指明项目的特定要求是何时、如何以及由谁来进行评审。

（2）设计控制。计划应引用合适的标准、法规、规范、规程要求，指明何时、如何以及由谁来进行控制。

（3）采购。计划应指明重要物品从哪里采购，以及相关的质量要求；用于评价、选择和控制供应商的方法；对采购物品如何检验。

（4）过程控制。计划应指明如何控制项目各过程以满足规定的要求。

（5）不合格品的控制。计划应指明如何标志和控制不合格品。

（6）纠正和预防措施。为避免不合格品的重复出现，计划应指明针对项目的预防和纠正措施以及跟踪活动。

（7）质量记录的控制。计划应指明记录采用的方式；如何满足记录的清晰度、存贮、处置和保密性要求；规定记录保存时间及由谁保存。

（8）质量审核。计划应指明所进行的质量审核的性质和范围，以及如何使用审核结果以纠正和预防影响项目的不良因素的重复出现。

项目团队应意识到现代质量管理的基本宗旨——质量出自计划，而非出自检查。质量计划的编制必须考虑收益成本平衡的原则。

2. 质量检查表

对于一个项目，如果在执行过程中随意变更项目每一项活动的内容，则一定无法完成符合要求的项目。因此，必须对作业、作业方法、作业条件加以规定，使之标准化。根据这些工作标准制定的表格就是质量检查表。

检查表是用于核实一系列要求的步骤是否已经实施的结构化工具，这种结构化的工具通常由详细的条目组成，用于核实所要求进行的各个步骤是否已经完成。检查表可以很简单，也可以很复杂。常用的语句有命令式或询问式。表 5.2 是麦当劳的店铺检查表。

3. 质量基准

质量基准记录了项目的主要目标，是绩效衡量基准的组成部分，可用于据此衡量和汇报质量绩效。

表 5.2　麦当劳的店铺检查表

检查项目	检查项目
1.检查餐牌及食品灯箱 是否清洁？是否所有照明都亮着？产品价钱是否正确？	9.检查镜子、妆台及其他布置 是否清洁？是否需要维修保养？
2.检查所有购物指引牌 是否配合推广活动？是否清洁？是否需要维修保养？	10.检查布告板 是否清洁？布置是否恰当？资料有否通知？是否维修？
3.检查纸巾及吸管箱 是否内外清洁？是否需要维修保养？是否有足够供应？	11.检查天花板 是否清洁？是否有错位或下坠现象？是否需要更换？
4.检查大堂地板 是否有垃圾？是否清洁？ 是否定时用地板保养剂溶液及热水拖地？ 是否每星期最少刷地一次？ 楼梯台阶是否清洁？是否需要维修保养？ 墙脚是否清洁？是否需要维修保养？	12.检查灯格、灯片 是否所有照明及灯都亮着？是否内外清洁？
5.检查桌椅，包括儿童椅 是否底面清洁？请多留意缝隙、桌脚、凳脚等，是否需要保养？ 桌椅是否用不同抹布清理？抹布是否整洁地放在不显眼处？ 清理食物后，是否用消毒液〔两加仑（1加仑=3.785 43 升）半用水配一包专用消毒粉，喷射处理桌面？〕	13.检查风口 是否清洁？
6.查看客人的食物盘、烟灰缸 是否清洁？有无损坏？ 客人的食物品质是否合乎标准，有无剩余弃置的食物和饮料？	14.感受大堂气温及气氛 大堂温度是否过高或过低？〔冬天：68华氏度(20摄氏度)；夏天：78华氏度（26摄氏度）〕是否播放轻音乐？员工及公关是否积极、亲切地招呼客人？
7.检查垃圾桶 是否内外清洁？是否有异味？是否维修？是否满袋？	15.检查工具间 是否清洁？是否有异味？是否组织妥当？工具是否齐全？是否清洁？ 是否合乎规格？员工是否懂得使用不同清洁工具去清洗大堂、厕所及厨房？
8.留意盆栽 花草是否茂盛？花草是否清洁？ 花盆是否清洁？有否损坏？	
意见及行动：	

5.3　项目质量控制

　　项目质量控制就是对项目的实施情况进行监督、检查和测量，并将项目实施结果与事先制定的质量标准进行比较，判断其是否符合质量标准，找出存在的偏差，分析偏差形成的原因的一系列活动。项目质量控制贯穿于项目实施的全过程。项目质量控制的对象（即项目的实施情况）包括产品成果，如可交付成果报告、项目管理成果（如成果和进度计划绩效）。

5.3.1 项目质量控制的原理和主要内容

1. 质量控制原理

质量控制的原理是根据项目目标和质量要求,对项目实施过程的质量进行监督、检查,发现偏差及时进行反馈,采取纠正措施,使工作按既定目标和计划进行。

质量控制原理也可称为质量控制的三部曲:确立标准或目标;衡量成效;纠正偏差。

(1)确立标准或目标。如果没有标准或目标,就没有衡量实际工作情况的根据,就无法进行控制工作。标准可以有多种多样,可以是定量的,也可以是定性的。控制是以实现标准或目标为中心的。

(2)衡量成效。这一工作通常在工作完成之后或告一段落后进行。但在工作进程中,必须加强监督、检查,及时获得有关信息。

(3)纠正偏差。将实际测量结果与标准或目标相比较,弄清楚是否发生了偏差以及偏差的性质、程度和原因,采取相应的措施纠正偏差。

在进行质量控制时,项目团队尤其应注意区别的事项包括以下两点。

(1)预防(保证过程中不出现错误)与检查(保证错误不会到了顾客手中才发现)。

(2)特殊原因(异常事件)与随机原因(正常过程差异)。

偶然因素的种类繁多,它是对产品质量经常起作用的因素。随机原因引起的差异称随机误差。其特点是:随机原因引起的过程变化较小,不会因此而造成废品;利用现有的各种手段无法控制或费用太高;可理解为背景噪声,因为这种误差是由无数细微原因所致。随机原因通常属于正常过程偏差。引起质量变化随机原因的例子有:同一批号原料;工作环境温度变化;作业人员正常工作。

引起质量变化(变异)的另一类因素是系统因素,系统因素通常属于特殊原因。其特点是:变异引起的过程变化较大,会导致过程均值偏移和分布的变化,造成废品和次品;可以利用现有技术加以控制和避免。引起质量变化特殊原因的例子有:不同生产班次;不同原材料;不同设备型号和不同的作业人员。

因此,对偏差原因的分析要区分特殊因素和随机原因,避免由于混淆两类产生偏差(变异)的原因而导致的错误:变异源于系统原因,却把它归咎于偶然原因;变异源于偶然原因,却把它归咎于系统原因。

2. 影响项目质量的原因

产生质量波动(偏差)的原因可归纳为以下五个要素(图 5.4),即 4M1E。

(1)人(man)。人的思想素质、责任心、质量观、业务能力、技术水平等均直接影响项目质量。因此,要狠抓人的工作质量,充分调动人的积极性,发挥人的主导作用。避免因责任心不强、工作马虎、不按操作规程作业等原因,产生质量偏差。

(2)设备(machine)。所采用的机械设备在生产上适用、性能可靠、使用安全、操作和维修方便。合理使用机械设备,正确地进行操作,是保证项目质量的重要环节。机械设备维修、保养不良也是产生质量偏差的原因之一。要注意当进行大量连续性作业,机具磨损、温度升高时,可能产生规律性的偏差。

(3)材料(material)。材料、零部件、构配件的质量要符合有关标准和设计的要求,

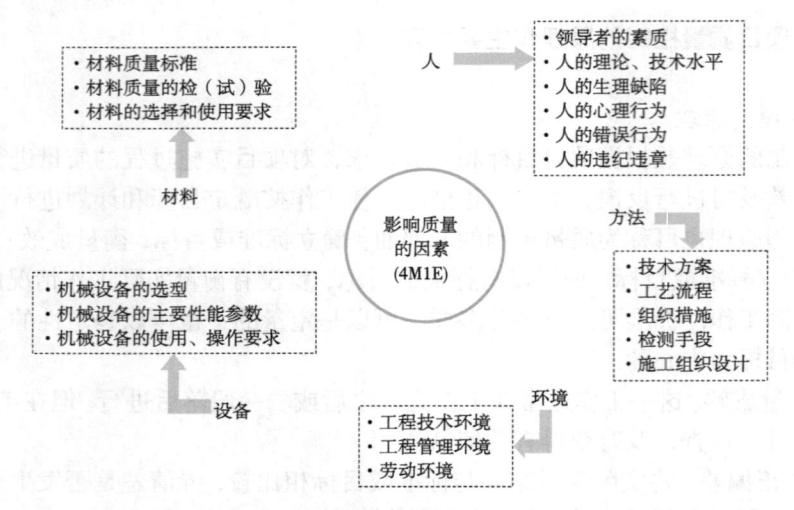

图 5.4 影响项目质量的因素

要加强检查、验收，严把质量关。要注意不同批、不同厂家的材料、零部件、构配件在质量上会存在差异。

（4）方法（method）。工艺流程、技术方案、检测手段、操作方法均应符合标准、规范、规程要求是有利于质量控制的。

（5）环境（environment）。影响项目质量的环境因素有很多，有技术环境、劳动环境和自然环境等。环境的突然变化会影响项目质量，如温度、湿度的突然变化均可能造成加工质量偏差。因此，应对可能造成质量偏差的环境因素采取有效的控制措施。

3. 质量控制的主要结果

（1）质量改进。

（2）验收决定，是指作为项目一部分而生产的产品或服务是否被接受或拒绝的决策。如果利益相关者拒绝接受作为项目一部分而生产的产品或服务，则一定要返工。

（3）返工，是指采取行动使拒收项目达到和满足产品需求或规范或者利益相关者的其他期望。返工非常昂贵，所以项目经理必须努力做好质量计划编制和质量保证工作，以避免返工。

（4）过程的调整，是在质量控制度量的基础上，纠正或防止进一步质量问题而做的调整。

5.3.2 项目质量控制的工具

1. 排列图

排列图法又称帕累托分析法，它是一种寻找影响质量主次因素的方法。该方法认为80%的质量问题源于20%的起因，20%的质量问题源于80%的起因，即所谓的80/20法则。因此，我们要确定并解决那些导致大多数质量问题的"关键少数"起因，而不是努力去解决那些导致少数问题的大多数起因（不重要的多数）。当已经解决了那些关键的少数起因，就可以把注意力集中放到解决剩余部分中的最重要的起因，不过它们的影响会是逐步减少的。

影响质量的主要因素通常分为以下三类。

（1）A类为累计百分数在70%~80%范围内的因素，它们是主要的影响因素。

（2）B类是除A类之外的累计百分数在80%~90%范围内的因素，是次要因素。

（3）C类为除A、B两类外百分比在90%~100%范围内的因素，是一般因素。

因此，排列图法又称ABC分析图法。

制品优良程度也可以换算成金额来表示，以金额大小按顺序排列，对占总金额80%以上的因素加以处理。

如图5.5所示，排列图中左侧纵坐标表示频数，也就是各种影响质量因素发生或出现的次数；右侧的纵坐标表示频率，也就是各种影响质量因素在整个诸因素中的百分比；横坐标表示影响质量的各种因素，按其影响程度的大小从左向右依次排列。除此以外，排列图上还有一条曲线，即帕累托曲线，它表示影响质量因素的累计百分数。

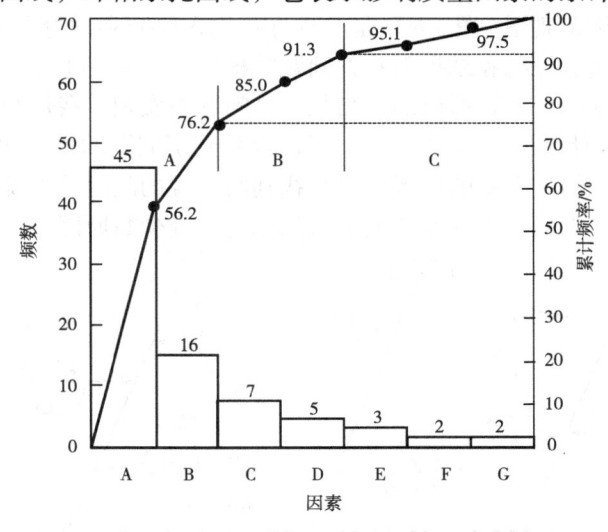

图 5.5　某建筑物地坪起砂原因排列图

【例5.1】某建筑物地坪起砂原因调查表见表5.3。画出排列图，并找到影响地坪起砂的主要原因、次要原因和一般原因。

表 5.3　某建筑物地坪起砂原因调查表

地坪起砂原因	出现房间数
砂含泥量过大	16
砂粒径过细	45
砂浆配合比不当	7
后期养护不良	5
水泥标号太低	3
砂浆终凝前压光不足	2
其他	2

解：首先填写排列表（表5.4），其次画出排列图（图5.5）。

由排列图可见，A 和 B 为主要原因，C 和 D 为次要原因，E、F 和 G 为一般原因。

表5.4 某建筑物地坪起砂原因排列表

编号	地坪起砂原因	频数	累计频数	累计频率/%
A	砂粒径过细	45	45	56.2
B	砂含泥量过大	16	61	76.2
C	砂浆配合比不当	7	68	85.0
D	后期养护不良	5	73	91.3
E	水泥标号太低	3	76	95.1
F	砂浆终凝前压光不足	2	78	97.5
G	其他	2	80	100.0

2. 因果分析图

因果分析图又称鱼刺图（图5.6），是一种逐步深入研究和讨论质量问题的图示方法。因果分析图致力于通过征兆和结果而找到问题的根源，它是通过人们不断地问"为什么"和"有哪些原因"这两个问题形成的。当某一个问题被发现，我们会问"为什么会发生这种情况"或"这是什么原因造成的"。一旦已经找到了问题的主要起因，我们会重复这些问题去找那些潜在的、次要的原因，直至找到所发现的问题的根源。显然，把它和排列图法一起使用，可以确定那些导致大多数问题的关键少数原因。

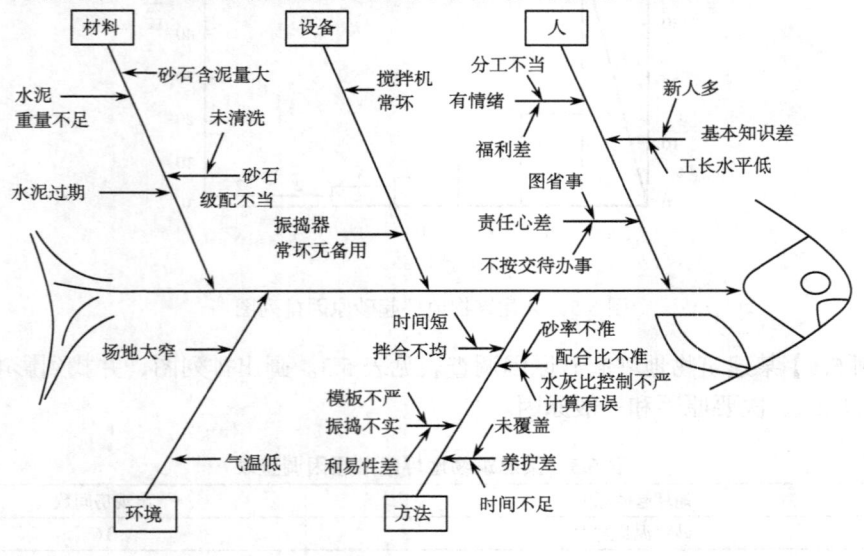

图5.6 因果分析图

3. 直方图

直方图是将收集到的质量数据，按一定要求加以整理和分层，然后再进行频数统计，并绘制成由若干直方图形组成的质量分布图。直方图是一个坐标图，横坐标表示质量特性（如尺寸、强度），纵坐标表示频数或频率，还有若干直方块组成的图形，每个直方块底边长度即产品质量特性的取值范围，直方块的高度即落在这个质量特性值范围内的产品有多少。直方图可描述质量频数分布范围和特征，直方图的形式见图5.7。

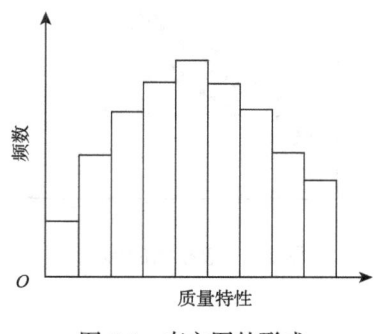

图 5.7　直方图的形式

4．控制图

控制图又称管理图，它是画有控制界限的一种图（图5.8），用来分析质量波动究竟由正常原因引起还是由异常原因引起，从而判明生产过程是否处于控制状态。

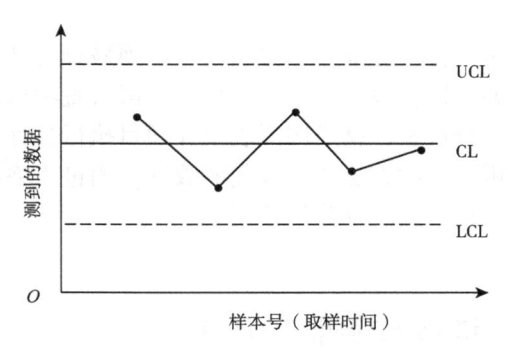

图 5.8　控制图的基本形式

控制图的基本形式如图5.8所示，图上一般有三条线，上面一条虚线称做上控制线，用 UCL 表示；下面一条虚线称做下控制线，用 LCL 表示；中间一条实线称做中心线，用 CL 表示。在生产过程中定期抽样，将测得的数据用点描在图上，如果点全部落在控制界限内，且点的排列没有异常状况，表明生产过程正常。如果点越出控制界限或点排列有缺陷，表明生产过程中存在异常因素，必须查明原因，采取措施，使生产过程恢复正常。

5．散布图

散布图又称相关图，是分析、判断、研究两个相对应的变量之间是否存在相关关系并明确相关程度的方法。散布图由一个横坐标 x 和纵坐标 y 构成，根据测得数据画出坐标点，进行相关性分析。散布图的形式如图5.9所示。

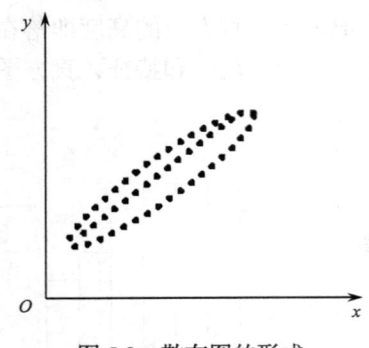

图 5.9　散布图的形式

6. 分层法

分层法又称分类法或分组法。分层法就是把收集到的数据按不同目的加以分类，把性质相同、在同一生产条件下收集到的数据归成一类，从而使杂乱无章的数据和质量问题系统化、条理化，便于区分问题，找出规律，采取有效措施。分层法经常同质量管理中的其他方法一起使用，如分层排列图、分层直方图等。

7. 调查和检查表

调查是指检查产品是否符合标准。一般而言，一项检查的结果包括测量结果。可在任一层次上进行检查，如可检查单项活动的结果，也可检查项目的最终产品。

检查表又称统计调查分析表，就是用图表统计项目执行过程中发生的各种数据，并对统计数据进行粗略分析。这种方法能将收集的数据，通过表格的形式列出来，使数据呈现的问题系统化、简明化，以便于分析使用。

5.4　项目质量保证与质量管理体系

5.4.1　项目质量保证

1. 项目质量保证的概念

项目质量保证是项目质量管理的一部分，它致力于提供质量要求会得到满足的信任。质量保证是通过提供证据表明能满足质量要求，使用户建立信心，从而使人们对这种能力产生信任，相信完成的项目能得到所规定的质量要求。所以，质量保证的主要工作是建立质量保证体系，以便准备好客观证据，并根据对方的要求有计划、有步骤地开展提供证据的活动。质量保证是在项目实施过程中进行的全部有计划、有系统的活动，贯穿于项目实施的全过程。

美国质量管理专家朱兰在《质量计划与分析》一书中指出，"保证"的含义非常类似于"保险"一词。保证和保险都是试图得到某种保护而进行少量的投资，以避免灾祸。就保险来说，这种保护是在万一出现了灾害后得到一笔损失赔偿费。而就保证而言，这种保护反映为所得到的信息，这种信息为下述两种信息之一。

（1）使对方确信万无一失。例如，项目满足用户要求，过程正在正常进行。

（2）向对方提供并非一切如意和某种故障可能正在酝酿之中的早期警报。通过这种早期报警，对方可以预先采取措施，以防止故障的发生。

可见，质量保证的作用是从外部向质量控制系统施加压力，促使其更有效地运行，并向对方提供信息，以便及时采取改进措施，将问题在早期解决，以避免更大的经济损失。

根据质量保证活动的目的和提供"证据"对象的不同，可将其分为内部质量保证和外部质量保证。

对项目执行组织领导提供"信任"的活动被称为内部质量保证。项目的一系列质量活动是由项目经理或项目团队进行的，虽然明确了职责分工，也有相应的质量控制方法和程序，但是这些方法和程序是否确实有效，企业领导需要组织一部分独立的人员对直接影响项目质量的活动实施监督、检验和质量审核活动，以便及时发现质量控制中的薄弱环节，提出改进措施，促使质量控制能更有效地实施，从而使企业领导"放心"。

对客户提供"信任"的活动被称为外部质量保证。这种信任是在合同签订前建立起来的，如果顾客对供方没有这种信任，则不会与之签订合同。外部质量保证的基础是建立质量管理体系。

2. 项目质量保证工具

项目质量保证所采用的主要工具包括质量审核、过程分析和质量控制的工具和技术。

质量审核是指进行系统的独立审查，确定项目活动是否符合组织和项目政策、过程和程序依据。质量审核的目标在于识别项目中使用的低效率和低效力的政策、过程和程序。质量审核可以事先安排，也可以随机进行，可以由组织内经过恰当培训的审核人员或第三方进行。质量审核用以确认已实施批准的变更请求、缺陷补救和纠正措施。

质量审核可分为质量管理体系审核、产品质量审核、过程质量审核、服务质量审核和内部质量审核等多种形式。质量审核的主要程序如下。

（1）审核准备。该阶段的任务是：收集资料、编写计划，明确审核的目的、所涉及的范围功能、要接触的部门、要通知的个人、要审阅的文件；围绕审核依据，收集政府条令、合同协议、指令文件、工程图纸、采购指令等；按审核计划编制检验提纲，列出需要审核的主要项目及要审核的专题。

（2）实施审核。当发现明显偏差时，应与现场管理人员进行讨论，对照程序条款详细记录，取得相关证据。

（3）提出审核偏差报告。偏差是指对程序条款的一种不合格情况。偏差报告应由被审核人员书面答复，审核员对其进行审查，如不符合要求则退回重新答复，直至满意为止。如被认可，即进入验证阶段，进行现场复查，以证实偏差已被纠正。

（4）纠正措施开始后，审核员应进行监控以巩固审核成果，维护审核的权威性。

（5）整编质量审核的检查提纲、调查结果、所有审核状态报告，形成审核档案。

5.4.2 质量管理体系的标准化

1. 质量管理体系的基本含义

质量管理体系是指"在质量方面指挥和控制组织的管理体系"。质量管理体系的各组成部分是相互关联的，质量管理体系的内容要以满足质量目标的需要为准，质量管理体系是实施质量方针和目标的管理体系。质量管理体系在项目内外发挥着不同的作用，对内实施质量管理，对外实施外部质量保证。

2. ISO 9000 质量管理体系产生的由来

标准化对我们而言已成为理所当然的事。当我们把洗衣机连同其他家庭用品从海南岛运至北京时，从未想过会有什么问题，因为插上插座时一定是同样的电压和电流；我们可以在吐鲁番和西双版纳找到一样的 40 瓦灯泡；我们可以开车从南到北，交通信号灯都一样。这些标准化的设备简化了我们的生活，它们触目可见、随手可得，几乎感觉不到它们的存在，它们给了我们更低的价格、更高的质量，以及更方便、更快速的修配服务。

标准化的重要性显现在第二次世界大战，它是战胜日本和德国的头号武器。1940年春天，假如英国的弹药能够适用于比利时的枪械，40 万比利时大军也许可以打得更久。又如，在保卫巴拿马运河的战役中，美军雷达中的某一零件发生故障，指挥人员很失望地发现库房中有整整 8 箱零件，但规格各不相同。他们紧急打电话通知华盛顿当局，从工厂空运零件到巴拿马。

为了统计各国的制造标准，第二次世界大战后成立了国际标准化组织。而国际标准化组织于 1979 年成立了质量保证技术委员会（TC176），1987 年更名为质量管理和质量保证技术委员会，负责制定质量管理和质量保证标准。

国际标准化组织于 1987 年发布了通用的 ISO 9000 "质量管理和质量保证"标准，该系列标准得到了国际社会和国际组织的认可和采用，已成为世界各国共同遵守的工作规范。此后，国际标准化组织又不断地对其进行补充、完善、修订，在 2000 年年底发布了 2000 年版 ISO 9000 标准。

ISO 9000 的基本要求是：要如何做就把它写出来，写出来的就依照写出来的办。

企业（项目）采用 ISO 9000 标准的目的：①为了证实其有能力稳定地提供满足客观和适用的法律法规要求的产品。②通过体系的有效应用，包括体系的策划、实施、控制和持续改进过程以及保证符合顾客与适用的法律法规的要求，增加顾客的满意度。

3. ISO 9000 质量管理体系的变化

1）2000 年版 ISO 9000 族标准的结构及特点

随着 2000 年版 ISO 9000 族标准的发布，我国及时、等同地采用此标准，发布了 GB/T1900：2000 年版的族标准，这些标准包括：

（1）ISO 9000：2000 "质量管理体系——基础和术语"，它表述质量管理体系基础知识，并规定质量管理体系术语。

（2）ISO 9001：2000 "质量管理体系——要求"，它规定质量管理体系要求，用于组织证实其具有提供满足顾客要求和适用的法规要求的产品的能力，目的在于提高顾客的满意度。

（3）ISO 9004：2000"质量管理体系——业绩改进指南"，提供考虑质量管理体系的有效性和效率两方面的指南，其目的是组织业绩改进和使顾客及其他相关方满意。

（4）ISO 19011：2000"质量和（或）环境管理体系审核指南"，提供审核质量和环境体系指南。

ISO 9000：2000 标准有以下特点。

（1）标准的结构与内容能更好地适用于所有产品类别、不同规模和各种类型的组织。

（2）强调质量管理体系的有效性和效率，引导组织关注顾客和其他相关方、产品与过程，而不仅仅是程序文件与记录。

（3）对标准要求的适用性进行了更加科学与明确的规定，在满足标准要求的途径与方法方面，提倡组织在确保有效性的前提下，可以根据自身经营管理的特点做出不同的选择，给予组织更多的灵活性。

（4）标准中增加了几项质量管理原则，便于从理念和思路上理解标准的要求。

（5）采用"过程方法"的结构，同时体现了组织管理的一般原理，有助于组织结合自身的特点采用标准来建立质量管理体系，并重视有效性的改进与效率的提高。

（6）更加强调最高管理者的作用，包括对建立和持续改进质量管理体系的承诺，确保顾客的需求和期望得到满足，制定质量方针和质量目标并确保得到落实，确保所需的资源。

（7）将顾客和其他相关方满意或不满意信息的监视作为评价质量管理体系业绩的一种重要手段，强调要以顾客为关注焦点。

（8）突出了"持续改进"是提高质量管理体系有效性和效率的重要手段。

（9）对文件化的要求更加灵活，强调文件应能够为过程带来增值，记录只是证据的一种形式。

（10）提高了与环境管理体系标准等其他管理体系标准的相容性。

2）2008 年版 ISO 9000 族标准的修订

国际标准化组织和国际认可论坛（Internation Accreditation Forum，IAF）于 2008 年 8 月 20 日发布联合公报，一致同意转换全球应用最广的质量管理体系标准，实施 ISO9001：2008 认证。

ISO9001：2008 标准根据世界上 170 个国家大约 100 万个通过 ISO9001 认证的组织的 8 年实践，更清晰、明确地表达了 ISO9001：2008 的要求，并增强了与 ISO14001：2004 的兼容性。

ISO9000：2008 族标准的核心标准为以下四项。

（1）ISO9000：2005"质量管理体系——基础和术语"，它阐述了 ISO 9000 族标准中质量管理体系的基础知识、质量管理八项原则，并确定了相关的术语。

（2）ISO9001：2008"质量管理体系——要求"，它规定了一个组织若要推行 ISO9000，取得 ISO9000 认证，所要满足的质量管理体系要求。组织通过有效实施和推行一个符合 ISO9001：2000 标准的文件化的质量管理体系，包括对过程的持续改进和预防不合格，使顾客满意。

（3）ISO9004：2009"质量管理体系——业绩改进指南"，它以八项质量管理原则为基础，帮助组织有效识别能满足客户及其相关方的需求和期望，从而改进组织业绩，协助组织获得成功。

（4）ISO19011：2011"质量和（或）环境管理体系审核指南"，它提供质量和（或）环境审核的基本原则、审核方案的管理、质量和（或）环境管理体系审核的实施、对质量和（或）环境管理体系审核员的资格等要求。

较 2000 年版，2008 年版在有关法律法规的要求、产品范围、外包过程、形成文件的程序、外来文件、管理者代表、人力资源、基础设施、工作环境、交付后活动、设计和开发策划、设计和开发输出、监视和测量状态标识、顾客财产、监视和测量装置的控制、顾客满意、过程的监视和测量以及放行产品和交付服务近 20 个方面进行了修订。

3）2015 年版 ISO 9000 族标准的修订

2015 年 9 月 23 日，据国际标准化组织官网消息，其于 9 月 22 日正式发布了 ISO9001：2015 新版标准。该标准进行了自 2000 年以来的首次重大改版，融入了根据全球用户和专家反馈所进行的变更。同时，ISO9000 中所定义的对于理解 ISO9001 至关重要的术语也已被修订，且此标准于 9 月 23 日与 ISO9001 同时发布。ISO9001：2015 新版标准的一些重要变化包括以下几个方面。

（1）新版标准修订过程中对"质量管理原则"进行了评审，对"原则"进行了一些细微的修改，新版标准只有 7 项质量管理原则，即以顾客为关注焦点、领导作用、全员参与、过程方法、改进、基于证据的决策制定、关系管理（表 5.5）。

表 5.5 新老版本的质量管理原则对比

2000/2008 年版质量管理原则	2015 年版质量管理原则
以顾客为关注焦点 领导作用 全员参与 过程方法 管理的系统方法 持续改进 基于事实的决策方法 与供方互利的关系	以顾客为关注焦点 领导作用 全员参与 过程方法 改进 基于证据的决策制定 关系管理

（2）新版 ISO9001 标准很清晰地体现了所有管理体系都应有的 3 个核心概念，即过程、基于风险的思维和 PDCA 循环。风险管理贯穿整个体系，2015 年版 ISO9001 中强调，该标准采用 PDCA 循环和基于风险思维的过程方法，也就是说基于风险思维是过程方法的一部分。基于风险的思维是改进原则的一部分，但风险管理需要采用过程方法，包括风险管理的 PDCA 循环。过程的监视和测量检查点基于风险而设立，因风险不同而不同。

（3）新版 ISO9001 标准中，大多数要求更加关注输出、关注实现预期结果、关注绩效。2015 年版 ISO9001 绩效评价包含了监视、测量、检查、检验、试验、审核、验证、分析、评审、评价、判断和确认等过程和活动。监视、测量过程的输出是分析过程的输入，分析过程的输出是评价过程的输入。而产品和服务及过程监视测量是分析评价的输出、顾客满意过程的输出、内部审核的输出，都是管理评审的输入。

（4）ISO9001：2015 质量管理体系国际标准与时俱进，添加了组织环境的要素。它既要考虑内部因素，即组织的价值观、文化、知识和绩效；也要考虑外部因素，即法律的、技术的、竞争的、市场的、文化的、社会的和经济的环境。为了符合标准要求，组织可以应用一些可参考的模板，如 PEST（political，economic，social and technological），改进组织的质量管理体系与经营管理思维，从而规避风险、获得竞争优势。

5.4.3 质量管理原则

在 ISO9000：2000 标准中增加了几项质量管理原则，这是在近年来质量管理理论和实践的基础上提出来的，是组织领导做好质量管理工作必须遵循的准则。这几项质量管理原则已成为改进组织业绩的框架，可帮助组织达到持续成功。

1. 以顾客为关注焦点

组织依存于其顾客，因此组织应理解顾客当前和未来的需求，满足顾客的要求并争取超越顾客的期望。组织贯彻实施以顾客为关注焦点的质量管理原则，有助于掌握市场动向，提高市场占有率，提高经济效益。

2. 领导作用

强调领导作用是因为质量管理体系是由最高管理者推动的，质量方针和质量目标是领导组织策划的，组织机构和职能分配是领导确定的，资源配置和管理是领导决定和安排的，顾客和相关方的要求是领导确认的，质量管理体系改进和提高是领导决策的。所以，领导者应将本组织的宗旨、方向和内部环境统一起来，并创造使员工能够充分参与实现组织目标的环境。

3. 全员参与

各级人员是项目组织之本。只有他们充分参与，才能使他们的才华为组织带来收益。

4. 过程方法

将活动和相关的资源作为过程进行管理，可以更高效地得到期望的结果。因为过程管理强调活动与资源的结合，具有投入产出的概念。图 5.10 为过程方法的示意图。过程概念体现了 PDCA 循环改进质量活动的思想。过程管理有利于适时进行测量，保证上下工序的质量。过程管理可以降低成本、缩短周期，从而更高效地获得预期效果。

现代质量管理的重点从管理"结果"向管理"过程"转移，也就是管理的重点从最终产品的检验转向过程控制，不是等出现了问题再采取措施去解决，而是适当地使用来自各方面的信息，分析并针对潜在的不合格因素，将不合格消灭在形成过程中。

5. 管理的系统方法

将相互关联的过程作为系统加以识别、理解和管理，有助于组织提高实现目标的有效性和效率。图 5.11 是企业将整个管理过程视为一个系统的示意图。

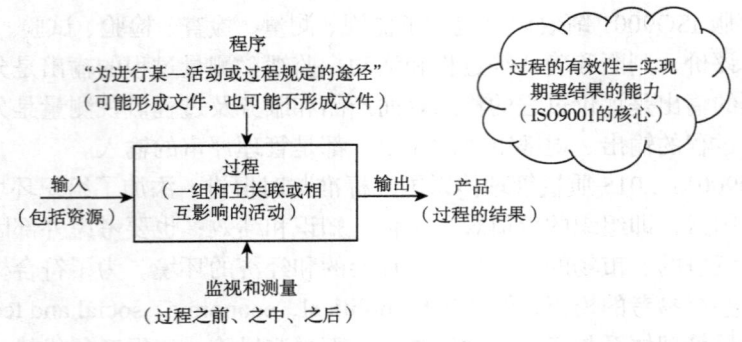

图 5.10　过程方法示意图

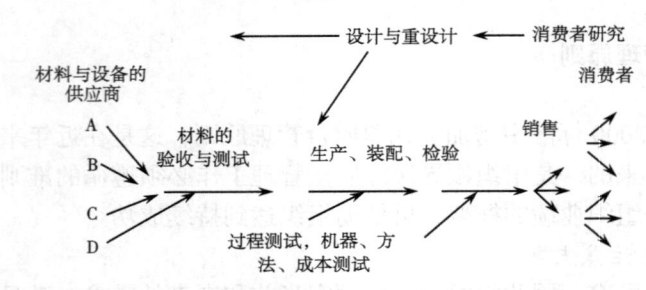

图 5.11　把整个管理过程视为一个系统的示意图

图 5.11 是一个生产系统，项目质量的提高包含了整个过程。系统图的开端是关于产品或服务的构想——顾客可能要什么，也就是预测。由这种预测可以导出产品或服务的设计，然后经过采购、交货验收、生产、装配、检验、销售等过程，其中，一个过程的输出是下一个过程的输入，各个过程联系起来成为一个系统。顾客是这个系统中最重要的部分，所以质量要针对顾客的需要——不论是过去还是未来。这个循环不断运行，根据新的预测重新设计，形成一个不断持续改进的过程。

当我们改变系统的一个或多个组成部分时，流程图有利于预测系统的哪些部分会受影响以及影响的幅度有多大。假如我们把上述流程拆分，成为彼此竞争的单位，消费者研究、产品设计、再设计、制造都各成一个单元，每个单元彼此相互竞争，每个人都只顾自己尽到最大努力而不顾其他过程和系统的总体目标，这个系统就不会达到最终的目标。这种"一组相互依赖的组成部分、提供共同运作以达到该系统的目标"，就是系统的观点。

6. 持续改进

持续改进是组织永恒的追求、永恒的目标、永恒的活动。为了满足顾客和其他相关方对质量的更高期望，为了赢得竞争的优势，必须不断地改进和提高项目质量。

在图 5.11 中，这个循环不断运行，根据新的预测重新设计、制造，就形成了一个不断持续改进的过程。

7. 基于事实的决策方法

有效决策建立在数据和信息分析的基础上。基于事实的决策方法，首先应明确规定收集信息的种类、渠道和职责，保证资料能够为使用者得到。通过对资料和信息的分析，保证其准确、可靠。通过对事实的判断，结合过去的经验做出决策并采取行动。

8. 与供方互利的关系

供方是项目供应链上的第一个环节，供方的过程是质量形成过程的组成部分。供方的质量影响项目质量，在组织的质量效益中包含有供方的贡献。供方应按组织的要求也建立质量管理体系。通过互利关系，可以增强组织及供方创造价值的能力，也有利于降低成本和优化资源配置，并增强应对风险的能力。

供应商与制造商之间水乳交融、互相依存的关系，足以为供应商提供丰厚的报酬，然而制造商对供应商的要求也是十分严格的：特殊的质量要求；可靠及时的交货系统；正确的数量及不断提高生产力以降低成本。

5.5 项目配置管理

配置管理是任何一个好的质量管理系统的基本组成部分，尤其是在软件项目中，配置管理是非常重要的。一般意义上的配置管理就是对变更进行控制，特别是对变更的相关信息进行控制。绝大多数项目在其生命期中都会发生某种程度的变更，变更通常会涉及时间、成本或质量，因此它们也会影响项目整体的成功标准或失败标准。变更管理就是对这些变更进行调整的过程，旨在使它们与项目的整体目标保持一致。受到变更影响的人必须对变更有所了解，并采取充分的准备，成本估算和预算也要进行相应的调整。根据变更要求做出新的设计，所有修改的内容必须及时发布，并根据要求进行传达。

通常，项目发展的阶段与完成既定变更所需的成本之间存在一定的函数关系。一般来说，随着项目的发展，项目变更的几率不断下降，而变更导致的成本则不断上升，变更-成本曲线的形状如图 5.12 所示。通常，项目的规模越大、复杂程度越高，变更发生的几率也就越高，对有效的变更管理的需求也就越大。因此，建立一个相应的管理系统是很有必要的，这样才能够确保应对变更的效率。

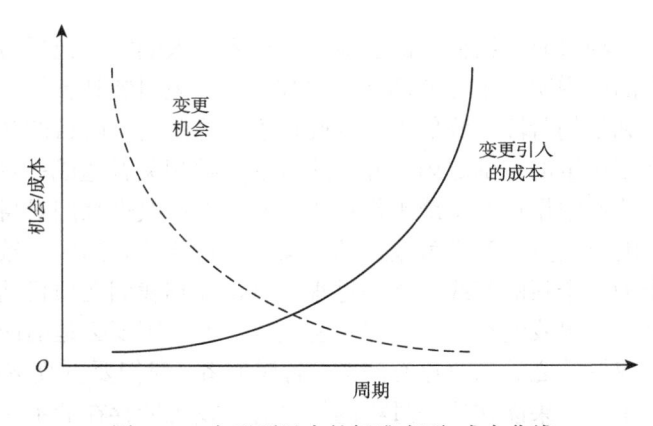

图 5.12 大型项目中的标准变更-成本曲线

配置管理是一种变更控制技术，它主要用于对项目中的变更进行正式的评审和审批。配置管理的基本假设就是，构成项目的各个组件，同时也构成了定义项目的结构。这个结构只能通过正式的、系统化的方式来更改，否则项目将会受到负面的影响。如果实施得当的话，一个好的配置管理系统能够提供一个全面的变更控制和管理系统，同时，它还是变更提案所考虑的核心内容，也是客户和承包商进行响应和沟通的接口。采用有效的配置管理系统的主要优势在于，它不仅可以对变更进行管理，而且在这个过程中，还能够控制每个变更对整体项目的影响。

图 5.13 表明配置管理的主要过程。

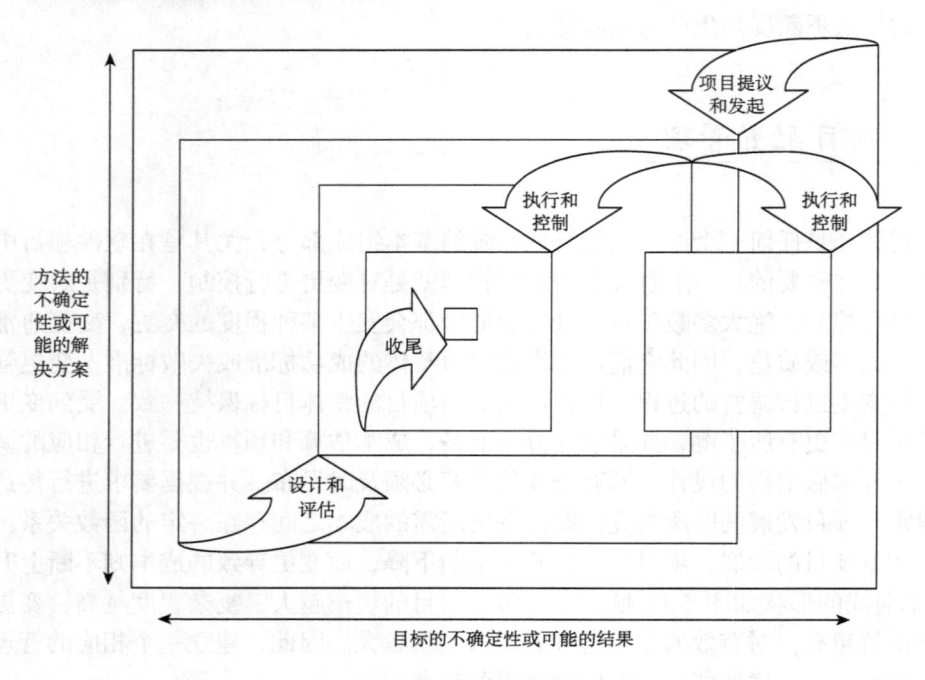

图 5.13　配置管理过程

当我们开始某一项目时，我们可能会对一些内容不太确定，包括最终产品的部件分解、部件和整体产品的说明和单独的部件如何被制造并被组装到整体产品中去。

在项目的启动和规划阶段，我们无法准确地说明这些内容的目的和方法，我们所能说的只是它们存在于一定的范围之内，并与所有的利益相关者达成一致并以一个基线来确定项目的范围。我们根据这个基线工作一段时间，然后改进我们对目标和工作方法的理解。在预先确定的审查点，我们就改进的定义和利益相关者达成一致意见，并将已经做了修改的定义作为一个新的基线。这一过程一直持续到我们在项目结束时能提供一个完全被认可的产品。如果我们在某一个点不能达成一致，则要么是前面的说明有问题，要么是最后一次达成一致之后的改进有问题。若属前者，我们要更改该说明；若属后者，我们要重复最后一步。如果能在这一过程的早些时候发现所存在的不一致情况，则任何一种选择都不会付出太大的代价。这可以通过适度频繁地进行评审来实现，特别是在项目的设计阶段。如果在项目生命期的晚些阶段出现这种不一致的情况，不管是什么原因造成的，其代价都会非常昂贵。

配置管理的四个步骤见表 5.6，该表列出了配置管理的步骤及其主要活动，具体内容如下。

表 5.6　配置管理的四个步骤

步骤	行动
1. 配置识别	根据目前层次的定义对产品进行分解（也许作为坐标管理过程的一部分），确定从分解中所得到的部分以及产品整体的详细说明
2. 配置评审	和所有的利益相关者一起来就目前的定义达成一致意见
3. 配置控制	如果达成一致，则重复 1、2、3 各步，进一步对产品进行分解和说明，直到产品已被完整地确定；如果没有达成一致，则返回到前一次评审时达成一致的地方，重复 1、2、3 各步，重新进行分解和说明，直至达成一致
4. 状况记录	对目前和先前的所有配置信息都要进行记录备案，这样，当在某一点不能达成一致的时候，人们可以返回到先前的配置并从那里重新开始。对所有配置原型也要记录备案

（1）配置识别。配置识别是配置管理系统顺利运行的基础。配置识别是指对项目的每一个工作包进行识别，并为它们分配唯一的标志。配置识别过程需要从三个方面加以考虑，即系统特征、项目相关信息、数据分析与分类。

（2）配置评审。在预先已经确定的时间点，项目团队与项目的利益相关方一起召开评审会，就目前配置界定达成一致。

（3）配置控制。大型复杂项目通常需要有某种形式的变更控制。变更有很多种形式，从小范围的规格变动到主要的战略调整。变更需求可能来自项目团队的每一个成员及用户需求的变更。

标准的变更控制流程主要对三个步骤进行监控：一是识别变更需求并提交变更请求；二是仔细考虑实际情况并对变更做出批准或否决；三是审批并发布适当的修改指令，指定相关单位予以实施。

（4）状况记录。配置状态统计和报告（configuration status accounting report，CSAR）是指为项目中发生的所有变更保留历史记录。这样一来，我们就可以随时将进度与底线进行对比，而且也确保了能够对变更进行跟踪。

思考题

1. 如何理解质量的定义？在项目实施过程中是如何把握项目质量的？
2. 项目质量的五要素包括哪些？
3. PDCA 循环的过程包括哪些？
4. 质量规划一般包括哪些内容？
5. 什么是质量成本？
6. 项目质量控制的基本原理是什么？

案例

7. 什么是质量保证？
8. 质量审核的主要步骤是什么？
9. 质量管理的原则是什么？请画出其中"过程方法"的图示并对其做简要的说明。
10. 简述防止质量波动（变异）的各种可能措施。

第6章

项目风险管理

项目风险管理是对项目管理全过程中可能出现的风险进行识别、确认、分析并进行评价、监控、应对的过程。它要解决的主要是项目实施过程中某一内在或外在事件（因素）是不是该项目的风险，发生的概率如何，以及对项目的影响程度如何等问题。风险管理是项目管理的重要组成部分，它贯穿于项目生命期的始终，强化风险意识，提高风险识别和判断能力，掌握项目风险的来源、性质和发生规律，并有效地监控、预警，给出有效的应对措施，对项目的成功具有重要意义。

6.1 项目风险管理概述

6.1.1 风险

1. 风险的定义

不同的学者对风险的概念有不同的理解，统计学家把风险定义为实际结果与预期结果的偏差程度，决策理论学者把风险定义为损失的不确定性，有的保险学者把风险定义为偏离预期结果的概率，这里我们从损失出现的可能性大小和损失的严重程度来定义项目风险。

项目风险由三个因素组成，即风险事件、风险概率和风险损失，是在既定成本、进度和技术范围内不能达到全部项目目标的测度。例如，一些外在事件的发生导致项目失败，而这样的事件会发生，则它就是风险。然而100%发生的事件就不是风险，因为其中不包括不确定性或者可能性。

2. 风险的特征

1）客观性

风险是客观存在的，随着科学技术的进步与项目管理水平的提高，人们认识、管理和控制风险的能力也在不断增强，人们在项目管理中所面临的自然灾害、意外事故、决策失误虽然可以部分得到有效控制，但是从总体来说，损失是不可能完全消除的。从这种意义上来说，风险具有客观存在性。

2）损害性

风险与项目的利益密切相关，损害是风险发生的后果，风险是对项目利益的一种潜在损害。在项目实施过程中，风险的损害性不仅可以表现为经济价值的损失，还有可能表现为对项目人员人身安全的损害。

3）不确定性

不确定性可以表现在以下三个方面。

（1）空间上的不确定性。以项目财产所面临的风险为例，项目进行过程中可运用的财产数量繁多，部分财产受到各种风险的侵害是必然的，但具体到某一项财产是否会发生损害，发生何种损害，则是不确定的。

（2）时间上的不确定性。同样地，项目执行过程中，什么时候会出现上述财产风险也是不可预知的。

（3）损失程度的不确定性。出现风险事件可能造成的损失也是不能提前确定的。

4）可认识性

风险的不确定性说明风险基本上是一种随机现象，对个别风险单位而言是不可预知的，但随机现象总是要服从某种概率分布，因而从总体上看，对一定时期内特定风险发生的概率或损失率是可以正确测定的，从而可以把不确定性转化成确定性来研究。对单个风险而言，其引致发生的原因以及损害发生的过程与结果也存在一定的规律性，风险的这一特性也就成为我们控制与管理风险的前提。

5）发展性

项目总是处在不断发展变化的进程中，各种风险也不例外。随着项目的不断发展，其所面临的财务风险、人力资源风险、技术风险、市场风险等也会发生不同程度的变化，认识风险的这种发展性，是管理与控制风险的重要基础。

3. 风险的分类

根据不同的需要，从不同的角度，按不同的标准，可以对风险进行不同的分类。其目的在于理论上便于研究，实践上便于管理。

按风险的潜在损失形态，风险可被分为财产风险、人身风险和责任风险。

按风险事故的后果，风险可被分为纯粹风险和投机风险。

按风险产生的原因，风险可被分为静态风险和动态风险。

按风险波及的范围，风险可被分为特定风险和基本风险。

按损失产生的原因，风险可被分为自然风险和人为风险。

按风险作用的对象，风险可被分为微观风险和宏观风险。

按风险能否处理，风险可被分为可管理风险和不可管理风险。

6.1.2 风险管理

风险管理（risk management）是指通过风险识别、风险分析和风险评价去认识项目的风险，并以此为基础合理地使用各种风险应对措施、管理方法、技术手段对项目的风险实行有效地控制，妥善处理风险事件造成的不利后果，以最少的成本保证项目总体目标实现的管理工作。它贯穿于整个项目周期，是一种综合性的管理活动，不仅是一门科学，更是一门艺术。

风险管理最早起源于第一次世界大战后的德国。1931年美国管理协会最先倡导风险管理，并在此后的若干年里，以学术会议及研究班等多种形式集中探讨和研究风险管理问题，使其得到了理论认可和一些大企业的初步实践。从20世纪60年代起，对风险管理的研究逐步趋向系统化、专门化，风险管理逐步发展成为企业管理中的一门独立学科。

在西方发达国家，很多大企业都相继建立了风险管理机构，专门负责风险的分析和处理方面的工作。美国还成立了全美范围的风险研究所和美国保险与风险管理协会等专门研究工商企业风险管理的学术团体，拥有3 500多家大型工商企业会员。

美国的风险与保险管理协会（the Risk Management Society，RIMS）和美国风险与保险协会（American Risk and Insurance Association，ARIA）是美国最重要的两个风险管理协会。日本风险管理协会（Japanese Risk Management Society，JRMS）则是日本国内从事风险管理研究的主要机构。同样，英国也建有工商企业风险管理与保险协会（Association of Insurance and Risk Managers in Industry and Commerce，AIRMIC），致力于风险管理的研究与推广。风险管理协会的建立和风险管理教育的普及，表明风险管理已渗透到社会的各个领域。

随着风险管理和项目管理的日益普及，项目实践迫切需要更为规范的项目管理学科体系作为理论基础，于是世界各国的项目管理专业组织纷纷建立各自国家的项目管理知识体系，并把风险管理作为最为重要的管理内容之一。美国项目管理协会项目管理知识体系最新版把项目管理划分为10个知识领域，风险管理是其中之一。中国也于2001年5月由中国优选法统筹法与经济数学研究会（Chinese Society of Optimization，Overall Planning and Economic Mathematics）项目管理研究委员会正式推出了中国的项目管理知识体系文件《中国项目管理知识体系》（Chinese-Project Management Body of Knowledge，C-PMBOK），对风险管理进行了详细规范，以作为项目管理规范化运作的理论基础和技术指南。

在经济全球化的大背景下，中国企业参与的国际经济活动也越来越多，风险管理日益重要，不重视风险管理将带来巨大的损失。例如，在沙特阿拉伯麦加轻轨项目中我们中国铁建公司亏损总额约为41.5亿元，很大一部分原因是项目风险管理不到位。

6.1.3 风险管理的过程

风险管理过程就是风险管理所采用的程序，一般由若干主要阶段组成，这些阶段不仅相互作用，而且与项目管理其他管理区域也互相影响，每个风险管理阶段的完成都需要项目风险管理人员的努力。

对于风险管理主要阶段的划分，不同的组织或个人的划分方法是不一样的，美国软件工程学会把风险管理的过程分成若干个环节，即风险识别（identify）、风险分析（analyze）、风险计划（plan）、风险跟踪（track）、风险控制（control）和风险管理沟通（communicate），如图6.1所示。

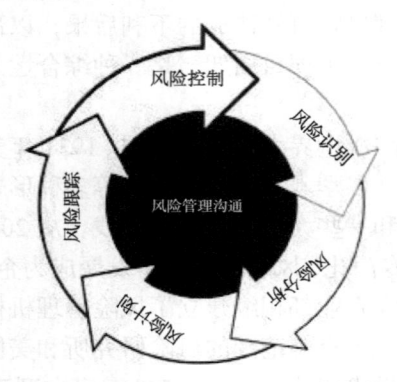

图6.1 美国软件工程学会的风险管理过程架构

美国项目管理协会制定的《项目管理知识体系》（第五版）中的风险管理过程分为风险管理规划、风险识别、风险定性分析、风险量化分析、风险应对计划、风险监视和控制六个部分。在本章中，我们参照这一体系并以麦加轻轨项目为例介绍项目风险管理。

6.2 风险管理规划

6.2.1 风险管理规划的概念

风险管理规划（risk management planning）也就是风险管理大纲，是在项目正式启动前或启动初期对项目的一个纵观全局的、基于风险角度分析的规划活动，是进行项目风险管理的第一步。风险管理规划是项目定义说明书的一部分，包括外在环境中和项目本身的所有风险，评定了可能产生的影响并制订了应对方案来规避、消除和控制它们，包括了管理风险的全部过程。其主要工作包括定义项目组及风险管理的行动方案及方式，选择合适的风险管理方法，确定风险判断的依据等，它决定了风险管理活动的计划和实践形式，其结果将是整个项目风险管理的战略性和全生命期的指导性纲领。

6.2.2 风险管理规划的依据

风险管理规划的制定依据来源于如下几个方面。
（1）公司和组织的风险管理政策和方针。
（2）项目规划中包含或涉及的有关内容，如项目目标、项目规模、项目利益相关者情况、项目复杂程度、所需资源等。

（3）项目组及个人所经历的风险管理实践和积累的相应风险管理经验。

（4）决策者、责任方及授权情况。

（5）项目利益相关者对项目风险的敏感程度和承受能力。

（6）可获取的数据及管理系统情况。

（7）风险管理模板，以使风险管理标准化、程序化、可持续性改进。

（8）工作分解结构、活动时间估算、费用估算。

（9）当地的法律、法规和相应标准。

6.2.3 风险管理规划的方法和内容

风险管理规划一般通过规划会议的形式制定。会议参加人员应包括项目经理、项目团队小组长、组织中管理风险规划和实施的人员、关键的利益相关者以及任何需要参与的人员。风险管理规划涉及如下主要内容。

（1）方法：确定项目风险管理使用的方法、工具和数据资源。这些内容将根据项目的不同阶段、可获信息的数量以及风险管理的柔性而有所改变。

（2）作用和职责：明确每一类风险管理活动中领导者、支持者及参与者的角色定位、任务分工及其各自的责任。

（3）时间周期：界定项目生命期中风险管理过程的各个运行阶段、过程评价、控制和变更的周期或频率。

（4）类型级别及说明：定义并说明风险评估和风险量化的类型级别。对于防止决策滞后和保证过程连续来说，明确的定义和说明是很重要的。

（5）基准：明确定义由谁以何种方式采取风险应对行动。该定义可作为基准衡量项目团队实施风险应对计划的有效性，并避免发生项目业主方与项目承担方对该内容理解的二义性。

（6）汇报形式：规定风险管理各个过程中应汇报或沟通的内容、范围、渠道及方式。汇报与沟通应包括项目团队内部之间的、项目外部与投资方之间的及其他项目利益相关者之间的汇报与沟通。

（7）跟踪：规定如何以文档的方式记录项目风险管理的过程，此风险管理文档将有利于当前项目的管理、项目的监察、经验教训的总结及日后项目的指导。

6.2.4 风险管理规划的成果

风险管理规划的成果是形成项目的风险管理计划。风险管理计划就是描述项目进行过程中风险管理的具体操作步骤和实施过程的指导文件。风险管理计划制订得越完善、越准确，对今后的风险管理工作越有利。它的主要内容包括以下几个方面。

（1）方法论。定义在项目中用于风险管理的方法与工具，以及数据来源的途径与形式。

（2）角色与职责。确认风险管理团队成员在每一类型的风险管理活动中所担当的角色与任务，明确他们的分工与职责，要使他们非常清楚地知道，在某一特定工作阶段自己处于直接负责还是辅助支持的地位。

（3）预算。确认将用于风险管理的预算资源与费用有多少，如何进行分配与使用。

（4）时间。规定整个项目进行期间风险管理活动的频率，以及确定的风险控制点应该在哪个阶段或时间出现。

（5）风险分类。给出一个风险分类的结构性标准，以便系统条理地进行风险确认，以保证风险管理的质量、效率与连续性。一个成熟的项目管理组织通常都会使用一个经过多次验证的典型的风险分解结构图（risk breakdown structure，RBS），如图6.2所示，这是一个能够提供有效支持的方法。但是尽管这种风险分解结构图具有简明实用的好处，但是由于风险具有发展性，所以绝不可忽视在项目进展过程中对风险分类进行及时、实时修正的重要性。

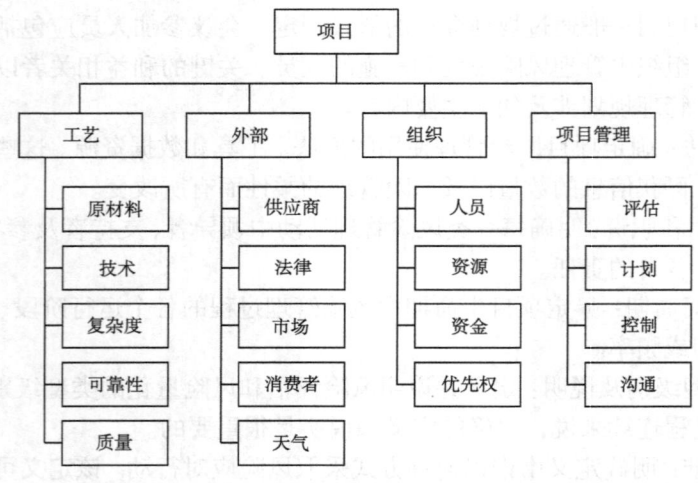

图 6.2 风险分解结构图示例

（6）风险概率与影响的定义。通常情况下，风险概率与影响程度的数值由项目管理组织给出。这些数值的质量与可信度是决定项目风险定性分析的重要因素。因此，这些数值的来源依据就应该在风险管理计划中进行规定。这一标准数值依据的大小体现了项目业主与利益相关者的风险容忍度。表6.1是风险对项目主要目标影响程度定义表的一个示例。

表 6.1 风险对项目主要目标影响程度的定义表

项目目标	相对量表或数字量表					
	很低 0.05	低 0.1	适度 0.2	高 0.4	很高 0.8
费用	费用增加不显著	<10%的费用增加	10%~20%的费用增加	20%~40%的费用增加	>40%的费用增加
进度	不明显的进度推迟	进度推迟<5%	总项目进度推迟5%~10%	总项目进度推迟10%~20%	总项目进度推迟>20%
范围	不被觉察的范围变更	小区域的范围变更	大区域的范围变更	不能接受的范围变更	结束时项目范围已面目全非
质量	不被觉察的质量下降	不得不进行的质量下降	经客户同意的质量下降	客户不能接受的质量下降	结束时项目已不能使用

（7）修正的利益相关者风险容忍度。通过详细的风险管理规划之后，项目管理组织要与项目业主与利益相关者进行充分的沟通，以改变他们对项目风险的不正确判断与预期，并进一步修正他们的风险容忍度。

（8）报告形式。描述出项目风险管理报告的形式与内容，规定出什么样的风险管理结果将被记录归档，什么样的风险将进行分析，以及如何与业主沟通联系等相关内容。

（9）跟踪。规定风险管理活动的哪些方面将被档案记录以便进行将来的项目分析、经验总结、审计决算等。

6.3 风险识别

6.3.1 风险识别的概念

风险识别（risk identification）就是将项目风险的因子要素归类和分层地查找出来，系统性地识别所有可能对项目产生影响的风险事件。项目风险识别是项目风险管理的基础和重要组成部分，包括确定风险的来源、风险产生的条件、描述风险特征和确定哪些风险事件有可能影响项目。尽管不是所有的风险都会严重影响项目的结果，但是有时即便只是几个小风险，它们的叠加也有可能会对项目产生严重影响，因此风险识别是一个在整个项目周期不断筛选、监测、诊断的过程。简单地说，项目风险识别就是要找出风险之所在和引起风险的主要因素，然后才能在这个基础上对风险的后果做出定性或定量的分析。

项目风险识别的过程一般可分五步走，即确定目标、明确最重要的参与者、收集资料、估计项目风险形势、根据直接或间接的症状将潜在的项目风险识别出来。我们把进行项目风险识别的过程归纳为图 6.3 所示的项目风险识别过程图。

6.3.2 风险识别的依据

风险识别的依据主要包括如下内容。

（1）风险管理规划的成果。

（2）项目规划。项目规划中的项目目标、任务、范围、进度计划、费用计划、资源计划、采购计划以及项目业主方、承担方和其他利益相关者对项目的期望值等都是项目风险识别的依据。

（3）风险种类。风险种类是指那些可能对项目产生负影响的风险源。一般的风险类型有技术风险、质量风险、进度风险、管理风险、组织机构风险、市场风险及法律法规变更风险等。项目的风险种类应能反映出项目所在行业及应用领域的特征。

（4）历史资料。项目的历史资料可以从项目及相关项目的历史文档及公共信息渠道中获取。

图 6.3 项目风险识别过程图

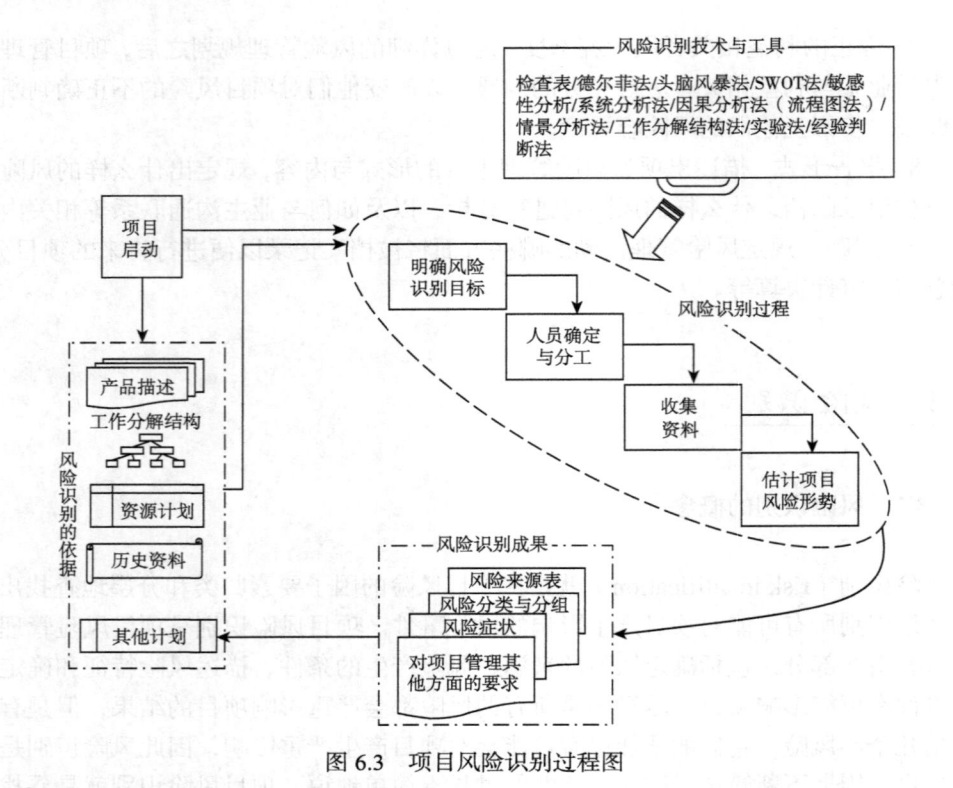

（5）公开信息与资料。商业数据库、统计研究、行业研究标准等都可能有助于风险识别。

项目风险识别是对项目进行风险管理的重要一步，项目中风险的范围、种类和严重程度经常容易被人们主观地夸大或缩小，从而使对项目风险的评估、分析和处置发生差错，造成不必要的损失。因此，在风险识别时，要特别注意采用与项目性质相适应的工具与技术。

6.3.3 风险识别的工具与技术

在项目风险识别过程中借助于一些技术和工具，可使风险识别有效率、操作规范，不容易产生遗漏。目前主要应用的风险识别工具与技术有以下13种。

1. 文件审查法

文件审查法（documentation reviews）就是通过对项目所有文件，包括项目计划、设想、前期文件及相关资料等进行结构性审查，从而找出项目可能存在的风险因素的方法。项目的各种计划，以及这些计划执行的连续性都有可能揭示出项目可能存在的风险。

2. 信息收集法

信息收集法（information gathering techniques）是指通过收集有关信息来分析项目风险的方法，具体包括以下几种。

（1）头脑风暴法（brainstorming）。头脑风暴法是以项目团队成员的创造性思维来获取对未来风险信息的一种直观预测和识别方法。头脑风暴法一般是在一个项目团队的专家小组内进行，通过专家会议，激发专家的创造性思维来获取未来信息。

头脑风暴法包括收集和核对意见以及进行评价两个阶段。其又可分为五个过程：选择风险分析专家、风险管理专家、相关专业领域的专家作为参会人员，确定具有较强逻辑思维能力、总结分析能力的人员作为主持人；明确中心议题，确保每人都正确理解议题含义；轮流发言并记录；发言终止；评价意见，总结出结论。

（2）德尔菲法（Delphi technique）。德尔菲法又称专家调查法，它起源于20世纪40年代末期，最初由美国兰德公司（Rand Corporation）发明使用，很快盛行于世界，现在此法的应用已遍及经济、社会、工程技术等各领域。用德尔菲法进行项目风险预测和识别的过程是由项目风险小组选定与该项目有关领域的专家，并与这些适当数量的专家建立直接的函询联系，通过函询收集专家意见，然后加以综合整理，再匿名反馈给各位专家，再次征询意见。这样反复经过四至五轮，逐步使专家的意见趋向一致，作为最后预测和识别的根据。

（3）面谈法（interviewing）。与经验丰富的项目参与者、利益相关者以及与项目目标相关的专家面谈也是一种很有效的风险识别方法，同时这也是一条非常有效的数据收集途径。与不同的项目相关人员面谈有助于发现那些在常规计划中未被识别的风险。

（4）根本原因确认（root cause identification）。根本原因确认就是对项目风险根本原因的质询，使用这一方法时可以将风险具体化，并将其可能导致风险的原因尽可能详细化，一旦某一风险的根本原因已经确认清楚，有效的应对措施马上就可以跟进实施。

（5）SWOT分析法（SWOT analysis）。SWOT分析法是一种进行战略决策的分析方法，它分析的基准点是对企业内部环境优、劣势的分析，在了解企业自身特点的基础之上，判明企业外部的机会和威胁，然后对环境做出准确的判断，继而制定企业发展的战略和策略。这一方法后来被借用到项目管理中进行项目风险分析，通过分析项目的优势、劣势、机会、威胁来确认项目的风险可能来源于何处。

3. 检查表法

检查表（checklist）是管理中用来记录和整理数据的常用工具。用检查表法进行风险识别时，将项目可能发生的许多潜在风险列于一个表上，供识别人员进行检查核对，用来判别某项目是否存在表中所列或类似的风险。检查表中所列都是历史上类似项目曾发生过的风险，是项目风险管理经验的结晶，对项目管理人员起到了开阔思路、启发联想、抛砖引玉的作用。

4. 情景分析法

情景分析法（assumptions analysis）就是通过有关数字、图表和曲线等，对项目未来的某个状态或某种情况进行详细的描绘和分析，从而识别引起项目风险的关键因素及其影响程度的一种风险识别方法。它注重说明某些事件出现风险的条件和因素，并且还要说明当某些因素发生变化时，又会出现什么样的风险，会产生什么样的后果等。

5. 图表法

图表法（diagramming techniques）可用于进行风险识别，常用的图表工具主要包括以下几种。

（1）因果图，也称鱼骨图。图6.4是一个常用的因果图的示例。

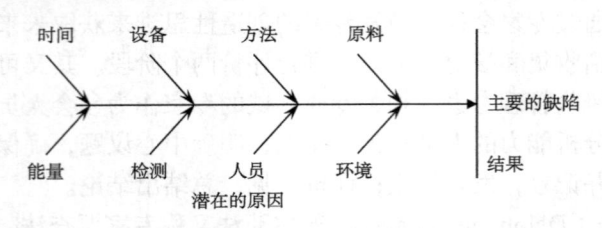

图6.4 因果图示例

（2）系统或程序流程图，用于显示一个系统中各组成要素之间的相互关系。图6.5是设计复查程序流程图的示例。

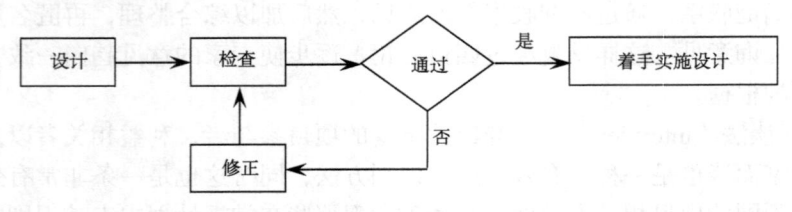

图6.5 设计复查程序流程图示例

图表法可以通过直观的图表帮助项目小组分析风险可能存在的环节，有助于问题解决的科学化与高效化。

6. 人工神经网络法

风险与其众多影响因素的关系是一种时变性、高度非线性的关系，影响因素集到风险状态集之间是以复杂的非线性影射，不存在确定的函数关系表达式。而人工神经网络模型是从学习样本集中通过学习规则隐式地抽象出所研究系统各因素之间的相互影响和关系，而所谓学习规则就是神经元之间的连接权值的修改规则。人工神经网络可以实现任意形式的映射，这就为风险识别提供了一种新的思路。基于BP（back propagation）模型的风险识别的基本思路为：将风险识别的指标作为人工神经网络的输入单元，将风险识别状态作为输出单元，组成相应的神经网络。然后，以足够的样本，以BP模型学习算法来训练这个神经网络，训练好的网络所持有的那组权系数就是所要确定的风险识别指标的权重。最后将目标风险识别指标的具体值作为训练好的风险BP模型的输入，可得风险识别状态。

7. 工作分解结构

将项目按照其内在结构或实施过程的顺序逐层分解，形成结构示意图。它可以将项目分解到相对独立的、内容单一的、易于成本核算与检查的工作单元，并能把各工作单元在项目中的地位与构成直观地表示出来。工作分解结构文件一般包括单元明细表和单元说明两部分。单元明细表按级别列出各单元的名称，单元说明详细规定各单元的各种内容及相关单元的工作界面关系。在项目早期应尽早建立工作分解结构，以便为项目的技术和管理活动提供支持。在项目的寿命周期过程中，使用部门应将项目的工作分解结构作为规划未来的系统工程管理、分配资源、预算经费、签订合同和完成工作的协调工具，应依据项目工作分解结构报告工程进展、运行效能、项目评估和费用数据，以控制项目风险。

8. 故障树分析法

故障树分析法是在可靠性工程中广泛使用的一种方法。故障树分析是从结果出发，通过演绎推理查找原因的一种过程。在风险识别中，故障树分析不但能够查明事故的风险因素，求出风险事件发生的概率，还能提出各种控制风险因素的方案，既可以作定性分析，也可以做定量分析。

9. 故障模式与影响分析法

故障模式与影响分析法是在可靠性工程中广泛使用的一种方法。它是一种归纳法，是在系统设计过程中通过对系统各组成部分所有可能的各种故障模式都进行详细分析的一种方法。在风险识别中，故障模式与影响分析通过对装备从最小约定层次开始识别风险因素，依据对上一级的影响，逐层向上进行因果推理，来最终归纳出装备的风险因素。

10. 历史记录统计法

历史记录统计法是从原有类似系统的风险来推断新系统的可能风险源。该方法主要对现有的历史数据进行采集并分析所得的数据，以论证新型号是否具有原型号的风险。

11. 模糊识别法

模糊识别法是一种已知多个模糊准则或标准时，解决对样本的归类或分级问题的方法。它适用于在风险的状态和属性不确定情况下的风险识别。

12. 影响图法

影响图是一种有向无环图，其节点类型有决策节点、机会节点、价值节点；有向弧类型有关联弧、影响弧、信息弧等。利用影响图可以表示风险因素的独立、部分相关和完全相关关系。

13. 现场调查法

现场调查法也是一种常用的风险识别方法。其通过直接考察现场可以发现许多客观存在的静态风险因素，有助于预测、判断某些动态风险因素；通过对现场考察获取的信息进行认真研究以去伪存真。现场调查的一般步骤为：调查前准备（确定调查的时间和调查对象）；现场调查和询问；调查总结。

表 6.2 为常见的一些风险识别方法的特点及其比较。

表 6.2 常见风险识别方法特点比较

方法	优点	缺点	对工作项目的信息要求	所选方法实施的复杂程度	风险识别方法所能识别的层次
检查表法	操作简单，容易掌握	对于风险因素的相互关系缺乏分析，受制于项目的可比性	中	低	低
专家调查法	简单易行，风险因素分析全面	结果的科学性受专家水平和人数限制	中	低	低

续表

方法	优点	缺点	对工作项目的信息要求	所选方法实施的复杂程度	风险识别方法所能识别的层次
头脑风暴法	利用专家的经验，互相启发，风险识别正确性和效率较高	头脑风暴法要求参与者有较好的素质	中	低	低
情景分析法	可以掌握风险因素及未来的发展情况	过程复杂，近期效果不显著，数据需求量大	中	低	中
德尔菲法	简便易行，具有一定科学性和实用性，较为全面和可靠	属专家们的集体主观判断，缺乏客观标准。征询意见的时间较长	高	高	中
故障树分析法	用演绎推理的方式查找风险源，有利于解决方案的提出	方法复杂，对使用者要求较高	高	高	高
故障模式与影响分析法	易于理解，简便易行	对于具有多功能的复杂系统来说，用起来困难，通常不考虑人员因素和各因素之间的相关性	高	高	高
流程图	各阶段任务清晰，各环节存在的风险及影响明确	操作复杂，对使用者要求较高	高	高	高
人工神经网络法	通过训练得出神经网络模型，风险识别的正确性较高	操作复杂，信息量需求大	高	高	高
工作分解结构	系统性强，结构化程度高	对使用者和项目的数据要求较高	高	高	高
WBS-RBS[1]法	系统性强，结构化程度高，不容易遗漏风险源	对使用者和项目的数据要求较高	高	中	高
历史记录统计法	有效利用历史数据推断现有风险，继承性好	需要收集大量历史数据，风险因素的可信性受数据量影响	中	中	中
模糊识别法	可以在风险状态和属性不确定的情况下进行风险识别	模糊准则或标准确定困难，专业性强	中	中	低
影响图法	可以清晰表示风险因素之间的相关程度	操作复杂，对使用者要求较高	高	高	高
现场调查法	简单易行，针对性强	调查结果受采集样本和主观因素影响	高	低	低

1）RBS（risk breakdown structure）即风险分解结构

6.3.4 风险识别的成果

风险识别的成果主要由项目风险来源表、项目风险征兆、项目风险的类型说明、其他要求四部分组成。

（1）项目风险来源。项目风险来源表中将所有已经识别出的项目风险罗列出来并将每个风险来源加以说明。其至少要包括如下一些说明：风险事件的可能后果；对该来源产生的风险事件预期发生时间所做的估计；对该来源产生的风险事件预期发生次数所做的估计；等等。例如，沙特阿拉伯麦加轻轨项目由于地理位置和气候原因，夏季地表最高温度达70摄氏度，这种风险因素不可避免，如果不提前规划，可能导致施工作业人员人身健康危害和工期延误的后果。

（2）项目风险征兆。风险征兆有时也被称为触发器（triggers）或预警信号，是指风险已经发生或即将发生的外在表现，是风险发生的苗头和前兆。例如，项目管理没有按照计划程序去执行，或项目组成员矛盾重重，沟通欠缺，施工组织混乱，关键资源没有应急获取措施等都是项目风险的触发器。

（3）项目风险的类型说明。为了便于进行风险分析、量化、评价和管理，还应该对识别出来的风险进行分组或分类。分组或分类有多种角度，一般可以按项目阶段进行划分，也可以按管理者来划分。

例如，麦加轻轨项目采用的是EPC（engineering procurement construction，即工程总承包）+O&M（operation and maintenance，即运营和维护）总承包模式，其项目风险按阶段可分为项目建议书、项目可行性研究、项目融资、项目设计、项目采购、项目施工及运营七组；按管理者可分为业主风险和承包商风险两类。每一组和每一类风险都可以按需再进一步细分。

（4）其他要求。项目管理是一个不断改进和不断完善的过程，因此任何一个阶段的工作结果都要包括对前面工作进行改进的建议和要求，项目风险识别工作的成果当然也应该包括对风险识别过程中发现的项目管理其他方面的问题进行完善和改进的建议和要求。例如，在利用工作分解结构进行风险识别时，如果发现工作分解结构存在可以改进之处，则应该要求负责工作分解结构工作的项目成员进一步完善和改进工作分解结构。又如，当发现项目成本控制过程中成本报告管理不规范时，也可以要求成本控制人员进行必要的改进。

6.4 风险定性分析

6.4.1 风险定性分析的概念

在进行了风险识别之后，就要对项目风险进行认识与研究，而定性分析就是一种最根本、最重要的分析研究方法。通过定性分析，我们可以对项目风险所具有的特征及性质进行把握，从而帮助项目管理人员树立对项目风险的整体认识。这是一类费用小、效果好的项目风险分析方法。

项目风险定性分析就是对项目管理全过程中已经识别了的风险通过定性方法进行评价的过程。它的主要任务是通过判断以做出项目风险需要进一步定量分析或是采取相关风险应对措施的决策。

项目风险定性分析有两种类型，第一种是项目风险管理要研究与分析的对象本身就是定性的事物或材料，无法量化或者量化水平较低，如对项目运行会产生影响的社会政治环境、经济发展水平、文化信仰、突发事件等。麦加轻轨项目中法律风险就属于这种。沙特阿拉伯的法律制度不能很好地维护市场的公平性，尤其是《政府招标与采购法》明显具有偏袒本国企业、排斥外国企业的倾向。第二种是建立在定量研究基础上的定性分析，这是对定量分析的升华。从科学认识与管理实践的发展过程来看，大多数研究与管理分析都是从分析事物的质的差别开始，然后再去研究它们的量的不同，在量的分析的基础上再作最后的定性分析，得出更加可靠的分析结果。

6.4.2 风险定性分析的依据

项目风险定性分析的依据包括以下几项。

（1）风险管理规划。

（2）已有类似项目的经验与教训。已有项目风险的数据或信息的准确性越高，项目风险定性分析的结果就越可靠。

（3）项目进展所处的阶段。风险的不确定性常常与项目所处的生命期阶段相关。在项目初期，风险症状往往表现不明显，随着项目的进展，项目风险及发现风险的可能性都会增加。

（4）项目范围管理。项目范围越宽广，涉及因素越多，周期越长，风险也就越高，因此短平快的项目自然风险就会小很多。

（5）项目类型。一般来说，普通项目或重复率较高的项目风险程度比较低。技术含量高或复杂性强的项目风险程度比较高。

（6）风险识别的成果。

6.4.3 风险定性分析的工具与技术

1. 风险概率与影响评价

风险概率是风险发生的可能性大小，风险影响是风险一旦发生对项目目标（如时间、成本、范围或质量）的影响程度，既包括消极的影响，也包括积极的影响（如给项目带来的机会）。

对已经识别的风险进行风险概率与影响评价可以通过面谈或会议的形式进行，参加者是经过挑选的项目组成员或外部专家，他们应该熟悉某一方面的风险知识或内容。而在这一评价过程中，专家们的判断尤其重要，因为通常情况下缺少进行风险分析与判断的准确数据，而只能依靠专家们的个人经验与知识。

每一项风险发生概率与可能的影响都通过专家们的主观评价给出一个相对的评价结果，一般表述为"很低""低""中等""高""很高"，或者是1、3、5、7、9等。有时尽管风险发生的概率很小，影响也几乎可以不予考虑，但在这一方法中还必须将其列出来，以备在项目进展过程中进行实时的监测。

2. 风险概率与影响矩阵

风险概率与影响矩阵是通过综合风险概率和风险影响这两个尺度，构建一个矩阵，从而更有效地通过定性的方法对风险进行排序。排序结果可以划分为较低、低、中等、高和非常高几种状态。发生概率高、后果影响严重的风险往往要求进一步的分析和积极的风险管理。

表 6.3 是一个风险概率-影响矩阵（P-I 矩阵）示例，给出了概率和影响估计值之间的乘积。项目组织必须确定出组合结果分别处于高风险区（如表 6.3 黑色区）、中等风险区（如表 6.3 深灰色区）还是低风险区（如表 6.3 浅灰色区）。风险概率与影响的取值办法是在风险管理计划中进行定义的（见第 6.2.4 小节），它主要取决于项目业主与相关利益者的风险容忍度。通过概率-影响矩阵的风险评分可以把风险进行归类，这有助于项目组织制订风险应对方案。

表 6.3　风险概率-影响矩阵

对一项具体风险的评分：风险评分=$P×I$

P \ I	0.05	0.10	0.20	0.40	0.80
0.9	0.05	0.09	0.18	0.36	0.72
0.7	0.04	0.07	0.14	0.28	0.56
0.5	0.03	0.05	0.10	0.20	0.40
0.3	0.02	0.03	0.06	0.12	0.24
0.1	0.01	0.01	0.02	0.04	0.08

对目标（如时间、费用、范围或质量）的影响程度比率

注：如果风险确实存在，每一个风险都要通过它的发生概率和影响进行排序。在该风险矩阵中显示的组织对低风险（浅灰）、中等风险（深灰）或高风险（黑色）的界限决定了具体风险的严重程度

3. 主观评分法

主观评分法就是由项目管理人员对项目运行过程中，每一阶段的每一风险因素给予一个主观评分，然后分析项目是否可行的做法。它将项目中每一单个风险都赋予一个权值，如从 0 到 10 之间的一个数。0 代表没有风险，10 代表风险最大。然后通过计算整个项目的风险并通过与风险基准的比较来分析项目风险是否可以被接受。另外，还可通过这种方法比较项目每一阶段或每种风险因素的相对风险大小程度。

【例 6.1】某项目要经过 4 个阶段，每个阶段的风险情况都已进行了分析，如表 6.4 所示。假定项目整体风险可接受的水平为 0.6，请分析项目是否可行，并通过比较项目各阶段的风险情况，说明项目在哪一阶段相对风险最大。

表 6.4　主观评分法

项目	费用风险	工期风险	质量风险	人员风险	技术风险	各阶段风险权值和	各阶段风险权重
概念阶段	5	6	3	4	4	22	0.22
开发阶段	3	7	5	5	6	26	0.26
实施阶段	4	9	7	6	6	32	0.32
收尾阶段	7	4	4	3	3	21	0.21
各类风险权值和	19	26	19	18	19	101	—

解：表 6.4 中，横向上把项目每一阶段的 5 个风险权值加起来，纵向上把每种风险的权值加起来，无论是横向或纵向都可得到项目的风险总权值。之后，计算最大风险权值和，即用表的阶段数乘以风险种类数，再乘以表中最大风险权值，就得到最大风险权值和。用项目风险总权值除以最大风险权值和就是该项目整体风险水平。表 6.4 中最大风险权值是 9，因此最大风险权值和=4×5×9=180，全部风险权值和=101，所以该项目整体风险水平=101/180=0.56。将此结果与事先给定的整体评价基准 0.6 相比，说明该项目整体上风险水平可以接受。

另外，通过计算项目各阶段的风险权重，可以知道该项目在实施阶段风险最大，因此要加强实施阶段的管理，并尽早做好相关的防范准备，尤其是要加强对工期的管理。

4. 风险归类

把风险按照风险来源、可能影响的范围或者其他有用的分类办法（如项目阶段、人员、场地等）进行归类也是一种风险定性分析的手段与方法。它可以帮助项目管理人员分析出项目的哪一阶段或部分最容易出现风险，并可以促使风险管理人员及早地制订出有效的风险应对计划。

5. 风险紧急程度评价

它主要用于分析制定风险应对措施的先后顺序，有的风险后果很严重但却不紧急，有的风险不严重却非常紧急，虽然不至于对项目结果造成重大影响，却容易破坏整个项目的计划或进程。因此，风险紧急程度评价是制订完善的风险应对方案的一个重要工具。

6.4.4 风险定性分析的成果

风险定性分析的成果体现为以下几方面内容。

（1）风险处理优先度的相对排序。通过项目风险概率与影响矩阵将已分类的风险按照重要程度进行排序。项目经理利用这一结果重点关注那些最重要的风险，以确保项目目标的有效实现。排序的原则可以根据成本、进度、范围、质量等分别进行，但项目业主可能会给出一个最主要的指标，如进度或成本。这种分类排序将有助于对最终项目目标风险的有效控制。

（2）风险分类或分组。风险分类可以揭示那些导致项目风险的共同因素，或者是在项目执行中需要特殊关注的共同因素。把握风险的共性因素可以提高风险应对的有效性。

（3）风险成因或需特别关注的项目领域。发现风险集中的领域，有利于提高风险应对的有效性。

（4）需要在近期尽快处理的风险列表。将那些需要紧急应对的风险进行列表，以便项目组织进行最优先的处理；同时，也将非紧急的风险进行列表，以便进行后期的监视与控制。

（5）需要进一步量化分析风险列表。有些风险可能需要进一步的量化分析才能得出有效的结论。

（6）低优先度的风险列表。将那些没有重要到需要进行定性分析的风险归在一起列于表中，以供继续监视。

（7）定性分析结果的趋势。随着分析的不断重复，某一特定风险的发展趋势可能会变得越来越明显，这就可以确认进一步分析的重要性与紧急性程度是加强还是减弱。

6.5 风险量化分析

6.5.1 风险量化分析的概念

风险量化分析就是通过定量的方法对已确认的风险进行比较分析的方法。它一般在风险定性分析之后进行。

项目风险量化包括对项目风险发生可能性大小（概率大小）、项目风险后果严重程度、项目风险影响范围大小以及对于风险发生时间的评价和估量等方面。项目风险量化的主要作用是根据这种量化去制定项目风险的应对措施和开展项目风险的控制。

6.5.2 风险量化分析的依据

风险量化分析的依据如下：
（1）风险管理规划。
（2）风险及风险条件排序表。
（3）历史资料，如类比项目的文档、风险专家对类比项目的研究成果以及所在行业或其他来源的相关信息数据。
（4）专家判断结果。专家可以是项目团队、组织内部的专家，也可以是组织外部的专家，既可以是风险管理专家，也可以是工程或统计专家。
（5）风险识别成果。
（6）风险定性分析的成果。

6.5.3 风险量化分析的工具与技术

1. 期望值法

期望值是指概率中随机变量的数学期望，是变量的输出值乘以其概率的总和。换句话说，期望值是该变量输出值的平均数。这里，我们把项目的每个目标变量看成离散的随机变量，其取值就是每种情况所对应的损益值。

每种情况的损益期望值 $EMV = \sum_{i=1}^{m} P_i X_i$

其中，P_i 为第 i 个状态发生的概率；X_i 为该情况在此状态下的损益值。

期望值法就是利用上述公式计算出每种情况的损益期望值，进而确认风险分析与评估的方法。其判别准则是期望收益值越大（或期望损失值越小），项目的风险越小。

【例 6.2】某企业决定今后五年内生产某电子产品，以便及早进行生产前的各项准备工作。生产批量的大小主要依据市场的销路好坏而定。现有三种可能的方案，即大、中、小三种方案相对于三种销路（好、一般、差）的损益值，见表 6.5。

表 6.5　各方案不同状态下的损益值（单位：万元）

方案	好 θ_1	一般 θ_2	差 θ_3
	0.3	0.5	0.2
大批量生产 A_1	20	14	−2
中批量生产 A_2	12	17	12
小批量生产 A_3	8	10	10

注：横表头第二行为概率值

这是一个面临三种自然状态（产品销路）和三种情况的风险量化问题。

要解决上述问题，先要计算每个方案的期望收益。

方案 A_1：$EMV_1=0.3×20+0.5×14+0.2×(-2)=12.6$（万元）

方案 A_2：$EMV_2=0.3×12+0.5×17+0.2×12=14.5$（万元）

方案 A_3：$EMV_3=0.3×8+0.5×10+0.2×10=9.4$（万元）

通过计算比较，选取期望值最大，即 EMV=14.5 万元的方案 A_2（中批量）方案为最佳方案，说明此方案的风险最小。

2. 决策树

决策树也是进行风险量化分析的有效方法。它把有关决策的相关因素分解开来，逐项计算其概率和期望值，并进行方案的比较和选择。决策树法不仅可以用来解决单阶段的项目风险问题，而且可以解决多阶段的项目风险量化问题，它具有层次清晰、不遗漏、不易错的优点。

决策树法因其结构形态而得名。决策树的结构较简单，以方块或圆圈为节点，用直线连接节点而形成一种树状结构。方块节点代表决策点，由决策点引出若干条直线，每条直线代表一个方案，故称其为方案分枝。圆圈节点代表状态点，由状态点引出若干直线，每条直线表示不同的自然状态发生的概率，故称其为概率分枝。在概率分枝的末端列出各方案在不同状态下的损益值。

用决策树方法进行风险量化的步骤如下。

（1）绘制决策树。根据问题所给信息，按由左至右顺序绘制决策树。

所用符号如下：

□表示决策节点，从这里引出的分枝为方案分枝。在分枝上要标明方案名称。

○表示状态节点，从这里引出的分枝为状态分枝或概率分枝，在每一分枝上应标明状态名称及其出现概率。

△表示结果节点，它标明各种自然状态下所取得的结果（如期望值）。

（2）计算方案的损益期望值，并将计算结果标注在相应的状态节点上端。

（3）对损益期望值进行比较并选取最优的期望值填在决策节点上，相应的方案即为最优方案。

【例6.3】某企业决定开发新一代节水阀门,以便及早进行项目投产前的各项准备工作。生产批量的大小主要依据市场的销路好坏而定。经过对市场的考察和分析得出三种可能的方案,即大、中、小三种方案,相对于三种销路(好、一般、差),其损益值见表6.6。

表 6.6　三种项目方案的损益值(单位:万元)

方案	好 θ_1	一般 θ_2	差 θ_3
	0.3	0.5	0.2
大批量生产 A_1	40	28	−4
中批量生产 A_2	24	34	24
小批量生产 A_3	16	20	20

注:横表头第二行为概率值

根据【例6.3】可以得出决策树,如图6.6所示。

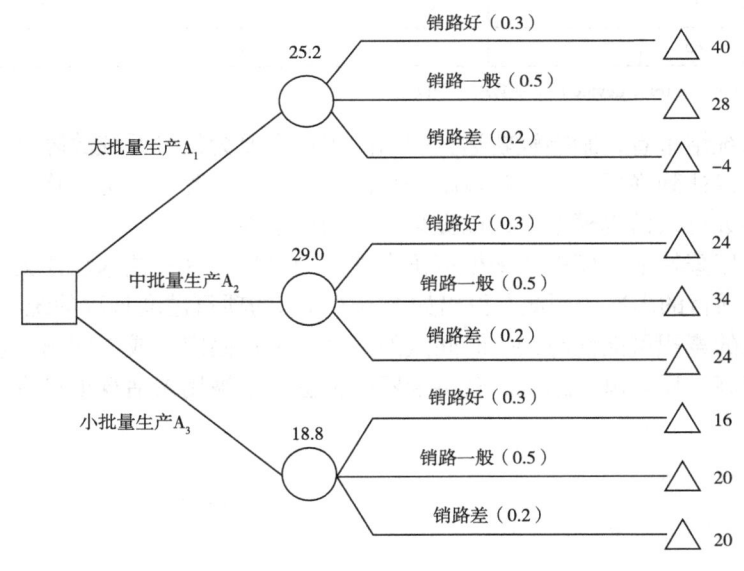

图 6.6　【例6.3】的决策树

通过计算可知,中批量生产的收益最大,其风险也最低。

3. 模拟与仿真

在项目管理中最常用的模拟与仿真办法是蒙特卡罗法,又称统计试验法或随机模拟法。该方法是一种通过对随机变量的统计试验、随机模拟求解数学、物理、工程技术问题近似解的数学方法,其特点是用数学方法在计算机上模拟实际概率过程,然后加以统计处理。

在应用于项目风险量化分析时,蒙特卡罗法的做法是随机地从每个不确定风险因素中抽取样本,之后进行一次整个项目计算,重复进行成百上千次,模拟各式各样的不确定性组合,获得各种组合下的成百上千个结果,进而通过统计和处理这些结果数据,找出项目变化的规律。例如，把这些结果值从大到小排列，统计各个值出现的次数，用这些次数值形成频数分布曲线，就能够知道每种结果出现的可能性是多少。然后依据统计学原理，对这些结果数据进行分析，确定最大值、最小值、平均值、标准差、方差、偏离度等，通过这些信息就可以更深入地定量地分析项目，为决策提供依据。

在沙特阿拉伯麦加轻轨项目运营中，可以按照穆斯林朝觐活动、日程和线路等的不同将运营模式分为 A、B、C、D、E 五种，各种运营故障分析如表 6.7 所示。

表 6.7 故障类型及次数统计

故障类型	信号系统	PED[1] 故障	车辆故障	供电设备故障	通信设备故障	其他	合计
A 模式/次	18	5	3	0	2	4	32
B 模式/次	7	6	0	0	0	0	13
C 模式/次	1	13	5	2	0	1	22
D 模式/次	14	2	4	0	0	0	20
E 模式/次	79	4	8	2	2	2	97
占比/%	65	16	11	2	2	4	100

1）PED（portable electronic device）即便携式电子设备

从故障系统结果看，影响轻轨运行的风险因素主要为信号系统故障。在实际运营中应重点控制，以达到降低运营故障风险的目的。在仿真过程中，可以将表 6.7 获得的经验分布作为参数输入仿真模型中，以提高仿真的可信性。

项目中常用蒙特卡罗模拟法来模拟仿真项目的日程，这种技术往往被全局管理者所采用，通过对项目的多次"预演"得出如图 6.7 所示的项目进度日程的统计结果。图 6.7 表明完成项目的累积可能性与某一时间点的关系，项目固定完成工期越靠左则按时完成项目的风险越高，反之风险越低。蒙特卡罗模拟法也常被用来估算项目成本可能的变化范围。

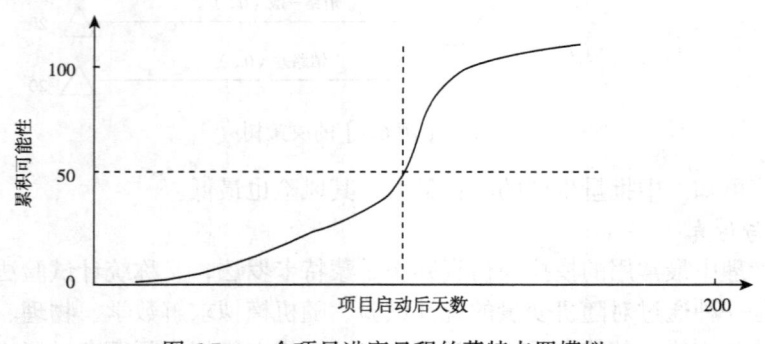

图 6.7 一个项目进度日程的蒙特卡罗模拟

6.5.4 风险定量分析的成果

风险定量分析的成果体现为以下几方面内容。

（1）已量化的风险优先清单。
（2）偏差分析：预测项目偏离进度和费用目标的程度和可能发生偏离的概率。
（3）完工估算：以当前计划和当前掌握的项目风险知识为基础，使用风险量化的手段，可以估测完成项目目标的概率。
（4）定量风险分析结果中的趋势：随着分析工作的进行，分析结果中表现出的"趋势"会逐渐清晰，它会给制订风险应对计划和进一步的风险分析创造条件。

6.6 风险应对

6.6.1 风险应对的概念

在风险识别、风险定性分析与量化之后，接下来就是如何有效地控制这些风险，以达到减少事故发生的概率和降低损失程度。风险应对就是针对前面风险定性、定量分析结果，为降低项目风险的副作用而制定的风险应对措施。风险应对计划必须与风险的严重程度、成功实现目标的费用有效性相适应，必须与项目成功的时间性、现实性相适应。它也必须得到项目所有利益相关者的认可，应有一个专人负责。风险应对计划通常是从几个备选方案中挑选出的最优的一个。

6.6.2 制订风险应对计划的依据

制订项目风险应对计划的主要依据包括以下几方面。
（1）风险管理计划。
（2）项目风险的特性。一般情况下，项目风险应对计划主要是根据风险的特性制订的。例如，对于有预警信息的项目风险和没有预警信息的项目风险必须采用不同的风险应对措施。
（3）风险排序。风险排序就是采用本书前面部分介绍的风险定性、定量分析方法，将风险按其发生的可能性、风险发生后造成后果的严重程度、风险缓急程度进行排序，表明各种风险的相对重要程度。
（4）风险认知。风险认知是对可放弃的机会和可接受的风险的认知。组织的认知度会影响风险应对计划。
（5）可接受风险水平。项目组织的可接受风险水平将对风险应对计划产生重要的影响。项目主体抗风险能力决定了项目团队能够承受多大的项目风险，也决定了项目组织对于项目风险应对措施的选择。项目组织抗风险能力包括项目经理承受风险的心理能力、项目组织具有的资源和资金能力等。
（6）可供选择的风险应对措施。对于一种具体项目风险，可供选择的应对措施可能有多个。如果对于一个具体项目风险而言只有一种选择，那么这一项目风险的应对措施就很简单。如果有多于一个的选择，就需要进行比较选优。

6.6.3 风险应对的方法和策略

风险应对可以从改变风险后果的性质、风险发生的概率和风险后果大小三个方面，提出减轻风险、预防风险、转移风险、回避风险、自留风险和后备措施等多种策略。对不同的风险可采用不同的处置方法和策略，对同一个项目所面临的各种风险，可综合运用各种策略进行处理。

1. 减轻风险

减轻风险主要是为了降低风险发生的可能性或减轻后果的不利影响。如何减轻风险，则要按已知风险、可预测风险和不可预测风险来区别对待。

对于已知风险，可以在很大程度上加以控制，使其风险减轻。例如，沙特阿拉伯麦加轻轨项目中，有一段要在麦加城内施工，这里是伊斯兰教的圣地，对于非穆斯林人是关闭的。对于这种已知的风险，可以提前找好专业穆斯林工程师，这样就会大大减轻延误工期的风险。

对于可预测风险，可以采取迂回策略，尽量将每个风险因素都降低到可以接受的水平。

对于不可预测风险，要尽量使之转化为可预测风险或已知风险，然后加以控制和处理。

在减轻风险中，要集中力量专攻威胁最大的风险。有些时候，高风险是由于风险的耦合作用而引起的。一个风险减轻了，其他一系列风险也会随之减轻。

2. 预防风险

预防策略通常采取有形或无形手段。

工程法是一种有形的手段。此法以工程技术为手段，消除物质性风险威胁。工程法预防风险有多种措施：一是防止风险因素出现。在项目活动开始之前，采取一定措施，减少风险因素。二是减少已存在的风险因素。三是将风险因素分离分割。

无形的风险预防手段有教育法和程序法。

（1）教育法。项目管理人员和所有其他有关各方的行为不当构成项目的风险因素。因此，要减轻与不当行为有关的风险，就必须对有关人员进行风险和风险管理教育。风险和风险管理教育的目的是，要让有关人员充分了解项目所面临的种种风险，了解和掌握控制这些风险的方法，使他们深深地认识到，个人的任何疏忽和错误行为，都可能给项目造成巨大的损失。

（2）程序法。程序法是指以制度化的方式从事项目活动，减少不必要的损失。项目管理班子制订的各种管理计划、方针和监督检查制度一般都能反映项目活动的客观规律性。因此，项目管理人员一定要认真执行。实践表明，如果不按规范办事，就会犯错误，就要造成浪费和损失。所以要从战略上减轻项目的风险，就必须遵循基本程序。那种图省事、走捷径、抱侥幸心理甚至弄虚作假的想法和做法是项目风险的根源。

预防策略还应在项目的组织结构上下功夫，合理地设计项目组织形式也能有效地预防风险。项目发起单位如果在财力、经验、技术、管理、人才或其他资源方面无力完成项目，可以同其他单位组成合营体，预防自身不能克服的风险。

3. 转移风险

转移风险又称合伙分担风险，其目的不是降低风险发生的概率和不利后果的大小，而是借用合同或协议，在风险事故发生时将损失的一部分转移到项目以外的第三方身上。

采用这种策略所付出的代价大小取决于风险大小。当项目的资源有限，不能实行减轻和预防策略，或者风险发生频率不高但潜在的损失或损害很大时，可采用此策略。例如，项目保险就是这一方法的具体应用。

4. 回避风险

回避风险是指当项目风险潜在威胁发生可能性太大，不利后果也很严重，又无其他策略可用时，主动放弃项目或改变项目目标与行动方案，从而规避风险的一种策略。如果通过风险评价发现项目的实施将面临巨大的威胁，项目管理团队又没有别的办法控制风险，这时就应当考虑放弃项目的实施，避免巨大的损失。例如，海外项目都会选择与一些政治经济比较稳定的国家合作，回避一些政局不稳定的国家。2011年伊始，利比亚局势动荡，中国铁路工程总公司（简称中铁）建在利比亚的几个项目均亏损巨大。

在采取回避策略之前，必须要对风险有充分的认识，对威胁出现的可能性和后果的严重性有足够的把握。采取回避策略，最好在项目活动尚未实施时进行，放弃或改变正在进行的项目，一般都要付出高昂的代价。

5. 自留风险

有些时候，可以把风险事件的不利后果自愿接受下来。自愿接受可以是主动的，也可以是被动的。由于在风险管理规划阶段已对一些风险有了准备，所以当风险事件发生时马上执行应急计划，这是主动接受。被动接受风险是指在风险事件造成的损失数额不大、不影响项目大局时，将损失列为项目的一种费用。自留风险是最省事的风险规避方法，在许多情况下也最省钱。当采取其他风险规避方法的费用超过风险事件造成的损失数额时，可采取自留风险的方法。

6. 后备措施

有些风险要求事先制定后备措施。比较项目计划的实际执行情况与基准计划可以发现，大多数项目都会延期、资源超支，一旦项目实际进展情况与计划不同，就可动用后备措施。后备措施主要包括以下三种。

一是预算应急费。预算应急费是一笔事先准备好的资金，用于补偿差错、疏漏及其他不确定性对项目估计精确性的影响。预算应急费在项目进行过程中一定会花出去。但用在何处、何时以及多少，则在编制项目预算时并不知道。预算应急费在项目预算中要单独列出，不能分散到具体费用项目下。

二是进度后备措施。对于项目进度方面的不确定因素，项目各有关方面一般不希望以延长时间的方式来解决。因此，项目管理团队就要设法制订出一个较紧凑的进度计划，争取项目在各有关方面要求完成的日期前完成。从网络计划的观点来看，进度后备措施就是在关键路径上设置一段时差或浮动时间。

三是技术后备措施。技术后备措施专门用于应付项目的技术风险，它是一段预先准备好了的时间或一笔资金。当预想的情况出现并需要采取补救行动时才动用这笔资金或这段时间。预算和进度后备措施很可能用上，而技术后备措施很可能用不上。只有当不大可能发生的事件发生、需要采取补救行动时，才动用技术后备措施。例如，由于工程设计人员设计疏漏导致工程局部存在安全隐患，拆除重建既耗时又耗力而且成本太大，显然不现实，这时就需要采用一些加强加固技术来规避风险。

在设计和制定风险处置策略时一定要针对项目中不同风险的特点分别采用上述六种风险处置方式，而且尽可能准确而合理地采用。在实施风险策略和计划时，应随时将变化了的情况反馈给风险管理人员，以便能及时地结合新的情况对项目风险处理策略进行调整，使之适应新的情况，尽量减少风险导致的损失。

6.7 风险监控

6.7.1 风险监控的概念

风险监控就是跟踪已识别的风险，监视残余风险，识别新出现的风险，修改风险管理计划，保证风险计划的实施，并评估风险减轻的效果。它伴随着整个项目实施过程，包括风险监视和风险控制两层含意。项目风险监控是建立在项目风险的阶段性、渐进性和可控性基础之上的一种项目管理工作。当风险事件发生时实施风险管理计划中预定的规避措施；当项目的情况发生变化时，重新进行风险分析，并制定新的规避措施。一个好的风险监控系统可以在风险发生之前就提供出对决策者有用的信息，并使之做出有效的决策。

项目的风险是发展和变化的，在人们对其进行监视和控制的过程中，这种发展与变化会随着项目管理人员进行的风险控制活动而改变。与此同时，从这一过程中掌握到的信息也会进一步改变项目组对于项目风险的认识和掌握程度，使项目组对风险认识更为深刻，对项目风险的控制更加符合客观规律。由此看来，人们对项目风险的控制过程也是一个不断认识项目风险特性，不断修订项目风险控制决策与行为的过程。

项目风险监控的内容主要包括：反复进行项目风险的识别与度量；监控项目潜在风险的发展；监测项目风险发生的征兆；采取各种风险防范措施减小风险发生的可能性；应对和处理发生的风险事件；减轻项目风险事件的后果；管理和使用项目的不可预见费；实施项目风险管理计划；等等。

6.7.2 风险监控的依据

风险监控的依据主要包括以下几个方面。
（1）风险管理计划。
（2）风险应对计划。

（3）项目沟通。工作成果和多种项目报告可以表述项目进展和项目风险。一般用于监督和控制项目风险的文档有事件记录、行动规程、风险预报等。

（4）附加的风险识别和分析。随着项目的进展，在对项目进行评估和报告时，可能会发现以前未曾识别的潜在风险事件，应对这些风险继续执行风险识别、分析、量化、评估和制订应对计划。

（5）项目评审。风险评审者检测和记录风险应对计划的有效性以及风险主体的有效性，以防止、转移或缓和风险。

6.7.3 风险监控的技术与方法

风险监控的主要技术和方法包括以下几项。

（1）项目风险应对审计。在规避、转移风险的时候，风险审计员检查和记录风险应对措施的有效性。因此，风险审计在项目的整个生命期中都起到了一定的作用。

（2）定期项目评估。风险等级和优先级可能会随项目生命期而发生变化，而风险的变化可能需要新的评估或量化，只有把风险因素的识别、评价、应对作为一个动态过程来分析，项目的风险监控目标才能得以实现。因此，项目风险评估应定期进行。实际上，项目风险应作为每次项目团队会议的议程。

（3）挣值分析。挣值分析是按基准计划费用来监控整体项目的分析工具。此方法将计划的工作与实际已完成的工作比较，确定是否符合计划的费用和进度要求。如果偏差较大，则需要进一步进行项目的风险识别、评估和量化。

（4）技术因素度量。即度量在项目执行过程中的技术完成情况与原定项目计划进度的差异，如果有一定偏差，没有达到某一阶段规定的要求，则可能意味着在完成项目预期目标上有一定风险。

（5）附加风险应对计划。如果该风险事先未曾预料到，或其后果比预期的严重，则事先计划好的应对措施可能不足以应对，因此有必要重新研究应对措施。

（6）独立风险分析。项目办公室之外的风险管理团队比来自项目组织的风险管理团队对项目风险的评估更独立、公正。

现在越来越广泛应用的 BIM（building information modeling，即建筑信息模型）就是一种风险监控的综合方法。把相关概念和技术应用到工程项目风险管理中，形成有效的信息流，有利于风险各个阶段的监督和管控，加强项目风险监控，建立有效的信息系统。

6.7.4 风险监控的成果

（1）随机应变措施。随机应变措施是为消除风险事件而采取的未经事先计划的应对措施。应对其进行有效的记录，并融入项目的风险应对计划中。

（2）纠正措施。纠正措施包括执行应急计划或随机应变措施。

（3）项目变更申请。如果频繁地执行应急计划或随机应变措施，则需要考虑变更项目计划以应对项目的风险。

（4）风险应对计划更新。风险事件发生以后，必须对其进行归档和重新评估。风险应对手段实施后，可以减少已识别风险的发生概率和不良影响。在对风险次序重新排列后，必须对其再进行评估，以使风险能够得到适当的控制。对未发生的风险也应该记录归档，并将其在项目风险计划中予以消除。

（5）风险数据库。要对在风险管理过程中收集和使用的数据进行整理、维护和分析，建立一个风险数据库。使用这一数据库，可以帮助整个组织中的风险管理人员随着时间的推移而不断形成风险管理经验的积累。

（6）风险识别检查表更新。根据项目管理中取得的经验，对检查表进行更新，这种更新的检查表将会对未来的项目风险管理提供帮助。

思考题

1. 什么是项目风险管理？
2. 风险管理规划的意义是什么？
3. 项目风险识别的方法及其对比？
4. 试举例说明哪些项目风险采用定性分析，哪些采用定量分析？
5. 项目风险应对的方法有哪些？
6. 项目风险监控的内容有哪些？

第7章

项目组织和人力资源管理[①]

一个项目的实施离不开高效的组织机构，项目团队的效率决定了整个项目的实施效果，而一个合理的组织结构除了选择符合项目环境的结构类型外，还必须有人去承担结构上各个位置的角色。费用、质量和进度都要与其他资源（主要是人力资源）有机结合，才能达到项目目标。因此，了解组织结构的类型，学习团队建设的知识，招聘项目所需的人才，将招聘来的人整合成一个战斗的团队等问题，成为项目管理必须重点考虑的内容。本章将重点介绍项目组织的结构形式及其优缺点、项目团队的组建与发展以及项目组织中人力资源管理的相关知识。

7.1 项目组织

7.1.1 组织理论概述

1. 组织的概念与项目组织结构设计

1）组织的概念

一般意义上的组织泛指各种各样的社会组织或企事业单位，如企业、机关、学校、医院等，这是人们进行合作活动的必要条件。关于组织的定义有很多，组织理论的先驱马克斯·韦伯（Max Weber）、霍奇（B. J. Hodge）和安托尼（William P. Anthony）、理查德（Scott W. Richard）分别给出了不同的定义方法。这些经典定义各自有不同的侧重点。

从系统论的观点来看，组织具有系统性、结构性和整体性的特点。组织是特定的群体为了共同的目标，按照特定原则通过组织设计，使得相关资源有机组合，并以特定结构运行的结合体。管理学意义上组织的实质就是研究如何合理、有效地进行分工。

[①] 本章得到国家自然科学基金（编号：71271014）资助。

组织可以被划分为各种不同的类型。根据不同的领域可分为经济组织、政治组织等；根据活动的性质可分为公共组织和非公共组织；根据结构的正式程度可分为正式组织和非正式组织；根据其结构形式可分为直线式结构组织、职能式结构组织、项目式结构组织、矩阵式结构组织（弱矩阵式、平衡矩阵式、强矩阵式）。不同类型的组织具有不同的特点，在以后的部分我们会进一步讨论。

2）项目组织结构设计

在现代社会中，随着项目组织规模的扩大和业务关系的复杂，项目组织结构在整个项目管理中的作用正日益显著。所以，合理地进行项目组织结构的设计，是顺利实施项目的第一步。

所谓项目组织结构的设计，就是把实现项目组织目标所需完成的工作范围划分为性质不同的业务工作，然后按照工作性质组建不同的部门，同时确定各部门的职责与权限。

我们在组织设计中要遵循一些原则，以保证其设计的合理性。它们包括：有利于实现组织目标的原则；整体协调的原则；突出重点的原则；因事设职的原则；权责结合的原则；规范标准化、制度化的原则。

2. 组织结构的类型

项目组织是保证工程项目正常实施的组织保证体系，就项目这种一次性任务而言，项目组织建设包括从组织设计、组织运行、组织更新到组织终结这样一个生命周期。项目管理要在有限的时间、空间和预算范围内将大量物资、设备和人力组织在一起，按计划实施项目目标，必须建立合理的项目组织。按照项目组织结构历史的发展，我们通常将其分成职能式组织结构、项目式组织结构、矩阵式组织结构（弱矩阵式、平衡矩阵式、强矩阵式）。不同类型的组织具有不同的特点，下面我们进行具体的分析。

1）职能式组织结构

职能式组织的存在大约有200年历史。政府部门及大多数企业的组织结构都是职能式的。这是一个标准的金字塔形的结构，高层管理者位于金字塔的顶部，中层和低层管理者则沿着塔顶向下分布。企业的生产要素诸如设计、生产、营销、财务等职能划分为部门。

所谓企业项目管理的职能式组织结构，通常是指项目任务是以企业中现有的职能部门作为承担任务的主体来完成的。一个项目可能是由某一个职能部门负责完成，也可能是由多个职能部门共同完成。在这种情况下，各职能部门之间与项目相关的协调工作需要在职能部门主管这一层次上进行（图7.1）。

职能式组织结构的主要优点是：以职能部门为主体，资源相对集中，便于相互交流或相互支援；政策、工作程序和职责规范十分明确；在已有的专业化生产上容易采取大规模生产。但其也不乏缺点：①当项目需由多个部门共同完成，而一个职能部门内部又涉及多个项目时，这些项目在资源使用的优先权上可能会产生冲突，职能部门主管通常难以把握项目间的平衡；②当项目需由多个部门共同完成时，各职能部门往往会更注重本部门的工作领域，而忽视整个项目的目标，跨部门之间的沟通比较困难。职能式组织

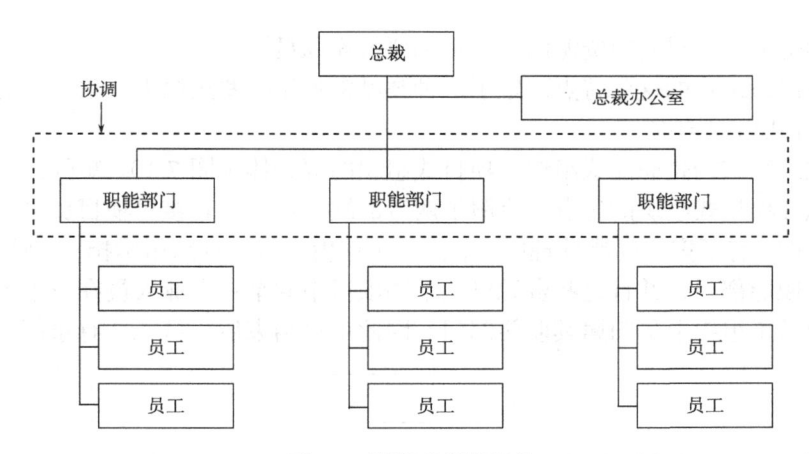

图 7.1 职能式组织结构

结构的这些特点决定了这种组织形式比较适用于规模小、以技术为重点的项目。

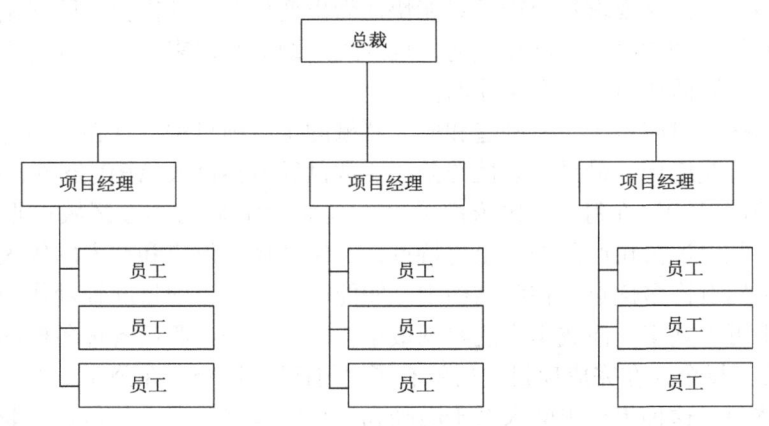

2）项目式组织结构

在大规模的企业中，按项目对企业活动进行分组的形式日益显现出其重要性。随着企业的扩大、项目的增多，任何一个职能部门都感到管理工作日趋复杂，而管理范围又限制了他们增添直属下级管理人员的能力，于是职能式的组织结构向项目式组织结构发生演变。

项目式组织结构是在总公司的领导下，根据产品类或者地域类设立多个事业部，总公司集中决策，由事业部独立经营。总公司集权控制并确定有关公司的重大方针与事项，而事业部分别有其独立的产品（或市场）、独立的利益，成为利益责任中心，在决策的执行方面是分权化的。图 7.2 是一个典型的项目式组织结构图。

图 7.2 项目式组织结构

项目式组织的优点是以任务为中心、以目标为导向，是最有利于开展项目的组织。而项目式组织的缺点是：一个项目配一套人马，工作、设备、人员都存在重复设置现象，资源使用效率低下；每个项目中专业人员都可能是单枪匹马地奋斗，不像职能型组织，同专业的人员集中在一个部门，技术上可以相互支持；某个项目完成后要等下一个项目到来，轻则造成一段时间内资源闲置，重则要解雇职员。

项目式组织结构的这些特点决定了这种类型常见于一些规模大、项目多的公司。

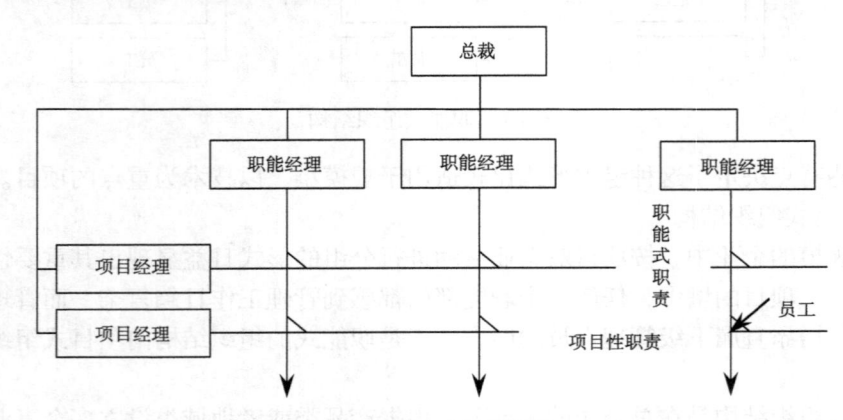

3）矩阵式组织结构

矩阵式组织结构是职能式组织与项目式组织的混合体（图7.3）。矩阵式组织结合了职能式组织和项目式组织的优点，克服了两者的缺点：有了直接对项目负责的人；能够以项目为导向；有了客户问题处理中心；协调工作由项目管理队伍承担；能够明确责任；资源来自各职能部门，并且这些资源可在不同项目中共享；专业人员在技术上可相互支持；各专业员工组织上仍归属其职能部门，因此项目结束后，员工"有家可归"。

图7.3 矩阵式组织结构

矩阵式组织于20世纪60年代初出现。作为组织人们服务于项目团队的传统方式的一种方案，矩阵式结构的出现是企业管理水平的一次飞跃。当环境一方面要求具备专业技术知识，另一方面又要求每个产品线能快速做出变化时，就需要矩阵式结构的管理。在20世纪70年代和20世纪80年代初，矩阵式组织流行起来。矩阵式组织设计的核心概念是强调项目团队成员个人和集体的作用。

矩阵式结构最早应用于飞机制造和航天器械的生产项目中。现在，矩阵式结构已经在跨国公司中普遍应用，最具代表性的公司要数世界电器巨人ABB公司。ABB公司在全球拥有25万名员工，在每一个国家都采取矩阵式结构，将公司按区域和业务维度划分，这样做是为了既保证公司产品的本土化特点，又保证规模效应和技术的领先性。

矩阵式结构有许多优点，在此结构中，职能机构主要对项目起辅助作用。正因为如此，技术骨干可以共享，而成本也能实现最小化，可以分给职员各种各样的具有挑战性的任务。这样，每个人在完成项目之后就有了"归宿"，每个人在公司里的发展之路都通过项目得以体现。这种组织里的人对于激励和项目的最终鉴定十分负责。职能经理会发现建立和维持一个良好的技术基础是很容易的，而且可以花更多的时间去解决复杂的问题。而知识是所有项目都可以共享的。

矩阵结构也并非没有缺点。首先，矩阵组织要求工作流程至少分横向和纵向两个方面。事实上，如果项目经理除上级和职能直线经理外，还要向客户、合作者或其他人报告，则工作流程甚至还可能是多方向的。此外，矩阵结构需要更多的执行主管去制定政策和章程，因而直接成本和间接成本都会增加。其次，如果是陡直的横向和纵向金字塔形监督和报告结构，矩阵式组织就无法管理项目，因为每个金字塔里的经理都会想要减少矩阵内部的经理们的权力。每个项目都是独立进行，这就很容易产生重复工作。因此，在项目矩阵式组织里横向和纵向的沟通是必要的。

矩阵式组织是一种很有效的组织结构，在西方国家被普遍采用。引进这种组织结构，对处在快速发展中的中国企业来说，具有非常现实的意义。然而，企业建立矩阵式组织结构模式并不是一成不变的，要依据具体情况进行具体分析，建立起适合自身的组织结构。下面给出几种矩阵式组织结构的应用参考规则。

（1）弱矩阵应用。弱矩阵组织保留了职能型组织的许多特点，项目经理的角色更像协调人员而非一个管理者。对于技术简单的项目，适合采用弱矩阵式组织。其原因是：在技术简单的项目中，各职能部门所承担工作的技术界面是明晰的或比较简单的，跨部门的协调工作很少或很容易做。

（2）平衡矩阵应用。对于有中等技术复杂程度而且周期较长的项目，适合采用平衡矩阵组织。采用平衡组织结构，需要精心建立管理程序和配备训练有素的协调人员，才能取得好的效果。

（3）强矩阵应用。在强矩阵组织中，具有项目型组织的许多特点：拥有专职的、具有较大权限的项目经理以及专职的项目管理人员。对于技术复杂而且时间相对紧迫的项目，适合采用强矩阵组织。

项目的组织结构往往制约着项目能否获得所需资源。组织结构可比做连续的频谱，其一端为职能式，另一端为项目式，中间是形形色色的矩阵式。表 7.1 列举了不同组织结构对项目的影响。

表 7.1 组织结构对项目的影响

项目特征	职能式	矩阵式			项目式
		弱矩阵	平衡矩阵	强矩阵	
项目经理权限	很少或没有	有限	少到中等	中等到多	很高，甚至全权
可利用的资源	很少或没有	有限	少到中等	中等到多	很多，甚至全部
控制项目预算者	职能经理	职能经理	职能经理与项目经理	项目经理	项目经理
项目经理的角色	半职	半职	全职	全职	全职
项目管理行政人员	半职	半职	半职	全职	全职

3. 项目办公室

项目办公室是在组织内部将实践、过程、运作形式化和标准化的部门，是提高组织管理成熟度的核心部门，它根据项目管理知识体系，并结合企业自身的业务和行业特点，为组织量身定制项目管理流程、培养项目经理团队、建立项目管理信息系统、对项目提供顾问式指导、开展多项目管理等，以此确保项目成功率的提高和组织战略的有效贯彻执行。

1）项目办公室的主要任务

项目办公室的主要任务是：①作为内部控制和客户报告的信息中心；②控制时间、成本和执行过程，以符合合同要求；③确保所有的工作要求都有记录并分发到各个关键人员手中；④确保所有的工作都有合同的授权和资金的提供。

2）项目办公室人员的主要职责

项目办公室人员的主要职责是：①对组织中跨职能直线的工作进行整合；②开发和维护项目管理标准、方法和程序；③为企业提供项目管理的咨询和指导；④为企业提供合格的项目经理；⑤为企业提供项目管理培训；⑥为企业提供有关项目管理的其他支持。

3）项目办公室的服务对象

项目办公室的服务对象为公司总经理、项目经理或主管、项目团队成员、职能部门经理、其他利益相关者（如项目产品的接收者等）。

4）项目办公室的人员构成

并不是所有的项目规模都大到足以设立项目办公室的程度。并行工程为那些可以建立项目办公室的项目提供了一系列不同的标准，以供项目办公室人员的选择。20世纪60年代，项目办公室开始出现的时候，安排在项目办公室里的人通常是那些具有突出技术能力的人。80年代早期，一些公司意识到在职能团队内部保持强大的技术能力的重要性。项目办公室里配备的是对技术能理解但是并不精通的一些多面手，而且项目办公室的人员之间可以相互支持，减少了过度管理的开销。

7.1.2 学习型组织

1. 学习型组织概述

当今世界的企业主要有两种类型，一类是等级权力控制型，另一类是非等级权力控制型。等级权力控制型是以等级为基础，以权力为特征，对上级负责的垂直型单向线性系统。权力控制型企业管理在工业经济时代前期发挥了有效作用。但在工业经济后期，尤其是进入信息时代、知识时代以后，这种管理模式越来越不能适应企业在科技迅速发展、市场瞬息万变的竞争取胜的需要。企业家、经济学家和管理学家们都在探寻一种更有效的能顺应发展需要的管理模式，即另一类非等级权力控制型管理模式。学习型组织理论就是在这样一个大背景下产生的。

学习型组织最初的构想源于美国麻省理工大学佛瑞斯特教授。1965年，他发表了一篇题为《企业的新设计》的论文，运用系统动力学原理，非常具体地构想出未来企业组织的理想形态——层次扁平化、组织信息化、结构开放化，逐渐由从属关系转为工作伙伴关系，不断学习，不断重新调整结构关系。这是关于学习型企业的最初构想。彼得·圣吉是学习型组织理论的奠基人。作为佛瑞斯特的学生，他一直致力于研究以系统动力学为基础的更理想的组织，研究系统动力学与组织学习、创造理论、认识科学等融合，发展出一种全新的组织概念。他用了近十年的时间对数千家企业进行研究和案例分析，于1990年完成其代表作《第五项修炼——学习型组织的艺术与实务》。他指出现代企业所欠缺的就是系统思考的能力。它是一种整体动态的搭配能力，如果缺少它，许多组织无法有效学习。之所以会如此，是因为现代组织分工、负责的方式将组织切割，而使人们的行动与其时空上相距较远。当不需要为自己的行动的结果负责时，人们就不会去修正其行为，也就无法有效地学习。

2. 学习型组织的内涵

知识经济迅速崛起，对企业提出了严峻挑战，现代人工作价值取向的转变，终身教育、可持续发展战略等当代社会主流理念对组织群体的积极渗透，为组织学习提供了理论上的支持。学习型组织的内涵包括以下五个方面。

（1）和谐。和谐是学习型组织的基础。组织学习普遍存在"学习智障"，个体自我保护心理必然造成团体成员间相互猜忌，这种所谓的"办公室政治"导致高智商个体的产生，但组织群体反而效率低下。从这个意义上说，班子的团结，组织上下协调，以及群体环境的民主、和谐，是建构学习型组织的基础。

（2）"自学习机制"。"自学习机制"是学习型组织的核心。组织成员在工作中学习，在学习中工作，学习成为工作的新形式。

（3）学习、思考和创新。学习、思考和创新是学习型组织的精神。学习是团体学习、全员学习，思考是系统、非线性的思考，创新是观念、制度、方法及管理等多方面的更新。

（4）系统思考。系统思考是学习型组织的关键特征。只有站在系统的角度认识系统，认识系统的环境，才能避免陷入系统动力的旋涡。

（5）团队学习。团队学习是组织学习的基础。团队是现代组织中学习的基本单位，许多组织不乏组织现状和前景的热烈辩论，但团队学习依靠的是深度会谈，而不是辩论。深度会谈是一个团队的所有成员，摊出心中的假设，而进入真正一起思考的能力。深度会谈的目的是一起思考，得出比个人思考更正确、更好的结论；而辩论是每个人都试图用自己的观点说服别人同意的过程。

3. 五项修炼

第一项修炼是建立共同愿景（building shared vision）。愿景可以凝聚公司上下的意志力，通过组织共识，大家努力的方向一致，个人也乐于奉献，为组织目标奋斗。

第二项修炼是团队学习（team learning）。团队智慧应大于个人智慧的累积值，通过集体思考和分析，找出个人弱点，强化团队向心力。

第三项修炼是改变心智模式（improve mental models）。组织的障碍多来自于个人的旧思维，如固执己见、本位主义，唯有通过团队学习以及标杆学习，才能改变心智模式，有所创新。

第四项修炼是自我超越（personal mastery）。个人有意愿投入工作，做到术业有专攻，个人与愿景之间有种"创造性的张力"，正是自我超越的来源。

第五项修炼是系统思考（system thinking）。通过信息资讯搜集，掌握事件的全貌，以避免见树不见林，培养综观全局的思考能力，看清楚问题的本质，有助于清楚了解因果关系。

学习是心灵的正向转换，组织如果能够顺利导入学习型组织，不仅能够取得更高的组织绩效，更能够带动组织的生命力。

学习型组织管理理论对于五项修炼的定位如图7.4所示。

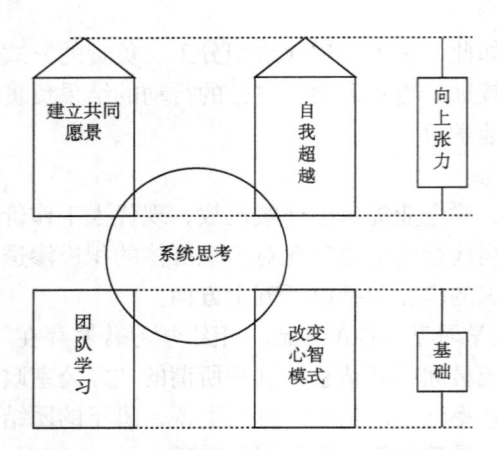

图 7.4　五项修炼的地位、作用与相互关系

第二项修炼和第三项修炼是一个人成为学习型的人、一个企业成为学习型企业的基础。第一项修炼和第四项修炼形成向上的张力。如果一个企业中每个员工、每个团队都能不断自我超越，就有向上的力量。如果一个企业、一个组织有一个共同的愿景，大家都奔着这个共同愿景努力，就可以向上发展。彼得·圣吉认为第五项修炼最为重要。一个人或一个组织的事业成败都与能否系统思考有关。

第五项修炼是核心，改善心智模式和团队学习这两项修炼如果不进行系统思考就不能打好基础。自我超越和建立共同愿景这两项修炼如果不放在一个系统中来进行思考，就不可能产生向上的张力。

4. 学习型组织的特点

学习型组织具有如下九大特点。

1）组织成员拥有一个共同的愿景

组织的共同愿景来源于员工个人的愿景而又高于个人的愿景。它是组织中所有员工愿景的景象，是他们的共同理想。它能使不同个性的人凝聚在一起，朝着组织共同的目标前进。

2）组织由多个创造性个体组成

企业的工作有两类，一类是反映性的，另一类是创造性的。反映就是上级来检查了，下级反映一下，出了事故反映一下。反映有什么作用？最多能维持现状。绝大多数人、绝大部分精力都用于反映，而没有用于创造。企业的发展是创造性的工作。没有创造，企业就会被淘汰。

3）善于不断学习

这是学习型组织的本质特征。所谓"善于不断学习"，一是强调"终身学习"，即组织中的成员均应养成终身学习的习惯，这样才能形成组织良好的学习气氛，促使其成员在工作中不断学习。二是强调"全员学习"，即企业组织的决策层、管理层、操作层都要全心投入学习，尤其是经营管理决策层，他们是决定企业发展方向和命运的重要阶层，因而更需要学习。三是强调"全过程学习"，即学习必须贯彻于组织系统运行的整个过程之中。学习型企业不应该是先学习然后进行准备、计划、推行，不要把学习和工作分割开，应强调边学习边准备、边学习边计划、边学习边推行。四是强调"团队学习"，即不仅重视个人学习和个人智力的开发，更强调组织成员的合作学习和群体智力（组织智力）的开发。在学习型组织中，团队是最基本的学习单位，团队本身应理解为彼此需要他人配合的一群人。组织的所有目标都是直接或间接地通过团队的努力来达到的。

4）全面发展

组织中的成员不仅要掌握本岗位上的工作技能，而且要学习了解其他岗位工作，只有这样，才能顾全大局、相互协作、高效，做到组织精简。

5）扁平式结构

传统的企业组织结构是金字塔式的垂直组织结构，上下级之间的决策输送和信息反馈都要经过中间的层层结构传递，这导致了诸如信息损耗大、传递成本高、传递速度慢等不良后果。另外，企业内部的不同职能部门，往往形成部门职员之间沟通与合作的障碍。这种严格定位、分级负责的模式在面对变化多端的现代化市场行情时则变得反应迟缓，缺乏灵活机动性。学习型组织结构是扁平的，即从最上面的决策层到最下面的操作层，中间相隔层次极少，如图7.5所示。它尽最大可能将决策权向组织结构的下层移动，让最下层单位拥有充分的自主权，并对产生的结果负责。这样，企业内部才能形成互相理解、互相学习、整体互动思考、协调合作的群体，才能产生巨大的、持久的创造力。

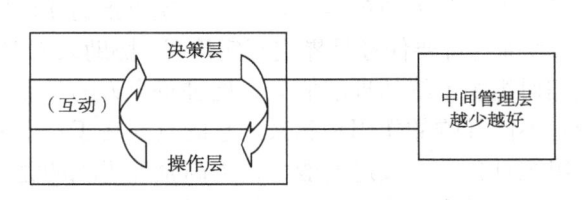

图 7.5　学习型企业的扁平化管理示意图

6）无边界行为

无边界行为是企业组织结构的创新。无边界原理认为，企业组织就像生物有机体一样，存在各种隔膜使之具有外形或界定。虽然生物体的这些隔膜有足够的结构强度，但是并不妨碍食物、血液、氧气、化学物质畅通无阻地穿过。得益于这一现象的启发，组织各部门、上下级之间虽然存在边界"隔膜"，但信息、资源、构想及能量也应该能够快捷便利地穿过企业的"隔膜"，像没有边界一样。虽然企业各部分的职能和界定仍旧存在，仍旧有权高任重的领导，有特殊职能技术的员工，有承上启下的中层管理者，但组织作为一个整体的功能，却可能已远远超过各个组成部分的功能。可以看出，无边界原理其实是以有边界为基础，并非对所有边界的否定，其目标在于讨论让各种边界更易于渗透扩散，更利于各项工作在组织中顺利开展和完成。

7）自主管理

按照学习型组织理论，现在的企业管理方式有两类，一类是权力型的，另一类是学习型的。权力型的基本管理模式是等级式的，这种模式的一个致命弱点就是任何问题都是上级做决策，无法充分发挥基层员工的管理积极性，实行自主管理。自主管理是使组织成员能边工作边学习，使工作和学习紧密结合的方法。通过自主管理，可由组织成员自己发现工作中的问题，自己选择伙伴组成团队，自己选定改革进取的目标，自己进行现状调查，自己分析原因，自己制定对策，自己组织实施，自己检查效果，自己评定总结。团队成员在"自主管理"的过程中，能形成共同愿景，能以开放求实的心态互相切磋，不断学习新知识，不断进行创新，从而增加组织快速应变、创造未来的能量。一个聪明的领导不仅要让员工的手动起来，还要让他们的脑动起来，给他们以自主管理的机会，肯定他们的工作成果，让他们体会到人生价值，这样他们就乐于奉献，领导就成功了，企业也就成功了。当然，实行自主管理，必须拥有高素质的员工，这就需要学习。

8）员工家庭与事业平衡

学习型组织努力使员工丰富的家庭生活与充实的工作生活相得益彰。学习型组织对员工承诺支持每位员工充分地自我发展，而员工也以承诺对组织的发展尽心作为回报。这样，个人与组织的界限将变得模糊，工作与家庭之间的界限也将逐渐消失，两者之间的冲突必将大为减少，从而提高员工家庭生活的质量（满意的家庭关系、良好的子女教育），达到家庭与事业之间的平衡。

9）领导者的新角色

在学习型组织中，领导者是设计师、仆人和教师。领导者的设计工作是一个对组织要素进行整合的过程，他不只是设计组织的结构和组织政策、策略，更重要的是设计组织发展的基本理念；领导者的仆人角色表现在他对实现愿景的使命感，他自觉地接受愿景的召唤；领导者作为教师的首要任务是界定真实情况，协助人们对真实情况进行正确、深刻的把握，提高他们对组织系统的理解能力，促进每个人的学习。

学习型组织有着它不同凡响的作用和意义。它的真谛在于：学习一方面是为了保证企业的生存，使企业组织具备不断改进的能力，提高企业组织的竞争力；另一方面更是为了实现个人与工作的真正融合，使人们在工作中活出生命的意义。

5. 创建学习型企业的意义

学习型组织理论认为，在新的经济背景下，企业要持续发展，必须增强企业的整体能力，提高整体素质。也就是说，企业的发展不能再只靠像福特、斯隆、沃森那样伟大的领导者运筹帷幄、指挥全局，未来真正出色的企业将是能够设法使各个层次人员全心投入并有能力不断学习的组织——学习型企业。

创建学习型组织的意义在于：

第一，它解决了传统企业组织的缺陷。传统企业组织的主要问题是分工、竞争、冲突、独立，降低了组织整体的力量，更为重要的是传统组织注意力仅仅关注于眼前细枝末节的问题，而忽视了长远的、根本的、结构性的问题，这使得组织的生命力在急剧变化的世界面前显得十分脆弱。学习型组织理论分析了传统组织的这些缺陷，并开出了医治的"良方"——五项修炼。

第二，学习型组织为组织创新提供了一种操作性比较强的技术手段。学习型组织提供的每一项修炼都由许多具体方法组成，这些方法简便易学。此外，彼得·圣吉和他的助手还借助系统思考软件创建起实验室，帮助企业管理者在其中尝试各种可能的构想、策略和环境的变化以及种种可能的搭配。

第三，学习型组织理论解决了企业生命活力问题。它实际上还涉及企业中人的活力问题，在学习型组织中，人们能够充分发挥生命的潜能，创造出超乎寻常的成果，从而由真正的学习感悟出工作的意义，追求心灵的成长与自我实现，并与世界产生一体感。

第四，学习型组织提升了企业的核心竞争力。过去讲的企业竞争力是指人才的竞争，学习型组织理论讲的企业竞争力是指企业的学习力。在知识经济时代，获取知识和应用知识的能力将成为竞争能力高低的关键。一个组织只有通过不断学习，拓展与外界信息交流的深度和广度，才能立于不败之地。人们可以运用学习型组织的基本理念，去开发各自所置身的组织创造未来的潜能，反省当前存在于整个社会的种种学习障碍，使整个社会早日向学习型社会迈进。

尽管学习型组织的前景十分迷人，但如果把它视为一贴万灵药则是危险的。事实上，学习型组织的缔造不应是最终目的，重要的是通过迈向学习型组织的种种努力，引导一种不断创新、不断进步的新观念，从而使组织日新月异，不断创造未来。

7.1.3 组织生态学理论

项目组织的结构变化、成长、衰落以及项目管理过程中各利益共同体组织的成长、衰落等变化，会在一定程度上影响项目管理的效果。基于项目的组织动态过程，包括各类组织的增长模式、组织间的结构关系以及组织演化模式的作用机制等问题的研究尚处于缺乏状态，所以从组织生态学（organizational ecology）角度研究项目组织问题是项目管理研究的新方向。

组织生态学是在组织种群生态理论基础上发展起来的一门新兴交叉学科，是迈克尔·哈南（M. T. Hannan）与约翰·弗里曼（J. H. Freeman）于1977年提出的。组织生态学理论借鉴生物学、生态学、社会学等学科的知识，结合新制度经济学和产业经济学等学科的理论，重点探讨组织种群的创造、成长和死亡的过程及其与环境转变的关系，以及组织个体的发展与组织之间、组织与环境之间的相互关系。组织生态学已成为组织理论的一个重要分支。

1. 组织设立理论

组织生态学将组织设立理解为生态化过程和制度化过程两个基本的方面，并认为这两个过程具有不同的空间效应。组织设立的生态化过程主要分析组织种群密度、组织生态位与组织设立率之间的相互关系。组织设立的制度化过程强调合法性、社会支持等因素对组织设立成功率的影响。空间竞争、空间传染和空间密度依赖较好地解释了地理空间之间的合法性和竞争性对组织设立、死亡和变化的影响。

2. 组织成长理论

基于组织生态的经典组织成长理论是吉布莱特定律。该定律告诉我们，一个企业的规模在每个时期预期的增长值与该企业当前的规模成比例。在同一行业中的企业，无论其规模大小，在相同的时期内，其成长的概率是相同的，即企业的成长率是独立于其规模的变量。但吉布莱特定律并不是完美无缺的，它忽视了组织的出生和死亡，对组织自身因素和行业环境因素也缺乏考虑。有学者研究表明，企业的生存能力随着规模的扩大而提高,已存活下来的企业成长率随着其规模的扩大而下降;另外,对于任何一个企业,随着其生存年限的增加,其成长率会有所降低,但生存能力却随之提高。上述这些研究完善了吉布莱特定律的不足。

3. 组织死亡理论

组织生态学认为,死亡是种群生命周期的一个重要组成部分,对于组织种群来说,组织个体正常的成长和组织数量稳态的维持是依赖于种群内个体组织设立和死亡之间的动态平衡来实现的,个体组织的死亡是组织种群的一种自我保护机制和进化机制,当组织数量低于最小能生存种群水平时,现存的组织都将死亡。因此,从组织种群的水平上看,组织死亡具有某种程度的主动性和意识性,这样的组织死亡可称为程序性组织死亡。在一定的选择压力下,组织种群的个体数量与生存环境之间可以达到相对的平衡,最具生命力的组织个体能够存活下来,能够形成对应于不同环境的最佳组织数量,从而在自然选择中具有优势,具有更大程度上的适应性,有可能形成较具竞争力的组织种群。

7.1.4 选择适合项目的组织结构

前面我们分别介绍了项目的几种主要组织形式,包括职能式组织结构、项目式组织结构、矩阵式组织结构、学习型组织。这些组织形式各有各的长处,也各有各的短处。那么,某一具体的公司或企业该如何选择自己的组织形式呢?其实,在具体的实践中,如何进行组织形式的选择没有一个可循的公式,只能在充分考虑各种企业的特点、项目的特点、项目所处的环境、组织结构的特点等因素的条件下,才能做出适当选择。

一般来说,职能式组织结构适宜于规模较小、偏重于技术的项目。因为环境的变化需要各职能部门间的紧密合作,职能部门本身的存在以及权责的界定成为部门间密切合作的障碍。而当公司中包括的项目规模比较大、技术比较复杂时,一般选择项目式组织结构,项目团队的整体性和各类人才的紧密合作使得组织在面对不稳定的环境时,具有明显的优越性。矩阵式组织则融合了前两种结构的特点,适用于技术复杂、规模巨大的项目管理。而采用学习型组织结构可以使大型企业具有更强的适应能力和创新能力。

7.2 项目团队的组建

7.2.1 项目经理的选择

项目管理中最重要的决策之一就是项目经理的选择。很多项目的失败都可归因于项目经理选择的失误。相反,也有一些项目本身存在许多无法预知的困难和问题,很可能导致项目的失败,但正是因为项目经理的领导能力强以及其他方面的综合素质高,项目最终获得了成功。

"项目经理"一词在商业和工业领域中有着广泛的应用,但对不同的人来说却有着不同的意义。就项目类型和规模的广泛程度而言，这并不奇怪。在不同的行业、不同的领域，项目经理所扮演的角色和承担的责任也不尽相同。这里将阐述组织内部如何选择和定位项目经理以及项目经理的典型特征，探讨项目经理的典型责任和职责，并结合一个好的项目经理所必需的个人素质和管理技能对职责和责任进行论述。尽管我们希望本节所阐述的诸多特征和技能都能够从项目经理身上体现出来，但没有一个人能够同时具备所有这些素质。在实际操作中，我们需要针对特定项目决定哪一项素质是最重要的，再以此为标准选择最符合要求的人选。

有些时候，项目经理由经验丰富的资深项目管理专家来担任，他们是组织的固定员工。也有些时候，他们是外部咨询顾问，与组织签订合作协议，只在项目期间负责项目的管理工作。对于内部项目来说，项目经理往往从内部现有人员中选择。在所有项目中，他们的职责都是组织和管理项目团队，协调团队的工作以便最终实现项目的目标。

1. 项目经理的概念

项目经理类似于高级经理或高级主管。事实上，通过项目管理任务来培养未来的总经理，已经成为很多大公司普遍采用的一种模式。项目经理不仅要对项目全权负责，而且对项目结果也负有全部责任。此外，如果遇到中小型项目，则项目经理往往会同时负责多个项目。通常，项目经理需要对项目发起人负责。对于大型项目或者对组织的未来具有深远影响的项目而言，项目的发起人通常会是董事会的成员。有些时候，几个发起人会组成一个团队来共同运作整个项目。

与项目团队类似，项目经理也不可能完全遵循一个固定的模式。诚然，某些人所具备的素质和技能使他们更适合项目经理这个职务。但是，不同类型的项目需要不同类型的项目经理，一个才华出众的项目经理并不一定能够胜任所有类型的项目。例如，医药公司中擅长管理新产品开发项目的项目经理可能具有扎实的专业知识和技能，但这些知识却无法使他胜任建筑项目的管理工作。鉴于项目在组织内部的特殊地位，我们很难准确地为项目经理定位。在传统组织中，权威和影响力会在组织内部由上而下垂直传递。但是，任何一个复杂的项目往往都会需要组织内部多个管理层以及多个职能部门的支持。例如，开发和引入一个覆盖整个组织的全新的管理报告和控制系统，该项目可以由控制部门发起，但其成败还要取决于其他所有职能部门的协作和支持。如果所有的沟通、指导和问题的解决方案等必须通过职能结构进行传递，也就是从项目经理出发，途经控制部门传达到同一职能层的其他领导，再从他们向下传递到相关的下级部门，最后沿着同一路径返回到项目经理，这一过程将会耗费很长的时间。因此，项目的运作趋向于脱离传统的组织架构。

从本质上看，项目经理处于组织的临时层上，并不具备传统意义的组织结构上该位置所应具有的权力。项目经理的工作会涉及不同的职能部门和组织机构，但却往往没有几个直接下属部门。正是这一原因导致了项目经理所要面对的一个最大问题，即项目经理通常有权决定项目的优先级、进度、预算、目标和策略，但却往往没有权力直接指挥项目人员根据自己的决策去完成这些工作。这种责任与权力的不一致性严重阻碍了项目经理的工作，并且意味着项目经理必须依赖其他形式的影响力来开展自己的工作，如资历、专业特长、声誉、处理人际关系的能力、发展战略同盟的能力等（图 7.6）。这种影响力可以直接作用于个人，也可以通过组织内部的其他管理人员来传递。

```
项目经理 ── 资历
           专业特长
           声誉         ── 职能经理
           技能
           处理人际关系的能力
           发展战略同盟的能力
```

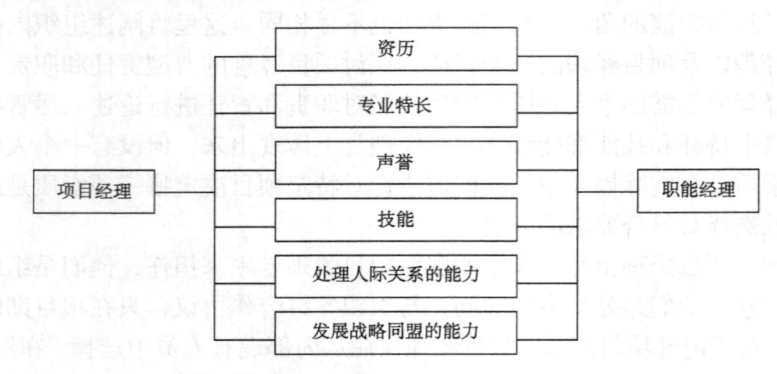

图 7.6　项目经理的影响力来源

最后，如果项目经理无法保证组织内部必要的协作，就只能向项目发起人寻求帮助。因此，最重要的一点就是项目发起人必须从组织内部选择一个拥有足够资历的人来担任项目经理。

2. 项目经理的角色

对项目经理这一角色的主要要求可总结成：①计划项目工作、日程安排和预算；②选择并组织项目团队；③与客户、组织和其他所有感兴趣的团体进行交流；④与供应商和客户进行接洽和协商；⑤管理项目资源；⑥监督并控制项目状态；⑦指出问题；⑧提出解决问题的方案；⑨协调冲突。

这些角色在本质上都是紧密关联的，任何一个都不可以孤立地看待。例如，项目工作的规划过程要依赖于项目团队的特征来进行。而特定工作所需的时间又取决于安排项目团队人员时可用资源的状况。

为了满足上述要求，项目经理需要施展出自己多方面的才能，既要运筹帷幄，又要考虑大公司策略；既要搞好人际关系，又要做到刚毅果断；既要有出众的知识和技能，又要具备过人的领导艺术。从根本上说，这一角色要求的是熟练的和能力过人的多面手，在大型复杂项目中，他必须能够保证顺畅的沟通和良好的人际关系，从而促进项目目标的实现。

以上要求必须在项目过程中贯彻执行，并以下述各项作为评定项目成败的总体标准，其中包括：①按照既定时限完成项目；②在既定成本限制之内完成项目；③确保项目不低于既定的最低质量标准；④确保项目能够达到客户满意；⑤与组织制定的战略规划保持一致；⑥在既定范围内完成项目。

项目经理可能会负责一个或多个项目。他们的运作模式和目标必须与组织的总体运作模式和目标保持一致。为了做到这一点，项目经理不仅需要具备全面的传统管理技能，还要具备与项目本身有关的详细的技术知识。

通常，就"软性"管理的技能和特性来看，项目经理应该具备以下特征：有很强的灵活性和适应性；能够同时注意多件事情，做到一心多用；以身作则；有说服力；善于沟通；能够同时观察到多个目标，并保持它们之间的平衡；良好的组织能力；期望成为一名通才，而不是（一直）做一个专才；优秀的规划者和实施者；能够指出问题，找出解决方法并确保方法的可行性和有效性；出色的管理时间的能力；良好的协商能力和影响力（而不是争论或下命令）；善于协调人际关系。

7.2.2 项目团队的组建原则

组建项目团队的任务就是获得项目所需的人力资源，包括个人或团体，这些个人和团体可能是项目执行组织的一部分，如组织中的职能部门，如工程部、市场部、财务部等，也可能来自执行组织以外，如供应商、分承包商等。获得这些人员以后，还要进一步决定分配项目角色、职责和回报关系，并形成文档。在挑选队员、组建团队的时候，建议思考以下问题：①教育背景如何？②有类似的经验吗？③具备胜任所负责活动方面的技术能力吗？④能与他人合作共事并分享信息吗？⑤能认真负责并与项目一起成长吗？

在决定请这些人来参加项目之前，最好先仔细观察，耐心倾听，得了解他们的能力、意愿与个性，保证为项目挑选到最合适的人选。另外，为了建立高效、有力的项目团队，还必须掌握下列原则。

（1）建立一个多元化的项目团队。在选择人员时除考虑不同的教育背景、不同的工作经验、不同的个性特征外，还要考虑年龄的搭配、性别的搭配等，这样有利于取长补短，增强项目组的创造力和活力。

（2）建立项目经理的领导权威。必须使项目团队的人都懂得项目经理的角色，让他们知道是谁任命的项目经理，为什么必须由项目经理一个人来控制以及项目经理计划如何行使职权。否则，群龙无首，整个团队可能成为不堪一击的乌合之众。

（3）树立并保持项目组的团队精神。必须让项目小组成员都清晰地知道团队的目标，强调按照共同的价值观及行为规范工作的重要意义。提倡团结合作、信息共享、个人服从组织的团队精神。

（4）争取职能部门的支持。职能部门的支持是项目成功的关键，因为在很多组织中，项目经理主要是靠各个职能部门的人员来展开活动的，这些人通常都是其职能经理派到项目里来的，这些人到项目里来对项目经理是极大的挑战：项目经理必须使这些成员都明白该项目是他们最重要的工作，而由他们的职能经理来替项目经理充当这种说服角色往往会起到事半功倍的效果。

（5）确保团队内信息的通畅。最令项目团队成员沮丧的是，项目计划改变了而他们却一无所知。作为项目经理，需要在团队中间建立有效的沟通机制，及时而准确地与组员们交流项目信息，队员的成功应得到及时的承认与赞赏，使他们有一种参与感、归属感，从而赢得他们的广泛合作。

7.2.3 项目团队的组建依据

1. 人员配备需求

人员配备需求表明了项目在什么时间段内需要具备何种技能的个人和团队，是组建团队的基本依据。另外，项目的组织、技术与人际关系界面情况也对团队的组建有相当的影响。

2. 人力资源库的现状

在组建项目团队的时候，还必须考虑现有人力资源库的状况，有没有这种人，熟练工有多少，能否取得和怎样才能取得这种人等，具体包括以下内容。

（1）可获得性：组织内部或外部可否获得这种资源，在需要他们的时间段内，这些个人或团体是否可以获得。

（2）能力与熟练程度：要求的这种人在什么样的水平下需要什么样的能力，能力与熟练程度高，所需人员数量少，能力低或对工作不熟练，则需要更多的人。

（3）以往的经验：此人或团队以往做过类似或相关的工作吗？工作完成得好吗？

（4）个人爱好：此人或团队对该项目感兴趣吗？

（5）个人特征：此人愿意跟他人合作共事并分享信息吗？

3. 制约因素

制约因素是限制项目队伍选择的因素。项目团队组建的过程中可能受到许多方面的制约。例如，有些建筑公司规定，现场作业人员只能使用临时工，项目经理就不能通过招聘正式工人来满足工作的需要。

4. 人员获取

制定了人力资源规划后，我们就要开始进行项目所需人员的招聘活动，通过招聘的方式来获得项目团队的配备人员。

7.2.4 项目团队的发展阶段和驱动力

1. 项目团队的四个发展阶段

在生命周期过程中，项目和项目团队都会不断地发生变化，在已经确认的各个阶段之间随时间演进。一个接一个阶段的演进过程中，每个阶段都由不同的团队行为给出其特征。著名的塔克四阶段团队发展理论可以概括为形成、震荡、规范和表现阶段。这四个阶段及其特征见表 7.2。

表 7.2 团队形成的四个阶段及其特征

特征	形成阶段	震荡阶段	规范阶段	表现阶段
团队任务	队员不了解团队的工作和团队对他们的期望	在工作中有许多不同的意见。有些队员过分关心团队给他们的成功机会	团队的工作正向好的方面发展	团队的目标正在实现，时间充分利用
信息分享	队员共同分享许多信息资源	队员只为自己着想	队员各抒己见，并不断提出问题，从其他成员处获得信息	队员探究各自观点，并从团队中或外界听取新的建议

续表

特征	形成阶段	震荡阶段	规范阶段	表现阶段
工作情况	队员各自隐藏自己的工作情况	队员开始相互了解各自的工作情况	队员真正了解各自的工作情况	队员已经相互接受各自的工作情况
冲突	队员避免引起冲突	队员经常表达不同意见，并引起冲突	队员学会如何相互面对，进而解决问题	队员以诚相待，不怕争论和意见分歧
参与	只有少数队员参与讨论，其他人很少说话	当有些队员保持沉默或等待事态发展时，一些人则设法影响其观点	大多数队员提出建议和意见，并积极参与团队讨论	由于每个队员的积极参与，团队会议变得活跃
人际关系	队员之间害羞、犹豫和警觉	队员之间既合作又竞争	队员互助信任并开始传递和接收反馈信息	队员相互信任，成为一个紧密的整体

2. 项目团队的驱动力

驱动是一个非常复杂的领域，包括很多不同的因素。为加强驱动力采取什么方法，取决于具体项目的特征。个人和群体可能自然地产生（内部）驱动力，也可能需要人为的"外部"驱动力。常见的激励理论有三种。

1）赫茨伯格的双因素理论

通过大量的实验和研究，赫茨伯格让工人们说出他们的工作中什么事情令他们兴奋，什么事情令他们灰心。经过广泛的数据分析之后，赫茨伯格指出，所有影响激励效果的事情都可以被归结为两类因素，他把那些让人们灰心的因素称为保健因素，而其他因素则称为激励因素，如表7.3所示。

表7.3 赫茨伯格的双因素理论

保健因素	激励因素
工作环境	成就
薪水	认同感
与同事的关系	工作本身
公司的政府与行政管理	责任
与下级的关系	晋升
安全	赏识
工作保障	成长的机会
个人生活	

赫茨伯格认为，保健因素如果没有得到满足，就会使人们对工作感到灰心，但是如果他们被满足了，也不会对人们产生多少激励作用。也就是说，这些因素的满足对激励来说是中性的，但是如果它们得不到满足，对激励就是负面的，或者是负激励。例如，赫茨伯格发现，对80%~90%的受访者而言，报酬都是一个保健因素。这就是说，当报酬令人满意时，对激励来说是中性的；当报酬不令人满意时，就是一种负激励了。当人们感觉个人地位低下时，当他们没有工作保障时，或者当工作条件很差时，这些人往往会受到负激励。因此，项目经理在进行激励之前，应当先解决保健因素问题，不要试图用保健因素来激励员工，那样无济于事。

2）马斯洛的需求层次论

随着社会物质和文化生活的发展，人类有许许多多的需求需要得到满足。苏联生物学家马斯洛认为，人类的需求可以分为五个层次，从低到高依次为生理需求、安全需求、社交需求、尊重需求和自我实现需求，只有较低层次的需求得到满足后，才能产生更高一层的需求，如图 7.7 所示。

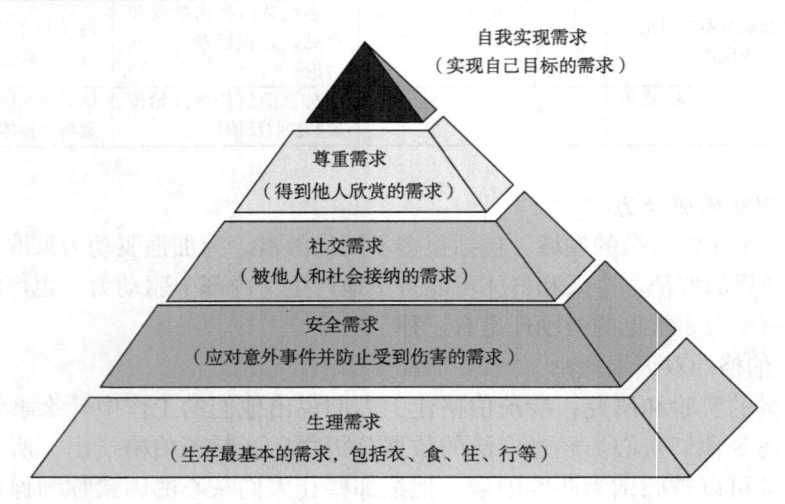

图 7.7 马斯洛需求层次论

马斯洛认为，这个需求层级中最低的三个层次的需求是最基本的、持续性的需求，每个人都必须在满足了这三个需求之后，才能感觉到精神健康，才会产生更高两个层次的需求。根据这个理论，项目经理的任务就是通过满足队员的那些基本的维持性的需求，使其得到尊重，从而产生实现自我价值的激情和动力。

但是，在实际运用这个理论的时候往往不是那么简单，因为很难判断一个需求处在什么位置，也很难知道怎样才能帮助小组成员满足基本的维持性需求。因此，必须根据不同的激励对象，改变我们一贯的激励方式，如果我们能够帮助小组成员实现其自我价值，那么低层次的需求就不再重要了。

3）期望理论

期望理论认为，人们因为相信将来可以得到他们渴望的回报而被驱动努力实现目标。它基于这样的观点：驱动力与个人目标和目的有关。期望理论告诉项目经理，即使没有直接的财务激励，他也能驱动团队成员，即只要项目的成功可以以某种方式与个人的目标相联系，便也可以激励项目成员。一个例子就是大学里的授课教师。他可能有驱动力长时间不断地增加听课人数，因为他明白，当学生人数达到一个既定的水平时，在这个领域里就会产生新的教授职位。授课教师自然处于申请教授职位的最佳位置。增加人数的驱动力不是与课程成功相关，而是与未来向授课教师开放的职位和机会相联系的。授课教师原本可能难以接受由现在的工作量和回报的差距产生的不平等感，但是由于期望凭借现在的业绩在未来争得教授职位，他可能就会接受这种不平等感。

7.2.5 项目团队建设的工具和技术

项目团队建设是指通过对人力资源进行培训、绩效考核和激励等方式，来提高项目团队成员个人的能力以及整个项目团队的绩效。建设一个高效的项目团队是项目成功的关键。

项目团队建设的工具和技术主要包括培训、团队建设活动、规则、集中办公、奖励。

培训包括所有旨在提高项目团队能力的活动。培训可以是正式的，也可以是非正式的，如课堂培训、在线培训、由项目团队其他成员提供的在职培训、计算机辅助培训等。

团队建设活动既可以是定期举行的情况汇报会上的五分钟议程，也可以是场地之外由专业人士等举办的活动，其目的旨在改善人际关系。有些团队活动，如制定工作分解结构，虽然其初衷并不是为了团队建设，但是如果计划活动能安排得当，也会提高团队的凝聚力。

规则界定了对项目团队成员的可接受行为的明确期望。尽早遵循这些明确的规则，可减少误解，提高生产力。讨论规则的过程中，团队成员能够相互之间发现对方认为重要的价值观。规则一旦确定，团队所有成员都有责任执行规则。

集中办公是指把几乎所有最活跃的项目团队成员安排在同一地点工作，以增强他们整体工作的能力。集中办公既可以是临时性的，如仅在项目中的关键时期，也可以贯穿整个项目过程的始终。

团队建设过程的一部分内容涉及奖励的行为。关于奖励的方法应在人力资源规划过程中提前制定，然后在管理团队成员过程中，通过绩效考核，以正式或非正式的方式授予表现优良的团队队员相应的奖励和表彰。

7.3 项目中的人力资源管理

7.3.1 项目人力资源管理的概念

项目人力资源管理可以定义为根据项目目标，采用科学的方法，对项目组织成员进行合理的选拔、培训、考核、激励，使其融合到组织之中，并充分发挥其潜能，从而保证高效实现项目目标的过程。

项目人力资源管理包括两个方面：一方面，对项目组织人力资源外在因素即量的方面的管理。对外在因素进行管理，就是根据项目目标的要求，进行适当的人力资源调配，满足项目组织对人力资源的实际需要，做到不多不少。另一方面，对项目组织人力资源内在因素即心理和行为等质的方面的管理。对内在因素进行管理，就是通过对人力资源的载体即人的思想、心理和行为的协调和控制，充分发挥人的主观能动性，做到人尽其用。

与一般的人力资源管理相比，项目人力资源管理又有不同之处，其特点如下。

（1）强调团队建设。因为项目工作是以团队的方式来完成的，所以在项目人力资源管理中，建设一个和谐、士气高昂的项目团队是一项重要的任务。人员招聘、培训、考核、激励等工作都应充分考虑项目团队建设的要求。

（2）具有更大的灵活性。由于项目组织是一个临时性组织，在项目开始时成立，在项目结束后解散。在项目目标实现的过程中，各阶段任务变化大，人员变化也大。例如，在设计阶段，项目的主要任务是控制设计的质量和进度，控制设计的概算和预算，需要较多的项目管理人员和较少的现场管理人员；项目进行到施工阶段以后，又需要补充和加强施工现场管理人员。因此，项目人力资源管理比一般组织的人力资源管理具有更大的灵活性。

7.3.2 项目人力资源管理的主要内容

项目人力资源管理的主要工作包括组织规划、人员甄选、人力资源开发。

1. 组织规划

组织规划就是根据项目目标及工作内容的要求确定项目组织中角色、权限和职责的过程。

2. 人员甄选

人员甄选就是根据项目计划的要求，确定项目整个生命期内各个阶段所需要的各类人员的数量和技能，并通过招聘或其他方式，获得项目所需人力资源，从而构建成一个项目组织或团队的过程。

3. 人力资源开发

人力资源开发包括培训、考核及激励等内容。人员培训工作是根据培训计划的安排进行项目组织成员的岗前培训及在岗培训，以保证项目组织成员能胜任所要承担的项目任务，并在项目目标实现过程中不断提高其素质和能力的过程。人员考核工作是在项目目标实现过程中，对组织成员的工作绩效进行评价，以实现公正客观的人事决策的过程。人员激励工作是通过采取各种恰当的措施，调动组织成员的积极性，从而使组织成员努力工作的过程。

7.3.3 项目人力资源管理计划

1. 人力资源规划

人力资源规划是指通过对未来人力资源需求的预测，确定完成项目所需人力资源的数量和质量、各自的工作任务，以及相互关系的过程，为有效地完成总目标提供有效的人员保障。人力资源规划通常按三个步骤进行。

（1）调查研究现有人力资源状况，对现有人力资源进行评价。

（2）在对现有人力资源评价的基础上，预测项目未来所需的人力资源。

（3）制订人力资源管理的总计划。

项目人力资源规划的依据主要有项目目标分析、工作分解结构、项目进度计划事业环境因素、历史资料。通过对项目目标的分析，总目标可被分为若干子目标，从而使项目团队了解项目所需人力资源的总体情况。再根据工作分解结构估算出完成各项活动所需资源的数量、要求等信息。而根据项目进度计划，可以了解各项活动何时需要相应的人力，从而可以合理地配置项目所需的人力资源。随着组织内项目管理方法的日趋成熟，组织可以依据以前人力资源规划过程的成功经验，保证本项目的人力资源规划的顺利完成，以历史资料为借鉴，既可节约时间，又可减小风险。同时，一些事业环境的制约因素，如经济条件不好、项目的组织结构混乱等，都将限制人员配备方案的选择。

在进行人力资源规划的过程中，我们通常使用的工具主要是组织机构图和岗位描述、组织理论。管理学科发展至今，用于记录团队成员角色和职责的格式可归为三大类，即层级结构、矩阵结构和文字叙述结构。组织可以通过这些形式的记录，来分析本项目中人力资源的需求情况。

通过上述分析过程，我们就得到了项目人力资源规划的结果：人力资源配备计划。合理的人力资源配备不仅可以降低人力资源成本，而且有利于充分挖掘人力资源的潜力，提高项目组织的工作效率。一个项目组织要想生存和完成项目，就必须选择和配备合格的人员去担当相应的项目工作，因为"人存事兴，人亡事废"。

1）人力资源规划工作的具体内容

（1）工作分析。人力资源规划的首要工作是工作分析，工作分析是通过分析和研究来确定项目组织中角色、任务、职责等内容的一项工作。工作分析的最终成果是形成工作说明书与工作规范。

工作说明书是工作分析的书面文件之一，是一种说明岗位性质的文件，包括岗位定义与说明，即每个岗位工作的内容、权限、工作关系等。

工作规范主要是根据工作说明书中所规定的岗位职责，说明对担任该岗位工作的人员的特定知识、能力和个性特征等方面的规范化要求。通过确定这些方面的要求，为以后的人员招聘及培训提供依据。

（2）选配人员。工作分析明确了项目组织中需要的人员数量和质量，选配人员工作则是根据工作说明书和工作规范，对每个岗位所需人员的获得及配备做出具体安排。这里既包括项目组织成立之初，从项目母体组织内部及外部招聘项目组织所需各种人员，也包括在项目实现过程中，根据项目组织运行的需要，对可能产生的空缺岗位加以补充和项目组织人员岗位调整等内容。

2）编写人力资源配备计划的原则

编写人力资源配备计划一般应遵循以下原则。

（1）目标性原则。人力资源配备计划应以实现项目目标为中心，即项目组织的一切人员的配备必须为实现项目的目标服务。根据实现项目总体目标所需完成的工作要求，合理配置人力资源，以保证项目目标的实现。项目组织的人员配备工作与一般运营组织的人员配备工作不同，它一般不需要考虑组织的长远发展目标和利益，只需要考虑项目本身的目标即可。

（2）人尽其才原则。在人力资源配备计划中，必须充分考虑每一位组织成员的经验、知识、能力、兴趣、爱好和需求,并深刻理解各岗位及工作的性质和要求,并使两方面很好地结合起来,使组织成员能在工作中充分发挥自己的才能。

(3) 专业化原则。在20世纪上半叶,亚当·斯密就提出了劳动分工的原则,这一原则一直是人员配备的一项基本原则。按照劳动分工的原则,在进行岗位划分时,应使岗位的工作内容尽量专业化,如承建一幢办公大楼项目,其岗位一般划分为施工监工、木工、电工、焊工、装修工、混凝土搅拌工等。

(4) 灵活性原则。由于项目目标实现过程中各阶段的工作性质和工作量会发生很大的变化,所以项目组织成员工作的安排要求具有较大的灵活性,有时需要安排一人兼任多个岗位或完成跨职能性质的工作。另外,在坚持专业化原则的同时,也要注意职务扩大化、职务丰富化和必要的职务轮换。

3) 人力资源规划的工具和方法

(1) 责任矩阵。责任矩阵是一种将项目所需完成的工作落实到项目有关部门或个人,并明确表示出他们在组织中的关系、责任和地位的方法和工具。它将人员配备工作与项目工作分解结构相联系,明确表示出工作分解结构中的每个工作单元由谁负责、由谁参与,并表明了每个人或部门在整个项目中的地位。

一般情况下,责任矩阵中纵向列出项目所需完成的工作单元,横向列出项目组织成员或部门名称,纵向和横向交叉处表示项目组织成员或部门在某个工作单元中的职责。

下面以某车站建设项目为例来说明如何描述责任矩阵。某车站建设项目需要完成的项目工作单元有施工准备、隧道建设、桥梁建设、站前工程、站后工程等,项目团队由项目经理、计划部、人力资源部等8个部门组成,通过责任矩阵可以将所需完成的工作合理分配给每个部门的成员,并明确各自在各项工作中应承担的职责。用字母表示的该项目的责任矩阵如表7.4所示。

表 7.4 某车站建设项目的责任矩阵

工作名称	项目经理	计划部	人力资源部	工程管理部	财务部	安全质量部	物资设备部	施工队
110 施工准备	P	C	C	C	C	J	C	S
121 隧道建设	P	C	C	C	C	J	C	S
131 桥梁建设	P	C	C	C	C	J	C	S
141 站前工程	P	C	C	C	C	J	C	S
142 站后工程	P	C	C	C	C	J	C	S
……	P	C	C	C	C	J	C	S

注:P表示批准,S表示实施,C表示参与,J表示监督

(2) 项目组织图。它以图形方式展示项目团队成员及他们之间的关系。根据项目的需要,项目组织图可以是正式的,也可以是非正式的。

(3) 人力资源配备计划。人力资源配备计划确定了何时以及以何种方式满足项目人力资源的需求。人力资源配备计划一般通过人力资源计划表来表示。以上面的某车站建设项目为例,可绘制人力资源计划表(表7.5)。

表 7.5　人力资源计划表

工作名称	资源名称	工作量/(人·天)	工期/天	资源/人
110 施工准备	工人	2 400	30	80
121 隧道建设	工人	30 000	150	200
131 桥梁建设	工人	19 800	180	110
141 站前工程	工人	12 000	120	100
142 站后工程	工人	9 600	120	80
……				
合计		253 350		

（4）人力资源负载图。人力资源负载图是根据项目时间网络图中对各项工作的计划安排，统计并形象表示出各时间段项目所需人力资源数量的曲线。它具有绘制简单、解读容易的特点，可以帮助我们制订人力资源配备计划及进行人员配备的优化。

人力资源负载图的绘制方法是以时间为横坐标，以人员数量为纵坐标，根据时标网络图中各项目工作的起止时间及各项目工作所需人力资源数量，统计出各时间段内所需的总人数，并用折线表示出来。

下面举例说明人力资源的绘制方法。某项目的甘特图如图 7.8 所示。

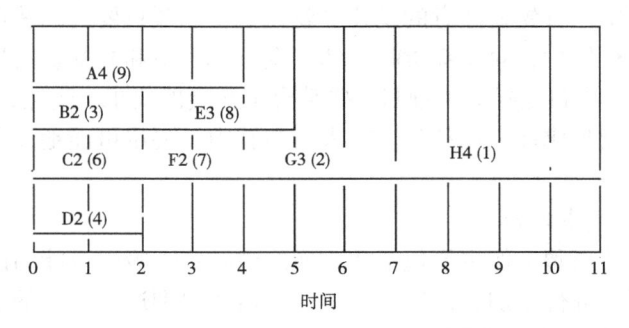

图 7.8　甘特图

图 7.8 中字母 A、B、C、D、E、F、G、H 表示项目工作的代号，字母后面的数字表示该项工作持续时间，括号内数字表示该项工作所需人员数量。根据甘特图中各项工作的起止时间，可统计出每个时间段项目所需要的人员总数，如在 0～1 这个时间段内，A、B、C、D 四项工作同时进行，将这四项工作所需人员数加总：9+3+6+4=22，即可得出该时间段所需人员数量为 22 人，在时间段 0～1 内画出纵坐标为 22 的横线。同理，可计算并画出 1～2 时间段、2～3 时间段，直到 10～11 时间段所需人员数量。该项目的人力资源负荷图如图 7.9 所示。

2. 人员招聘

制定了人力资源规划后，我们就要开始进行项目所需人员的招聘活动了。通常可将人员招聘分为内部招聘和外部招聘。

内部招聘是指在项目组织内部人力资源中，通过提升、工作调配等方式挑选出项目组织所需人员的一种方法。由于内部人员对项目已经有了比较多的了解，所以这种方法

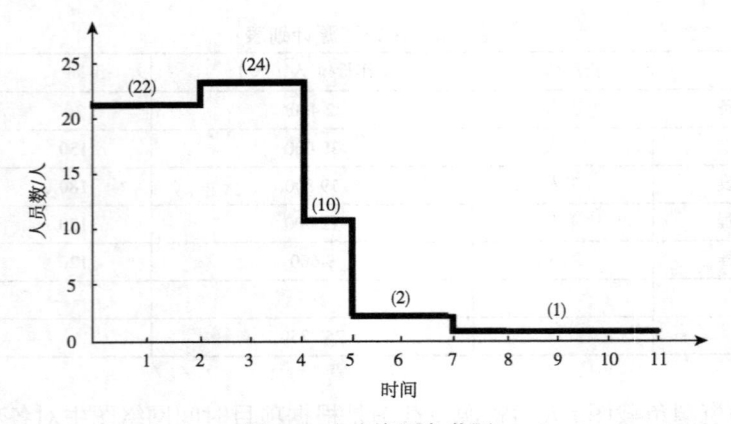

图 7.9　人力资源负荷图

可以节约大量的人员培训费用。

外部招聘是从项目所在公司范围之外获得项目所需人力资源的一种方法。与内部招聘相比，外部招聘要花费更多的时间和费用，还要对新进人员进行适当的培训，但是也往往能为项目组织带来新的活力。外部招聘的主要方式有广告应征、猎头公司、毕业生招聘以及网络招聘等。

人员招聘过程中，首先要注意的是公平就业机会。项目要对弱势群体，尤其是组织内部的弱势群体进行保护，对特殊贡献群体（退伍军人）和高知识阶层（大学生分配）等要有相应的规定。项目是社会的项目，要符合全社会的要求。当然，项目利益要保护，项目就是项目，不能当成社会福利院。在人员招聘中，要尽可能地使劳动力多样化，不要一味地追求高学历。

1）人员招聘的基本内容

项目组织人员的招聘工作主要包括两方面的内容：①吸引有能力的申请者；②人力资源管理者对申请者进行甄别，以确保合适的申请者得到这一职位的工作。

2）人员招聘工作的基本程序

（1）发布招聘信息。根据人力资源配备计划所确定的招聘途径和招聘方式发布招聘信息，使有关部门和人员了解有关招聘信息。

（2）应聘者提出申请。内部或外部的应聘者在获得招聘信息后，向项目组织提出应聘申请，并递交所要求的有关证明材料。应聘的主要资料一般包括应聘申请表、个人简历、各种学历、技能和成就证书或证明、身份证明等。

（3）人员选择。人员选择是对候选人进行辨别和甄选、选择出符合要求的人员的过程。

（4）人员录用。人员录用是在完成了人员选择之后对入选人员所做的办理各种录用手续、组织岗前培训、试用等工作。

（5）人事档案归档。对录用人员的人事档案进行归档管理。

3. 人力开发与培训

项目人员培训是指使项目团队成员具备完成各自任务所需的知识、技能和能力等。

科学管理的鼻祖泰勒曾说过，不愁没有一流的工人，就怕没有一流的经理。招聘的人只有经过开发与培训，才能最大限度地挖掘出他们的潜能。人员培训固然会带来一定的成本，但是适当的人员培训不仅可以提高项目团队的工作效率，也是鼓舞团队成员士气、留住人才的有效方法。

人员的培训多种多样，如行业自己办大学、请进来送出去、代职、边工作边培训等。较常见的在职培训又包括职务轮换、预备实习等。职务轮换可使团队成员熟悉更多的工作岗位，对项目活动有更多了解；新员工的预备实习，一般是由有经验的老员工指导新员工来完成工作。这样做的优点是节约时间、成本低，而且受训者可以边工作边学习，能够加快掌握所学的各种知识和技能。

培训计划是培训工作的行动指南，它应根据人力资源配备计划、项目进度计划、工作说明书及工作规范等文件的要求，做出项目目标实现过程中对项目组织各类人员的培训安排。

编制培训计划一般包括以下步骤：评估培训需要，确定培训目标，选择恰当的方法，安排时间，确定培训效果评价的方式和时间等。

（1）评估培训需要。为了使培训工作具有针对性，制订培训计划时，首先应对培训需求进行评估。一般而言，当出现下列情况时可以认为存在培训需要：①工作行为有些不恰当；②知识或技能水平低于工作要求。培训工作是"补人之短"，所以当项目组织成员存在以上两方面问题时，应及时对其进行必要的培训。

（2）确定培训目标。培训目标为培训方案的设计提供依据，目标也是培训效果检验的标准，根据培训目标可以判断培训方案的有效性。

（3）选择恰当的方法。培训的方法有很多，如在职培训、脱产培训等，应根据培训的目标和要求，选择恰当的方法。

（4）安排时间。根据项目的进度计划和人力资源配备计划，合理安排对各类人员的培训时间，以保证培训工作既不干扰项目工作的正常完成，又能够保证组织成员及时达到岗位要求，有效地完成所承担的各项工作。

（5）确定培训效果评价的方式和时间。在培训计划中，还应对如何进行培训效果评价做出安排，规定出具体评价的方式、方法及时间安排，从而不断总结培训工作的经验和教训，不断提高培训工作的有效性。

7.3.4 绩效管理

1. 绩效考核体系的建立

绩效考核体系的建立是企业实现员工自我激励的重要手段，也是避免产生内外不公平的主要方法。一般可依据企业实际综合使用包括平衡计分卡、KPI（key performance indicator，即关键绩效指标）考核、360度评估、挣值法等多种考核方式，为企业制订符合企业发展阶段的绩效考核方案。企业绩效考核体系可实现与企业目标管理体系、计划实施体系的有效对接，可实现评估、激励、员工发展的多重功效，其核心是促使员工自觉地提升自我绩效，达成企业整体绩效目标。

员工的职责履行情况是绩效考核的主要依据。"绩效考核",顾名思义,要考核"绩""效",具体来讲就是"工作表现"。只不过有些员工的职责履行情况更多体现在"工作业绩"上,如销售人员;有些员工的职责履行更多体现在"工作表现"上,如秘书。因此,设置考核指标应该根据不同的职位来合理设置,也就是要把员工的职责履行情况当做绩效考核的主要依据。

管理者是绩效考核的直接责任者。如果没有人力资源管理部,其他管理者同样具有对下属工作绩效进行考核的职责。对员工绩效,可通过量化方式进行考核。组织实施绩效考核,就是希望可以对员工的工作绩效进行量化。

2. 绩效衡量与评价

绩效管理涉及对项目队员和团队的工作行为与表现的衡量与评价,即用事先制定的标准来比较、衡量工作成绩和效果,并将评估的结果反馈给员工和团队,同时实施相应的奖励与惩罚措施,以表彰先进、鞭策表现不佳者。

1) 成立绩效考评小组并制定考评标准

评估小组由最了解被评估者的工作和行为表现的人员组成,可以是组织内部的主管领导、职能部门经理,也可以是外部的客户、承包商等组成的评估小组。应避免评估过程的主观、片面甚至包含个人的感情色彩。

考评的标准随被考评对象的不同而不同。例如,对项目经理的考评和对小组成员的考评内容显然不同,对个人的考评和对团队的考评也相差很大。对项目经理的考评标准如表 7.6 所示。

表 7.6 项目经理的考评标准

1. 项目总体成效:主要是指项目总体完成情况
• 时间要求:是否按时完成
• 功能要求:是否实现既定的功能
• 品质要求:是否符合客户要求或通过相关技术确定
• 费用要求:开发费用是否具有市场竞争力
• 推广要求:项目是否具有可推广性
2. 时间管理成效:是指项目经理与负责的项目小组合理安排时间以及时间利用率的高低程度
• 时机的把握:是指项目经理认识到推动项目进展的时机以及及时把握的程度
• 时限管理的规范化:是指项目小组制定明确的时间要求,以及员工严格遵守的程度
• 工作时间效率:是指项目经理以及项目小组成员在工作中时间利用效率的高低程度
3. 团队管理成效:主要是指项目小组在团队管理和建设方面所取得的成就
• 角色到位:是指项目小组成员明确自身的角色职责,达到角色的要求并服从该角色的程度
• 群体凝聚力:是指项目小组内部目标价值的一致和对工作对象看法的一致程度
• 团队工作意愿:是指小组成员相互协作以及对小组的工作承诺程度和留职意愿
• 激励强度:是指项目经理是否能够有效利用激励手段和人格魅力使每个小组成员最大限度地发挥才能
4. 工作关系处理成效:是指项目经理与所负责的项目小组在工作中处理人际关系以及解决各种冲突方面所取得的成效高低程度
• 与客户之间的协调:主要是指在项目需求、项目进度、系统试用、项目验收和系统维护等方面的协调过程中与客户保持良好人际关系情况
• 小组内协调:是指项目小组在项目的开发和实施过程中,项目经理与小组成员之间以及小组成员之间信息通畅、配合默契、协调一致的程度
• 上下级的协调:是指上下级关系以及员工参与管理的程度

无论是对谁，评价之前应使被评估者对评估流程和评估方式认同，对绩效评估标准认同。评估者还需了解团队队员的相互信任程度和团队队员的理性程度。

2）进行全方位的绩效评价

队员自我评价能增强员工的主人翁意识，评估的结果具有建设性，提供了绩效改进的可能性；同事评估最为深入、具体、全面和真实，结果也最为可信；直接上司评估提供了与员工沟通的机会，能进一步了解员工的想法，发现员工的潜力；下属评估可以提出上司管理的不足，促使上司改进领导方式，使工作更有成效；客户评估可以消除当局者迷的影响，提供旁观者的宝贵意见。在评估的具体方面，既有对工作完成情况的考评，还有对团队精神、沟通、创造性、客户关系等方面的考评。

3）公布考评结果并与奖惩挂钩

绩效评价的效果只有将奖惩直接挂钩才能真正发挥出来，绩效评价的理论应该成为奖惩决策的直接依据。如果绩效优良，就应当予以奖励，或加薪，或提升；如果队员表现不理想，主管人员就应耐心向其反馈，加强双方沟通，分析原因，使员工认识到不足并制订改进计划。而且，综合各项目的绩效评价结果，组织还可以制定关于人力资源、财务预算、项目管理等方面的政策。

7.3.5 薪酬管理

薪酬政策为战略导向服务，好的薪酬管理体系能起到吸引和保留人才并激发员工工作热情的作用。但在设计员工薪酬时存在很多问题。例如，最大化个人努力的同时要保证团队合作，控制成本的同时要最大化员工的努力，为提升绩效提供激励的同时要避免因过大的报酬差异而可能产生的不公平感。很多实践表明，对不同的报酬计划加以组合，将有助于平衡不同目标之间的相互冲突，从而有助于减轻这些问题。

1. 薪酬基础和标准设定

员工获得薪酬的原因不外乎两点：第一，达到岗位任职要求；第二，按照岗位要求完成了各项工作的具体表现。但究竟什么是岗位的具体要求，怎样评价完成具体工作的成绩，需要公司人力资源部门编制岗位说明书、任职说明及绩效考评指标等一系列基础性工作。

2. 薪酬结构和薪酬设计

基于岗位职责说明书和绩效考评体系建立起来的薪酬制度，一般而言包括固定薪酬、业绩薪酬、福利等形式。

固定薪酬设计必须使员工薪酬水平保证相对的内部公平与外部公平。内部公平是指薪酬能够反映出各岗位对公司整体业绩的价值贡献，一般来说，人力资源部需要从三个方面对岗位进行评估：①岗位对知识技能的要求；②岗位对解决问题能力的要求；③岗位承担责任的大小。人力资源部门利用分析的结果确定薪酬差异范围，并设立岗位薪酬级别阶梯。内部公平隐含的意义之一，就是岗位之间的薪酬差距要体现出来。此外，公司制定固定薪酬时也需要考虑外部公平的问题，即薪酬是否具有市场竞争力。

福利是薪酬体系的必要补充，能有效缓冲员工对固定薪酬和业绩薪酬的相对不满。

3. 建立合理薪酬管理体系的步骤

要设计出合理科学的薪酬体系和薪酬制度，一般要经历以下几个步骤。

第一步：职位分析。职位分析是确定薪酬的基础。结合公司经营目标，公司管理层要在业务分析和人员分析的基础上，明确部门职能和职位关系，人力资源部和各部门主管合作编写职位说明书。

第二步：职位评价。职位评价（职位评估）重在解决薪酬的对内公平性问题。它是职位分析的自然结果，同时又以职位说明书为依据。

第三步：薪酬调查。薪酬调查重在解决薪酬的对外竞争力问题。团队在确定工资水平时，需要参考劳动力市场的工资水平。公司可以委托比较专业的咨询公司进行这方面的调查。薪酬调查的对象最好是选择与自己有竞争关系的公司或同行业的类似公司，重点考虑员工的流失去向和招聘来源。

第四步：薪酬定位。在分析同行业的薪酬数据后，需要做的是根据企业状况选用不同的薪酬水平。

第五步：薪酬结构设计。绩效工资是对员工完成业务目标而进行的奖励，即薪酬必须与员工为企业所创造的经济价值相联系。绩效工资可以是短期性的，如销售奖金、项目浮动奖金、年度奖励，也可以是长期性的，如股份期权等。

第六步：薪酬体系的实施和修正。在制定和实施薪酬体系的过程中，及时的沟通、必要的宣传或培训是保证薪酬改革成功的重要因素。人力资源部可以利用薪酬制度问答、员工座谈会、满意度调查等形式，充分介绍公司的薪酬制定依据。

建立合理的分配制度，将为项目的顺利实施提供强大的人力资源保障。

7.3.6 冲突管理

1. 冲突管理概述

冲突就是项目中各因素在整合过程中出现了不协调的现象。冲突管理是项目管理者利用现有技术方法，对出现的不协调现象进行处置或对可能出现的不协调现象进行预防的过程。

项目经理常常被称做冲突经理。首先，这是由项目的特性决定的，因为项目是有明确的目标性的，是我们在现有条件下对一个未来目标做出的选择。目标能否实现，会因为条件选择的错误和许多不可见因素的出现而困难重重。其次，矩阵式项目组织结构也容易在项目经理与职能经理或其他资源主管间发生摩擦。因此，项目经理是在对冲突的不断处理中走向项目目标的。

随着组织结构的不同，冲突的表现方式也有所不同。在常规的组织结构中，冲突或许可以避免；但在项目的组织结构中，冲突是变革的一部分，因此是无法避免的。在常规的组织结构中，冲突是由一些惹麻烦的人和自私自利的人引起的；但在项目的组织结构中，冲突是由系统结构和各个组件之间的关系确定的。

当然，并不是所有冲突都必定带来坏的结果。在常规的组织结构中，冲突是有害的；但在项目的组织结构中，冲突也许是有益的。我们说，解决冲突是为了完成项目任务。

冲突解决得好，可以加快任务的完成，节省项目的成本，提高项目的质量。冲突解决不好，则必然会使项目在时间进度、费用和性能指标上打折扣，甚至就根本不能完成项目任务，迫使项目中止。

美国项目管理专家科兹纳认为，进行冲突管理，要问四个问题：①项目的目标是什么，是否会与其他项目冲突？②为什么会产生冲突？③我们该如何处理冲突？④能否预先做某种类型的分析，以识别可能产生的冲突？

在项目管理中最常见的冲突类型包括人力资源、设备、基本建设费用、成本、技术见解和妥协、优先权、管理程序、时间规划、责任、个性等。

2. 冲突强度分析

上述类型在项目的不同生命阶段的表现强度也是不一样的。在对150位美国工程项目经理进行调查后，我们得出了如下结论（表7.7）。

表7.7 主要的冲突源和降低其不利影响的建议

项目生命期阶段	冲突源	建议
项目概念阶段	优先级	制定清楚的规划，与相关各方共同做出决策
	流程	制定详细的管理运作程序，然后用于对项目进行指导，确保取得重要的管理者的认可，制定不成文的规章
	进度	在项目真正开始之前，制订进度计划，对其他部门的优先级和对项目可能产生影响的事情进行预测
项目规划阶段	优先级	通过情况检查会，提供对项目计划和项目需求方面的有效的反馈信息
	进度	与职能小组协作，安排完成工作分解包（项目子单元）的时间
	流程	为关键的管理事项准备应变措施
实施阶段	进度	不断对工作进行监控，将情况通报给相关各方，对问题进行预测，并考虑备选方案，识别出需要密切关注的"故障点"
	技术	对于技术问题要尽早解决，与技术人员就进度和预算问题进行沟通，注重安排足够的技术测试，及早促成对最终设计的统一认识
	人力	及早对人手问题进行预测和沟通，与职能部门和人事部门一同确定人手需求和优先级
收尾阶段	进度	按项目生命期对进度进行严密的监控，考虑为容易产生工期延误的关键项目工作重新调派可用的人手，对可能影响进度的技术问题要立即加以解决
	个性和人力	为项目结束制订重新安排人力的计划，与项目班子和支持小组保持融洽的关系，尽力使"高度紧张"的氛围得到缓解

资料来源：Thamhain H J, Wilemon D L. Conflict management in project life cycles. Sloan Management Review, 1975, 16 (3): 31-50

（1）在项目概念阶段，冲突强度的等级排列顺序为项目优先级、管理流程、进度、人力、成本、技术、个性。

项目形成阶段的独特之处在于某些特征不像其他阶段那么具有代表性。例如，项目经理必须在一个更大的"主办"单位中启动项目。冲突常常在已经为项目所确立的优先级和其他直线职能部门所确立的优先级之间产生。管理流程是第二位突出的冲突源，它与几个至关重要的管理事件有关。例如，应当如何设计项目组织？项目经理的上级是谁？项目经理的职权有哪些？项目经理对人事和物料是否有控制权？要采用什么样的报告和通信渠道？由谁来制定进度和性能规范？

（2）在项目规划阶段，冲突强度的等级排列顺序为项目优先级、进度、管理流程、技术、人力、个性、成本。

关于项目优先级、进度和管理流程的争执仍然是导致冲突的主要原因。管理流程方面的冲突影响开始减弱，技术方面的冲突问题变得更加突出。

（3）在项目实施阶段，主要冲突源的强度等级排序为进度、技术、人力、优先级、流程、成本、个性。

技术方面的冲突也是实施阶段最主要的冲突源之一。导致这一阶段的高级冲突的原因主要有两个方面。首先，实施阶段的一个特点就是第一次集成了不同的项目子系统，如配置管理。由于这一集成过程的复杂性，缺乏子系统集成或者某个子系统的技术表现不佳，进而影响到其他组件和子系统，冲突时常会产生。其次，一个组件确实能够按照原型来设计，但并不一定就能确保消除所有的技术偏差。在极端情况下，在实施阶段，子系统甚至可能无法生成。可靠性和质量标准、各种设计问题和测试程序方面的问题，也会在实施阶段引发争端。所有这些问题都可能给项目带来严重的影响，使项目经理陷入激烈的冲突之中。

人力资源冲突排在第三位。在实施阶段，对人力的需求达到最高。如果职能团队同时还为其他项目提供人力，对可用人力的沉重压力与项目需求之间常常会产生冲突。

（4）在项目收尾阶段，冲突源的强度等级排列顺序为进度、个性、人力、优先级、成本、技术、流程。

3. 冲突解决方式

项目经理们依据他们的经验来确定实际解决冲突的方式。面对面协商（confrontation）是最常见的冲突解决方式，大约有70%的项目经理喜欢采取这种方式。妥协（compromise）的方式次之，其特点是通过交换来平息冲突。接下来是缓和（smoothing）的方式。强制（forcing）和退出（withdrawal）的方式分别排在第四位和第五位。

冲突管理使项目经理陷入一种不确定的境地，以至于不得不选取一种解决冲突的方法。

（1）面对面协商（或协作）。这种解决问题的方法是，冲突的各方面对面地会晤，尽力解决争端。此项方法应当侧重于解决问题，而不是变得好斗。这是协作与协同的方法，因为各方都需要获得成功。这一方法适用于：当项目经理和冲突的那一方都至少能够得到所需要的，甚至得到更多时；为了降低成本时；为了建立共同的权力基础时；为了攻击共同的敌人时；当技术较为复杂时；当时间充足时；有信任时；当项目经理相信他人的能力时；最终目标还有待于被认识时。

（2）妥协。妥协是为了做交易，或者说是为了寻求一种解决方案，使得各方在离开的时候都能够得到一定程度的满足。妥协常常是面对面协商的最终结果。有些人认为妥协是一种"平等交换"的方式，能够导致"双赢"结果的产生。另一些人认为妥协是一种"双败"的结果，因为任何一方都没有得到自己希望的全部结果。妥协的方法适用于：当冲突各方都希望成为赢家时；当项目经理无法取胜时；当其他人的力量与项目经理相当时；为了保持与竞争对手的联系时；当项目经理对自己是否正确没有把握时；若项目经理不这么做就什么也得不到时；当利害关系一般时；为了避免给人一种"好斗"的印象时。

（3）缓和（或和解）。这种方法是指努力排除冲突中的不良情绪，它的实现要通过强调意见一致的方面，淡化意见不同的方面。缓和的一个例子是，告诉他人："我们已经就五点意见之中的三点都取得了共识，为什么不能就剩下的两点达成一致呢？"缓和并不足以解决冲突，但却能够说服双方继续留在谈判桌上，因为还存在解决问题的可能。在缓和的过程中，一方可能会牺牲自己的目标以满足另一方的需求。缓和的方法适用于：为了达到一个全局目标时；为以后的折中先尽义务时；当利害关系不明显时；当责任有限时；为了保持融洽时；当任何方案都足以解决问题时；为了表示友好时；无论如何都会失败时；为了赢得时间时。

（4）强制（或对抗、不合作、固执己见）。这种方法是指一方竭力将自己的方案强加于另一方。当一项决议在最低可能的水平上达成时，强制的方法最能奏效。冲突得越厉害，就越容易采取强制的方式，其结果就是一种"赢—输"的局面，一方的获胜以另一方的失败为代价。强制的方法适用于：当项目经理是正确的时；正处于一种生死存亡的局面时；当利害关系很明显时；当基本原则受到威胁时；当项目经理占上风时（绝不要在不能够获胜的情况下挑起争端）；为了获得某个位置或某项权力时；短期的一次性交易时；当关系并不重要时；当明白这是在进行比赛时；当需要尽快做出一项决策时。

（5）退出。规避常常被当做一种临时解决问题的方法。问题及其引发的冲突还会接连不断地产生。有人把规避看做面对困境时的怯懦和不得已的表现。规避的方法适用于：当项目经理无法获胜时；当利害关系不明显时；当利害关系很明显，但项目经理尚未做好准备时；为了赢得时间时；为了消磨对手的意志时；为了保持中立或者保持名声时；当项目经理认为问题会自行解决时；当项目经理通过拖延能够获胜时。

主要的冲突源和降低其不利影响的建议如表 7.7 所示。

思考题

1. 常见的组织结构类型有哪些？各自的特点是什么？
2. 组织中人力资源管理的任务是什么？
3. 项目团队怎样才能选拔出最合适的人才？
4. 责任分配矩阵如何使用？
5. 如何理解团队中的"以人为本"？
6. 目前你所能见到的人员的获取途径都有哪些？
7. 了解一家公司或企业的薪酬结构，分析这种薪酬方式的激励效果如何？
8. 如何制订人才配备计划？试拟定一个小项目，为该项目制定一份人力资源需求分析书。
9. 团队成员间的沟通方式有哪些？找一个由于沟通不利导致失败的案例，分析事前该如何进行沟通。
10. 在项目团队中可能出现的冲突有哪些？如何识别冲突并化解？

案例

第8章 项目采购管理

项目采购管理几乎贯穿整个项目生命周期，项目采购管理模式直接影响项目管理的模式和项目合同类型，对项目整体管理起着举足轻重的作用。其重要性主要体现在以下几个方面：①采购费用占项目投资的比重很大；②采购物资的质量、成本对项目目标完成有重要的影响；③采购过程在整个项目管理中占据较大的工作量，是与项目外部交往的过程，不确定因素较多。采购往往涉及相当多的其他部门，采购的时间与整个项目的实施进度相适应，而且往往要考虑项目整个生命期的费用，而不是仅考虑最初的采购价格。采购是保证项目实施的物质基础的一项非常关键的活动，它甚至关系到项目的成败。如果采购活动的工作方式不当或者管理不得力，所采购的物资和服务达不到项目的规定要求，不仅会影响项目的顺利实施，而且还会影响项目的预期收益和未来现金流，甚至由于采购的失败而导致项目失败。

8.1 项目采购管理概述

项目采购管理（project procurement management）是指在项目整个实施过程中，有关项目组织为完成项目可交付成果，而从外部积极寻求和采购项目各种所需资源的管理。项目所需资源基本上分为两大类——产品和服务。产品包括厂房、机器设备、原材料、能源等各种类型的物质；服务包括劳务、咨询、设计、管理中介等各种活动。在项目诸多方面的管理中，绝不能忽视对项目采购的管理，要保证项目采购活动同项目施工进度的协调配合，保证项目实施所需的各种物资保质、及时、准确到位，这样可以有力地促进项目的成功，反之则有可能发生资源延时到位或不符合项目要求而使项目进度受阻或导致项目失败的情况。

8.1.1 项目采购管理的含义

项目采购是指从项目组织外部获得产品和服务的过程。它包含的买卖双方各有自己的目的，并在既定的市场中相互作用。卖方在这里称为承包商，常常又叫做供应商。承包商/卖方一般都把他们所承担的提供产品或服务的工作当成一个项目来管理。于是，这种管理具有以下特点：

（1）买方成为顾客，因而也就成为一个主要的利害关系者。

（2）卖方的项目管理组织必须关心项目管理的所有过程，而不仅仅是项目采购过程。

（3）分包合同的条款和条件构成了许多过程的关键依据。

鉴于采购在项目执行中的重要地位，项目采购管理就成为项目管理的一项重要内容。那么，什么是项目采购管理呢？项目采购管理是处理从项目组织外部获取产品和服务的一个知识领域。

本部分在讨论项目采购管理时，假定卖者来自于项目实施组织的外部。但对于与项目实施组织内部的其他单位签订的正式协议或某些非正式协议，同样可以参照本部分相关内容。

8.1.2 采购管理的过程

项目采购是一项很复杂的工作，必须遵循一定的采购程序，才能够保证采购工作有条不紊地进行。这些采购程序包括以下内容。

1. 做好准备工作

项目组织及其采购代理人，在实施项目采购工作之前，必须清楚地知道所需采购产品的有关情况，主要包括以下内容。

（1）根据项目设计的需要，确定所需采购的实物或服务的品种类型、性能规格、质量要求和数量等。

（2）了解市场情况，熟悉所需采购产品的市场（包括国际和国内两个市场）价格和供求情况，及时掌握所需采购产品的相关市场信息，建立良好的市场信息跟踪机制。

（3）了解有关产品或服务的保险、损失赔偿的法律法规及通行惯例。

（4）如果有必要到国际市场上采购，还需要了解有关国家的汇率情况、国际贸易的支付方法等信息。

（5）如果项目自有资金不足，需要以贷款或者融资租赁的方式采购一些大型设备，那么还需要了解国家的利率政策、出口信贷政策以及融资租赁的条件等。

2. 采购计划编制

制订采购计划的过程就是确定从项目组织外部需要采购哪些产品和服务，以便满足项目实施需要的过程。在这个过程中要明确：①项目在什么时间需要投入什么产品；②需要采购哪些产品；③何时采购；④怎样采购；⑤采购多少。并根据对这几个问题的回答，编制出详细可行的项目采购计划。

3. 制订项目采购工作计划

项目采购工作计划是以项目采购计划为依据的一个有关项目具体采购工作安排的细化文件，描述了项目采购有关工作的具体实施方案，如确定各种产品的采购方式、何时招标、何时询价、何时订货、何时签订合同、何时提货、何时付款等具体安排，以确保项目需要采购的各种资源能够在需要的时候准确到位。

4. 询价

确定了项目所需产品的采购方式之后，项目组织要根据采购方式的不同，搜寻市场价格，获得投标报价或供应商的报价单。

5. 选择产品供应商

询价工作完成之后，根据不同供应商的报价，按照事先制定的评价标准从众多的供应商中选择一个或多个作为项目所需采购产品的供应来源。

6. 合同管理

合同管理是指选定采购产品的供应商之后，项目组织与各个供应商进行谈判，确定供货条件、明确合同条款、签订合同、监督合同履行等一系列管理工作。

7. 合同收尾

合同收尾就是按照合同的规定和要求，对合同的提交结果进行核实和验收，并进行移交、付款以及解决未尽事项、结束合同的过程。

项目采购管理的这几个过程不是彼此分割独立的，它们之间及其与项目其他方面的管理（如成本管理、时间管理、质量管理）之间存在相互依存的关系，同时也存在某种程度的交叉和重叠，采购管理的好与坏直接关系到项目其他方面管理的成败。进行项目采购管理时，要同项目其他方面的管理紧密结合在一起，这样才能保证项目采购工作的顺利进行，同时也能够保证项目其他方面的工作得以顺利实施。

8.2 采购计划的编制

采购计划（procurement plan）是指企业管理人员在了解市场供求情况、认识企业生产经营活动过程和掌握物料消耗规律的基础上对计划期内物料采购管理活动所做的预见性的安排和部署。采购计划编制是确定从项目组织外部采购哪些产品和服务能够更好地满足项目需求的过程，它必须在范围定义中完成。采购计划编制涉及的需要考虑的事项包括是否采购、怎样采购、采购什么、采购多少及何时采购。

当项目从执行组织以外获得产品和服务时，对每项产品和服务都要执行一次从采购计划编制到合同收尾的过程。必要时，项目管理团队可能会寻求合同和采购专家的支持，并且让这些专家作为项目团队中的一员，尽早参与某些过程。

采购计划编制过程也包括考虑潜在卖方的过程，特别是在买方希望对询价决策施加一定的影响或控制的情况下。同时，也应考虑在项目执行过程中谁持有法律、法规或组织政策要求的相关许可证。

项目进度计划可对采购计划编制过程产生重大影响，同时，在编制采购计划过程中形成的决策也会影响项目进度计划，并与进度制定、资源估算以及自制或外购决策过程交互作用。

采购计划编制过程包括对每项自制或外购决策涉及的风险，以及就降低风险或将风险转移给卖方而使用的合同类型进行审核。

8.2.1 项目采购计划编制的前期准备

项目采购是一项很复杂的工作。它不但应遵循一定的采购程序，更重要的是，项目组织及其采购代理人在实施采购前必须清楚地知道所需采购的产品或服务的各种类目、性能规格、质量要求、数量等，必须了解并熟悉国内与国际市场的价格和供求情况、所需产品或服务的供求来源、外汇市场情况、国际贸易支付办法、保险、损失赔偿惯例等有关国内与国际贸易知识和商务方面的情况与知识。上述几个方面，都必须在采购准备及实施采购过程中细致而妥善地做好，稍有不慎，就可能导致采购工作的拖延、采购预算超支、不能采购到满意的或适用的产品或服务，而造成项目的损失，影响项目的顺利完成。

做好项目设计是采购计划编制的先决条件。一个项目的技术水平决定所需采购的内容。如前所述，采用最先进的技术、设备固然有很多益处，但先进设备和技术往往价格昂贵，而且如果其他产品或服务不能配套，必然很难充分发挥先进技术和设备的作用。此外，还应考虑到项目的技术和劳动力密集程度。

另外，也应考虑到，对采购产品或服务的技术要求的高低程度也影响供货一方的竞争性。技术参数要求过高，一般投标人望而生畏，有条件参加投标的承包商不多，结果就会削弱投标的竞争性，就有可能使价格抬高。反之，技术参数要求过低，参加投标的承包商多，竞争性也会增大，因而可能会采购不到理想的产品或服务。所以，技术水平要求一定要恰到好处。这样做，不但可以提高竞争性，而且对提高项目的质量和降低成本都能起到积极作用。项目的技术水平选定在什么等级上，应根据具体项目的目标而定。项目所需要的技术水平在项目计划和规划时就应慎重选定，务求以最低成本取得最佳效益，然后随着项目的进展逐步编制和完善采购计划。

采购计划前期准备的重要内容之一是熟悉市场情况，掌握有关项目所需要的产品及服务的市场信息。缺乏可靠的市场信息，往往会导致采购中的错误判断，以致采取不恰当的采购方法，或在编制预算时做出错误的估计。良好的市场信息机制应该包括以下三个方面。

（1）建立重要的产品来源记录，以便需要时就能随时提出不同的供应商所能供应的产品的规格性能及其可靠性的相关信息。

（2）建立同一类目产品的价格目录，以便采购者能利用竞争性价格得到好处，如商业折扣。

（3）对市场情况进行分析研究，做出预测，使采购者在编制采购计划、决定如何打包，以及采取何种采购方式能有比较可靠的依据作为参考。

当然，项目组织不大可能全面掌握所需产品及服务在国际、国内市场上的供求情况和各承包商/供应商的产品性能规格及其价格等信息。这一任务要求项目组织、业主、采购代理机构通力合作来承担。采购代理机构尤其应该重视市场调查和市场信息。必要时还需要聘用咨询专家来帮助编制采购计划，提供有关信息，直至参与采购的全过程。

8.2.2　采购方案的选择

计划的过程实质上就是设计备选方案并从中做出选择的过程。采购计划一般要对下列事项之一做出决策。

（1）通过一家总承包商采购所有或大部分所需要的产品和服务。例如，选择一家设计施工公司来完成一项基本建设设施；选择一家系统集成公司来研制某一电脑软件系统；成立一家合资企业承担一项工程项目。在这种情况下，从询价到合同终止的各个过程都只需实施一次。

（2）向多家承包商采购大部分需要的产品和服务。在这种情况下，从询价直至合同终止的各个采购过程都要在采购进行过程中的某个时候为每一个采购活动实施一次。这种方法一般都要有订货和采购专家的支持才能进行。

（3）采购小部分需要的产品和服务。这时，从询价直到合同终止的各个采购过程也要在采购进行过程中的某个时候为每一采购活动实施一次。这个方法在使用时有没有订货和采购咨询专家的帮助也能进行。

（4）不采购货物和设备。这种方法常用于研究和科技开发项目（当实施组织不愿别人得到项目技术信息时），以及许多小型的、机构内部的项目（当寻找和管理某种外部来源的费用可能超出潜在的费用时）。这时，从询价到合同终止的各个过程都不必实施。

8.2.3　采购计划编制的依据

1. 采购环境因素

环境因素分为内部因素与外部因素。内部因素包括企业的声誉、技术水平、财务状况、厂房设备、生产效率等；外部因素包括原料生产供应情况、技术发展情况、竞争者情况等。这些因素的变化都会对采购计划的编制产生影响。在编制计划时，需要注意这些变化，并能够很好地利用这些变化。

2. 组织过程资产

组织过程资产可提供在制订采购管理计划和选择合同类型过程中，需要考虑的正式和非正式的与采购相关的政策、程序、指导原则和管理体系。组织政策常常会限制采购决策，这些政策的制约因素包括：限制使用简单采购订单，要求超过一定金额的采购使用标准合同，要求使用特定格式的合同，限制特定的自制或外购决策的权限，要求使用特定规模的卖方。

3. 范围说明书

范围说明书中说明了项目目前的界限以及与项目范围相关的要求、制约因素和假设条件。制约因素是指限制买卖双方选择的各种因素。对于很多项目来说，最常见的制约因素之一是资金是否到位。其他制约因素包括要求的交付日期、现有的技术资源和相关的组织政策。合法的要求包括健康、安全、卫生、绩效、环境、保险、知识产权、许可证、执照等。

范围说明书提供了在采购计划编制过程中应予考虑的项目需求和策略方面的重要信息，同时也为项目及其产品和服务规定了一系列可交付成果和验收标准，并考虑应纳入采购文件中的所有要素，以及在合同中提供给卖方的所有要素。

范围说明书中的产品范围描述，为采购计划编制中考虑的项目产品和服务方面的技术问题提供重要信息。

范围说明书中的工作分解结构和工作分解结构说明为项目范围提供详细的系统计划。

4. 工作分解结构

工作分解结构阐明了项目各组件之间及其与项目可交付成果之间的关系。具体内容见第 2.3.4 小节。

5. 工作分解结构说明

工作分解结构说明提供了工作的详细说明，包括可交付成果的识别以及完成每项可交付成果所需的工作分解结构组件内的工作描述。

6. 项目管理计划

项目管理计划提供了项目管理的总体计划，包含相关子计划，如范围管理计划、采购管理计划、质量管理计划和合同管理计划（为采购管理计划提供指导）。采购计划编制过程必须考虑有哪些其他计划成果可利用。通常应加以考虑的其他计划成果包括以下内容。

（1）风险登记表：包含与风险相关的信息，如识别风险、风险责任人和风险应对策略等。

（2）与风险相关的合同协议：包括用以规定各方在具体风险发生时应承担责任的保险、服务和其他项目的协议。

（3）活动的资源要求：资源要求说明书细节的数量与详细程度，因应用领域而异。每一活动的资源要求文件可能包括每一资源的估算依据以及在确定资源类型、有无与多寡和使用量时所做的假设。

（4）项目进度计划：项目进度计划至少包括每项活动的计划开始日期和计划完成日期。如果早期阶段进行了资源规划，在资源分配未确认，计划开始与计划完成日期未确定之前，项目进度计划始终属于初步进度计划。这个过程一般发生在完成项目管理计划的制订之前。

（5）活动费用估算：活动费用估算是指完成活动所需资源的可能费用的定量估计，其表述可详可略。所有用到的资源均应列入估算范围，其中包括但不限于人工、材料、物资，以及诸如通货膨胀或费用应急储备等特殊范畴。

（6）费用基准：费用基准是按时间分段的预算，用做度量和监控项目整体费用的基准。它按时段汇总估算的费用编制而成，通常以"S"形曲线的形式表示。

8.2.4 采购计划编制的工具与技术

1. 自制或外购分析

自制或外购分析是一种通用的管理技术，是项目采购计划编制过程的一部分，用以确定某项具体产品或服务是由项目团队自行生产还是外购。在进行自制或外购决策过程中，应考虑项目预算的所有制约因素。如果决定外购，接下来则应决定是购买还是租赁。举一个小例子：一台复印机坏了，但根据调研，新买一个复印机的价格不菲，公司每个月的复印量也不是很大，买一台复印机后，不仅要承担复印机的纸张、炭粉、折旧费用，而且还要承担每年的维修费用。现在有复印机租用的业务，公司可以租用复印机，虽然每个月租费也不低，但是不必承担炭粉、折旧、维修等费用，总体算下来，还是比买一个复印机划算。于是，公司放弃了重新购买的计划，改为租用方式。此项分析包括直接费用和间接费用，在考虑外购时，分析应包括购买该项产品的直接费用，也应包括管理采购过程所需的间接费用。

在自制或外购分析中，如果决定外购，则要反映企业的长远规划和项目的当前需要。例如，决定购置某项固定资产而不是租赁，从项目经济效益上看可能合算，也可能不合算。但是，如果企业需要长期使用该项固定资产，则分摊到项目上的那部分购置费用有可能低于租赁费用。

企业的长远战略也是自制或外购分析中应考虑的内容。企业内可能不具备项目所需的产品。然而，企业将来可能会需要这些产品，或企业计划将来生产这种产品。尽管现有项目可能存在相关的制约因素，上述考虑可能会促使做出自制决策。在这种情况下，记入项目的费用可能少于实际费用，其中的差值代表了企业为未来做出的投资。

2. 专家判断

在编制采购计划时，经常需要专家的技术判断来评估采购计划编制的依据，也可依据专家的判断制定或修改评标标准。专家所做的合法判断包括由律师提供相关服务，协助做出非标准采购的条款和条件。专家判断（包括商业和技术方面的专家意见）不仅适用于采购的产品和服务的技术细节，也适用于采购管理的各个方面。

3. 合同类型

一般来说，不同类型的采购需要不同类型的合同。所选择的合同类型以及具体的合同条款，将界定买卖双方各自承担的风险水平。采购中通常采用以下三类合同中的一种。

（1）固定总价或总包合同。此类合同为产品规定了一个固定总价，固定总价合同也可以包括为达到或超过规定的项目目标时而采取的奖励措施。

（2）成本偿还合同。此类合同向卖方支付实际费用，通常会加上一笔酬金作为卖方的利润。费用通常分为直接费用和间接费用，直接费用是指专用于本项目的开支；间接费用又称管理费用或杂项开支，是指项目团队分摊到项目名下的经营费用，间接费用通常按直接费用的某个百分比来计算。成本偿还合同通常包括达到或超过预定目标时卖方获得奖金或红利的奖励措施。最常见的三种成本偿还合同是成本加酬金（cost plus fee，CPF）合同、成本加固定酬金（cost plus fixed fee，CPFF）合同、成本加激励酬金（cost plus incentive fee，CPIF）合同。

成本加酬金是指为卖方报销实施合同时发生的允许成本,同时卖方获得一定的酬金,该酬金通常按照商定的百分比以成本为基数计算。酬金因实际成本的不同而异。

成本加固定酬金是指为卖方报销实施合同时发生的允许成本,同时卖方获得固定酬金。

成本加激励酬金是指为卖方报销实施合同时发生的允许成本,同时,如果实现合同中规定的特定绩效目标,卖方将获得预定酬金,即激励酬金。在有些成本加激励酬金合同中,如果最终成本低于预期成本,则买卖双方可基于预定的分摊比例,共同享有节省的成本。

(3)时间与材料合同(time & material contract,T&M合同)。时间与材料合同是同时具有成本偿还合同与固定总价合同的某些特点的混合型合同。时间与材料合同与成本偿还合同的相似之处在于,它们同属敞口合同,在授标时并未确定其合同总价和应交付产品的确切数量。因此,时间与材料合同的合同价值可以增长,就像成本偿还合同一样。相反,买方与卖方可以事先就特定产品类型商定某些单价,在这个意义上,时间与材料合同可能与固定总价合同相仿。

买方规定的要求(如产品标准、绩效报告、成本数据等)以及其他因素(如市场竞争水平和风险水平)也将决定合同类型的选择。另外,卖方可将这些具体要求作为额外费用项。此外,还要考虑项目团队将来购买该产品或服务的潜在可能性。如果存在很大的潜力,则卖方将更倾向于或更愿意报最低的价格。虽然这可以降低项目费用,但是如果在买方对这种潜在的购买做出承诺但并未实现的情况下,可能会产生相关的法律纠纷。

8.2.5 采购计划编制的成果

采购计划编制的成果包括采购管理计划、合同工作说明书、自制或外购决策以及请求的变更。

1. 采购管理计划

采购管理计划描述如何管理从制定采购文件到合同收尾的采购过程,其内容包括:①采用的合同类型;②如果评估标准要求独立估算,由谁进行估算;③如果实施组织设有采购部门,项目管理团队本身应采取的行动;④管理多个供应商;⑤协调采购与项目的其他方面,如进度和绩效报告;⑥能够对采购造成影响的制约因素和假设条件;⑦处理购买产品所需的提前订货期,并与项目的进度计划进行协调;⑧进行自制或外购决策,并与资源需求和进度计划相联系;⑨明确合同中规定的可交付成果的交付日期,确保其与进度计划和控制过程相协调;⑩检查履约保函或保险合同,以降低项目风险;⑪为供应商提供有关如何建立和维持合同工作分解结构的说明书;⑫确定合同说明书应使用的格式和形式;⑬确定通过资格预审的供应商;⑭管理合同,并评估供货商所采用的采购衡量指标。

根据项目的具体要求,采购管理计划可以是正式的,也可以是非正式的,可以非常详细,也可以很粗略。此计划是整体项目计划的补充部分。

2. 合同工作说明书

每项采购合同工作说明书仅说明与合同相关的部分项目范围。根据范围说明书、工作分解结构和工作分解结构说明制定每项合同的工作说明书。合同工作说明书对所采购产品进行详细的描述，以便让潜在的供应商确定他们能否提供该采购项目的产品或服务。合同工作说明书的详细程度可以因采购项目的性质、买方的要求或者预计的合同形式而异。合同工作说明书包含的信息有规格、数量、质量水平、性能数据、履约期限、地点以及其他的要求。

合同工作说明书应力求清晰、完整、简练。它还应包括对所附带服务的描述，如与所采购产品或服务相关的绩效报告和售后技术支持等。某些应用领域对合同工作说明书有内容和格式上的具体要求。每个采购项目都要求有合同工作说明书，但也可将多个产品或服务归结为一个采购项目，并入一个工作说明书中。随着采购过程的推进，在合同签署之前，工作说明书可以根据要求做进一步的修改和细化。

3. 自制或外购决策

对产品和服务由项目团队自制或外购形成的决策，包括为应对风险而决定购买保险或履约保函。自制或外购决策文件可以比较简单，只需简要列出决策的原因和依据，如果以后的采购需要采用不同的方法，则可以重复这样的决策过程。

4. 请求的变更

采购计划过程可能会导致项目管理计划及其从属计划和其他组成部分提出变更请求，通过整体变更控制过程对请求的变更进行审查和处理。

■ 8.3 采购计划的实施

当编制出项目采购计划及其相应的各种项目采购计划工作文件之后，项目采购管理就进入项目采购计划的实施阶段了。项目采购阶段的首要任务就是依据采购规模、资金来源渠道及采购的产品和服务的性质与要求，对项目的采购方式进行选择。通常采用的采购方式可分为招标采购方式和非招标采购方式两大类。

8.3.1 招标采购的实施

招标采购一般适用于大型机器设备、建设工程的采购。它又可分为公开招标采购和邀请招标采购。公开招标采购是一种无限竞争性招标方式，为所有合格的投标者提供一个公平竞争的机会。由招标单位在媒体上发布招标广告，凡是符合投标条件的单位都可以在约定的时间内按照约定的条件和方法向招标单位提交投标意向书，通过招标单位的资格审查后，核准其购买招标文件，进行投标。根据招标工作的投标范围，又可以进一步将公开招标采购细分为国际竞争性招标和国内竞争性招标。邀请招标采购可以不在媒体上发布招标广告，不向大众公开招标信息，而是依据自己所掌握的一些供应商情况（如技术水平、经济实力、商业信誉）以及采购专家的建议，选择一些资质合格的单位发出投标邀请，应邀请单位（三家以上）在规定的时间内，按照规定的条件向投标单位提交投标意向书，购买招标文件进行投标。邀请招标采购可以降低招标采购的成本，减轻招标采购的工作量。

一般来说，招标采购具有平等性、竞争性和开放性的基本特征，要本着公开、公平、公正和诚实守信的原则进行。

按照标准的招标程序，公开招标一般分为以下三个阶段。

1. 招标准备阶段

这一阶段基本分为以下六个步骤。

（1）具有招标条件的单位填写招标申请书，报有关部门审批、获准后，组织招标班子和评标委员会。招标班子的组成人员要求：①有项目组织的代表或其委托的代理人参加；②有与项目采购规模相适应的技术、预算、财务和项目管理人员；③有对投标企业进行资格评审的能力。评标委员会一般由懂技术、经济、法律三方面的专家组成。

（2）编制招标文件和标底。招标文件应该详细说明：投标注意事项；合同的通用条款和专用条款；项目采购的对象、数量、规格、性能要求；投标方资格审查资料；投标书的格式内容及补充说明资料；招投标双方签订合同或协议的格式、履约保证金格式、预付款保函以及招投标双方的权利义务关系。招标文件既是投标方进行投标的依据，也是招标方进行评标的依据，同时还是招投标双方最终签订合同或协议的主要条款和内容。标底又称底价，是招标人对招标项目所需费用的自我测算的期望值，它是评定投标价的合理性、可行性的重要依据，也是衡量招投标活动经济效果的依据。标底应具有合理性、公正性、真实性和可行性。影响标底的因素很多，在编制时要充分考虑投资项目的规模大小、技术难易、市场条件、时间要求、价格差异、质量等级要求等因素，从全局出发，兼顾国家、项目组织和投标单位三者的利益。标底的构成包括三部分，即项目采购成本、投标者合理利润、风险系数。标底直接关系到招标人的经济利益和投标者的中标率，应在合同签订前严加保密。如有泄密情况，应对责任者严肃处理，追究其法律责任。

（3）发布招标公告。招标文件编制好后，即可根据既定的招标方式，在主要报刊上刊登招标公告或发出投标邀请通知。公告的内容主要包括：项目采购类目、项目资金来源、招标内容、时间要求、招标文件的价格及发放的日期和地点、投标的截止日期（需要具体到年、月、日、时）和地点、开标时间、招标单位的联系方式。

（4）投标者资格预审。资格预审是对申请投标的单位进行事先的资质审查，合格者方可发放招标文件。这样，可以确保招投标活动按预期要求进行，投标者都是有实力、有信誉的法人，通过预审筛选一部分不合格者，也可减少开标、评标工作量。资格预审的主要内容有投标者的法人地位、资产财务状况、人员素质、各类技术力量及技术装备状况、企业信誉和业绩等。

（5）文件答疑。标前会议是采购者给所有投标者提供的一次质疑机会。投标人应消化招标文件中提到的各类问题，整理成书面文件，寄往招标单位指定地点要求答复，或在答疑会上要求澄清。采购者在回答问题的同时，展示项目设计的有关资料，供投标单位参考。答疑会上提出的问题和解答的概要情况，应记录并作为招标文件的组成部分发给所有投标人。

（6）接受投标方提交的投标文件。

2. 开标评标阶段

这一阶段的主要工作包括以下内容。

（1）开标。开标是在招标公告事先确定的时间、地点，召集评标委员会全体成员、所有投标方代表和有关人士，在公证人员监督下，将密封的投标文件当众启封，公开宣读投标单位名称、投标项目、报价等并一一记录在案，由招标方法定代表签字认可。

（2）初审。开标程序很短，结束后即转入内部评审阶段。由招标工作班子和评标委员会对投标文件进行详细审阅、鉴别。应先进行初步审查，其内容包括：投标文件是否符合招标文件的要求；应该提交的技术资料、证明文件是否齐全；报价的计算是否正确；全部文件是否按规定签名盖章；有无招标人无法接受的附加条件；其他需要询问质疑的问题。

（3）询标。经过初步审查，对不符合招标文件的投标文件，按废标处理，对基本符合要求尚需投标者给予澄清的问题，招标工作班子应认真地整理出来，通知投标方进行书面回答，或当面会谈，进行询标质疑，相当于对投标文件进行答辩，国际上称作投标"澄清会议"。在询标过程中，招标人的质疑、投标方的澄清，均应做书面记录，经双方法定代表人签字后成为招标、投标文件的补充条款。

（4）评标。评标是一件复杂而又重要的工作，评标委员会应该坚持公正的态度，按预先确定的评标原则，一视同仁地对待每份合格的投标文件，从技术、交货时间、管理、服务、商务、法律等方面进行分析、评价。对每份投标文件都要写出书面分析资料和评价意见，拟写评价对比表和分析报告，选出 2~3 家预中标者的建议，供决标参考。

3. 决标、授标与签约阶段

这一阶段的主要工作包括以下内容。

（1）决标。评标委员会在听取招标工作团队口头汇报和分析初审时的评价对比表、分析报告的基础上，获取各种决标依据，评出一个技术合适、标价合理、服务优惠、质量和进度都有保证的最佳投标者，同时选定第二位、第三位中标者作候补，以防第一中标人发生变故，依次顶替。招标方根据评标委员会提出的评标意见和结果做出最后决定。评标工作必须在投标文件有效期内结束，一般规定从开标到确定目标单位间隔时间不超过 30 天，如因故不能在预期时间内完成，需征得各投标者的同意。另外，根据法律规定，出现下列情况之一，允许招标人拒绝全部投标：投标者少于三家，无竞争性；所有投标文件均未按招标文件要求编制；所有报价均大大偏离标底（一般 ±20%）。同时，如果发现招标方出于私利，故意拒标，也应追究其经济责任。

（2）授标与签约。投标人向中标人发出书面中标通知书称做授标。招标单位应在评标委员会确定中标单位后 2 日内发出中标通知书，并在发出通知书之日起 15 日内与中标单位签订合同，合同价等于中标价。中标人如逾期或拒签合同，招标人有权没收其投标保证金，以补偿自己的损失，同时通知第二中标人前来签约。如因招标单位的责任未能如期签约的，招标单位应双倍返还保证金，并保留中标单位的中标权。对未中标的单位，由招标单位通知其退回招标文件及有关资料，并退还其预缴的保证金，另外付给一定数量（300~1 000元）的标书编制补偿费。标书编制补偿费在招标单位管理费中列支。招标项目的合同文本中应包括招标文件、投标文件、双方签字的开标记录、询标记录、来往函电资料。合同经双方法定代表签字、单位盖章后生效。至此，招标工作结束，进入履约实施阶段。

在招标谈判之后，招标人一般应进行工作总结。首先是关于整个工作的全面总结；其次是向那些未中标者公开解释其失败的原因；有些投标失败者甚至会提出关于投标的抗议书，因此招标者需要准备一份书面报告来回答他们的问题。

8.3.2 非招标采购的实施

非招标采购方式包括国际或国内询价采购（通常称之为"货比三家"）、直接采购（或称直接签订合同）、征求建议采购和自营工程。

1. 国际或国内询价采购

国际或国内询价采购又称"货比三家"，它不需要正式的招标文件，只需先收集若干家（三家以上）供货商提供的产品报价，然后将各个报价及其供货条件进行分析比较，在既定的产品质量上，选择售后服务最好、价格最低的供货商。这种方式只适用于采购现货或价值较小的标准规格设备，或者适用于小型、简单的土建工程。

2. 直接采购

直接采购（或称直接签订合同）是指不通过竞争而直接签订合同的采购方式，通常适用于以下情况。

（1）对于已经授标并签约，而且正在实施中的工程或货物合同，在需要增加类似的工程量或货物量的情况下，可通过这种方式延续合同。

（2）考虑与现有设备配套的设备或设备的标准化方面的一致性，可采用此种方式向原来的供货商增购货物。在这种情况下，原合同货物应是适应要求的，增加购买的数量应少于现有货物的数量，价格应当合理。

（3）所需设备具有专营性，只能从一家供货商购买。

（4）负责工艺设计的承包人要求从指定的一家供货商购买关键的部件，以此作为保证达到设计性能或质量的条件。

（5）在一些特殊情况下，如抵御自然灾害，或由于需要早日交货，可采用直接签订合同的方式进行采购，以免由于延误而花费更多的费用。此外，在采用了竞争性招标方式（包括废弃所有投标而重新招标）而未能找到一家承包人或供货商能够以合理价格来承担所需工程或提供货物的特殊情况下，也可以采用直接签订合同的方式来洽谈合同。

3. 征求建议采购

征求建议采购类似于招标采购中的邀请招标采购，也是由采购机关通过发布通知的方式与少数供应商接洽，征求各方提交建议书兴趣，并对表示有兴趣的供应商发出邀请建议书。当采购对象只能从有限数目的供应商处获得，或审查和评估建议书所需时间和费用与服务价值不相称，或为确保机密，或出于国家利益的考虑，采购者可直接向供应商征求建议。邀请建议书中一般应载明采购者的名称、拟采购对象的性质、特点、时间、价格的表达方式，提交建议书的方式、地点和截止日期、中选标准、评审标准及程序等内容。这种方式通常用于以下情况。

（1）采购实体不能按招标的要求精确而细致地拟定技术规格，并且需要节省采购成本的时候。在这种情况下，公开招标方法不是最经济有效的采购方法。采购实体不知道如何才能达到某一需求，需要寻求各种解决办法建议。

（2）对服务采购、计算机采购等无法事先确定技术规格或无法知道如何满足采购要求的情况比较适用。

4. 自营工程

自营工程是土建工程中采用的一种采购方式。它是指项目业主不通过招标或其他采购方式而直接使用自己国内、省内的施工队伍来承建的土建工程。自营工程主要适用于下列情况。

（1）工程量的多少无法事先确定。

（2）工程的规模小而分散或所处地点比较偏远，使承包商要承担过高的动员调遣费用。

（3）必须在不干扰正在进行中的作业的情况下进行施工，并完成工程。

（4）没有一个承包商感兴趣的工程。

（5）如果工程不可避免地要出现中断，在此情况下，其风险由项目业主承担，比承包人承担要更为妥当。

8.4 项目合同管理

项目组织与供应商或承包商就产品和服务的买卖达成一致并签订合同后，项目采购管理就进入合同管理阶段。合同管理是保证供应商或承包商的实际工作满足合同要求的过程。

8.4.1 项目合同的基本概念

1. 项目合同的概念

合同被定义为："平等主体的自然人、法人、其他组织之间设立、变更、终止民事权利义务关系的协议。"合同具有如下法律特征。

（1）合同是一种民事法律行为。民事法律行为是重要的法律事实，是民事主体实施的、能够引起民事权利和民事义务的产生、变更或终止的合法行为。合同既然是一种民事法律行为，则在本质上属于合法行为，这就是说，只有在合同当事人所做出的意思表示是合法的、符合法律要求的情况下，合同才具有法律约束力，才受到法律保护。

（2）合同是两个以上当事人意思表示一致的民事法律行为。由于合同是合意的结果，因此它必须包括以下要素：合同的成立必须要有两个或两个以上的当事人；合同各方当事人须相互做出意思表示，也就是说，当事人各自从追求的利益出发而做出意思表示，双方的意思表示是相互的，才能成立合同；各个意思表示是一致的，也就是说，当事人达成了一致的协议。

（3）合同是以设立、变更、终止民事权利义务关系为目的的民事法律行为。任何法律行为均有目的性，合同的目的性在于设立、变更、终止债权债务关系。

（4）合同是当事人各方在平等、自愿的基础上产生的民事法律行为。在民法上，当事人各方在订立合同时的法律地位是平等的，所谓的意思表示是自主自愿的。

2. 项目合同的主要条款及合同分类

《中华人民共和国合同法》（简称《合同法》）第12条规定合同的主要条款包括8项：当事人的名称或者姓名和住所；合同的标的；标的的数量；标的的质量；价款或者报酬；履行期限、地点和方式；违约责任；解决争议的方法（表8.1）。

表 8.1 合同分类表

序号	划分方式	合同名称
1	按业务范围划分	供应、租赁、借用、承揽、运输、信托、保管、委托、联营、合伙、社会服务、科研、保险等合同
2	按权利、义务划分	双务（当事人双方同等对应的权利、义务）合同、单务（当事人一方承担义务，他方只享有权利，如无息贷款）合同
3	按获得利益的情况划分	有偿合同、无偿合同
4	按标的划分	实体合同、虚体（如服务、科研、设计）合同
5	按是否交付标的划分	诺成（达成协议即告成立，如承包合同）合同、实践（要交付标的才成立，如保管、运输）合同
6	按国家计划与市场调节划分	统配物资分配计划合同、市场调节合同
7	按从属关系划分	主合同（如业主与总包之间的合同）、分合同（如总包与各分包之间的合同）
8	按合同期长短划分	长期（一年以上）合同、短期（一年及一年以下）合同
9	按法律效力划分	有效（具有法律效力，期限未超过合同规定，内容符合法律要求）合同、无效（不产生法律效力或已丧失法律效力）合同
10	按标的项目划分	单一（标的只有一项）合同、多项（标的在两项以上）合同
11	按标的所有权划分	让渡（如商品交换合同）合同、租赁合同
12	按利益划分	为当事人利益合同、为第三者利益合同（如人身保险）

8.4.2 合同管理及其主要内容

项目采购合同管理就是为了实现项目采购计划，保证供应商或承包商按照合同约定履行义务，而运用各种手段、采取各种措施进行管理。在项目的整个实施过程中，合同管理都贯穿其中，是项目全面管理的一个重要组成部分。当采购合同涉及多个供应商或承包商时，项目的合同管理还要包括协调多个供应商和承包商合同关系的管理。

一般来讲，项目采购合同管理的主要内容有以下几点。

1. 对供应商或承包商工作的监督管理

项目组织应该根据合同规定，对供应商或承包商的工作进行必要的跟踪控制管理。

项目组织要在适当的时间，以适当的方式方法，监督和控制供应商或承包商的工作，确保他们的工作能够有效地达到合同目标，保证项目产品和服务的及时供应。例如，派技术专家到供应商或承包商的工作现场，按照项目的技术要求直接指导和监督工作。在项目的实施过程中，在某种产品投入之前的一段时间内，项目组织要保持同产品供应商的联系，督促他们按时交货，以免延误项目的进度。此外，在成本补偿合同中，项目组织要及时了解产品供应商或承包商的成本情况，当实际成本大幅超过计划成本时，双方就必须及时对产品供应情况进行调整，以确保项目成本目标的实现。

2. 采购质量控制管理

为确保项目采购的产品或服务符合项目的设计和要求，项目组织需要根据合同条款，对供应商或承包商提供的产品和服务进行检查和验收工作。其采用的方式主要有凭到货的现状验收、凭产品的样品验收、专门检验机关的检测验收。

3. 合同变更的管理

在合同的实施过程中，由于合同双方的因素或外部存在的种种不确定性因素，可能会根据合同变更协议条款对合同中的某些条款进行变更修改。合同的变更会对双方的利益产生一定的影响，因此在变更时双方的意见要达成一致。此外，除了合同中的变更约定条款之外，《合同法》也对合同变更做了相应的法律规定：合同双方当事人中的任何一方都可以提出合同变更或解除的书面建议，建议中应包括变更或解除合同的充足理由和改变后的合同条款；对方在接到变更建议书后，如无异议即发生变更效力；若有异议双方可以谈判协商，或者请求法院、仲裁机关决定；合同变更协议未达成之前，原合同条款继续生效；对变更达成一致意见后，双方需签订书面的合同变更协议，这些协议与合同一样具有法律效力；合同当事人一方提出变更建议，另一方在接到通知后应该在规定或约定的时间内予以答复，逾期不答视为默许。

4. 解决纠纷

在合同的履行和变更过程中，价格、付款、索赔以及其他种种因素常常导致合同双方的争议和经济纠纷。当出现这些情况时，要依照合同中有关解决争议和纠纷的条款进行处理；如果没有此类条款，就请双方都认可的第三方进行调解，如果对调解不能达成一致，就应该交由法院或仲裁机关，通过诉讼、复议的方式，依照法律规定的纠纷处理原则来解决。

5. 项目组织内部对于变更的理解

项目合同发生变更后，项目组织应该通知所有项目成员有关合同变更情况并征得他们的理解和认可，同时分析合同的变更会给项目带来哪些方面的影响以及应采取的调整措施，以确保项目各方面工作的协调进行。

6. 支付管理

采购合同支付方式的选择应该符合法律规定。通常，法律上认可的采购合同支付方式有两种，即现金支付方式和转账支付方式。一般限定数额以内的小额价款结算可以采用现金支付方式。大额价款的结算必须通过开户银行，将资金做账面上的划拨。项目组织应该依据合同条款中确定的支付办法，按照供应商或承包商提交完工产品的数量和质量进行付款，并对其进行严格管理。

8.4.3 项目合同管理的依据、工具与技术以及成果

1. 项目合同管理的依据

项目合同管理的依据主要有合同文件、合同管理计划、选中的供应商或承包商、供应商或承包商的绩效报告、变更请求以及供应商或承包商提供的单据。

2. 项目合同管理的工具与技术

（1）合同变更控制系统。合同变更控制系统规定合同修改的过程，包括文书工作、跟踪系统、争议解决程序以及批准变更所需的审批层次。合同变更控制系统应当与项目其他方面的变更控制系统有机地结合起来，进行集成管理。

（2）进行绩效审核。采购绩效审核是指按照合同规定审查供应商或承包商在规定的费用和进度计划范围内，按照质量要求完成项目范围的绩效情况，包括对供应商或承包商编制文件的审查和进行检验以及在供应商或承包商实施工作期间进行的质量审查。绩效审核的目标是确定履约成败情况，在完成合同工作说明方面的绩效情况，以及合同未得以遵循的情况，以便对供应商或承包商履行工作的能力进行量化。

（3）检验和审计。检验和审计是指合同中规定的买方要求的，并由供应商或承包商予以支持的检验和审计活动。检验和审计活动在项目实施过程中进行，以确定供应商或承包商工作过程或可交付成果中存在的缺陷和问题。

（4）绩效报告。绩效报告为管理人员提供卖方在实现合同目标效率方面的信息。合同绩效报告应当与项目绩效报告结合起来。

（5）支付系统。在向供应商或承包商进行付款时，必须经过项目有关管理人员的审查和批准，经认可后，方可对其支付价款。

（6）合同档案管理系统。合同档案管理系统作为项目管理信息系统的组成部分，是被整合为一体的一套具体的过程、相关的控制职能和自动化工具。项目经理使用合同档案管理系统对合同文件和记录进行管理，该系统用于记录合同文件和通信，并协助相关的检索和归档。

（7）信息技术。信息和沟通技术的使用可通过实现合同档案管理系统、付款系统或绩效报告的自动化，来提高合同管理的效率和效力，并在买卖双方之间实现电子数据交换。

3. 项目合同管理的成果

（1）合同文件。合同文件包括合同以及所有支持性进度计划、未批准的合同变更请求和批准的合同变更请求。合同文件也包括供应商或承包商制定的技术文件和其他工作绩效信息，如可交付成果、绩效报告、保修、财务票证，包括发票和付款记录以及合同检验结果。

（2）合同变更。由于种种不确定性因素和项目的变化，以前签订的合同会发生一定程度的变更甚至终止而签订新合同。有关合同变更的具体情况应该反映到项目的其他有关计划中（如进度计划、成本计划等），并在必要时更新项目计划或其他有关文件。

（3）推荐的纠正措施。推荐的纠正措施是指为使供应商或承包商符合合同条款的规定而需采取的所有行动。

（4）付款时间表和付款申请。供应商或承包商按照合同约定履行供货义务后，向项目组织提交付款时间表和付款申请。

8.4.4 项目合同的变更、解除和终止

1. 项目合同变更的特征

项目合同的变更通常是指由于一定的法律事实而改变合同的内容和标的的法律行为。它的特征如下：①项目合同的双方当事人必须协商一致；②改变合同的内容和标的；③合同变更的法律后果是将产生新的债权和债务关系。

2. 项目合同解除的特征

项目合同的解除是指消灭既存的合同效力的法律行动，其主要特征有三点：①项目合同的双方当事人必须协商一致；②合同当事人应负恢复原状的义务；③项目合同解除的法律后果是消灭原合同的效力。

合同的变更和解除属于两种法律行为，但也有其共同之处，即都是经项目合同双方当事人协商一致，改变原合同的法律关系。其不同的地方是，前者产生新的法律关系，后者是消灭原合同关系，而不是建立新的法律关系。

3. 项目合同变更或解除的条件

根据我国现行的法律、有关的合同法规以及经济生活与司法实践来看，一般须具备下列条件才能变更和解除项目合同：①双方当事人经过自愿协商同意，并且不因此损害国家利益和社会公共利益；②不可抗力致使项目合同的全部义务不能履行；③由于另一方面在合同约定的期限内没有履行合同，且在被允许的推迟履行的合理期限内仍未履行；④项目合同当事人的一方违反合同，以致严重影响订立项目合同时所期望实现的目标或致使项目合同的履行成为不必要；⑤项目合同约定的解除合同的条件已经出现。当项目合同的一方当事人要求变更、解除项目合同时，应当及时通知另一方当事人。因变更或解除项目合同使一方当事人遭受损失的，除依法可以免除责任之外，应由责任方负责赔偿。当事人一方发生合并、分立时，由变更后的当事人承担或者分别承担项目合同的义务，并享受相应的权利。

4. 项目合同变更或解除的程序

项目合同的变更和解除需要一定的程序。根据我国目前的有关法规和司法实践，其程序一般为：①当事人一方要求变更或解除项目合同时，应当事先向另一方用书面的形式提出。②另一方当事人在接到有关变更或解除项目合同的建议后应即时做出书面答复，如同意，则项目合同的变更或解除发生法律效力。实际上，以上两点同合同订立的程序基本相同，即一方提出要约，另一方做出承诺或接受，其区别在于项目合同的变更和解除，是在原合同的基础上进行的。③变更和解除项目合同的建议与答复，必须在双方协议的期限之内或者在法律或法令规定的期限之内。④项目合同的变更或解除如涉及国家指令性产品或工程项目时，必须在变更或解除项目合同之前报请下达该计划的有关主管部门批准。⑤因变更或解除项目合同发生的纠纷依双方约定的解决方式或法定的解决方式处理。

除不可抗力致使项目合同的全部义务不能履行或者由于项目合同的另一方当事人违反合同以致严重影响订立合同所期望实现的目标的情况之外,在协议尚未达成之前,原项目合同仍然有效。任何一方不得以变更和解除为借口而逃避责任和义务,否则仍要承受法律上的后果。

5. 合同的终止

当事人双方依照合同的规定,履行其全部义务或双方一致确定合同的目标不可能实现,合同即行终止。我国《合同法》所认可的合同终止原因有以下几种:①当事人全部履行合同义务而宣告合同终止;②合同的权利人和义务人混同一人时,合同自行终止;③合同因不可抗力而无法继续执行而终止;④合同双方当事人协商同意而终止;⑤仲裁机构裁决或者法院判决宣告合同终止。

8.4.5 项目合同的索赔管理

1. 索赔的起因

在有些采购项目(如工程项目采购)中,索赔是经常发生的。项目各参加者属于不同的单位,其经济利益并不一致。而合同是在项目实施前签订的,合同规定的进度和价格是基于对环境状况和项目特点的预测,同时又假设合同各方面都能正确履行合同所规定的责任,而在项目实施中常常会由于如下原因产生索赔。

(1)由于客户或其他最终用户没能正确地履行合同义务。例如,未及时交付场地、提供图纸,未及时交付由其负责的材料和设备,下达了错误的指令、错误的图纸、招标文件,以及超出合同规定干涉供应商或预承包商的施工过程等。

(2)由于客户或最终用户因行使合同规定的权利而增加了项目组织的花费和延误了进度,按合同规定应该给予补偿。例如,增加工作量,增加合同内的附加任务;或要求项目组完成合同中未注明的工作,要求项目组作合同中未规定的检查,而检查结果表明项目组的工程(或材料)完全符合合同要求。

(3)工程中经常发生的情况,由于某一个工作组完不成合同责任而造成的连锁反应。例如,工程项目中由于设计单位未及时交付图纸,造成土建、安装工程中断或推迟,土建和安装承包商向业主提出索赔。

(4)由于环境变化。若环境发生变化,如战争、动乱、市场物价上涨、法律变化、反常的气候条件、异常的地质状况等,则按照合同规定,应该延长进度,调整相应的合同价格。

2. 索赔管理

由于有些项目技术和环境的复杂性,索赔是不可能完全避免的。在现代工程中索赔额通常都很大,一般都有 10%~20% 的合同价,而在国际工程招标中超过合同价 100% 的索赔要求也不罕见。而且,业主与供应商或承包商之间、承包商与分包商之间、承包商与其他供应商之间、承包商与保险公司之间都有可能发生索赔。索赔管理包括索赔和反索赔。

(1)索赔。索赔是对自己已经受到的损失进行追索,包括:在日常的合同实施过程中预测索赔机会,即对引起索赔的索赔事件做预测;在合同实施中监督和发现索赔机会;处理索赔事件,及时提出索赔要求,妥善解决争执。

(2)反索赔。反索赔着眼于防止或减少损失的发生。通常,反索赔有:反驳对方不合理的索赔要求,即反驳索赔报告,推卸自己对已发生的索赔事件的责任,否定或部分否定对方的索赔要求;防止对方提出索赔,通过有效的合同管理,使自己不违约,处于不能被索赔的地位。

3. 索赔管理的工作过程

索赔管理工作过程中涉及的工作包括两个层次:①合同双方索赔的提出和解决。它一般由合同规定,如果未按合同规定的程序提出,常常会导致索赔无效;②项目组织内部的索赔(或反索赔)管理工作。总体上,按照国际惯例(如 FIDIC 合同),索赔工作过程包括索赔意向通知、起草并提交索赔报告、解决索赔等。

(1)索赔意向通知。在引起索赔的事件发生后,供应商或承包商必须迅速做出反应,在一定时间内(FIDIC 规定为 28 天),向业主(或监理工程师)发出书面索赔意向通知,声明要对索赔事件提出索赔。这个意向通知书可采用函件的形式,一般包括下述资料:索赔编号和索赔名称;索赔依据的合同条款;简要说明索赔的基本依据;索赔事件是否有长期连续性的影响;索赔的大致金额;索赔依据的有关活动或条件的开始日期。

(2)起草并提交索赔报告。在提交索赔意向通知书后一定时间内(FIDIC 规定为 28 天),项目单位必须提交正规的索赔报告(包括索赔报告、账单、各种书面证据)。在这个阶段中,项目组有大量的管理工作,主要包括以下内容。

• 事态调查。即对索赔事件的起因、过程、状况进行调查。这样可以了解索赔事件的前因后果,只有存在索赔事件,才可能提出索赔。

• 索赔事件的原因分析。即索赔事件是由谁引起的,是谁的责任。只有是属于对方或者他方责任,才可能提出索赔。

• 对索赔根据的分析和评价。索赔要求必须符合合同要求,必须有合同支持,即按合同条款规定应该赔偿。为此,常常要进行全面的合同分析。

• 损失调查。索赔以赔偿实际损失为原则,如果没有损失,则没有索赔。这主要是通过对索赔事件的影响分析、对关键路径和工程成本的分析得到。

• 搜集证据。没有证据,索赔要求是不能成立的。这里的证据包括广泛的内容,主要为反映索赔事件发生、影响的各种工程文件和支持其索赔理由的各种合同文件及各种分析文件。

• 起草索赔报告。索赔报告是上述工作的总结。

• 提交索赔报告。

(3)解决索赔。从递交索赔报告到最终获得(或支付)赔偿是索赔的解决过程。从项目管理的角度来说,索赔应得到合理解决,无论是不符合实际情况的超额索赔,还是通过强词夺理对合理的索赔要求赖着不赔,都不是索赔的合理解决。

由于双方的利益不一致,对索赔的解决会有许多争执,通常可以通过协调、调解、仲裁等手段解决。

8.4.6 合同收尾

合同收尾过程类似于项目收尾过程，它涉及产品和服务核实（所有工作是否已经正确地、令人满意地完成了）和管理收尾（更新记录以反映最终结果，并对这些信息归档以备将来使用），合同收尾考虑了项目采购过程中的每项合同。在合同收尾后，未解决的争议可能需要进入诉讼程序。买方通过其授权合同管理员向供应商或承包商发出合同已经完成的正式书面通知，合同条款中一般规定合同正式收尾的要求和具体程序。合同提前终止是合同收尾的一项特例，可因双方的协商一致产生或因一方违约产生。双方在提前终止情况下的责任和权利在合同终止条款中规定。依据这些合同条款和条件，买方有权随时有因或无因终止整个合同或部分合同。但是，基于这些合同条款和条件，买方可能需要就此对供应商或承包商的准备工作进行赔偿，并就与被终止部分相关的已经完成和被验收的工作支付报酬。

8.5 软件项目采购管理

本节主要关注采购一个项目软件的服务，或者采购新的软件产品，如采购定制化软件或交钥匙基础设施。本节还介绍了软件产品所用到的商用现成品或技术（commercial-off-the-shelf，COTS）的采购。授权软件包许可证、获取修改开源软件的权限、重用现有组件以及购买软件开发的专业服务都是软件采购的元素。

因为软件开发需要频繁更新来满足功能需求的变动、解决安全威胁或者提供基础设施的升级，所以不购买持续维修服务的条款是非常少见的。有时，软件采购方获得的许可证有禁止访问软件源代码的特定条款和条件；在这种情况下，购买方需要付费升级。当没有初始购买费用时，如免费软件或开源软件，软件的改编成本、版本控制和维护的成本是采购的考量。

本节没有涉及采购代理的专业工作，如合同管理员和软件买手，也没有涉及合同的法律法规细节，以及软件、文档和其他知识产权的协议，这些法规在每个国家都不同。

8.5.1 规划采购管理

规划软件采购的第一步是决定需要采购一个软件产品或服务。组织可能会做一个业务案例分析、交易研究、可用能力的市场调查、需求评估或"自制或外购分析"，来决定购买软件或服务是不是满足资源需求的最佳方案。在进行采购前把备选方案记录在文档中，并与项目干系人沟通采购策略，是良好的实践。

8.5.2 实施采购

软件项目采购的主要活动包括为潜在供应商提供采购包并和他们沟通、接收并评估报价，预选一个或多个供应商，以及和选中的供应商谈判协议。

对于商业可用的软件包，价格可能是主要决定因素。但是如果卖方被证实不能按时、保质交付产品、服务或结果，那么最低的出价可能不是最低成本。评估供应商应该考虑供应商的项目管理实践和组织稳定性，还应该评估供应商违约风险。一种控制风险的方式是增加合同条款，要求在发生合同纠纷或供应商组织解体的情况下，把源代码交予第三方保管。

在审查建议书时，采购方可决定对项目最好的选择是修改 SOO（statement of object，即目标说明书）或 SOW（statement of work，即工作说明书）。RFP（request for proposal，即需求方案说明书）和最终协议之间的改动可通过谈判来支持，如支付能力、及时完成一个可交付的软件特性的基本集合、工作绩效涉及的特定关键员工预留条款、降低风险、供应商的进度计划与项目主进度计划的吻合、额外任务或功能及未来升级等。谈判也可解决产品验收、报告、成本、使用、知识产权、数据权限等问题。

8.5.3 控制采购

因为 COTS 和免费开源软件产品通常有频繁的发布周期和安全更新，为了保持现状，就需要在安装和维护当前版本上有持续的资源支出。理解 COTS 或开源软件产品可能的演化和预期寿命也是有帮助的。软件供应方可能会中止对产品的支持，或者第三方或开源社区的支持可能会改变或消失。

8.5.4 结束采购

软件采购活动通常在软件项目结束之前结束，但是采购服务或软件产品的需求可能会持续。结束一个采购活动可能是开始另一个采购持续维护服务的信号。还有一个注意事项是，今后采购方能支持技术改变的长期技术相关性和能力。当一个软件项目经理计划集成一个 COTS 产品或定制软件到项目组的产品时，项目经理需要知道，开发 COTS 产品或定制 COTS 产品的技术可能会对未来产品改进有负面影响。

思考题

1. 什么是项目采购？项目采购包括哪些程序？
2. 编制采购计划的依据有哪些？
3. 项目实施组织如何进行自治或外购决策？
4. 招标的基本特征和基本原则有哪些？

案例

5. 在招标准备阶段，有哪些工作要做？
6. 项目合同管理的依据有哪些？
7. 什么是合同变更？它的特征是什么？
8. 在哪些条件下，合同可以变更或解除？

第9章

组织级项目管理

在竞争环境中，组织所面临的重要挑战就是关注其战略目标，并采用有效的方式实现这些战略目标。项目管理是实现组织战略目标的基本途径。但是，组织仅仅对单个项目进行管理是不够的，还必须通过对组织级的项目群和项目组合进行集中管理，以有效地利用组织的资源，在更高的层次上更好地实现组织的战略目标。组织级的项目管理为组织战略的落地、战略目标的改进提供了一种方法，它逾越了组织的战略目标和各个项目目标之间的鸿沟。

本书的前面各章主要讨论的是如何对单个项目进行管理，本章重点讨论组织级的项目管理、成熟度模型以及提升组织级项目管理能力的步骤，并介绍了某航天单位组织级科研生产管理评估成熟度模型的应用案例。

9.1 组织级项目管理的基本概念

9.1.1 组织级项目管理定义

组织（organization）一词可以指一个完整的公司、联合会或学会，也可以指业务部门、功能团体、部门或者整体内的分支机构等。

组织级项目管理（organizational project management，OPM）就是将知识、技能、工具和技术应用于组织和项目的活动中，实行与组织的战略目标相一致的项目、项目群和项目组合的系统管理。组织级项目管理的目的是确保组织正确地选择应该做的项目，并合理地分配其关键资源；同时，使组织的各层次人员能理解战略愿景，并推动这些愿景的实现，建立目标和措施之间的关系。

9.1.2 组织级项目管理意义

组织级项目管理可以带来的好处包括以下两个方面。

1. 逾越组织的战略和各个项目之间的鸿沟

在经济全球化的环境中，各种组织都面临着全方位的竞争。一方面是外部赛场，另一方面是内部训练。技术、经营与经济环境的巨大变化，为那些在巨大变革中进行管理改革和寻求发展的组织提供了众多的机遇和挑战。组织所面临的一个重要挑战就是关注战略目标，在与外部压力相适应的同时实现这些战略目标。因为组织是以战略目标为导向的，组织级项目管理可以使组织通过项目管理原则、方法的应用和实践，有效地管理组织中的单个项目、项目群和项目组合，为改善组织的战略目标提供一种途径。

2. 有规划地改进组织级项目管理能力

通过组织级项目管理可以建立组织级项目管理体系和机制，建立组织级项目管理系统的标准和规范，有规划地提升组织的持续改进能力，并改进组织中单个项目、项目群和项目组合管理能力，减少不同部门、团队间项目管理的水平差距。组织要想在市场中保持持续的竞争力、赢得优势，就必须有内部和外部的基准用来比较和持续地改进自己。进行组织级项目管理就是要制定并实施一个标准，来准确地确定它所具备或不具备的组织级项目管理能力，根据评估结果，选择能有效提升项目管理能力和组织持续改进能力的措施和方法，以更好地支撑组织战略的实现。

9.1.3 组织级项目管理最佳实践

1. 最佳实践

最佳实践是某行业目前所公认的实现既定目标的最佳途径。最佳实践是动态的和发展的，使用最佳实践会提高既定目标实现的可能性。

2. 组织级项目管理最佳实践的种类

组织级项目管理最佳实践是为实现组织战略而准确、连续和成功地开展项目活动的能力。组织级项目管理最佳实践种类繁多，一般应包括：①建立适当的管理结构；②实现过程的标准化和集成；③应用"能力"度量数据；④控制并持续改进过程；⑤做出项目管理的承诺；⑥确定项目的优先级，使其与组织战略相一致；⑦利用成功标准来继续或中止项目；⑧发展项目管理的个人技能；⑨在项目上进行资源分配；⑩改进团队工作。

3. 组织级项目管理最佳实践的作用

组织级项目管理最佳实践通过提供一组基础广泛的项目管理最佳实践，来衡量组织的项目管理水平。同时它也可以为组织中的不同团队制定通用的和一致的语言、工具和过程；作为培训和开发人力资源的基础；作为组织竞争力评估的一个工具；使组织能够将所取得的经验教训应用于项目的整个生命期。

4. 最佳实践的基础——能力

最佳实践是由一系列能力构成的，能力是最佳实践的前提条件，或者说，能力集合成最佳实践，具备了某些能力就预示着对应的最佳实践可以实现。一系列的能力可导致一个最佳实践的出现，而能力整合为最佳实践需要有相应的路径，包括一个最佳实践内部的和不同最佳实践之间的各种能力的相互关系。

5. 最佳实践和能力的分类

最佳实践和能力通过两类指标来描述——领域（domain）和阶段（stage）。"领域"指的是项目管理、项目群管理和项目组合管理三个领域。每个最佳实践和能力一般都以组织级项目管理的这些领域中的一个或多个来加以识别。"阶段"指的是组织级项目管理过程改进的各个阶段。这些改进阶段包括：①标准化；②度量；③控制；④持续改进。这一序列暗示了各个阶段之间的先决关系，即最高阶段持续改进要依赖于控制的状态，控制状态又依赖于度量结果，度量结果又依赖于标准化的程度。

组织级项目管理中的每个最佳实践和能力与这些过程改进的一个或多个阶段有联系。除了这些类别外，能力还可以根据项目管理过程组来描述，这有助于在每一个领域，或者在过程改进的每个阶段内帮助确定能使组织成功实施这些过程所需的能力。

9.1.4 组织级项目管理成熟度模型

（1）成熟度：一般是指某一方面能力随着时间持续提高的程度。

（2）模型：过程中如何有效变革的程序或步骤。

（3）成熟度模型：如何提高或获得能力的过程框架，是对相关领域（在这里指的是组织级项目管理）成熟度进行定义的组成部分。在某些情况下，成熟度模型还可能描述的是组织能够发展或打算实现的一组能力或实践的一个过程。这一过程可能使组织发展到一个更高级的状态，换句话说，就是一个更加成熟的组织。

（4）组织级项目管理成熟度：一个组织实施组织级项目管理的能力所达到的程度。通常是通过评估实际存在的最佳实践来度量组织级项目管理成熟度。

（5）组织级项目管理成熟度模型：一种汇集最佳实践的增量能力的成熟度模型，这些增量能力是对组织级项目进行有效管理的先决条件。组织级项目管理成熟度模型能够为用户提供组织级项目管理的基本知识，为组织提供自我评估的标准和工具，为决策者提供决定是否进行改进计划的决策方法，对那些期望提高其组织级项目管理成熟度以实现业绩改善的组织有所帮助。

9.1.5 组织级项目管理工作的主要内容

组织级项目管理的主要内容包括：为达到战略目标，建立组织级的成熟度模型，进行组织的项目管理发展规划，对单项目、项目群和项目组合的管理，以及在组织层面对项目管理的体系建设、机制建设、流程建设、规范建设、信息化建设和文化建设等方面开展的持续提高管理水平的一系列活动，如图9.1所示。

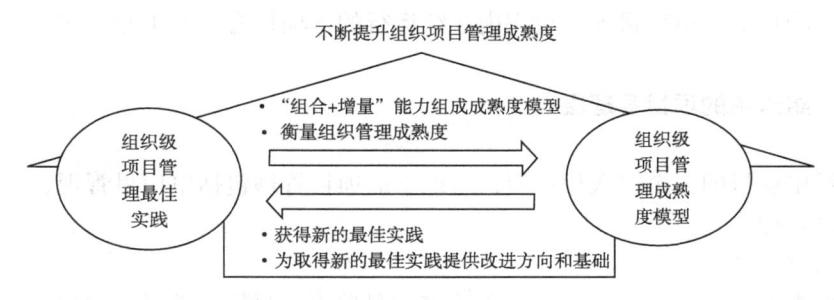

图 9.1　组织级项目管理成熟度提升途径

组织级项目管理提升主要包括以下内容：

（1）通过成功的项目，确认可支持组织战略实施的最佳实践。

（2）确认组成这些最佳实践的特有能力，以及这些能力与最佳实践之间的依存关系。

（3）将最佳实践和有关能力不仅置于单项目管理之中，还要置于项目群管理和项目组合管理的过程中。

（4）汇集最佳实践，获取增量能力，形成组织级成熟度模型，并提供一种能评估与已确定的最佳实践和能力相关的组织级成熟度的方法。

（5）进行评价，获取新的最佳实践，并为组织在项目管理成熟度上取得改进提供基础。

（6）为提升组织级项目管理成熟度而开展的各项工作。

9.2　组织级项目管理相关要素

9.2.1　组织中的项目层次

组织中的项目层次一般分为单项目、项目群和项目组合。

（1）单项目（project）。单项目是指为提供某项独特产品、服务或成果所做出的临时性努力。

（2）项目群（program）。项目群又称项目集，是指一组相互关联的项目，对它们应采取协调一致而非个别管理的方式进行管理和控制。项目群通常包括多个项目及必要的管理和基础工作，如某型号系列科研卫星及装备研制等可以作为一个项目群来对待。

（3）项目组合（portfolio）。组织中项目的第三个层次是项目组合。它是一组项目或项目群的集合，以便于有效地管理这些活动来实现组织的战略目标。项目组合中的项目或项目群可以不相互依赖或直接相关。例如，某航天企业的所有卫星研制可以作为一个项目组合来对待。

项目群由多个单项目组成，但并不是所有的单项目都必须是项目群的一部分。项目组合由多个项目群、单项目加上组织内连续运行的与项目有关的工作组成。

9.2.2 组织中的项目管理层次

与组织中项目的三个层次相对应，组织中的项目管理包括单项目管理、项目群管理和项目组合管理。

1. 单项目管理

单项目管理（project management）重在满足单项目目标，就是把知识、技能、工具和技术应用到项目活动中以达到项目目标。

2. 项目群管理

项目群管理（program management）能够在满足项目群内各项目目标和利益的同时，获得分别管理各项目所无法实现的收益。它主要是对项目群采取集中的、协调一致的管理以实现项目群的战略目标和利益。项目群管理既可以是大型单项目管理中临时任务的扩展（如载人航天项目群包括众多的小项目），也可以是产品生命期的后续任务（如产品的升级、卫星发射后的在轨运行）。

从组织级项目管理的观点来看，项目群管理中的关键活动包括：①在项目群层次上管理利益相关者的期望值；②保证项目群目标能支持项目群的战略；③对项目群中的项目优先排序和资源分配；④在项目群内多项目经理和项目队伍中进行协调；⑤处理项目群内项目之间的冲突，这些项目都是为达到组织目标而制定的；⑥确定项目群内相关人员的职责和权力；⑦负责项目群内的预期利益分配。

3. 项目组合管理

与单项目和项目群管理相比，项目组合管理（portfolio management）与组织综合管理的关系更紧密，而且是组织级项目管理的三个层次中最具战略性的。项目组合管理是指选择并支持对一组项目或项目群进行集中管理，包括确定项目和项目群的优先顺序，批准、管理和控制项目、项目群以及相关工作，从而实现某一特定的战略目标。

项目组合管理的主要工作包括：①把组织战略转化为具体的项目和项目群，即进行投资决策；②确定并启动项目群和项目；③为项目群、项目和其他活动提供分配、再分配资源；④保持项目组合内各项目和项目群的平衡；⑤支持组织级项目管理环境。

9.2.3 组织级项目管理过程

1. 项目管理过程

项目管理（含每个项目的过程和项目管理者的能力）是构成组织中项目管理3个层次中最基本的部分。项目管理的过程详见第2章。

2. 项目群管理过程

与项目管理有关的过程组——启动过程组、规划过程组、执行过程组、监控过程组和收尾过程组——也与项目群管理有关，但是更复杂。例如，启动必须考虑其他项目，而监控则必须包括多个项目的监督方法和决策。

3. 项目组合管理过程

与项目和项目群管理过程类似,项目组合管理也是通过一系列的过程得以完成的。项目组合的管理过程包括评审绩效指标和战略目标的一致程度,验证组合带来的效益等,可以分为组合建立过程组和监控过程组。

这两个过程组之间相互关联,在管理每个项目组合时,由组合管理团队来执行这两个过程组,各过程组包含的过程之间也有相互作用,这种相互作用可能是同一组内过程之间的,也可能是不同组的过程之间的。在组合管理过程中,组合管理团队通常需要重复执行这些过程组或者其中的某个过程。

4. 三层次的过程如何组成组织级项目管理过程

组织级项目管理不仅包括项目管理过程组内的基本项目管理过程,还包括把类似的过程和过程组合并到项目群和项目组合中的框架,项目管理、项目群管理和项目组合管理过程相互支持、相互作用,再通过组织环境和文化来发挥组织运行潜能,最终实现组织级项目管理的过程,如图 9.2 所示。

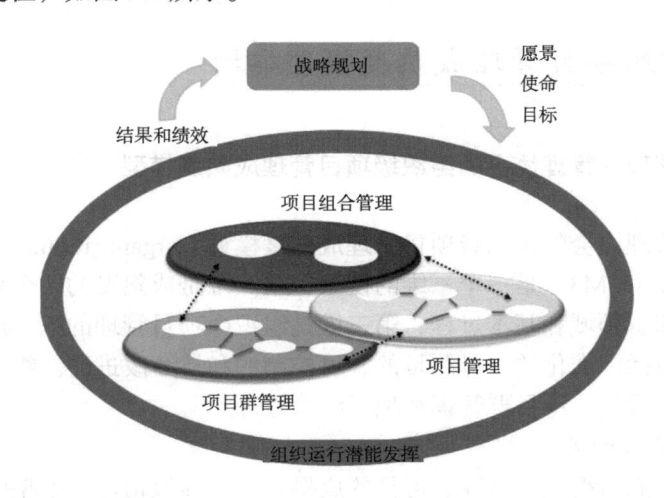

图 9.2 组织级项目管理过程的三个层次

如图 9.3 所示,这种多维框架就是一种组织级项目管理的成熟度基本模型。在组织级项目管理过程中,每个方面(项目、项目群、项目组合)都有五个或两个项目管理过程组,过程执行取决于输入、适当的工具和技术以及正确的控制方法和产生输出的所有方面,控制项目组合管理过程的能力取决于控制项目群和项目管理过程输出的能力,这些输出成为项目组合管理的输入,大多数过程使用的工具、技术和控制方法是由其他方面的过程发展而来的。用户可以通过其在组织管理三层次的潜在应用,从组织的角度更加全面地了解最佳实践和能力,使组织级项目管理更加具有战略意义。

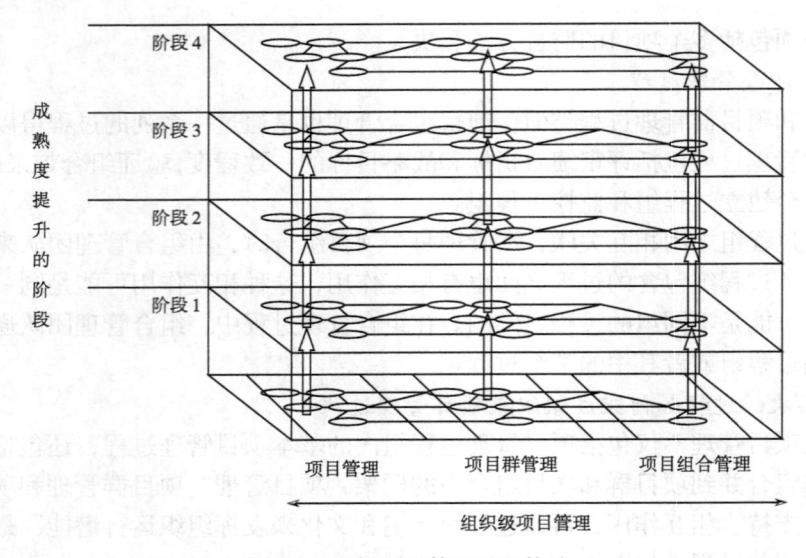

图 9.3 组织项目管理过程构造

9.3 组织级项目管理成熟度模型举例

9.3.1 美国项目管理协会的组织级项目管理成熟度模型

美国项目管理协会的组织级项目管理成熟度模型（organizational project management maturity model，OPM3）是一个三维的模型，第一维是成熟度的四个梯级，第二维是项目管理的九个知识领域和基本过程，第三维是组织中项目管理的三个层次。

四个梯级包括标准化的、可测量的、可控制的和持续改进的。组织中项目管理的三个层次是单项目管理、项目群管理和项目组合管理。

1. 模型的基本构成

最佳实践、能力组成、路径、可见的成果、主要绩效指标、模型的范畴等，同一些叙述性的说明、指导手册、自我评估模板和组织中项目管理过程的描述一起构成了美国项目管理协会的 OPM3。

2. 模型的结构

成熟度的要素包括改进内容和完成改进的步骤。许多成熟度模型都使用了确定的改进过程梯级，用来构造和表述模型的内容。OPM3 模型同样采纳了这样的做法，按照从最低到最高的顺序划分了四个改进的梯级（图 9.4）。

OPM3 不仅仅用改进过程梯级来构筑它的内容，它还使用了 PMBOK 指南中所定义的过程框架，并且把这种框架延伸到了项目群和项目组合的管理层次。这个框架允许模型对管理进行逐步优化，我们可以根据实际需要在组织的项目管理三个层次中由小到大逐步推广应用。

OPM3 中每一种最佳实践在这个三维模型中都占据一个或多个位置。换句话说，

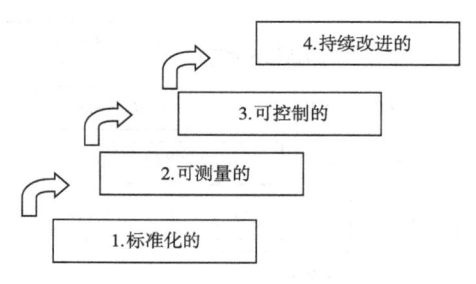

```
        4.持续改进的
      ↗
    3.可控制的
  ↗
2.可测量的
↗
1.标准化的
```

图 9.4 OPM3 模型的四个梯级

OPM3 告诉我们一个最佳实践处于项目管理过程组（启动、计划、执行、控制、收尾）的哪个位置，处于哪个层次（单个项目管理、项目群管理、项目组合管理），处于组织过程提高的哪个梯级（标准化的、可测量的、可控制的、持续改进的）。

3. OPM3 软件介绍

美国项目管理协会提供了 OPM3 软件，可用于企业组织的成熟度自评和作为制订改进计划的工具，首先提供 100 多个覆盖模型三个层次的调查题目（只需回答是否），根据回答，软件可以给出最佳实践中，我们已经具备的最佳实践和不具备的最佳实践，同时评估出组织的成熟度百分比，各个层次、各个过程和各个梯级的成熟比例。根据组织已经具备的最佳实践可以给出我们已经掌握的能力，根据不具备的最佳实践可以查出我们尚未具备的能力和掌握这些能力的先后顺序，从而制订出补充完善能力的发展计划。OPM3 软件中最佳实践字典包括所有最佳实践，每个最佳实践对应 2~7 个能力，每一个最佳实践也对应一个包括能力发展顺序的改进路径。

9.3.2 CMM 模型和国外其他几种经典的项目管理成熟度模型

1. SEI 的 CMM 模型

SEI 的 CMM 模型包含以下五个梯级。

（1）初始的（initial）。在这一成熟水平的组织，其软件开发过程是临时的，有时甚至是混乱的。没有几个过程是被定义的，常常靠个人的能力来取得成功。

（2）可重复的（repeatable）。在这一成熟水平的组织建立了基本的项目管理过程来跟踪软件项目的成本、进度和功能。这些管理过程和方法可供重复使用，把过去成功的经验用于当前和今后类似的项目。

（3）被定义的（defined）。在这个水平，管理活动和软件工程活动的过程被文档化、标准化，并被集成到组织的标准软件过程之中。在该组织中，所有项目都使用一个经批准的、特制的标准过程版本。

（4）被管理的（managed）。在这一水平，组织收集软件过程和产品质量的详细措施。软件过程和产品都被置于定量的掌控之中。

（5）优化的（optimizing）。这是成熟度模型的最高水平，组织能够运用从过程、创意和技术中得到的定量反馈，来对软件开发过程进行持续改进。

五个梯级的关系见图 9.5。

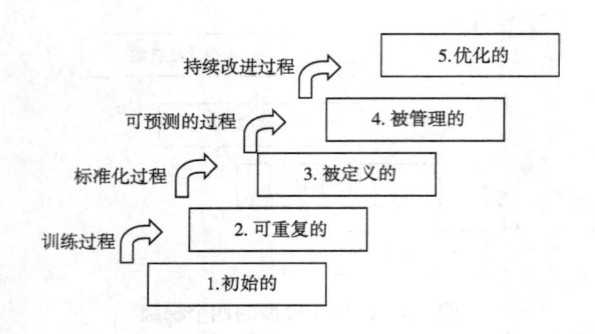

```
持续改进过程 ──▶  5.优化的
可预测的过程 ──▶  4.被管理的
标准化过程   ──▶  3.被定义的
训练过程     ──▶  2.可重复的
                  1.初始的
```

图 9.5　CMM 模型的五个梯级

2. 科兹纳的 K-PMMM[①]5 级项目管理成熟度模型

科兹纳（Kerzner）提出的项目管理成熟度模型分为五个梯级。

（1）通用术语：在组织的各层次、各部门使用共同的管理术语。

（2）通用过程：在一个项目上成功应用的管理过程，可重复用于其他项目。

（3）单一方法：用项目管理来综合 TQM（total quality management，即全面质量管理）、风险管理、变更管理、协调设计等各种管理方法。

（4）基准比较：将自己与其他企业及其管理因素进行比较，提取比较信息，用项目办公室来支持这些工作。

（5）持续改进：从基准比较中获得的信息建立经验学习文档，组织经验交流，在项目办公室的指导下改进项目管理战略规划。

每个层次都有评估方法和评估题，可以汇总评估本梯级的成熟度，分析不足和制定改进措施，确定是否进入下一梯级。

3. James 和 Kevin 的项目管理成熟度模型

该模型为两维，第一维采用 SEI 的五级成熟度，第二维是描述项目管理的关键领域，采用 PMI 的九个知识领域，具体如表 9.1 所示。

4. Berkely 的项目管理过程成熟度模型

Berkely 的项目管理过程成熟度模型包括五个阶段。

（1）非正式的：没有正式工作程序和计划来执行项目。

（2）有计划的：采用非正式和不完整的过程管理项目。

（3）项目级管理：项目管理有对单个项目进行系统计划和控制的系统。

（4）公司级管理：项目管理是正式的，却以非正式的方式记录信息和过程。

（5）学习：处于学习阶段的公司的关键特点是它们不断改进其项目管理过程和做法。

5. 项目管理解决方案公司的成熟度模型

项目管理解决方案公司开发的成熟度模型包括八级，可以用于评估组织管理企业范围内项目的成熟度（表 9.2）。

---

① PMMM（project management maturity model），即项目管理成熟度模型。

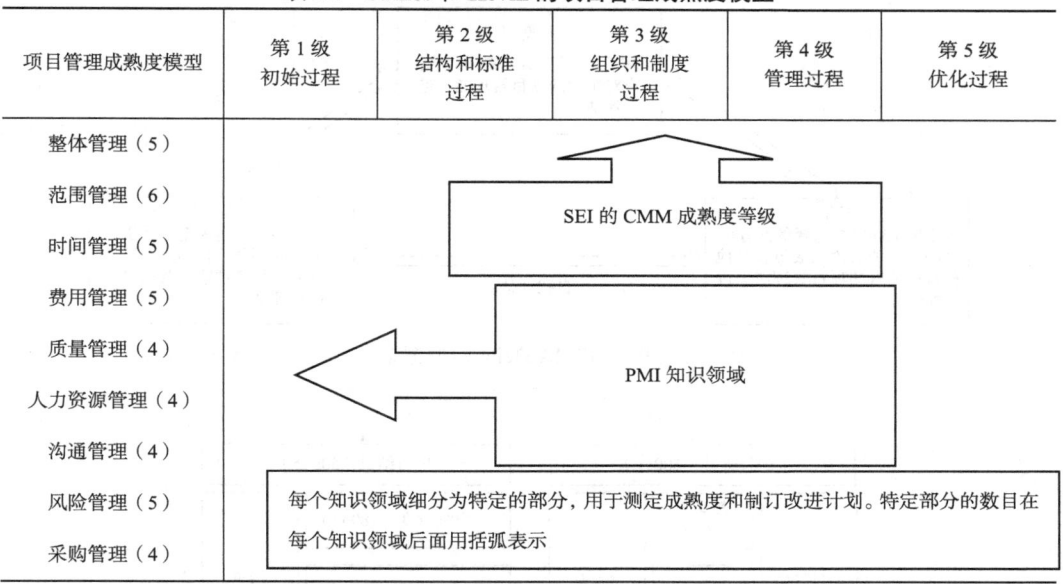

表 9.1　James 和 Kevin 的项目管理成熟度模型

项目管理成熟度模型	第1级 初始过程	第2级 结构和标准过程	第3级 组织和制度过程	第4级 管理过程	第5级 优化过程
整体管理（5）					
范围管理（6）					
时间管理（5）			SEI 的 CMM 成熟度等级		
费用管理（5）					
质量管理（4）			PMI 知识领域		
人力资源管理（4）					
沟通管理（4）					
风险管理（5）		每个知识领域细分为特定的部分，用于测定成熟度和制订改进计划。特定部分的数目在每个知识领域后面用括弧表示			
采购管理（4）					

注：表 9.1 第一列中小括号内数字表示过程

表 9.2　项目管理解决方案公司项目管理成熟度模型级别的说明

项目管理成熟度级别	第1级	第2级	第3级	第4级	第5级	第6级	第7级	第8级
管理成熟度	基本过程			增强过程和标准过程			优化过程	
	无意识	初始过程	基本过程	可重复过程	高级过程	明确定义过程	管理过程	优化过程
每个级别描述	什么都没有	非正式，有些意识	有总体信息，以项目为中心	有用于大型可视项目的大部分过程标准；有详细信息；以项目为中心	有用于所有项目的所有过程标准；以项目为中心	与公司运作过程相结合的过程；以组织为中心	有用来支持战略决策的项目管理信息	持续改进

6. IPMA 的组织级项目管理能力认证模型 IPMA Delta

2011 年，IPMA 推出了用于认证组织级项目管理能力的 IPMA Delta 模型，模型框架由相互作用的三个子模型构成，包括面向"人员"的 I 模型、面向"项目"的 P 模型和面向"组织"的 O 模型，如图 9.6 所示。

其中，I 模型主要应用 IPMA 发布的 ICB 3.0 标准——IPMA 四级认证体系对随机选择的部分项目经理、项目团队成员及其他利益相关者的项目管理能力进行评估；P 模型主要应用 IPMA 的项目卓越模型对随机选择的部分项目和大型计划的项目管理能力及结果进行评估，如图 9.7 所示；O 模型设置了组织治理、管理过程、管理人员、管理环境四个维度，每个维度又设置不同要素，具体如图 9.8 所示。

226 现代项目管理学

图 9.6 IPMA Delta 模型框架

图 9.7 IPMA 的项目卓越模型

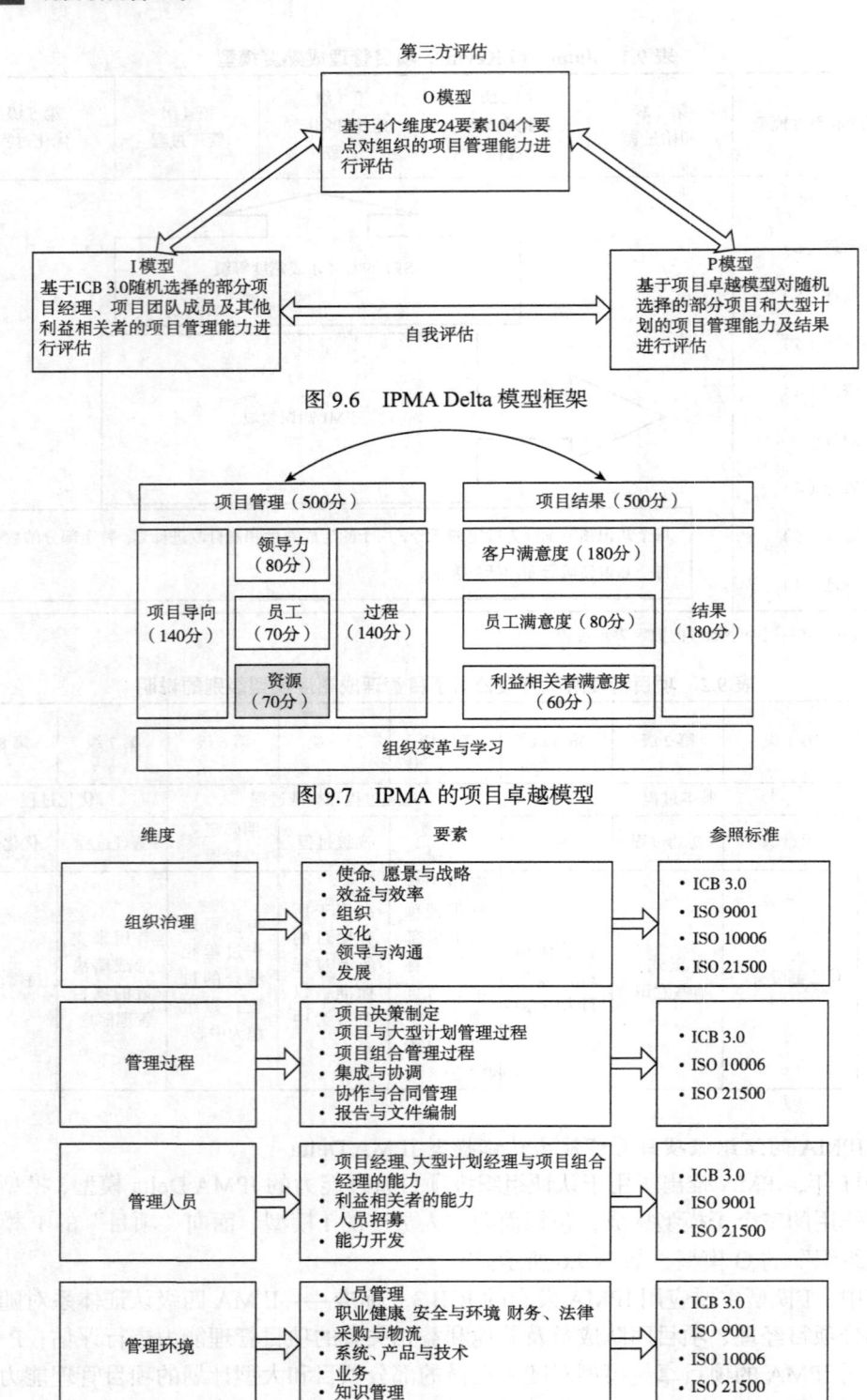

图 9.8 O 模型构成维度和要素

针对 IPMA Delta 模型的人员、项目、组织各子模型、各要素评估后，给出组织级项目管理能力的级别，级别设置如图 9.9 所示。

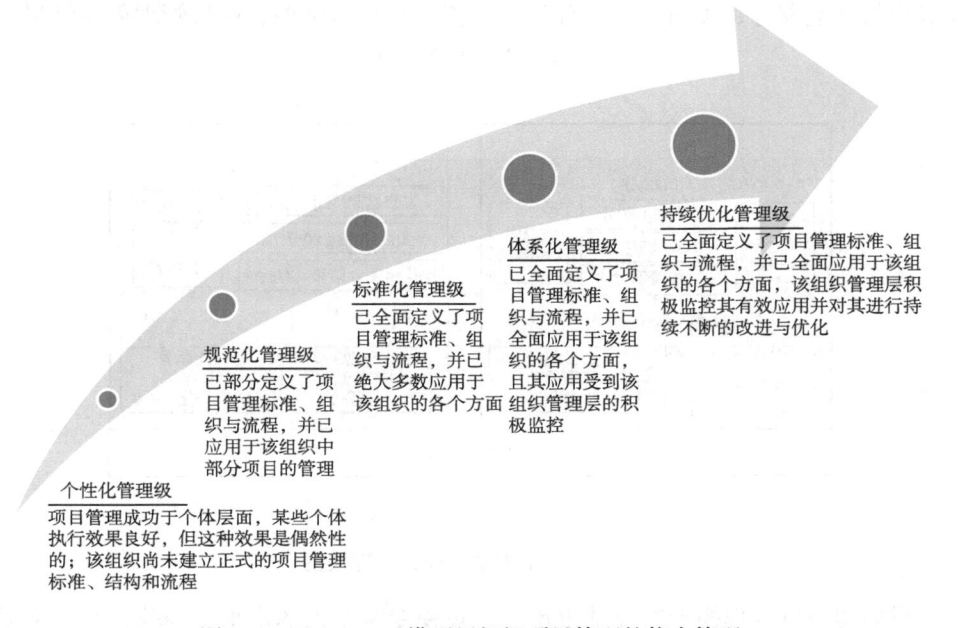

持续优化管理级
已全面定义了项目管理标准、组织与流程，并已全面应用于该组织的各个方面，该组织管理层积极监控其有效应用并对其进行持续不断的改进与优化

体系化管理级
已全面定义了项目管理标准、组织与流程，并已全面应用于该组织的各个方面，且其应用受到该组织管理层的积极监控

标准化管理级
已全面定义了项目管理标准、组织与流程，并已绝大多数应用于该组织的各个方面

规范化管理级
已部分定义了项目管理标准、组织与流程，并已应用于该组织中部分项目的管理

个性化管理级
项目管理成功于个体层面，某些个体执行效果良好，但这种效果是偶然性的；该组织尚未建立正式的项目管理标准、结构和流程

图 9.9　IPMA Delta 模型组织级项目管理的能力管理

9.3.3　国内几种典型的组织级项目管理成熟度模型

1. 中国卓越项目管理模型

中国卓越项目管理模型是在国际卓越项目管理大奖所依据准则的基础上由中国（双法）项目管理研究委员会创建的。模型研发遵循"引进、消化、吸收、改进、创新"的原则，针对中国项目管理的实际情况和中国企业普遍存在的问题以及国家经济发展导向做了一些适应性修改和创新。与国际卓越项目管理评估模型类似，该模型主要用于支持（中国）国际项目管理大奖的评选工作，鼓励和表彰中国那些通过项目管理取得卓越绩效的项目团队；同时还用于各类组织和项目团队的自查、自检和自我改进。此外，由于该模型主体部分借鉴国际卓越项目管理评估模型，因此该模型也为国内组织与世界先进组织开展交流合作提供了平台。使用该模型进行评估的组织将很容易与参加国际卓越项目管理奖的组织进行沟通。

中国卓越项目管理模型是一个整体，由项目管理、项目结果的主体部分及附加部分组成，共有 13 个评估准则和 31 个子准则，计 1 200 分，如图 9.10 所示。其主体部分基本上是国际卓越项目管理模型的内容，附加部分是考虑中国项目管理现阶段实际情况和中国国情新增加的考核内容。例如，考虑到中国当前社会发展中资源短缺且浪费严重，环境在经济发展过程中仍遭受破坏，人与环境还不够和谐友好等关键问题，模型特别增加了要求展示资源节约和环境友好工作的内容。中国卓越项目管理模型的管理部分包括五项准则，即项目目标、领导力、人员、资源、过程；结果部分包括四项准则，即客户结果、人员结果、利益相关方结果、主要成绩和项目结果；附加部分包括四项准则，即资源节约与环境友好、项目创新管理活动、资源与环境结果、项目管理创新结果。

中国卓越项目管理模型（1 200分）

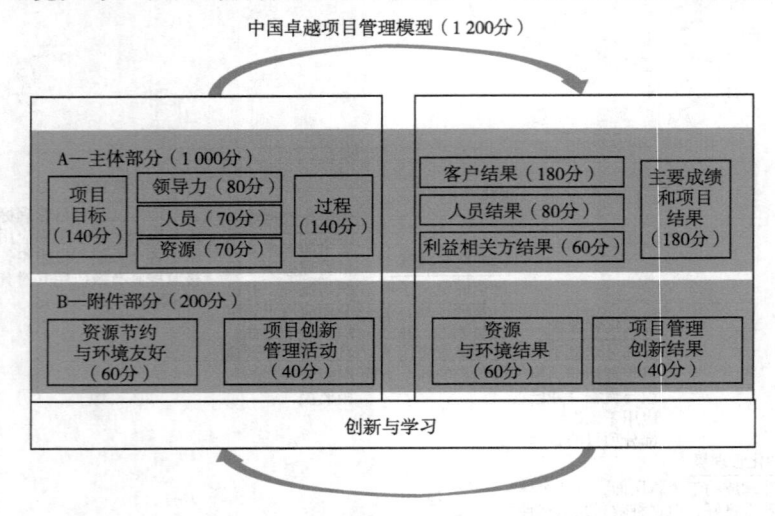

```
┌─────────────────────────────────────────────────────────┐
│  A—主体部分（1 000分）                                   │
│  ┌──────┬──────────────┬──────┐ ┌─客户结果（180分）─┐ ┌──────┐
│  │ 项目 │ 领导力（80分）│      │ │                   │ │主要成绩│
│  │ 目标 │ 人员（70分） │ 过程 │ │人员结果（80分）   │ │和项目 │
│  │(140分)│ 资源（70分） │(140分)│ │利益相关方结果(60分)│ │ 结果 │
│  │      │              │      │ │                   │ │(180分)│
│  └──────┴──────────────┴──────┘ └───────────────────┘ └──────┘
│  B—附件部分（200分）                                    │
│  ┌──────────┬──────────┐  ┌──────────┬──────────┐     │
│  │资源节约  │项目创新  │  │ 资源     │项目管理  │     │
│  │与环境友好│管理活动  │  │与环境结果│创新结果  │     │
│  │ （60分） │（40分）  │  │ （60分） │（40分）  │     │
│  └──────────┴──────────┘  └──────────┴──────────┘     │
│                       创新与学习                         │
└─────────────────────────────────────────────────────────┘
```

图9.10　中国卓越项目管理模型

中国卓越项目管理模型的评估秉承"既重视专家个人的水平、经验，又重视通过科学方法集中众多专家智慧"的原则。其评估程序与国际卓越项目管理奖类似，也包括申请、提交资料、资料阅评、现场评估、综合分析等过程。评估师根据备选单位提交的证据确定项目在项目管理和项目结果方面所处的等级。其中，项目管理过程部分准则的判定依据划分为清晰且完整的证据、清晰的证据、有证据、一些证据、没有证据五个等级。项目结果的实现情况相应地划分为全部目标完美地实现、较好地实现大部分目标、一些范围内进行较好对比、小范围内进行较好对比、没有证据显示五级。

2. 神舟飞船项目管理成熟度模型

2006年1月，中国空间技术研究院与西北工业大学联合推出了神舟飞船项目管理成熟度模型——SZ-PMMM/C，它是基于神舟飞船项目自身及其环境特点而专门设计开发的一个适用于企业级组织内多项目管理环境的项目管理成熟度集成模型。该模型由两个相对独立的项目管理成熟度模型组成，即企业级组织项目管理成熟度模型（SZ-PMMM-O）和项目级组织项目管理成熟度模型（SZ-PMMM-P）。

图9.11下半部分的梯形立方块代表SZ-PMMM-O，梯形截面表示企业级组织项目管理成熟度等级的提升，梯形立方块在垂直方向上又分为两层，上层代表项目管理能力"软"的方面，主要表现为理念与文化；下层代表项目管理能力"硬"的方面，包括组织、过程、方法与人员；图形上半部分外形为神舟飞船轮廓的立方体，代表SZ-PMMM-P，由外向里代表了项目推进的方向，也反映了项目级组织项目管理成熟度提升的进程。

第 9 章 组织级项目管理

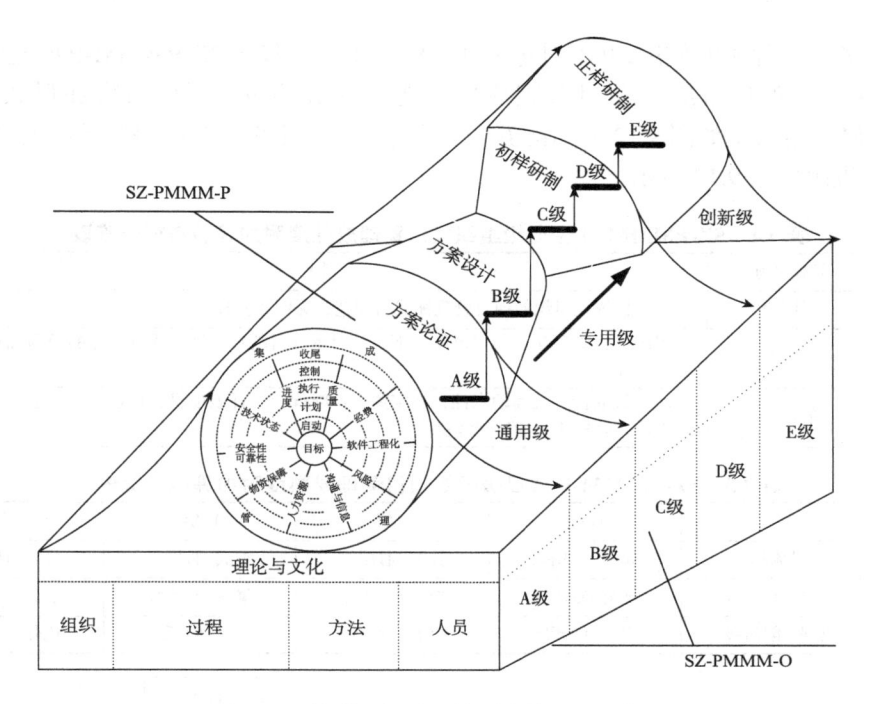

图 9.11 神舟飞船项目管理成熟度概念模型

神舟飞船的 SZ-PMMM-O 也是神舟飞船项目管理成熟度模型的重要组成部分。SZ-PMMM-O 将其企业级组织项目管理能力等级定义为五级,详见表 9.3。

表 9.3 SZ-PMMM-O 企业级组织项目管理成熟度等级特征一览表

等级	名称	描述	典型特征
A	摸索级	不统一的管理	·过程不正规,个别的过程混乱,不可预测 ·以完成任务为目标,以经验管理为特征,无科学方法与图表工具的主动运用和系统应用
B	规范级	标准化的管理	·项目管理受到重视 ·项目管理过程得到规范定义 ·以往成功的项目经验可重复
C	控制级	可控制的管理	·具备一定的集成能力 ·项目管理过程在实施中得到遵循 ·各种管理要素可控制
D	集成级	集成化的管理	·项目管理各要素全面集成在一起 ·项目管理过程得到量化与控制
E	优化级	持续改进的管理	·定期评审、改进项目管理过程

为了适应企业级组织内多项目管理的需要,反映出企业级组织内各个项目级组织项目管理能力的差异性,强化项目级组织项目管理能力提升对企业级组织项目管理能力提升的互动作用,在 SZ-PMMM-O 企业级组织项目管理能力等级定义的基础上,增加了面向企业级组织中项目级组织项目管理能力的三个附加等级,详见表 9.4。面向项目级组织的附加能力等级,只是在企业级组织项目管理能力评价的基础上对其内部各项目级组织

能力进行差异性评价时使用，并不对每个项目级组织进行基于 SZ-PMMM-P 的全面评价。这种情况下，项目级组织项目管理成熟度等级用如表 9.5 所示的附加形式表述。SZ-PMMM-P 定义了如图 9.12 所示的五个能力等级。企业级组织与项目级组织项目管理能力互动机制如图 9.13 所示。

表 9.4 SZ-PMMM-O 企业级组织项目管理成熟度附加等级特征一览表

等级	等级名称	特征
0	通用级	沿用项目依托组织的项目管理模式与规范，无明显差异
1	专用级	在组织项目管理模式与规范体系下，针对本项目的独特性形成具体化的管理规范，无原则性差异
2	创新级	针对项目的特点及其动态性，在实践中不断优化，开展项目管理过程与方法创新，推动组织项目管理能力的持续改进

表 9.5 SZ-PMMM-P 项目级组织项目管理成熟度附加等级一览表

等级	A 级	B 级	C 级	D 级	E 级
0	摸索级	规范–通用级	控制–通用级	集成–通用级	优化–通用级
1	摸索–专用级	规范–专用级	控制–专用级	集成–专用级	优化–专用级
2	摸索–创新级	规范–创新级	控制–创新级	集成–创新级	优化–创新级

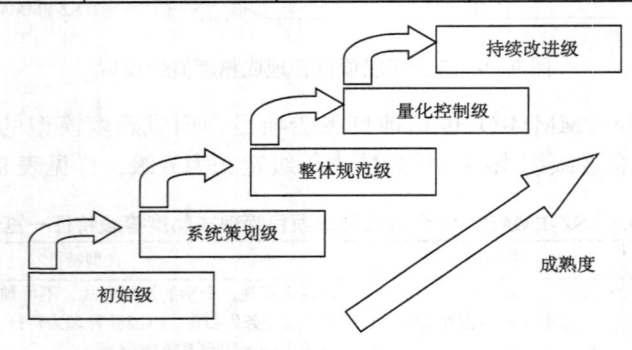

图 9.12 SZ-PMMM-P 项目管理能力等级示意图

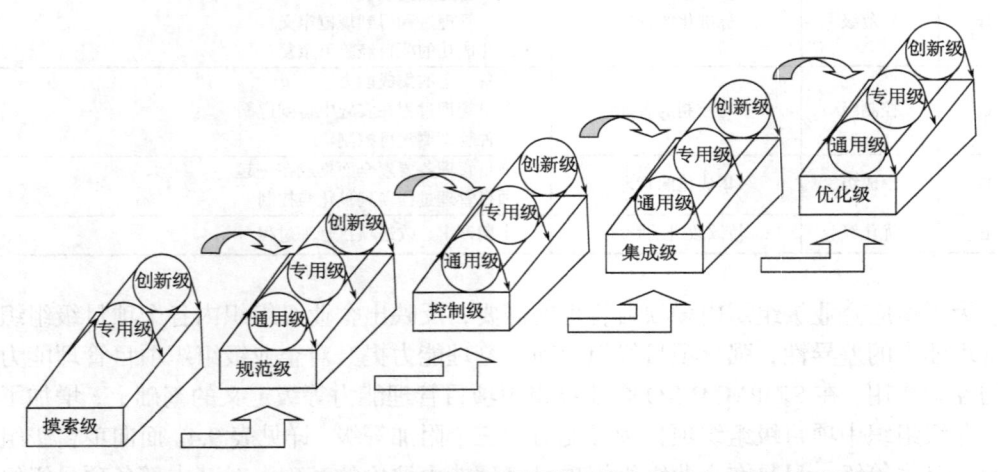

图 9.13 企业级组织与项目级组织项目管理能力提升互动机制示意图

9.4 提升组织级项目管理能力步骤

组织级项目管理成熟度模型在避免组织资源浪费的同时提供了合理改进过程的指导方针。我们要在运用组织级项目管理成熟度模型的基础上,根据实际情况对最佳实践和能力提出改进方案。下面以通用 OPM3 为例具体介绍执行图 9.14 的循环步骤。

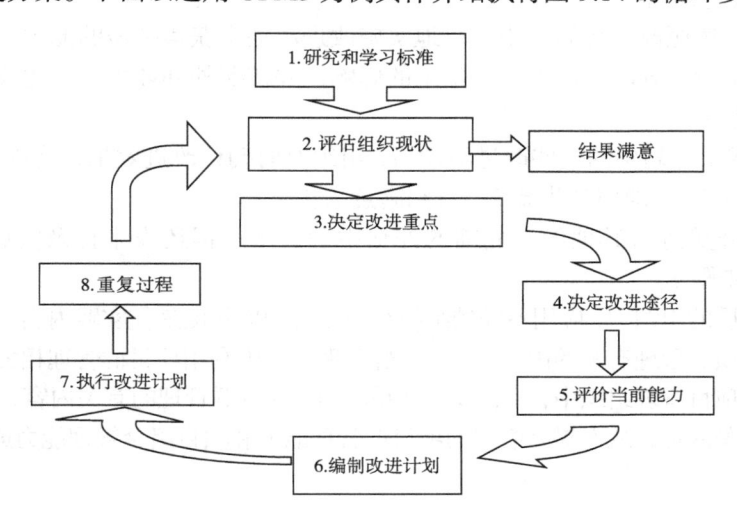

图 9.14 组织级项目管理能力建设步骤示意图

1. 研究和学习标准

组织尽可能透彻地了解该模型所依据的种种概念和标准,主要包括项目管理、组织级项目管理、组织级项目管理成熟度、自评估、组织级项目管理成熟度标准。

2. 评估组织现状

这一步是评估组织的组织级项目管理成熟度。其包括:识别自己当前的成熟度状态的特征;与组织级项目管理成熟度模型所描述的具有代表性的特征(最佳实践)进行对比;通过对比,识别自己当前状态,包括自己存在和不存在的最佳实践;确定组织在项目管理成熟度中的位置处于哪个梯级,从而决定是否需要制订和实施改进计划。

3. 决定改进重点

(1)根据自评结果,选择改进重点所处的区域(三个层次、四个梯级、五大过程)。

(2)在重点改进区域找出需要测定和致力改进的最佳实践(查找最佳实践和能力目录)。

4. 决定改进途径

根据要改进的最佳实践,利用组织级项目管理成熟度软件找出需要掌握的必备能力以及各能力与最佳实践的关系(即改进的途径),明确如何才能达到需要的"最佳实践",以便将当前的成熟度梯级提高一步。

5. 评价当前能力

(1)评价步骤 4 中提到的必备能力的现状。

（2）找出缺失和不足的能力。

6. 编制改进计划

依据步骤1~4编制改进计划。根据那些未被观察到结果（表明组织的某些能力还没有获得）的记录文档所反映的组织所需能力的优先程度进行排序。这些信息同实现资源最佳配置的最佳实践的选取结合起来，可用于编制管理改进计划。

7. 执行改进计划

（1）组织按照改进计划一步一步地实施改进活动来获得必需的能力。

（2）在执行计划时，考虑变革带来的影响，并按照外部环境的变化及时调整计划。

8. 重复过程

（1）完成了计划中的一些改进活动后，组织及时确认改进效果，重新评估当前的项目管理成熟度状态，即回到步骤2，直到满意为止。

（2）或开始进行其他的在先前的评估中确定下来但还没来得及实施的"最佳实践"，即回到步骤3。

在不同性质的组织中，应用不同的组织级项目管理成熟度最佳实践内容。在单项目管理组织中应用单项目管理有关的内容；在项目群管理组织中利用项目群管理相关的内容；在包含三个层次的项目管理组织中，不仅要关注单项目、项目群管理的有关内容，更要关注项目组合管理的有关内容，从而提高组织的项目群管理能力和项目组合管理能力成熟度。

9.5 组织中的项目管理文化

9.5.1 发展组织项目管理文化的重要性

组织文化是具备卓越项目管理的组织最重要的特征，一个组织的项目管理能不能持续地发展，最为关键的是能不能在组织内部建立适合项目管理的文化。在项目驱动型的公司中，一些优秀的公司已经逐步意识到，只有形成一种鼓励必要行为的文化，公司才能在竞争中获胜。

只有将项目管理作为一种文化去发展，才能营造良好的项目管理环境，才能使项目管理的意识、理念、方法融入整个组织，才能持续不断地改进。将项目管理发展为组织文化的重要性主要体现在以下几个方面。

（1）能够有效加强所有相关人员的项目管理意识，促进项目管理方法的应用，使项目管理方法、规范、理念成为项目成员的习惯，自觉不自觉地贯穿于项目工作中。

（2）能够促进项目管理的交流和信息共享，使新加入组织团队的成员尽快掌握项目管理方法，落后的成员和项目团队尽快掌握项目管理最佳实践，拉平组织内部不同项目和不同成员的项目管理水平。

（3）能够使成员间相互信任和有效沟通，促进项目工作的良好运行。

（4）能够促进组织和个人与客户建立良好的关系。

（5）能够在组织内部将项目管理看成一种职业，有效引导团队成员努力学习项目管理知识，促进项目管理人才的成长。

（6）能够有效促进组织结构向适合项目管理的方向转变，有效激励组织和个人持续改进项目管理组织体系和运行机制，提高组织级项目管理成熟度。

9.5.2 成功组织中项目管理的文化特征

建立一套所有员工都遵循的价值观念是优秀组织文化的一个重要组成部分。在项目实施过程中以及与客户打交道时，价值观念的作用远远超过一般的标准规范、士气、道德等。确保公司的价值观念与项目管理相适应是项目成功的关键。组织的文化必须支持项目管理的四个基本价值观：①合作；②协同；③相互信任；④有效沟通。

基于上述四个基本价值观而建立起来的项目管理文化是一种合作文化，以相互信任以及内外部的有效沟通为基础。它的文化特征体现为以下几点。

（1）责任共担与多头汇报。项目管理文化是多头汇报下的行为文化，项目经理与职能经理就在一定时间、成本和质量范围内完成工作的能力进行磋商，而不是为最好的可用资源争论不休。

（2）报酬共享。项目管理提倡团队精神、团队管理和合作，项目的成功是团队努力的结果，项目的报酬要由职能经理、项目经理以及员工共享。

（3）工作优先排序。浓厚的项目管理文化能够使项目优先排序的必要性降到最低，但是优先权的建立还是十分必要的，成功的项目管理组织鼓励对项目进行优先排序。

（4）项目管理作为一种职业。只有将项目管理作为一种职业，才能形成浓厚的项目管理文化。

（5）组织中的大部分人支持项目管理。组织越大，在整个组织建立项目管理文化越难，而成功的项目管理组织需要整个组织大部分成员支持项目管理才能保持整个组织的竞争力。

思考题

1. 组织级项目管理是什么，包括哪些层次？
2. 组织级项目管理可以带来什么好处？
3. 组织级项目管理的最佳实践有什么作用，一般包括哪些种类？
4. 项目组合管理过程和项目群管理过程有什么关系？
5. 三层次的过程如何组成组织项目管理过程？
6. OPM3 模型的三维分别是什么？
7. 举例说出国内几种典型的组织级项目管理成熟度模型。

案例

第 10 章

项目可行性研究与评价

项目正式启动前需要对项目进行分析和评价,以判断项目是否符合公司的战略目标,并能够获得利润。如果项目规模较小或者生命期较短,可以直接用较为简便的非数值型或数值型方法进行项目筛选,如效益对比法、财务评估方法等。如果项目规模较大,则要开展详细的技术经济评价,即项目可行性研究与评估,为投资者的决策提供科学准确的依据。

■10.1 项目可行性研究的主要内容

10.1.1 可行性研究的含义

可行性研究(feasibility study,FS)是项目投资决策前对项目进行技术经济论证的项目阶段。具体地说,就是在决策一个项目之前,进行详细、周密、全面的调查研究和综合论证,从而制订出具有最佳经济效果的项目方案的过程。它是一种包括机会研究(opportunity study)、初步可行性研究(pre-feasibility study)和详细可行性研究三个阶段的系统的投资决策分析研究方法。在整个过程中要涉及经济、管理、财务、决策、市场调查等多个学科的知识,所以也可以将其称做一门进行经济论证的综合性学科。

可行性研究最早起源于美国,是美国在 20 世纪 30 年代开发田纳西流域时开始推行的一种技术方法。它在田纳西流域的开发和综合利用中起了很大作用。第二次世界大战以后,西方工业发达国家纷纷采用这一方法,并不断加以充实完善,广泛应用到各个领域,逐步形成了一整套系统的科学研究方法。

10.1.2 可行性研究的作用

投资项目的目的是最大限度地获得经济和社会效益。任何投资决策的失误都可能导致重大的损失。投资项目进行可行性研究的作用主要表现为以下几个方面。

（1）可行性研究是科学投资决策的依据。任何一个项目的成立与否、投资效益如何，都要从社会、技术、经济这三个方面来进行分析和评价，从而对投资项目进行详细的可行性研究，然后采取有效措施来避免不确定性因素造成的损失，以求提高项目经济效益，实现科学化的投资决策。

（2）可行性研究是编制计划、设计、施工实施的依据。项目的可行性研究与设计文件的编制是分别进行的，但项目的设计要严格按照批准的可行性研究报告的内容进行，不得随意变更可行性研究报告中已经确定的规模、方案、标准、厂址及投资额等控制性指标。项目设计中的新技术、新设备也必须经过可行性研究才能被采用。因此，我国建设程序规定，可行性研究是建设程序中的一个重要阶段，是在设计前进行并作为项目设计的依据。

（3）可行性研究是项目评估、筹措资金的依据。可行性研究报告具体地分析了项目建设的必要性和可行性，对选择最优方案做出明确结论。项目评估是在可行性研究的基础上进行的，通过论证、分析，对可行性研究报告进行评价，提出项目是否可行、是否是最好的选择方案，为最后做出投资决策提供咨询意见。可行性研究详细地计算项目的财务、经济效益、贷款清偿能力等数量指标，以及筹资方案和投资风险等，银行在对可行性研究报告进行审查和评估后，决定对该项目的贷款金额。

（4）可行性研究是提高投资效益的重要保证。进行可行性研究时，必须在多方案中进行反复论证，筛选掉那些投资效益差的方案，当然这种筛选必须建立在数据准确和完善的基础上，并且要进行综合分析。这样可以促进项目的最优化，同时为项目实施过程的顺利进行，以及防止重大方案的变动或返工奠定基础。

10.1.3 可行性研究的阶段划分

可行性研究分为三个阶段，即机会研究阶段、初步可行性研究阶段、详细可行性研究阶段。

1. 机会研究阶段

机会研究是可行性研究的初始阶段，是项目投资方或承办方通过占有大量信息，并经过分析确定出发展机会，最终形成明确的项目意向（或项目机会）的过程。

机会研究阶段的主要工作内容是进行地区、行业、资源研究，通过分析地理位置、地区经济结构、经济发展现状、进出口结构、行业特征以及资源状况，来寻找项目机会，选择投资或发展方向。

2. 初步可行性研究阶段

初步可行性研究是介于机会研究和详细可行性研究之间的一个中间阶段，是在项目意向确定之后，对项目的初步估计和分析。研究的主要目的在于判断机会研究提出的投资方向是否正确。

初步可行性研究的工作内容主要是分析机会研究得出的结论是否有发展的前景，需要多少人、财、物资源，进度与时间如何安排等问题。

3. 详细可行性研究阶段

详细可行性研究是在项目决策前对项目有关的工程、技术、经济、社会影响等各方面条件和情况进行全面调查和系统分析，为项目建设提供技术、生产、经济、商业等各方面的依据并进行详细比较论证，最后对项目成功后的经济效益和社会效益进行预测和评价的过程。详细可行性研究是项目进行评估与决策的依据。

详细可行性研究的主要目的是解决以下四个问题：一是项目建设的必要性；二是项目建设的可行性；三是项目实施所需要的条件；四是进行财务和经济评价，解决项目建设的合理性问题。

10.1.4 可行性研究的步骤

国际上典型的可行性研究工作程序分为六个步骤。

1. 开始阶段

在这一阶段，承办单位要详细讨论可行性研究的范围，明确业主的目标，与业主讨论项目的范围与界限。

2. 调查研究阶段

调查研究的内容要包括项目的各个方面，如市场需求与市场机会、产品选择与分析、价格与市场竞争、工艺技术方法与设备选择、原材料的供给、能源动力供应与运输、建设与使用、环境保护等。每个方面都要进行深入调查，全面地占有资料并进行详细的分析评价。

3. 优化与选择方案阶段

将项目的各个方面进行组合，设计出各种可供选择的方案，然后对备选方案进行详细讨论、比较，要定性与定量分析相结合，最后推荐一个或几个备选的优秀方案，提出各个方案的优缺点，供业主选择。

4. 详细研究阶段

对选出的最佳方案进行更详细的分析研究工作，明确项目的具体范围，进行投资及收入估算，并对项目的经济与财务情况做出评价；同时进行风险分析，表明成本、价格、销售量等不确定性因素变化对经济效果所产生的影响。在这一阶段得到的结果必须论证出项目在技术上的可行性，条件上的可达到性，资金的可筹措性，并且要分析项目实施风险的大小。

5. 编制可行性研究报告

对于可行性研究报告的编制内容，国家有一般的规定，如工业项目、技术改造项目、技术引进和设备进口项目、利用外资项目、新技术新产品开发项目等都有相关的规定。每一项目要根据项目自身的特点并结合国家的一般规定，编制相应的可行性研究报告。

6. 编制资金筹措计划

项目的资金筹措在项目方案选优时，都已经做过研究，但随着项目实施情况的变化，也会导致资金使用情况的改变，这就要编制相应的资金筹措计划。

10.1.5 可行性研究报告的编写

可行性研究的结果要形成可行性研究报告。下面以现代工业项目可行性研究报告为例，介绍报告的编写格式与规范。报告一般由 11 个部分和若干附件组成。

第一部分　总论

这一部分要综合叙述报告中各部分的主要问题和研究结论，并对项目的可行与否提出最终建议，为可行性研究的审批提供方便。其主要内容如下。

一、项目背景
（一）项目名称
（二）项目的承办单位
（三）项目的主管单位
（四）项目拟建地区和地点
（五）承担可行性研究工作的单位和法人代表
（六）研究工作依据
（七）研究工作概况
　　1. 项目建设的必要性
　　2. 项目发展及可行性研究工作概况
二、可行性研究结论
（一）市场预测和项目规模
（二）原材料、燃料和动力供应
（三）厂址
（四）项目工程技术方案
（五）环境保护
（六）工厂组织及劳动定员
（七）项目建设进度
（八）投资估算和资金筹措
（九）项目财务和经济评价结论
（十）项目综合评价结论
三、主要技术经济指标表
四、存在问题及建议

第二部分　项目背景和发展概况
一、项目提出的背景
（一）国家或行业发展规划

（二）项目发起人以及发起缘由
二、项目发展概况
（一）已进行的调查研究项目及其成果
（二）试验试制工作（项目）情况
（三）厂址初勘和初步测量工作情况
（四）项目建议书（初步可行性研究报告）的编制、提出及审批过程
三、投资的必要性
第三部分　市场分析
一、市场调查
（一）拟建项目产出物用途调查
（二）产品现有生产能力调查
（三）产品产量及销售量调查
（四）替代产品调查
（五）产品价格调查
（六）国外市场调查
二、市场预测
（一）国内市场需求预测
　　1. 本产品目标对象
　　2. 本产品的消费条件
　　3. 本产品更新周期的特点
　　4. 可能出现的替代产品
　　5. 本产品使用中可能产生的新用途
（二）产品出口或进口替代分析
　　1. 替代进口分析
　　2. 出口可行性分析
（三）价格预测
三、市场促销策略
（一）促销方式
（二）促销措施
（三）促销价格
（四）产品销售费用预测
四、产品方案和建设规模
（一）产品方案
　　1. 产品名称
　　2. 产品规格与标准
（二）建设规模
五、产品销售收入预测

第四部分　建设条件与厂址选择
一、资源和原材料
（一）资源详述
（二）原材料及主要辅助材料供应
（三）需要作生产试验的原料
二、建设地区的选择
（一）自然条件
（二）基础设施
（三）社会经济条件
（四）其他应考虑的因素
三、厂址选择
（一）厂址多方案选择
（二）厂址推荐方案

第五部分　工厂技术方案
一、项目组成
二、生产技术方案
（一）产品标准
（二）生产方法
（三）技术参数和工艺流程
（四）主要工艺设备选择
（五）主要原材料、燃料、动力消耗指标
（六）主要生产车间布置方案
三、总平面布置和运输
（一）总平面布置
（二）厂内外运输方案
（三）仓储方案
（四）占地面积及分析
四、土建工程
（一）主要建筑物的建筑特征及结构设计
（二）特殊基础工程的设计
（三）建筑材料
（四）土建工程造价估算
五、其他工程
（一）给排水工程
（二）动力及公用工程
（三）地震设防
（四）生活福利设施

第六部分　环境保护与劳动安全
一、建设地区的环境现状
二、项目主要污染源和污染物
三、项目拟采用的环境保护标准
四、治理环境的方案
五、环境监测制度的建议
六、环境保护投资估算
七、环境影响评价结论
八、劳动保护与安全卫生
　（一）生产过程中职业危害因素的分析
　（二）职业安全卫生主要设施
　（三）劳动安全与职业卫生机构
　（四）消防措施和设施方案建议

第七部分　企业组织和劳动定员
一、企业组织
　（一）企业组织形式
　（二）企业工作制度
二、劳动定员和人员培训
　（一）劳动定员
　（二）年工资和职工年平均工资估算
　（三）人员培训及费用估算

第八部分　项目实施进度安排
一、项目实施的各阶段
　（一）建立项目实施管理机构
　（二）资金筹集安排
　（三）技术获得与转让
　（四）勘察设计和准备订货
　（五）施工准备
　（六）施工和生产准备
　（七）竣工验收
二、项目实施进度表
　（一）甘特图
　（二）网络图
三、项目实施费用
　（一）建设单位管理费
　（二）生产筹备费
　（三）生产职工培训费

（四）办公和生活家具购置费
（五）勘察设计费
（六）其他应支出的费用

第九部分　投资估算与资金筹措

一、项目总投资估算

（一）固定资产总额
（二）流动资金估算

二、资金筹措

（一）资金来源
（二）项目筹资方案

三、资金使用计划

（一）投资使用计划
（二）借款偿还计划

第十部分　财务效益、经济和社会资产评价

一、生产成本和销售收入估算

（一）生产总成本
（二）单位成本
（三）销售收入估算

二、财务评价

三、国民经济评价

四、不确定性分析

五、社会效益和社会影响分析

第十一部分　可行性研究结论与建议

一、结论与建议

二、附件

三、附图

这是比较完整且典型的可行性研究报告的写法。针对不同规模及不同特点的项目，可行性研究报告的内容可依据实际情况有所删减。但总的思路是：项目可行性研究报告一定要能给项目业主提供一个系统完整的思路、项目可行性的结论及实施要点和关键，要有观点、有依据、可实施、可信度高。

10.2　项目价值分析

项目价值分析是从企业的角度来分析项目的财务效益，借以判断项目的盈利情况及价值水平。价值分析是项目可行性研究的核心内容，主要解决"项目值不值得做"的问题。为了确保项目投资决策的正确性和科学性，项目价值分析是绝不可缺少的。

项目价值分析的指标是多种多样的，它们从不同角度反映项目的经济性。这些主要分为三类：第一类是以时间单位计量的时间型指标，如借款偿还期、投资回收期等；第二类是以货币单位计量的价值型指标，如净现值、净年值、费用现值、费用年值等；第三类是以比率形式表现的效率型指标，如投资收益率、内部收益率、净现值率等。因为这三类指标分别从不同的角度考察项目的经济性，所以在对项目方案进行经济效益评价时，应当尽量同时选用这三类不同指标。

项目价值分析方法根据是否考虑资金的时间因素，可分为静态分析法和动态分析法两种。静态分析法是不考虑资金时间价值的分析方法。这种方法简单、明了、直观、使用方便，但不够精确，通常应用于可行性研究的初始阶段的粗略分析和评价。动态分析法则考虑了资金的时间价值，采用复利计算方法，为项目方案的比较确立了相同的时间基础，并能反映出未来时期的发展变化趋势。动态分析方法主要用于详细可行性研究中对方案的最终决策。

10.2.1 项目价值分析的预备知识

为了解决投资项目不同时点上发生的费用与效益的时间可比性问题，我们必须先学习资金的时间价值问题。资金的时间价值，简言之，就是资金在使用过程中产生的价值增值。盈利和利息是资金时间价值的两种表现形式，二者都是资金时间因素的体现，是衡量资金时间价值的参照尺度。资金的时间价值是进行项目价值分析的必备条件，因此我们首先学习相关的基础知识。

1. 现金流量

现金流量（cash flow）是指企业在生产经营过程中，每一时点上现金流入与流出的差，又称净现金流。

现金流量数量的大小及其时间分布，以及现金流量的风险大小直接影响到企业的价值。企业长期投资活动的现金流量时间跨度较大，一般为几年，有的长达十几年。因此，现金流量的时间分布就成为企业不得不重视与关注的关键问题之一。在投资报酬率和资金成本一定的情况下，净现金流越大，现金流入的时间越早，现金流量的风险越小，项目的价值就越大，相应的，企业的价值也就越大。

2. 利率

利率（interest rate）就是单位时间的资金价值增值部分与原来资金（本金）的比值，简单地说，就是资金增值的百分率。这里，我们有必要区别一下名义利率（nominal interest rate）和真实利率（real interest rate）。

真实利率是指货币经过一段时间后实际购买力的增长率，一般表示为 r。名义利率是指货币经过一段时间后表面价值的增长率，一般表示为 R。举例来说，一年前我们在银行存入了 100 元。一年后的今天我们得到了 108 元。而这 108 元所能购买到的东西，仅相当于一年前 103 元所能买得到的数量。这是因为在这一年期间，通货膨胀了 5%。

在这里，R 就是 8%，r 是 3%。所以我们可以看到

$$名义利率=真实利率+通货膨胀率$$

如果再考虑投资的因素在里面的话，公式还可以写为

$$名义利率=真实利率+通货膨胀率+风险溢价$$

风险溢价是指投资者对投资所要承担的风险所索取的补偿。

利率有单利和复利之分。单利是指一笔资金在获得价值增值的过程中，本金数与计息周期无关的计算方法。其公式为

$$FV=PV(1+nr) \qquad (10.1)$$

其中，FV 为本利之和；PV 为原投资额（本金）；r 为每一计息期的利率；n 为计息周期数。

采用复利计息时，每一利息周期的利息，由本金加上上一周期累积利息总额之和来计息，充分表现了资金的时间价值。其公式为

$$FV=PV(1+r)^n \qquad (10.2)$$

其中，FV 为本利之和；PV 为原投资额（本金）；r 为每一计息期的利率；n 为计息周期数。

以下的学习过程中所用到的利率都是指复利。

3. 终值（将来值）

终值（future value，FV）是将当前的一笔资金按复利利率计算到将来某一时刻的价值。其公式如下：

$$FV_n=PV_0(1+r)^n \qquad (10.3)$$

其中，FV_n 为资金终值；PV_0 为资金现值；r 为每一计息期的利率；n 为计息周期数。

【例 10.1】某人买了价值 100 元的债券，年利率为 10%，请问五年后该债券的价值是多少？

解：先画出时间坐标轴：

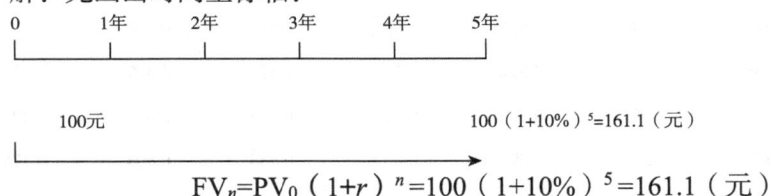

```
0    1年   2年   3年   4年   5年

100元                           100(1+10%)⁵=161.1(元)
```

$$FV_n=PV_0(1+r)^n=100(1+10\%)^5=161.1(元)$$

其中，$(1+r)^n$ 叫做复利终值系数，一般用 FVIF（r,n）表示，可查表 10.1 获得。

表 10.1 复利终值系数表（部分）

周期（n）	利率（r）						
	7%	8%	9%	10%	11%	12%	13%
1	1.070	1.080	1.090	1.100	1.110	1.112	1.130
2	1.145	1.166	1.188	1.210	1.232	1.254	1.277
3	1.225	1.260	1.295	1.331	1.368	1.405	1.443
4	1.311	1.360	1.412	1.464	1.518	1.574	1.630
5	1.403	1.469	1.539	1.611	1.685	1.762	1.842
6	1.501	1.587	1.677	1.772	1.870	1.974	2.082
7	1.606	1.714	1.828	1.949	2.076	2.211	2.353

续表

周期（n）	利率（r）						
	7%	8%	9%	10%	11%	12%	13%
8	1.718	1.851	1.993	2.140	2.305	2.476	2.658
9	1.838	1.999	2.172	2.358	2.558	2.773	3.004
10	1.967	2.159	2.367	2.594	2.839	3.106	3.395

4. 现值

现值（present value，PV）是指把将来某一时刻的资金按复利折算到当前的价值。这一折算过程被称为折现，折算时所采用的利率一般被称为折现率。现值计算公式如下：

$$PV_0 = FV_n / (1+r)^n \qquad (10.4)$$

其中，FV_n 为资金终值；PV_0 为资金现值；r 为每一计息期的利率；n 为计息周期数。

式（10.4）中 $1/(1+r)^n$ 被称为复利现值系数，一般用 PVIF(r,n) 表示，也可查表 10.2 获得。

表 10.2 复利现值系数表（部分）

周期（n）	折现率（r）						
	7%	8%	9%	10%	11%	12%	13%
1	0.935	0.926	0.917	0.909	0.901	0.893	0.885
2	0.873	0.857	0.842	0.826	0.812	0.797	0.783
3	0.816	0.794	0.772	0.751	0.731	0.712	0.693
4	0.763	0.735	0.708	0.683	0.659	0.636	0.613
5	0.713	0.681	0.650	0.621	0.593	0.567	0.543
6	0.666	0.630	0.596	0.564	0.535	0.507	0.480
7	0.623	0.583	0.547	0.513	0.482	0.452	0.425
8	0.582	0.540	0.502	0.467	0.434	0.404	0.376
9	0.544	0.500	0.460	0.424	0.391	0.361	0.333
10	0.508	0.463	0.422	0.386	0.352	0.322	0.295

式（10.4）也可写成

$$PV_0 = FV_n \cdot PVIF(r,n) \qquad (10.5)$$

【例 10.2】【例 10.1】中债券五年后的价值为 161.1 元，那么它的现值应该是多少？

解：画出时间坐标轴：

```
0      1年     2年     3年     4年     5年

?元                                  161.1元
```

$$PV_0 = FV_n/(1+r)^n = 161.1/(1+10\%)^5 = 100（元）$$

也可以：

$$PV_0 = FV_n \cdot PVIF(r,n)^n = 161.1 \times 0.621 = 100.04（元）$$

5. 年金

在上面提到的现值和终值的计算中，现金流只是在某一年发生。实际上企业的现金流量每年都在发生。我们把等额等时间间隔的收入或支付的现金流量序列叫做年金（annuity），通常用符号 "A" 表示。

1）年金终值

年金终值是指年金中每项现金流量的终值之和。其公式表示为

$$FV_n = A\sum_{t=0}^{n-1}(1+r)^t = A\frac{(1+r)^n - 1}{r} \tag{10.6}$$

其中，FV_n 为年金终值；A 为每个期间等额的现金流；r 为期间利率；n 为期间数；$\frac{(1+r)^n - 1}{r}$ 被称为年金终值系数。年金终值系数用于求年金终值，一般用 FVIFA(r,n) 表示，可查表 10.3 获得。

表 10.3 年金终值系数表（部分）

周期（n）	利率（r）						
	7%	8%	9%	10%	11%	12%	13%
1	1.000	1.000	1.000	1.000	1.000	1.000	1.000
2	2.070	2.080	2.090	2.100	2.110	2.120	2.130
3	3.215	3.246	3.278	3.310	3.342	3.374	3.407
4	4.440	4.506	4.573	4.641	4.710	4.779	4.850
5	5.751	5.867	5.985	6.105	6.228	6.353	6.480
6	7.153	7.336	7.523	7.716	7.913	8.115	8.323
7	8.654	8.923	9.200	9.487	9.783	10.089	10.405
8	10.260	10.637	11.028	11.436	11.859	12.300	12.757
9	11.978	12.488	13.021	13.579	14.163	14.776	15.416
10	13.816	14.487	15.193	15.937	16.722	17.549	18.420

【例 10.3】如果在第一年至第五年的年末每年等额存入 100 元，年利率为 10%，按年计利息，那么在第五年年末，银行存款是多少？

解：先画时间坐标轴图如下：

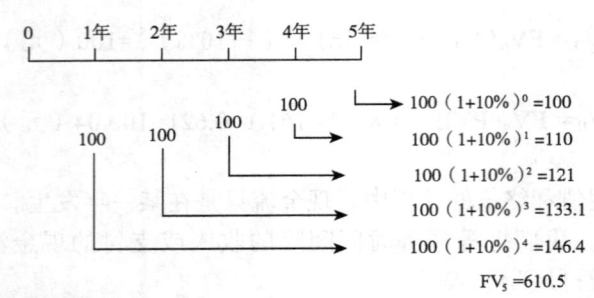

```
        0    1年    2年    3年    4年    5年
        |────|─────|─────|─────|─────|
                                      100  ┐→ 100(1+10%)⁰ =100
                               100   ─────┘→ 100(1+10%)¹ =110
                        100   ──────────→ 100(1+10%)² =121
                 100   ─────────────────→ 100(1+10%)³ =133.1
          100   ────────────────────────→ 100(1+10%)⁴ =146.4
                                                        FV₅ =610.5
```

代入式（10.5）进行计算：

$FV_n = A \cdot FVIFA(r,n) = 100 \times FVIFA(10\%,5) = 100 \times 6.105 = 610.5$（元）

2) 年金现值

正如求资金的现值一样，等额的支出或收入序列也需要计算现值。年金现值是指年金中每项现金流量的现值之和。其公式表示为

$$PV_0 = A \sum_{t=1}^{n} \frac{1}{(1+r)^t} = A \frac{1-[1/(1+r)^n]}{r} \quad (10.7)$$

其中，PV_0 为年金现值；A 为每个期间等额的现金流；r 为期间利率；n 为期间数；$\frac{1-[1/(1+r)^n]}{r}$ 为年金现值系数。年金现值系数用于求年金现值，一般用 PVIFA（r,n）表示，也可查表 10.4 获得。

表 10.4 年金现值系数表（部分）

周期（n）	折现率（r）						
	7%	8%	9%	10%	11%	12%	13%
1	0.935	0.926	0.917	0.909	0.901	0.893	0.885
2	1.808	1.783	1.759	1.736	1.713	1.690	1.668
3	2.624	2.577	2.531	2.487	2.444	2.402	2.361
4	3.387	3.312	3.240	3.170	3.102	3.037	2.974
5	4.100	3.993	3.890	3.791	3.696	3.605	3.517
6	4.767	4.623	4.486	4.355	4.231	4.111	3.998
7	5.389	5.206	5.033	4.868	4.712	4.564	4.423
8	5.971	5.747	5.535	5.335	5.146	4.968	4.799
9	6.515	6.247	5.995	5.759	5.537	5.218	5.132
10	7.024	6.710	6.418	6.145	5.889	5.650	5.426

【例 10.4】 假若正在进行一项投资，从现在起连续五年每年年末都有一笔投资收益 100 元存入银行账户。若期望投资回报率是 10%，则这一收益现值是多少？

解：作图解如下：

```
    0    1年   2年   3年   4年   5年
    |————|————|————|————|————|
        100   100   100   100   100 (1+10%)⁰=100
100 (1+10%)⁻¹=90.91  ←
100 (1+10%)⁻²=82.65  ←
100 (1+10%)⁻³=75.13  ←
100 (1+10%)⁻⁴=68.30  ←
100 (1+10%)⁻⁵=62.09  ←
PV₀=379.08
```

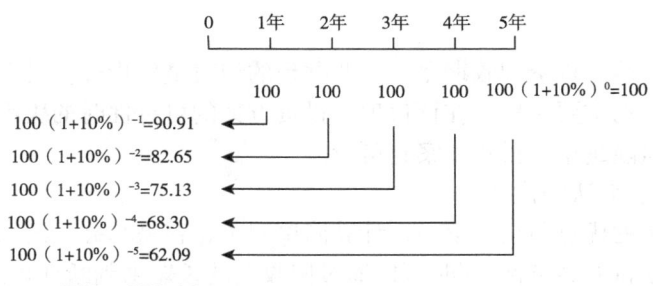

代入式（10.7）进行计算：

$$PV_0 = A \cdot PVIFA(r,n) = 100 \times PVIFA(10\%,5) = 100 \times 3.791 = 379.1 \text{（元）}$$

10.2.2 价值分析的方法

1. 静态投资回收期法

（1）概念。静态投资回收期（payback period）是用投资项目所得的净现金流来回收项目初始投资所需的年限，一般用 T_p 表示。

（2）计算公式。

$$\sum_{t=1}^{T_p} CF_t - CF_0 = 0 \qquad (10.8)$$

其中，$\sum_{t=1}^{T_p} CF_t$ 为净现金流入量；CF_0 为期初投资资金总量。

判断准则如下：

投资回收期<标准回收期，接受项目

投资回收期>标准回收期，拒绝项目

这里的标准回收期是根据同类项目的历史数据和投资者意愿确定的基准投资回收期。

【例 10.5】 某项目现金流量如表 10.5 所示，标准回收期为 4 年，试用静态投资回收期法评价该项目方案是否可行。

表 10.5　现金流量表（单位：万元）

项目	0	1	2	3	4	5	6
投资	1 000						
收入		500	300	150	100	100	100

解：

$$-1\,000+500+300+150=-50$$
$$(-50+100)/100=0.5$$
$$T_p=3.5\text{（年）}$$

$T_p<4$ 年，方案可行。

从以上分析可知，静态投资回收期是一个非贴现的绝对量反指标，是考察项目方案在财务上投资回收能力的重要指标。在评价项目投资方案的可行性时的决策标准是：投资回收期越短，投资风险越小，投资方案越可行。

（3）静态投资回收期法的优缺点。

静态投资回收期法的优点包括：第一，计算简单明了，容易掌握；第二，这种方法在一定程度上反映了项目的经济性，同时可以通过回收期的长短来判断项目的风险大小。

静态投资回收期法的缺点包括：第一，没有考虑资金的时间价值；第二，没有考虑回收期后的现金流，回收期的长短与项目现金流分布有直接关系，它只能反映回收期以前的现金流情况，不能反映项目整个生命期内现金流量的大小；第三，标准回收期的确定具有主观性。因此，该类指标一般只用于项目方案的初选，或者投资后各项目间经济效益的比较。

2. 净现值法

（1）概念。净现值（net present value，NPV）是项目生命期内逐年净现金流量按资本成本折现的现值之和，一般用 NPV 表示。

（2）计算方法。计算公式：

$$\text{NPV} = \sum_{t=1}^{n} \frac{\text{CF}_t}{(1+r)^t} - \text{CF}_0 \qquad (10.9)$$

其中，CF_t 为各期现金流入量；CF_0 为期初投资资金总量；r 为资本成本，若投资分多年支出，则 CF_0 为各年投资现值之和。

按照净现值法，若 NPV 大于零，即贴现后的现金流入大于现金流出，说明该投资项目的报酬率大于预定的贴现率；若 NPV 等于零，即贴现后的现金流入等于现金流出，说明该投资项目的报酬率相当于预定的贴现率；若 NPV 小于零，即贴现后的现金流入小于现金流出，说明该投资项目的报酬率小于预定的贴现率。

判断准则如下：

$$\text{NPV} \geqslant 0, \text{项目应予接受}$$
$$\text{NPV} < 0, \text{项目应予拒绝}$$

【例 10.6】某项目初始投资为 1 200 万元，当年收益。项目寿命期为 5 年，每年净现金流量为 300 万元，若资本成本为 10%，求项目的净现值。

解：我们可以作时间坐标轴图如下，来表示这个项目的现金流入和流出情况。

```
    0      1年    2年    3年    4年    5年
(1 200)   300    300    300    300    300
```

按式（10.9）计算：

$$\text{NPV} = -1\,200 + 300/1.1 + 300/1.1^2 + 300/1.1^3 + 300/1.1^4 + 300/1.1^5$$
$$= -1\,200 + 272.7 + 247.9 + 225.4 + 204.9 + 186.3$$
$$= -62.8（万元）$$

我们也可采用年金现值的计算方法：

NPV=$A \cdot$ PVIFA（r, n）$-$CF$_0$=300×3.791$-$1 200=1 137.3$-$1 200=$-$62.7（万元）

NPV =$-$62.7<0，项目应予拒绝。

以上例题，如果用投资回收期法计算则项目是可以接受的。通过这一例题我们可以对上述两种方法有更深的比较与理解。

（3）净现值法的优缺点。

净现值法的优点包括：第一，考虑了资金的时间价值，增强了投资经济性的评价；第二，考虑了项目计算期的全部净现金流量；第三，考虑了投资的风险性，即贴现率越高，风险越大。

净现值法的缺点包括：第一，不能动态地反映项目的实际收益率水平；第二，计算麻烦，且较难理解和掌握。

3．内部收益率法

（1）概念。内部收益率（internal rate of return，IRR）是使项目在寿命期内现金流入的现值等于现金流出现值时的折现率，也就是使项目净现值为零的折现率，一般用 IRR 表示。

（2）计算方法。计算公式如下：

$$\sum_{t=1}^{n}\frac{CF_t}{(1+IRR)^t}=CF_0 \quad (10.10)$$

其中，CF$_t$ 为各期现金流入量；CF$_0$ 为期初投资资金总量；r 为资本成本。若投资分多年支出，则 CF$_0$ 为各年投资现值之和。

求解 IRR 的方法，一般采用试算法。把每期的现金流根据不同的折现率折现。然后做出折现率与折现净现值的对应曲线。其中，折现净现值为 0 时的折现率就是 IRR。

判断准则如下：

IRR≥资本成本，项目可接受

IRR<资本成本，项目不可接受

一般来说，内部收益率越高，说明项目投入的成本越少，而获得的收益越多。

（3）内部收益率法的优缺点。

内部收益率法的优点包括：第一，能够把项目寿命期内的收益与其投资总额联系起来，指出这个项目的收益率，便于将它同行业基准投资收益率对比，确定这个项目是否值得建设；第二，使用借款进行建设，在借款条件（主要是利率）还不很明确时，内部收益率法可以避开借款条件，先求得内部收益率，作为可以接受借款利率的高限。

内部收益率法的缺点是内部收益率法只能告诉投资者被评估企业值不值得投资，却并不知道值得多少钱投资。因此，该方法更多地应用于单个项目投资。

4．获利能力指数法

（1）概念。获利能力指数（profitability index，PI）是项目经营净现金流值和初始投资之比，表明项目单位投资的获利能力，记为 PI。

（2）计算方法。计算公式如下：

$$PI = \sum_{t=1}^{n} \frac{CF_t}{(1+r)^t} \bigg/ CF_0 \qquad (10.11)$$

其中，$\dfrac{CF_t}{(1+r)^t}$ 为项目经营期间逐年收益的现值；CF_0 为投资支出现值。所以 PI 又称收益成本比。

判断准则如下：

$$PI \geqslant 1.0，项目可接受$$
$$PI < 1.0，项目应拒绝$$

一般而言，如果投资项目的获利能力指数大于 1.0，该投资项目就是可以接受的。投资项目的获利能力指数越高，该投资项目的获利能力也越大，其投资可行性也越大。

【例 10.6】中所示项目的 PI 为

$$PI = 300\ PVIFA（10\%，5）/1\ 200 = 1\ 137.3/1\ 200 = 0.948$$

PI =0.948<1.0，项目应拒绝。

获利能力指数法不仅注意到了项目现金流入量，而且注意到了项目的现金流出量，在评价项目收益时有着特殊的作用。而且它考虑了货币的时间价值和整个项目期内的全部现金流入量和流出量。

5. 期权分析法

1）概念

期权分析法（option analysis）就是用期权的观点来进行项目价值分析的方法。在这里，所用到的期权主要是指实物期权（real option）。

刘志新在其著作《期权投资学》中指出，实物期权是指以实物投资为标的资产的期权，具体表现为在经营、管理、投资等经济活动中，以各种形式获得的进行或有决策的权力，它是金融期权理论在实物投资领域的发展和应用。或有决策是在信息不断披露的条件下，视情况而定的决策行为，它是实物期权方法的核心。或有决策的回报是非对称的，即决策的收益与不确定性不是线性关系：不确定性带给企业的正面影响被保留，负面影响被规避。

期权分析法的核心思想就是在不确定的条件下，分析项目具有的最大价值，主要考虑的因素包含了项目规避风险带来的收益（或潜在收益）。

2）实物期权的类型

根据实物期权所带来的不同经营灵活性，可以将其分为推迟期权、放弃期权、悬置期权、分段期权、规模期权、变换期权、成长期权、组合期权等。

（1）推迟期权。投资机会并不像人们想象的一样稍纵即逝，其时机选择常常有一定的灵活性，我们把这种推迟的可能性叫做推迟期权。

（2）放弃期权。投资项目一经启动，就自然拥有了放弃期权。如果市场条件严重衰退，并且预计长期不会好转，而维持成本过高，则管理者会选择永久放弃现在的经营，实现设备和其他资产在二手市场上再出售的价值，或投入其他项目以获取更高的效率。

（3）悬置期权。项目启动后，一般不会轻易放弃，因为投资具有不可逆性，而一旦放弃，再启动可能需要很高的成本。因此，市场状况不好、前景不明朗时，投资者会尽可能地选择延缓项目进程，甚至冻结该项目。这种延缓或冻结的可能性就叫做悬置期权。

（4）分段期权。分阶段进行一系列投资创造了分段期权，在每一个决策点都可以根据新获取的信息决定是放弃还是继续，这种分段规划带来的经营柔性具有期权价值，叫做分段期权。

（5）规模期权。在项目规划之初便设计规模变动的灵活性能赋予项目规模期权，即在今后的经营过程中拥有扩大或缩小规模的可能性。

（6）变换期权。原料组合和产品组合具有变换的灵活性所带来的期权被称为变换期权。更广义的变换期权还可以指变换各种经营方案的灵活性。

（7）成长期权。一项战略性的早期投资，也许本身并不产生直接的现金流，但是却开创了未来的成长机会，是一系列后续相关项目的前提，这类投资具有战略性，也叫战略期权。

（8）组合期权。现实中的项目常常不是孤立的一个期权，而是交叉涉及多个期权，它们的组合价值可能不同于各自价值的简单累加，这时需要考虑它们之间相互加强或削弱的作用。

6. 价值分析方法的评价和选择

1）NPV 与 IRR 在互斥项目中的差异

互斥项目是指在多个项目的选择中只能选取一个项目，其他项目必须放弃的情况。即项目之间具有排他性，只能取其一项。在许多情况下，按净现值最大准则来选取项目，其结果与按内部收益率最大准则选取是一致的，但有时也会发生矛盾。

另外，项目初始投资额的大小也会引起这一敏感度的差异，主要原因在于 NPV 与 IRR 两种方法隐含的假设不同。NPV 法假设投资资本成本获得现金流；每一现金流的再投资收益也是取决于资本成本的大小。而 IRR 法假设所有投资与再投资皆以 IRR 产生收益。两种方法的复利基础不同。

从现实角度，投资收益应由必要收益率来衡量，因此一般以 NPV 法计算的结果为主要依据。

2）净现值与获利能力指数的比较

用净现值与获利能力指数进行互斥项目的决策时，会出现矛盾。原因在于净现值表示的是价值的绝对值，获利能力指数表示的是价值的相对比率，是单位投资的效益。因此在比较规模不同的两个互斥项目时，两种方法会产生矛盾。

在这种情况下，由于股东权益的增长是通过一个项目的净现值的大小来体现的，而对一个公司来讲，所看中的正是股东财富的增加。所以当两者产生矛盾时，以净现值作为资本预算决策的判断标准符合公司价值最大化的原则；以获利能力指数作为资本预算决策的判断准则，往往倾向选择规模小的项目。

3）期权分析法与其他传统项目分析法的比较

传统项目分析法没有采用发展的观点去评价项目，忽略了经营灵活性的价值。从战略上的价值角度来讲，传统项目价值分析法没有将单个投资项目与企业的总体发展战略、企业的整体价值联系起来，从而低估了战略性投资的价值。

引入期权概念，采用期权的分析方法，以或然性决策的方式处理投资环境中的不确定性因素及企业相应具备的灵活性。解决了如何正确处理不确定性的难题。

期权分析法不仅可以协助企业更好地对投资项目进行评价，还可以在激励投资者在认识实物期权的过程中，形成新的投资决策目标，为企业的发展提供机会。

另外，期权分析法还有助于企业的高级管理者进行战略决策。

10.3 项目风险分析

风险是由不确定性引起的可能带来损失的可能性。项目风险分析也称不确定性分析。项目风险分析主要解决"项目如果要做，可能的风险是什么"的问题。

任何项目投资，总是预期获得一定的收益。然而，任何一种投资，都必须考虑承担风险。对于项目决策当然要分析投产后的效益，同时也要考虑其风险性。项目的风险既包括不确定性因素带来的风险，如市场风险、自然资源风险、技术风险等，又包括人为因素带来的风险，如经营风险、管理风险、人力资源风险，同时还包括在这些风险存在的情况下所产生的财务风险。此外，如果是大型跨国项目，还要考虑政治风险。风险分析方法主要有盈亏平衡分析、敏感性分析、概率分析以及模拟分析等。项目进行风险分析和项目的决策是紧密相关的。

10.3.1 盈亏平衡分析

1. 盈亏平衡分析概述

盈亏平衡分析又称量本利分析，是通过盈亏平衡点分析项目成本与收益平衡关系的一种方法。它根据投资项目正常生产年份的产量、成本、产品价格和利润等数据，计算分析产量、成本和盈利三者之间的关系，最后确定出盈亏平衡时的临界值。盈亏平衡分析主要用来判断各种不确定因素（如投资、成本、销售量、产品价格、项目寿命期等）的变化对项目的影响作用，进而为决策提供依据。它可以直接告诉我们项目可以承受多大的风险而不至于发生亏损。这种分析方法有时也被用于对多个方案进行比较、选优。

2. 线性盈亏平衡分析

线性盈亏平衡分析是通过假定所有被分析的不确定性因素与已知因素之间都存在一种线性关系的前提下，对项目不确定性因素进行分析的方法。

独立方案盈亏平衡分析的目的主要是通过分析产品产量、成本与项目盈利能力之间的关系找出项目投资方案盈利与亏损在产量、产品价格、单位成本等方面的临界点，也就是盈亏平衡点。

下面让我们用盈亏平衡分析法来分析销售收入、成本费用与产品产量的关系。

分析的前提条件是，所有的产品都能销售出去。在这里我们假定市场条件不变，产品价格为常数。这时销售收入与销售数量呈线性关系，即有

$$TR=PQ \quad (10.12)$$

其中，TR 为销售收入；P 为单位产品价格；Q 为产品销售数量。

项目投产后，其总成本可分为固定成本和变动成本两部分。固定成本是指一定的生产规模内不随产量的变动而变动的费用；变动成本是指随产品产量的变动而变动的费用。总成本是固定成本与变动成本之和，它们之间的关系可表示为

$$TC=F+VQ \quad (10.13)$$

其中，TC 为总成本；F 为总固定成本；V 为单位产品变动成本。

达到盈亏平衡，也就是总成本等于总收入，即

$$TR=TC$$
$$PQ^*=F+VQ^*$$
$$Q^*=\frac{F}{P-V}$$

其中，计算出的就是盈亏平衡时的产量。

我们可以从图 10.1 中清楚地看到：当产量在 $0<Q<Q^*$ 时，TC>TR，此时企业处于亏损状态；当产量在 $Q>Q^*$ 时，TC<TR，此时企业处于盈利状态。因此，TR 与 TC 的交点所对应的产量 Q^*，就是盈亏平衡产量。

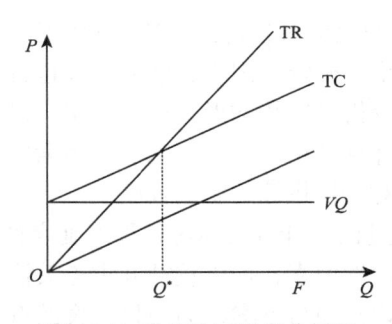

图 10.1 线性盈亏平衡分析图

我们除可以计算盈亏平衡产量外，还可以计算盈亏平衡销售收入、生产能力利用率、销售价格等其他不确定指标。

在实际工作中，我们所接触到的大多数情况下的变化都不呈线性变化。例如，产品的销售收入会同时受到来自市场和用户以及竞争对手的影响。有的情况下还可能会出现几个盈亏平衡点。但是我们把基本的方法掌握了，就可以灵活运用。非线性的盈亏平衡以及动态的盈亏平衡分析方法，本书不作讨论，进一步的学习，请参考有关微观经济理论或相关的项目风险分析资料。

10.3.2 敏感性分析

1. 敏感性分析概述

敏感性分析是通过分析项目有关因素的变化对项目最终效果或产出的影响程度来确定项目风险大小的一种分析方法。这也是项目投资决策中很常见的分析方法。

敏感性因素是指这种因素的小幅度变化就能导致项目效果较大变化的因素。通过敏感性分析找出项目的敏感因素并加以重视和管理，以及重点控制，可以起到减小项目风险的作用。

2. 敏感性分析的步骤

（1）确定敏感性分析的指标。一般来讲，敏感性分析指标的选择应随着任务阶段的变化进行调整。在机会研究阶段，各种经济数据不全，通常选用投资收益率和投资回收期，作为分析指标；初步可行性研究和详细可行性研究阶段中，主要采用净现值和内部收益率，并以投资回收期作为辅助性指标。不管采用哪一指标，总的指导性原则是：进行敏感性分析的指标应与项目最终效果评价的指标相一致。

（2）计算该技术方案的目标值。一般将在正常状态下的经济效益评价指标数值作为目标值。

（3）选定不确定性因素。通常情况下，影响项目经济效果的因素很多，但不可能对所有因素都进行敏感性分析。在选定需要分析的不确定性因素时，可从两个方面加以考虑：①这些因素在可能的变化范围内，对投资效果影响较大；②这些因素发生变化的可能性较大。一般选定的不确定性因素有产品价格、产品销售数量、经营成本、项目生命期、标准折现率等。

（4）计算不确定性因素的变动对分析指标的影响程度。在假定其他不确定性因素不变的情况下，一次只变动一个不确定性因素，然后计算这种不确定性因素的变化对分析指标的影响情况。用敏感性分析表或图的形式记录下来，最后做出该因素变动与分析指标的变化对应关系图。重复计算各种可能的不确定性因素的变化对分析指标影响的具体数值，比较各种因素的变化对分析指标的影响程度。

（5）确定敏感因素。通过比较分析指标对各种不确定性因素变化的敏感性，最终选出最敏感的一个或几个不确定性因素，加以重视并重点关注。

敏感性分析还可以起到评价项目方案，为项目方案的选择提供辅助性参考的作用。

3. 单因素敏感性分析

这种方法是通过每次只变动某一个不确定性因素，并计算其对分析指标的影响程度来进行敏感分析的方法。

【例 10.7】某项目预计投资 1 200 万元，年产量为 10 万台，产品价格为 35 元/台，年经营成本为 120 万元，方案经济寿命期为 10 年，设备残值为 80 万元，基准折现率为 10%，试就投资额、产品价格及方案寿命期进行敏感性分析。

解：以净现值作为经济评价的分析指标，则预期净现值为

NPV_0=-1 200+（10×35-120）PVIFA（10%，10）+80PVIF（10%，10）
　　=244.23（万元）

下面用净现值指标分别就投资额、产品价格和方案寿命期三个不确定性因素做敏感性分析。设投资额、产品价格及方案寿命期在其预期值的基础上分别按±10%、±15%、±20%变化，相应的项目净现值将随之变化，变化结果如表 10.6 所示。

表 10.6　单因素的敏感性分析（单位：万元）

项目	−20%	−15%	−10%	0%	10%	15%	20%
投资额	483.96	423.96	363.96	244.23	123.96	63.96	3.96
产品价格	−186.12	−78.6	28.92	244.23	459.0	566.52	647.0
方案寿命期	64.37	112.55	158.5	244.23	321.89	358.11	392.71

从表 10.6 中可以看出：在同样的变动率下，产品价格的变动对方案的净现值影响最大，其次是投资额的变动，方案寿命期的影响最小。也就是说，产品价格是这三者中最敏感的因素。如果这一项目投入运作，应对未来产品价格进行更准确的测算。如果这一产品在未来市场上价格变化的可能性较大，则说明这一项目方案实施的风险较大。

除单因素敏感性分析外，还有双因素、多因素敏感性分析等其他方法，在这里我们不做介绍，大家可以参阅相关资料。敏感性分析不仅可以评价项目的风险，还可用于项目方案选择。

4. 敏感性分析的意义

（1）确定影响项目经济效益的敏感因素。寻找出影响最大、最敏感的主要变量因素，进一步分析、预测或估算其影响程度，找出产生不确定性的根源，采取相应有效措施。

（2）计算主要变量因素的变化引起项目经济效益评价指标变动的范围，使决策者全面了解建设项目投资方案可能出现的经济效益变动情况，以减少和避免不利因素的影响，改善和提高项目的投资效果。

（3）通过各种方案敏感度大小的对比，区别敏感度大或敏感度小的方案，选择敏感度小的，即风险小的项目作投资方案。

（4）通过可能出现的最有利与最不利的经济效益变动范围的分析，为投资决策者预测可能出现的风险程度，并对原方案采取某些控制措施或寻找可替代方案，为最后确定可行的投资方案提供可靠的决策依据。

10.3.3　概率分析

1. 概率分析概述

概率分析是研究各种不确定性因素按一定概率变动时，对项目方案经济指标影响的一种定量分析方法。

敏感性分析只能使决策者了解某种因素变动对经济指标的影响，并不能使其了解发生这种影响的可能性究竟有多大，概率分析就是要解决这种可能性多大的问题。这无疑会对项目决策的科学化有所帮助。概率分析的关键是确定各种不确定性因素变动的概率。

2. 概率分析的步骤

（1）列出各种欲考虑的不确定性因素。例如，销售价格、销售量、投资和经营成本等均可作为不确定性因素。需要注意的是，所选取的几个不确定性因素应是互相独立的。

（2）设想各不确定性因素可能发生的情况，即其数值发生变化的几种情况。

（3）分别确定各种可能发生情况产生的可能性，即概率。各不确定性因素的各种可能发生情况出现的概率之和必须等于1。

（4）计算目标值的期望值。

（5）求出目标值大于或等于零的累计概率。

3. 概率分析的计算方法

要完整地描述一个随机变量，需要确定其概率分布的类型和参数。常见的概率分布类型有均匀分布、二项分布、泊松分布、指数分布和正态分布等。在项目管理决策分析中使用最普遍的是均匀分布与正态分布。

描述随机变量的主要参数是期望值与方差。期望值是在大量的重复事件中随机变量取值的平均值。方差是反映随机变量取值的离散程度的参数。方差开平方即得到标准差。标准差的经济意义是反映一个随机变量实际值与期望值偏离的程度。这种偏离的程度在一定意义上反映了投资方案风险的大小。

期望值的一般表达式为

$$E(x) = \sum_{i=1}^{n} x_i p_i \quad (10.14)$$

其中，$E(x)$为变量的期望值；P_i为变量x_i的取值概率。

标准差的一般表达式为

$$\sigma = \sqrt{\sum_{i=1}^{n} p_i [x_i - E(x)]^2} \quad (10.15)$$

其中，σ为变量x的标准差。

【例10.8】某项目方案的净现值及概率如表10.7所示，试计算该方案净现值的期望值及标准差。

表10.7 项目方案的净现值及其概率

净现值/万元	23.5	26.2	32.4	38.7	42.0	46.8
概率	0.1	0.2	0.3	0.2	0.1	0.1

解：$E(\text{NPV}) = 23.5 \times 0.1 + 26.2 \times 0.2 + 32.4 \times 0.3 + 38.7 \times 0.2 + 42.0 \times 0.1 + 46.8 \times 0.1 = 33.93$（万元）

$\sum_{i=1}^{n} p_i [x_i - E(x)]^2 = 0.1 \times (23.5-33.93)^2 + 0.2 \times (26.2-33.93)^2 + 0.3 \times (32.4-33.93)^2$

$+ 0.2 \times (38.7-33.93)^2 + 0.1 \times (42-33.93)^2 + 0.1 \times (46.8-33.93)^2$

$= 51.15$（万元）

$\sigma = \sqrt{\sum_{i=1}^{n} p_i [x_i - E(x)]^2} = \sqrt{51.15} = 7.15$（万元）

4. 项目方案的概率分析

标准差虽然可以反映随机变量的离散程度，但它是一个绝对量，它会随着期望值的增大而增大，所以不利于对不同方案进行风险程度的比较。为此，我们用另一个指标来弥补这一不足，即离散系数，它是标准差与期望值之比。公式表达为

$$C=\frac{\sigma(x)}{E(x)} \tag{10.16}$$

离散系数可以用来比较两个不同方案之间的风险程度。C 越小，则风险越小。

10.4 项目评估内容和方法

项目评估是指在项目可行性研究的基础上，从项目对企业、对社会贡献的各个角度对拟建项目进行全面的经济、技术论证和评价，并给出评价结果的过程。项目评估是项目投资前进行决策管理的重要一环，其目的是审查项目可行性研究的可靠性、真实性和客观性，为企业的融资决策、银行的贷款决策以及行政主管部门的审批决策提供科学依据。

项目评估是对最终可行性研究的审查和研究，以求项目规划更加合理与完善。可行性研究是从宏观到微观逐步深入研究的过程，而项目评估则是将微观问题再拿到宏观中去权衡的过程。因此，项目评估可以看做可行性研究的延伸，但是这是比可行性研究更高级的阶段。通过评估，项目可能被否定，也可能只做局部修改补充后被肯定，因此项目评估工作要求知识更丰富，其结论更具权威性。

10.4.1 项目评估的主要内容

1. 项目经济效益评估

项目经济效益评估是从企业的角度出发，运用有关财务分析的方法对项目的经济效益进行综合评价，并对项目的合理性提出判断意见。

1）项目经济效益评估的目标

项目经济效益评估的目标主要是了解项目盈利能力与清偿能力。

盈利能力是反映项目经济效益的主要标志。经济评估中的重要工作之一就是分析拟发展项目建成后是否有盈利、盈利能力有多大，项目盈利是否足以弥补项目的投资，从而来判断项目是否可行。

项目的清偿能力从广义上说应包括两个层次：①项目的财务清偿能力，即项目收回全部投资的能力；②债务清偿能力，主要是项目偿还投资借款和清偿债务的能力。从狭义上讲，项目清偿能力只是指第二层含义，实际中也常指第二层含义。

2）项目经济效益评估的方法

项目经济效益的分析方法，基本上类似于进行可行性研究时的项目价值分析方法。二者的区别在于分析的主体不同、立足点不同、侧重点不同。可行性研究是项目承担方做，项目评估则是由项目隶属的政府管理部门、项目主管部门、贷款银行等机构来做。

可行性研究一般是站在用资角度考虑问题。项目评估则一般站在银行、国家投资角度来考虑问题。

可行性研究侧重于项目技术、经济方面的论证，项目评估则着重于对可行性研究的质量和可靠性的审查和评估。

其主要用到的技术方法有投资回收期法、投资收益率法、追加投资回收期法、追加投资收益率法、净现值法、内部收益率法、外部收益率法等。

2. 项目社会效益评估

项目社会效益评估是从项目对社会、国家的整体贡献出发，来评估项目的价值的方法。一般按照资源合理配置的原则，采用影子价格、影子汇率、影子工资、社会折现率等评估参数，来计算和分析国民经济为投资项目所付出的代价及其对国民经济做出的贡献，以评价投资项目的合理性。

1）项目社会效益评估的目标

项目社会效益评估的主要目的是要了解项目对社会及国民经济增长的作用与意义。从国家角度来看，要求项目投资所增加的国民收入净增值和社会效益净增值大于项目所付出的社会成本。从劳动就业角度来看，要考察项目建成后为社会提供的劳动就业机会的数量。从收入分配目标来看，要考察项目提供的国民收入净增值在国家、地区、部门、企业和个人之间的分配关系。只有对社会经济增长与劳动就业有促进的项目才是符合社会效益发展的项目。

2）项目社会效益评估的技术与方法

（1）社会折现率。社会折现率是从国家角度对资金机会成本和时间价值进行估量的评估指标。它是从社会的观点反映最佳资源分配和社会可接受的最低投资收益率。采用适当的社会折现率对项目进行投资评价，有助于合理使用项目资金，引导投资方向，调控投资规模，促进资金在全社会范围内的合理配置。

社会折现率作为项目社会效益评估的重要参数，在衡量投资项目的内部收益率时具有重要作用，同时它也是项目经济可行性和比较选优的主要依据之一。

社会折现率的测定方法主要有两种：一种是用投资项目经济内部收益率排队的方法测定；另一种是用现行价格下的投资收益率的统计值测定。第二种方法比较简单实用，具体计算方法，我们不做详细介绍。在我国现阶段，国家规定社会折现率的取值标准为12%。

（2）影子价格。影子价格是指当社会经济处于某种最优状态时，能够反映社会劳动的消耗、资源稀缺程度和最终产品需求情况的价格。它是商品或生产要素的边际变化对国民收入增长的贡献值。也就是说，影子价格是由国家的经济增长目标和资源可用量决定的。

一般来说，项目投入品的影子价格就是它的机会成本——资源用于其他用途时的边际产出价值，也是用户为取得产品而愿意支付的价格。

对项目进行社会效益分析的着眼点是整个国民经济，因而确定影子价格的过程是对国民经济在生产、交换、分配和消费过程中的全部环节及其相互制约因素的全面考察过程，要正确确定商品或劳务的影子价格，应考虑到社会资源的可用量、政策变动及社会经济未来变动等各种不确定性因素的影响，因此要精确测定影子价格并不容易。

3. 评估报告

项目评估的结果最终以评估报告的形式进行汇报。

评估报告一般包括两个部分，即正文部分和附件部分。正文部分是对项目主要特点进行概括说明，并对有关问题做出简明叙述。这部分内容应严谨明了、言简意赅，尽量少用只有专家才能看得懂的专业术语。附件部分为正文所提的观点提供详细的证据。它包括必要的资料、表格、数据分析、附图以及一些技术说明等。下面是评估报告的简要介绍。

项目评估报告的主要内容

1. 正文部分

（1）企业概况：历史、机构、人员组成及知识构成情况，经营管理情况，近三年的生产经营情况及财务情况等。

（2）项目概况：项目的基本内容、主要产品（或主要项目产出物）的介绍，项目目的，投资必要性。

（3）市场情况分析：产品需求预测、供应市场范围、生产规模、市场竞争能力、产品生命期、国内外同类产品情况评估等。

（4）投入物：主要投入物名称、耗用量、价格、来源、可靠程度、有无替代品等。

（5）技术和设计：工艺和技术、设备性能、技术力量保证程度、设计方案是否科学等。

（6）投资计划：总投资额、投资内容、投资方式、资金现有情况、资金筹措情况等。

（7）财务预测：产品成本、销售收入及盈利水平、偿债能力等。

（8）项目风险评估：盈亏平衡分析、敏感性分析、概率分析等。

（9）经济效益评估：产品成本、销售收入及盈利水平、偿债能力、外汇使用或平衡情况、投资回收期分析等。

（10）社会效益评估：国民生产总值贡献情况，提供劳动与就业机会情况，对科学技术发展的促进与贡献情况等。

（11）环境影响评估：对环境的影响是否重大，是否影响其他产业或经济的发展。

（12）总结与结论：总结评述报告的各个部分，提出评估结果。

（13）建议：需要完善的地方。

2. 附件部分

（1）附表：包括各类财务预测表、经济分析表，如敏感性分析表、销售情况预测分析表等。

（2）附图：主要有工厂平面布置图、生产流程图、项目实施图等。

（3）有关资料与文件：如项目建议书、可行性研究报告、进口设备、技术清单等。

评估报告要求有数据、有分析、有观点，条理清楚、论述简洁、重点突出，引用的数据与分析的资料要经过核实。

10.4.2 项目评估方法

项目评估方法很多，分为资料收集法、分析研究法、定性与定量方法等，具体而言，包括专题调查法、前后对比法、逻辑框架法（logical framework approach，LFA）、层次分析法（analytic hierarchy process，AHP）、逼近理想解排序法（technique for order preference by similarity to ideal solution，TOPSIS）等。由于定性和定量方法简单易行，本章主要介绍几种典型的定性与定量项目评估方法。

1. Delphi 法

Delphi 法最早出现于 20 世纪 50 年代末，本质上是一种反馈匿名函询法。其用于选择求解模型的大致流程是：在对所要选择的求解模型征得专家的意见之后，进行整理、归纳、统计，再匿名反馈给各专家，再次征求意见，再集中，再反馈，直至得到稳定的意见。

由此可见，Delphi 法是一种利用函询形式的集体匿名思想交流过程。它有区别于其他基于专家经验方法的三个明显特点，分别是匿名性、小组成员多次反馈、小组的统计回答。首先，匿名性是 Delphi 法的极其重要的特点，从事模型选择的专家彼此互不知道有其他哪些人参加选择，他们是在完全匿名的情况下交流思想的。其次，小组成员多次反馈是通过回答组织者的问题来实现的，一般要经过若干轮反馈才能完成。最后，小组的统计回答虽然是反映多数人的观点，少数派的观点至多概括地提及一下，但是这并没有表示出小组的不同意见的状况。这样，每种观点都包括在这样的统计中，避免了专家会议法只反映多数人的观点的缺点。

2. 层次分析法

层次分析法是由美国运筹学家 Saaty 教授于 20 世纪 70 年代提出的一种系统分析方法。假设有 n 个评估指标 $I=\{i_1,i_2,\cdots,i_n\}$，则通过下面步骤实现层次分析方法。

（1）通过一些经验丰富的专家采用比例标度对评估指标进行两两比较并打分，形成一个两两元素比较矩阵 $A=|a_{kj}|_{n\times n}$。

（2）若 A 是一致矩阵，则计算判断矩阵的最大特征根 $\lambda_{\max}$，求解特征方程 $Aw=\lambda_{\max}w$，所得到的 $w=(w_1,w_2,\cdots,w_n)$ 作为评估指标 $i_1,i_2,\cdots,i_n$ 的权重。

（3）对矩阵进行一致性的检验，计算一致性指标 $\text{CI}=(\lambda_{\max}-m)/(n-1)$，其中 m 为判断矩阵 A 的阶数，查表得到平均随机一致性指标 RI 的值后，计算一致性比率 CR=CI/RI。当 CR<0.1 时，即认为判断矩阵 A 满足一致性，也就是说，向量 w 中的分量可以作为权重；如果 CR>0.1，则认为判断矩阵 A 未能通过检验，不能把第三步中的 w 分量作为权重，此时，返回步骤（1），对判断矩阵进行修正，直到满足一致性要求为止。

3. TOPSIS 法

TOPSIS 法是由 Hwang 和 Yoon 于 1981 年提出来的一种逼近理想解的评估方法。该方法包括以下几个基本步骤。

（1）建立初始化决策矩阵。

（2）基于归一化后的初始矩阵。

（3）确定正负理想解，即找出有限方案中的最优方案和最劣方案。

（4）分别计算待评估项目与最优方案和最劣方案的距离，继而获得待评估项目与最优方案的相对接近程度。

（5）对所有待评估项目进行排序，并以此作为评价优劣的依据。

10.4.3 项目评估的要求

项目评估工作必须站在全局的角度，客观、科学、公正地进行。项目评估人员要对项目评估的可靠性、科学性和公正性负责，按照原则办事。

（1）客观性：要求评估人员对项目可行性研究报告进行客观的分析，讲究实事求是，搞好调查研究，不能主观、仓促地下结论。

（2）科学性：评估人员要采用科学的评估方法和计算公式来评估每一项内容，计算每一个数据，以使评估结论准确可靠。

（3）公正性：要求评估人员站在全局的角度对项目进行评估，真实地反映项目的本来面目，不能盲目偏袒，导致错误判断，蒙受损失。

10.5 项目后评价内容和方法

项目后评价是指以项目前期所确定的目标和各方面指标与项目实际实施的结果之间的对比为基础，对已完成项目的目标、执行过程、效益、作用和影响所进行的系统、客观的分析，主要包括目标评价、实施过程评价、经济效益评价、社会效益评价、持续性评价等。

10.5.1 项目后评价的主要内容

项目后评价一般在项目完工后一段时间才进行，它的中心工作是根据实际资本费用及运营成本和收益资料，重新估算项目在经济方面的成绩，根据它对项目所在地区和国家的各种间接贡献，评价它的社会效益。通过项目后评价，为项目的建设积累正反两方面的经验。

项目后评价是以项目前期所确定的目标和各方面指标为基础的，因此项目后评价的内容范围与项目前评估相联系，应包括以下几方面的内容。

1. 项目目标评价

项目后评价所要完成的一个重要任务是评定项目立项时原来预定的目标的实现程

度。因此，项目后评价要对照原定目标完成的主要指标，检查项目实际实现的情况和变化，分析实际发生改变的原因，以判断目标的实现程度。另外，目标评价还要对项目原定决策目标的正确性、合理性和实践性进行分析评价。有些项目原定的目标不明确，或不符合实际情况，项目实施过程中可能会发生重大变化，项目后评价要给予重新分析和评估。

2. 项目实施过程评价

项目的实施过程评价应对照立项评估或可行性研究报告时所预计的情况和实际执行的过程进行比较和分析，找出差别，分析原因。实施过程评价一般要分析以下几个方面：项目的立项、准备和评估；项目内容和建设规模；工程进度和实施情况；配套设施和服务条件；受益者范围及其反映；项目的管理和机制；财务执行情况。

3. 项目经济效益评价

项目的经济效益评价主要指标还是内部收益率、净现值和贷款偿还期等项目营利能力和清偿能力的指标。但进行项目后评价时有以下几点需加以说明。

（1）项目前评估采用的是预测值，项目后评价则对已发生的财务现金流量和经济流量采用实际值，并按统计学原理加以处理；对后评价时点以后的流量做出新的预测。

（2）当财务现金流量来自财务报表时，对应收而未实际收到的债权和非倾向资金都不可计为现金流入，只有当实际收到时才作为现金流入；同理，应付而实际未付的债务资金不能计为现金流出，只有当实际支付时才作为现金流出。必要时，要对实际财务数据做出调整。

（3）实际发生的财务会计数据都含有物价通货膨胀的因素，而通常采用的营利能力指标是不含通货膨胀水分的。因此，对项目后评价采用的财务数据要剔除物价上涨的因素，以实现前后的一致性和可比性。

4. 项目社会效益评价

项目的社会效益评价内容主要包括经济影响、环境影响和社会影响几个方面。经济影响主要分析评价项目对所在地区、所属行业和国家所产生的经济方面的影响。其评价的内容主要包括分配、就业、国内资源成本（或换汇成本）、技术进步等。环境影响评价一般包括项目的污染控制、对地区环境质量的影响、对自然资源的保护、区域生态平衡管理等几个方面。社会影响主要评价项目对所在地区和社区的影响，一般包括贫困、平等、参与和妇女等内容。

5. 项目持续性评价

项目的持续性是指在项目的建设资金投入完成之后，项目的既定目标是否还能继续，项目是否可以持续地发展下去，接受投资的项目业主是否愿意并可能依靠自己的力量继续去实现既定目标，项目是否具有可重复性，即是否可在未来以同样的方式建设同类项目等。持续性评估一般可作为项目影响评估的一部分，但是世界银行和亚洲开发银行等组织把项目的可持续性视为其援助项目成败的关键之一，因此要求援助项目在后评价中进行单独的持续性分析和评估。项目持续性的影响因素一般包括：本国政府的政策；管理、组织和地方参与；财务因素；技术因素；社会文化因素；环境和生态因素；外部因素；等等。

10.5.2 项目后评价的程序与方法

项目后评价的程序一般如下。

（1）后评价项目的选定。依据特殊的项目和规划计划总结需要的项目来选择后评价项目。

（2）项目后评价计划。选定进行后评价的项目之后，需要制订项目后评价的计划，以便项目管理者和执行者在项目实施过程中注意收集资料。

（3）项目后评价范围的确定。项目的影响面是非常广泛的，在进行后评价时应把评估的内容限制在一定的范围之内。委托者可以在委托合同内把评估的目的、内容、深度、时间和费用等具体明确出来，这就是后评价时的评价范围。

（4）项目后评价咨询专家的选择。在项目独立评价阶段，评价要由一个独立的评价咨询机构执行。这个机构根据需评价项目的特点、要求出发，聘请相关专业的专家组成评估专家组完成对项目的后评价。

（5）项目后评价的执行。后评价的类型很多，各有各的要求，详细内容可以参考文献《现代项目管理》。

（6）项目后评价报告。项目后评价报告是评价结果的汇总，应客观分析问题，反映真实情况，认真总结经验。这是反馈经验教训的主要文件，应满足信息反馈的要求。后评价报告包括摘要、项目概况、评价内容、主要变化和问题、原因分析、经验教训、结论和建议、基础数据和评价方法说明等。

项目后评价方法是定量和定性相结合的方法，与项目评估基本相同，原国家计划委员会和国家开发银行已经颁布了有关规定，并在不断地完善。通用的后评价方法有逻辑框架法、统计预测法、层次分析法、TOPSIS 法等定性与定量相结合的分析方法等。然而，后评价方法的一条基本原则是对比法，包括前后对比、预计和实际对比、有无项目的对比等。对比的目的是要找出变化和差距，为提出问题和分析原因找到重点。

10.5.3 项目后评价的意义

项目后评价通过项目活动实践的检查总结，确定项目预期的目标是否达到，项目或规划是否合理有效，项目的主要效益指标是否实现；通过分析评价找出成败的原因，总结经验教训；通过及时有效的信息反馈，为提高未来新项目的决策水平和管理水平提供基础；同时，后评价也可为项目实施运营中出现的问题提出改进建议，从而达到提高投资效益的目的。

随着项目管理体系的不断完善，项目后评价越来越得到相关部门的重视。首先，从微观层次来看，项目管理部门可以通过总结经验教训，提高科学决策和项目管理的水平，提高项目的投资效果。从宏观层次分析，国家可以集中各企业项目后评估所取得的经验教训，分析和总结国家投资宏观管理的经验教训，考察项目建设的成功率，分析投资的宏观经济效益与社会效益，为提高宏观投资管理水平与提高宏观投资效果提供有效的政策建议。

思考题

1. 项目可行性评价的阶段包括哪些?
2. 项目的非数值型选择方法有哪些?加权评分法的原理是什么?
3. 什么是资金的现值?
4. 项目价值分析的主要指标包括哪些?
5. 什么是项目的盈亏平衡点?
6. 项目的后评价包括哪些内容?

第 11 章

项目的决策理论与方法

11.1 项目决策概述

11.1.1 项目决策的概念

当今的项目建设,往往需要巨额的投资。如果决策失误或所做的决策不是最优决策,就很容易造成经济上的重大损失。因此,除了严格按照项目程序对拟建项目进行科学评估以外,还必须利用科学的手段优化资金流向,在众多的投资机会中选优汰劣,做出最佳决策。同时,在项目实施中会遇到各种各样的问题,需要管理人员及时拿出解决方案,以保证项目顺利建设。

决策是理性(rational)人普遍从事的一种活动,也是其极为重要的制胜手段。它的核心是,对未来活动的多个目标及途径做出合理的选择,以寻求最满意的行动方案。决策具有以下特点:①面对新问题和新任务做出科学决定,属于创造性的管理活动;②必须对实际行为有直接的指导作用;③具有多因素、多目标、不确定性与方案的多样性,以及影响决策的时效性和一次性。

项目决策是指投资者和项目经理人员根据既定目标和实际需要,确定投资方向,解决项目问题的过程。决策是管理项目面临的主要课题之一,从项目酝酿直至项目建成都离不开决策,决策贯穿于管理工作的各个方面,是项目管理过程的核心,是执行各种管理职能、保证项目顺利运行的基础。由于当今项目建设所处的社会、技术和经济环境发生了巨大的变化,空间技术、新材料技术、信息工程、生物工程和海洋工程等的发展正在迅速改变着世界经济的面貌,知识爆炸形成的冲击波极大地推进了技术革新和技术进步,一些项目可能尚在建设之中技术就已经落后;现代经济的全球性、开发性,一方面使得竞争激烈,另一方面也使得世界经济的依赖性大大增强,一个国家或一个地区的动荡有可能导致全球经济的灾难性衰退。这种复杂多变的环境大大增加了投资的风险和建设过程的难度,今天耗费巨资建成的项目,可能不久就会成为一堆瓦砾、废铜和乱铁。这一点,对于高技术产业和国防工业更为明显。因此,在项目立项和建设过程中,便引起了大量的决策问题,增加了管理人员决策的分量,突出了决策的重要作用。决策是否合理,小则影响效率和效益,大则影响项目的成败。所以,有人称项目管理就是项目决策。

11.1.2 项目决策的准则

要使项目决策科学合理,必须满足三个条件。
(1)投资方案必须合理,不能将资金投入不可行或无明显效益的领域。
(2)决策结果必须满足预定投资目标的要求,使投资目标的实现有坚实的基础。
(3)决策过程必须符合效率和经济性的要求,既要保证快速决策,又不至于为项目决策花费大量的资金。

科学的决策一般必须符合以下五项准则。
(1)决策目标必须明确。项目建成什么规模和标准,满足投资者哪些方面的需要,预期出现何种结果等,都必须明确。有了明确的目标才能对决策的优劣做出评判。项目决策的目标既包括总的投资目标,也包括分目标和子目标。
(2)决策必须有可靠的依据。投资决策最基本的依据是可行性研究,所做决策不仅要在技术上可行,而且要在经济上可行,还要满足各种社会限制,使决策结果产生的副作用降到最低限度。项目建设环境中的决策也必须有经济和技术可行的依据。
(3)决策必须有可靠的保证。项目决策首先要有资金予以保证,这是项目决策的先决条件。其次,还要有技术、合理的人力、物资以及足够的时间予以保证。
(4)投资决策必须符合经济原则。这包括两层含义:①将资金投入最佳的建设领域,以最小的代价获得最大的经济效益;②在项目的实施过程中,以最低的投入实现既定的项目目标。
(5)投资决策还要有一定的应变能力,以适应项目外部环境和内部条件不断变化的要求。

11.1.3 项目决策的层次

根据决策者在项目建设中所起的作用和承担的责任,可将项目决策区分为高层决策、中层决策和基层决策。

高层决策主要是由企业高层领导或其他投资单位的高层领导所负责的决策。这类决策主要解决投资方向、项目筛选、项目目标评估、项目预算、项目工期以及与项目外部环境有关的重大问题,也包括部分项目建设中的重大组织问题和重大技术问题。这种决策多数属于战略性决策,也包括部分战术决策。

11.1.4 项目决策的类型

根据决策在项目建设中的作用，我们将项目决策划分为两类，即投资决策和项目环境中的决策。项目立项前的决策属于投资决策，主要包括确定投资方向、选择建设项目、确定投资方案以及与此相关的决策工作。投资决策主要由高层领导做出，基本上属于高层决策。项目立项到项目结束期间的决策属于项目环境中的决策，主要包括优化实施方案、解决建设中的问题、保证项目目标顺利实现的决策工作。大多数项目环境中的决策属于中层决策和基层决策。

11.1.5 项目决策方法

不论是企业还是其他投资主体，经常面临众多的项目投资机会。有的机会可能是投资者一展宏图的契机，有的机会则可能是投资者走向失败的陷阱，因而需要在各种项目投资机会中认真选择。只有选择正确的投资方向，才能保证将有限的资金用在关键领域，才能保证获得较高的投资效益，项目的成功才有基础。

项目选择是重要项目的决策方法之一。此外，多属性决策是比项目选择更能处理一般问题和使项目决策更加完善的一种方法。其他与项目决策有关的方法还有 Bayes 决策分析、复熵决策模型以及动态决策分析等。

最后值得一提的是，项目管理理论多为离散事件决策理论，项目管理活动可对应于一般决策活动，其决策方法类同于一般决策方法。

11.2 决策模型和方法

决策是人们为一定目的而进行收集信息和发现、选择方案的过程，也可用通俗的一句话叙述：决策是人们对所遇到问题应该采取何种行动而做的选择。决策论或决策分析是研究最佳或满意决策的理论和方法，是运筹学、系统工程和管理科学的重要分支。现代决策理论的主要特点在于，以概率和数理统计为基础，利用统计判定理论和高等数学做工具，借助于电子计算机的辅助手段，研究决策的性质和规律，指导人们把各类决策问题的工程技术因素与经济效益统一起来做定量决策分析，以寻求整体最优决策（行为，解）或整体满意决策（行为，解）。

决策分析是对带有风险和不确定性的决策问题，提出一套要领和系统的求解方法，指导人们及社会在现有的条件、偏好、目标和方案下做出理想的选择。这是一门与经济学、数学、心理学、管理学和行为组织学有关的综合性学科。它的研究对象是决策，研究目标是帮助人们提高决策质量，减少决策的时间和成本。因此，决策分析是一门服从数学规律的创造性管理技术。它包括：发现问题，确定目标和方案的制订、选择、实施、反馈、调整以及事后评估等。这是一个从实践到认识、再从认识到实践的分析过程，也是一个信息输入、加工、处理、交换和输出的全过程。在这个过程中，必须给出进行决策的合理性论证和系统方法，必须提供满意的或最好的决策方案及其可能结果分析。

决策分析的方法主要有：以期望值为标准的分析法（成本、费用和效用、风险期望值矩阵法、树形法等），以合理性和最大可能性为标准的比较优势法、淘汰法等。

Bayes 决策模型是一类以下列基本定理为依据的决策分析方法。该定理给出选择决策方案的符合性原则：在已知不确定性状态变量 θ 的先验概率密度函数 $f(\theta)$[或 $\rho(\theta)$]的情况下，按照收益、费用、机会损失或风险的期望值大小对决策方案排序。能够获得最大的收益、最小的费用、最小的机会损失或 Bayes 风险期望值，就是最优的决策方案。

每项决策的要素为：不以人的意志为转移的自然状态（不可控因素）和由人选择的行动（又叫活动、方案或决策、决定，是可控因素）。假设自然状态集合（又叫状态空间）为 Θ，其元素（又称状态变量）为 $\theta_1, \theta_2, \cdots, \theta_m$，则

$$\Theta = \{\theta_1, \theta_2, \cdots, \theta_m\} = \{\theta_i\} \quad i=1,2,\cdots,m$$

决策集合（又称策略空间）A 由 n 个不同的行动（又称决策变量）$a_1, a_2, \cdots, a_n$ 组成：

$$A = \{a_1, a_2, \cdots, a_n\} = \{a_j\} \quad j=1,2,\cdots,n$$

在外界环境某种状态 θ_i 发生时，人的一种决策方案 a_j 所产生的后果，即损益值（或称价值）v_{ij} 是指，利润型问题所获得的收益值，或成本型问题所消耗的费用值。显然，它是 θ_i 和 a_j 的函数[限于篇幅，本章后面的研究，若不做声明都属利润（收益）型问题。至于成本型或其他型决策问题，读者不难依此类推]。这个函数称为决策（或目标）函数。记为

$$v_{ij} = F(\theta_i, a_j) \quad i=1,2,\cdots,m; \quad j=1,2,\cdots,n$$

损益值（价值）组成损益（或价值）矩阵 V：

$$V = (v_{ij})_{m \times n} = \begin{bmatrix} F(\theta_1, a_1) & F(\theta_1, a_2) & \cdots & F(\theta_1, a_n) \\ F(\theta_2, a_1) & F(\theta_2, a_2) & \cdots & F(\theta_2, a_n) \\ \vdots & \vdots & & \vdots \\ F(\theta_m, a_1) & F(\theta_m, a_2) & \cdots & F(\theta_m, a_n) \end{bmatrix} \qquad (11.1)$$

最优决策 a^* 是指目标（损益）值最佳（取极值），即收益值最大或损失值最小的行动方案 a_j。

状态空间、策略空间和决策函数组成了决策系统 D：

$$D = D(\Theta, A, F) \qquad (11.2)$$

决策问题是寻找策略空间中的某一决策变量 $a^* = a_j$，它使目标函数取极（或最优）值 F^*。

日常生活中的决策问题无时不有、无处不在。例如，早上出家门是否需要带伞？这就是一个决策问题。状态空间 Θ 由天气晴（θ_1）、天气阴（θ_2）和天下雨（θ_3）三个元素组成（当然可以再分细些，如下雪、几级风等）。策略空间由带伞 a_1 和不带伞 a_2 两个行为变量组成。价值矩阵假设为

$$V = \begin{bmatrix} 1 & -1 \\ -2 & 2 \\ 3 & -3 \end{bmatrix} \begin{matrix} 天气晴 \\ 天气阴 \\ 天下雨 \end{matrix} \quad (11.3)$$
$$\quad\quad\quad 带伞 \quad 不带伞$$

其中，目标效益值 $v_{11}=1$ 表示天气晴带伞可以遮太阳，所以天气晴不带伞的 $v_{12}=-1$ 的目标值小，如果天下雨又带了伞的话，效益值 $v_{31}=3$。

出门之后天会不会下雨，是我们无法控制的不确定性因素，也是策略（带伞还是不带伞？）确定后目标所依赖的随机因素，因此称为状态变量。价值矩阵 V 往往依赖于人的偏好。例如，男同志在天气晴时偏好于不带伞的为多数，因此他们可能取 $v_{12}=-1$ 而小于 $v_{11}=1$。但一旦 V 确定之后，每种天气状况下的最优决策就是唯一的了。

当状态空间只有唯一的一个变量时，即未来状况是确定的情况，此时的决策被称为确定型决策。而当状态空间中元素个数大于 1 时的决策被称为不确定型决策。如果在确定型决策中，还已知各状态出现的概率 $P(\theta_i)$，那么这种决策称做风险型决策。此时我们要依据概率进行决策，但概率是带有风险的，所以决策的结论也具有风险。下面我们分别介绍这三类决策问题的分析方法。

11.2.1 确定型决策

因为该类决策的未来状态是已知的，所以决策程序只需按技术的或经济的常规方法进行，故不在此多述，见【例 11.1】。

【例 11.1】Q 副食公司有一个从距离 1 800 千米的 B 地采购西瓜的项目［共 80 万斤（1 斤=0.5 千克）］。西瓜每斤购进价为 0.06 元，项目的运输方案有两个：a_1 为铁路普通运输，平均每吨公里运价为 0.04 元，损耗率为 20%，而且售出平均价为 0.10 元/斤；a_2 为铁路空调车运输，运费、损耗率、售出平均价分别为 0.06 元/吨公里、2%、0.12 元/斤。公司规定，总利润超过 2 000 元才可采购。在销售不成问题的情况下为 Q 副食公司做项目决策：Q 副食公司是否应采购这批西瓜？若采购，应采用哪种运输方式？

由题意我们知道，销售情况是不必顾虑的。未来状况，如价格、损耗率等都是确定的。故本决策问题属于确定型的。策略空间 A 含有三个元素：a_1 为用普通运输购进，a_2 为用空调车运输购进，a_3 为不采购。我们不难计算出它们的收益分别为

$$v_1 = 0.1 \times 800\,000 \times (1-20\%) - 0.06 \times 800\,000 - 0.04 \times 1\,800 \times 80 \times 5$$
$$\quad = -12\,800(元)$$

$$v_2 = 0.12 \times 800\,000 \times (1-2\%) - 0.06 \times 800\,000 - 0.06 \times 1\,800 \times \frac{80 \times 10\,000}{1\,000} \times 0.5$$
$$\quad = 2\,880(元)$$

$$v_3 = 0$$

$$\therefore a^* = a_2$$

即最好的该项目决策方案为：用空调车运输采购这 80 万斤西瓜。

11.2.2 不确定型决策

在确定型决策中，状态空间里元素是唯一的，所以每一行动只对应有一种目标值（结果）。行为优劣的判断，可根据经济的或工程的指标值的好坏直接得出结论。不确定型决策问题的情况完全不同。由于这时状态空间里元素个数大于 1，所以同一行为造成的后果还取决于状态变量的取值。因此，必须要有专门的方法求解这类决策问题。下面我们介绍几种常用的不确定型决策方法。

1. 华尔德法

华尔德（Wald）法又叫 max min 法，或小中取大准则，是保守悲观论者偏爱的方法。它的方法原则是：先找出每个决策在各种状态下的目标最小值，再从各个决策的最小值中选一个最大值，它所对应的决策就是最优决策。因为决策者不敢冒险，总是担心未来会不会出现最不利的状态，他只期望在这些最不利的情况中找出一个好的决策行动。设收益函数为

$$Q=F(\theta_i, a_j) \quad \theta_i \in \Theta, a_j \in A \tag{11.4}$$

则，有

$$\max_{a_j \in A} \min_{\theta_i \in \Theta} F(\theta_i, a_j) = F(\theta_{i0}, a_j^*) = Q^* \tag{11.5}$$

所以

$$a^* = a_j^*$$

【例 11.2】某工厂的项目经理 B 要对一新产品项目 P 是否投产做出决定，未来市场状况——对 P 的需求量有好（θ_1）和坏（θ_2）两种可能。投产（a_1）与不投产（a_2）给工厂带来的后果（收益 Q）见表 11.1，使用 Wald 法为经理 B 做项目决策。

表 11.1　P 产品收益表

项目	a_1	a_2
θ_1	20	0
θ_2	−3	0

首先，对 $j=1$，2，求 $\min_{\theta_i \in \Theta} F(\theta_i, a_i)$：

$$j=1 时, \min_{\theta_i \in \Theta} F(\theta_i, a_i) = \min[20, -3] = -3$$

$$j=2 时, \min_{\theta_i \in \Theta} F(\theta_i, a_i) = \min[0, 0] = 0$$

再计算 $Q^* = \max_{a_j \in A}[-3, 0] = 0 = F(\theta_i, a_2)$，$\therefore a^* = a_2$。

故最优项目决策是不投产项目 P。保守的决策者宁愿不赚 20 万元，也不冒可能亏本 3 万元的风险。

2. 最大最大（乐观）法

最大最大法记为 max max，它是爱冒风险的乐观主义者偏好的方法。对收益函数 Q，其模型为

$$\max_{a_j \in A} \max_{\theta_i \in \Theta} F(\theta_i, a_j) = F(\theta_{i0}, a_j^*) = Q^* \tag{11.6}$$

$$a^* = a_j^*$$

对于【例 11.2】，用该法的计算过程为

$$j = 1\text{时}, \max_{\theta_i \in \Theta} F(\theta_i, a_1) = \max[20, -3] = 20$$

$$j = 2\text{时}, \max_{\theta_i \in \Theta} F(\theta_i, a_2) = \max[0, 0] = 0$$

$$\max_{a_j \in A}[20, 0] = 20 = F(\theta_1, a_1) = Q^*$$

$$\therefore a^* = a_1$$

这个结果说明，对于开明的项目经理 B，为了取得 20 万元的收益，他宁愿冒可能损失 3 万元的风险，也要投产新产品 P。

3. 萨凡奇法

萨凡奇（Savage）法又叫后悔值准则，它从后悔(又称机会损失或损失)值最小的角度考虑问题，是前述两种方法的折中性算法。

后悔值是指由于决策不当造成收益的减少或消耗的增大量，记为 $R(\theta_i, \theta_j)$。以收益型问题为例。设状态 i 发生时，方案 j 获得的收益为 Q_{ij}。状态 θ_i 发生时，对于 $j=1, 2, \cdots, n$，Q_{ij} 的最大值记为 Q_i，即

$$Q_i = \max_{1 \leq j \leq n} Q_{ij} \quad i = 1, 2, \cdots, m \tag{11.7}$$

则后悔值为

$$R_{ij} = R(\theta_i, a_j) = Q_i - Q_{ij} \quad i = 1, 2, \cdots, m; j = 1, 2, \cdots, m \tag{11.8}$$

Savage 法首先求方案 a_j 在各种状态下的最大损失值 R_j，然后选择所有方案的这些最大值中的最小者对应的方案为最优方案，即

$$R(\theta_0, a_j^*) = \min_{a_j \in A} \max_{\theta_i \in \Theta} R(\theta_i, a_j) \tag{11.9}$$

$$a^* = a_j^*$$

仍以【例 11.2】来说明 Savage 法。

因为

$$Q_1 = \max_{1 \leq j \leq 2}[20, 0] = 20$$

$$Q_2 = \max_{1 \leq j \leq 2}[-3, 0] = 0$$

所以

$R_{11} = Q_1 - Q_{11} = 20 - 20 = 0$

$R_{12} = Q_1 - Q_{12} = 20 - 0 = 20$

$R_{21} = Q_2 - Q_{21} = 0 - (-3) = 3$

$R_{22} = Q_2 - Q_{22} = 0 - 0 = 0$

将各后悔值列于表 11.2 中。

表 11.2 P 产品的后悔值表

项目	a_1	a_2
θ_1	0	20
θ_2	3	0

因此，对 $a_1, R_1 = \max\limits_{\theta_i \in \Theta}(0,3) = 3$。

对 $a_2, R_2 = \max\limits_{\theta_i \in \Theta}(20,0) = 20$

$$R(\theta_0, a_j^*) \min_{a_j \in A}(R_1, R_2) = \min_{a_j \in A}(3,20) = 3$$

$$\therefore a^* = a_1$$

4. 赫威斯法

赫威斯（Hurwicz）法要求决策者给定乐观系数 α，它取值于 [0，1]。当 α 越靠近 1，决策结果越与乐观或冒险者相吻合；当 α 越接近 0，决策结果将迎合悲观与保守者的需要。Hurwicz 法的思路如下：

先计算：

$$H(a_j) = \alpha \max_{\theta_i \in \Theta} Q(\theta_i, a_j) + (1-\alpha) \min_{\theta_i \in \Theta} Q(\theta_i, a_j) \tag{11.10}$$

则 $\max\limits_{a_j \in A} H(a_j) = H(a_j^*) = H(a^*)$，$a_j^*$ 为最佳项目决策方案。

由该算法可知，α 的取值决策结果影响甚大，它一般由领导或权威来确定，当对未来情况十分有把握时，令 $\alpha=1$，就是最大最小法则。

【例 11.3】东风电视机厂要从三个项目中选取一个。项目一，对 B 型电视机扩大再生产(a_1)；项目二，维持原生产计划(a_2)；项目三，停产(a_3)。未来的市场状况有好(θ_1)、较好(θ_2)、偏差(θ_3)和差(θ_4)四种可能。每种状态下的有关收益见表 11.3。由于对未来市场把握不定，故 $\alpha=0.4$。试用 Hurwicz 法帮助该厂做项目决策。

表 11.3 B 型电视机收益表

项目	a_1	a_2	a_3
θ_1	100	50	0
θ_2	30	25	0
θ_3	−20	10	0
θ_4	−80	−10	0

$$\because H(a_1) = 0.4 \times 100 + 0.6 \times (-80) = -8$$
$$H(a_2) = 0.4 \times 50 + 0.6 \times (-10) = 14$$
$$H(a_3) = 0.4 \times 0 + 0.6 \times 0 = 0$$
$$\therefore \max_{j=1,2,3} H(a_j) = 14 = H(a_2) = H(a^*) \quad a^* = a_2$$

故最优项目方案 a^* 为维持现状，按原计划生产。如果未来市场好的把握大，取 $\alpha=0.6$。不难求得 a^* 也将为 a_1，即扩大 B 型电视机的生产量。

5. 拉普拉斯法

拉普拉斯（Laplace）法把状态发生的概率都取成等可能的值 $\frac{1}{m}$，再求收益的期望值，取其最大者为最优方案，即

$$E(a_j) = \sum_{i=1}^{m} \frac{1}{m} Q_{ij} \tag{11.11}$$

$$\max_{1 \leq j \leq n} E(a_j) = E(a_j^*), \quad a^* = a_j^* \tag{11.12}$$

我们用 Laplace 法来求解【例 11.3】：

$$\because E(a_1) = \frac{1}{4} \times (100 + 30 - 20 - 80) = \frac{15}{2}$$

$$E(a_2) = \frac{1}{4} \times (50 + 25 + 10 - 10) = \frac{75}{4}$$

$$E(a_3) = 0$$

$$\therefore \max_{1 \leq j \leq 3} E(a_j) = \max\left(\frac{15}{2}, \frac{75}{4}, 0\right) = \frac{75}{4} = E(a_2)$$

$$\therefore a^* = a_2$$

即用 Laplace 法的决策结果是，仍取按原计划生产这一方案作为最优方案。

从以上几个例子我们可以发现，同一决策问题，用不同的方法求解，将得到不同的结论。这一点是与实际情况相一致的。因为不同偏好的决策者，对同一问题的处理原则不可能是同样的。一般来说，保守型方法对小型或资金薄弱的企业较为适用。大型企业实力雄厚，为取得较大利润，可以做一些适当冒险。Savage 法尽管也带有保守性，但比 Wald 法好一些。Hurwicz 法综合了 Wald 法和乐观法，但只考虑了最好与最坏两种状态，而且 α 也不易确定。Laplace 法弥补了 Hurwicz 法的不足，考虑了所有状态。但是，它把所有状态出现的概率都取做 $1/m$，这在大多数情况下是不可能的。因为实际的未来状况总有某个方面的优势，而且是不断变化的。总之，各种方法都有利弊，要具体分析、灵活运用。

11.2.3 风险型决策

求解风险型决策问题的主要方法是 Bayes 期望值法。风险型决策的主要特点是具有状态发生的不确定性。这种不确定通过相同条件下的大量重复试验来确定其概率分布。因而往往只能依据过去的信息或经验，由决策者"估计"，为区别由随机试验确定的客观概率，我们将前者称为主观概率，而过去的信息或经验是指做 Bayes 风险决策前，再未收到新信息和经验，我们称为先验信息。由它估计出的概率（分布）叫"先验概率"。

为了提高先验概率分布的准确性和客观性。人们常常设计一些抽样调查、质量检验等方法，以收集新信息去修正先验概率分布。被修正后得到的概率分布叫后验概率分布。

1. 指标体系

Bayes（期望值）决策法的所用指标列于表 11.4 中。

表 11.4 Bayes 决策指标体系综合表

指标类型		收益	费用	机会损失
状态 θ_i 发生时采用方案 a_j 的条件值		CP_{ij}	CC_{ij}	COL_{ij}
状态 θ_i 发生时采用方案 a_j 的期望值		$EP_{ij} = CP_{ij} + P_i$ $EMV_j = \sum_{i=1}^{m} EP_{ij}$ $EMV^* = \max_{j \in [1,n]} EMV_j$	$EC_{ij} = CC_{ij} + P_i$ $EMV_j = \sum_{i=1}^{m} EC_{ij}$ $EMV^* = \min_{j \in [1,n]} EMV_j$	$EOL_{ij} = COL_{ij} \times P_i$
完全情报（非必然）期望值	先验的	$EPC = \sum_{i=1}^{m} \left[\max_{j \in [1,n]} EP_{ij} \right]$ $EVPI = EPC - EMV^*$	$ECC = \sum_{i=1}^{m} \left[\min_{j \in [1,n]} EC_{ij} \right]$ $EVPI = EMV^* - ECC$	$EVPI = \min_{j \in [1,n]} \left[\sum_{i=1}^{n} EOL_{ij} \right]$
	后验（修正）的	$EMV^* = \max(EMV_y - CS, EMV_n)$	$EMV^* = \min(EMV_y + CS, EMV_n)$	$EVSI =$ $\lvert EVPI_y - EVPI_N \rvert$
		$EVSI = \lvert EMV_y - EMV_n \rvert$		
		$ENGS = EVSI - CS$		

表 11.4 中各符号的意义如下：CP（conditional payoff）为条件收益；EP（expected payoff）为期望收益；EMV（expected monetary value）为期望金额；EPC（expected profit under certainty）为必然期望盈利；EVPI（expected value of perfect information）为完全情报期望金额（价值）；EVSI（expected value of sample information）为抽样（或购买）期望金额（价值）；ENGS（expected net gain from sample）为抽样（或购买）情报净收益；CS（cost of sample）为抽样费用；CC（conditional cost）为条件费用；EC（expected cost）为期望费用；ECC（expected cost under certainty）为必然期望费用；COL（conditional opportunity loss）为条件机会损失；EOL（expected opportunity loss）为期望机会损失。

另外，右上角带*者表示最优值；下标 i 表示第 i 种（即 θ_i）状态发生时的值；下标 j 表示采用第 j 种（即 a_j）方案时的值；下标 y 和 n 分别表示"买情报（或进行抽样调查）"和"不买情报（或不进行抽样调查）"时的值。

表 11.4 中的第二行中各类条件值 CP、CC 和 COL 的计算，可根据实际问题的经济或物理意义确定。例如，对于单件售价和进货价分别为 C 和 D 的商品 B，当销售量为 θ_i 时，订购量为 a_j 的行动方案的条件收益为

$$CP_{ij} = C \times \theta_i - D \times a_j \qquad (11.13)$$

而期望值总等于相应的条件值与状态发生的概率 P_i 之积：

$$EP_{ij} = CP_{ij} \times P_i \qquad (11.14)$$

则第 j 个方案的期望金额等于各种状态发生的期望值之和：

$$EMV_j = \sum_{i=1}^{m} EP_{ij} \qquad (11.15)$$

最优方案 $a^* = a_j$ 当然是取期望收益金额值中的最大者（如果是费用型决策问题则取期望费用金额值中最小者）：

$$\text{EMV}^* = \max_{j\in[1,n]} \text{EMV}_j = \text{EMV}_j^* = \text{EMV}_j^*(\min_{j\in[1,n]} \text{EMV}_j) \tag{11.16}$$

条件机会损失 COL_{ij} 是指某状态 θ_i 发生时，与最优决策 a^* 相比较，某决策方案造成的经济损失。它同不确定型决策的损失值 $R(\theta_i, a_j)$ 一样。期望机会损失 EOL 仍然是条件值 COL 与相应的状态出现概率 P 之积。

必然期望盈利（费用）EPC（ECC）为各状态下最佳期望收益（费用）之和。它是对未来状态完全掌握，或者说，得到了对未来状态有 100%的准确度的情报（又叫完全情报）时的最大（小）盈利（费用），是收益（或费用）的一个理论（或称理想的，实际上难以达到）的最佳值（因为实际上是很难得到对未来不确定状态的完全情报）。于是，完全情报的价值 EVPI 很自然地由差 EPC–EMV*（EMV*–ECC）决定。它体现了由于情报不准（不完全）而取期望值最优法决策造成的盈利（费用）的减少（增大），此即有完全情报时可避免的损失，故定义为完全情报价值（期望金额）EVPI。它亦等于最小的期望机会损失总额值。期望机会损失达到这个总额值的方案，就是最优方案。

为了提高情报的准确度，我们可以购买信息中心有一定准确度的情报，或进行抽样调查，取得进一步的状态概率情报，用以修正原来已知的状态（称为先验）概率，再进行决策。先验概率仍记为 P_i。修正后的概率，又叫修正概率或后验概率，记为 $\bar{P}_i$。用 $\bar{P}_i$ 只代替 P_i 又去计算前面已叙述的各指标值，就得到表 11.4 最后三行——后验（修正）的各指标结果。不同的是，下标 y 表示用 $\bar{P}_i$ 计算出来的各指标值。下标 n 表示不买情报或不抽样调查，即先验（用先验概率 P_i 计算）的各指标值。这时最佳方案 a^* 对应的期望金额 EMV* 应该分两种情况选取。

对收益型决策问题：
$$\text{EMV}^* = \max(\text{EMV}_y - \text{CS}, \text{EMV}_n) \tag{11.17}$$

对费用型决策问题：
$$\text{EMV}^* = \min(\text{EMV}_y + \text{CS}, \text{EMV}_n) \tag{11.18}$$

CS 为买情报或进行抽样调查的费用。如果最佳方案是买情报，则情报期望金额：
$$\text{EVSI} = |\text{EMV}_y - \text{EMV}_n| = |\text{EVPI}_y - \text{EVPI}_n| \tag{11.19}$$

情报净收益：
$$\text{ENGS} = \text{EVSI} - \text{CS} \tag{11.20}$$

当然，无论是用市场信息情报，还是用抽样调查方法来推断某状态发生的概率，都难以达到完全情况的准确度。所以，EMV* 总是介于 $\min_{j\in[1,n]}(\text{EMV}_j)$ 和 EPC 之间。

风险决策的指标体系是本节的重点和难点，是学习下一步内容的关键所在。为突出重点，我们特安排本段内容，将主要风险决策指标体系抽象地做一个综合性的介绍，使各位在事先对它们有个高层次的总括认识。这样，既能加深理解，又能为进一步学习模型打基础，以便掌握好模型。当然，要透彻地掌握本段概念，举一反三，为开拓自己的新思维创造条件，还得学好后面的模型。

2. 数学模型

1）Bayes 决策法

为轻松学习模型、灵活应用算法，我们先引入例子，再通过它们自然而然地综合成算法。

【例 11.4】（两行为决策问题）红星机械厂有两种不同的方法装配一批 800 个零件组成一个机件。第一种为人工装配方法，将出现零件的不合格率 θ_i 的概率记为 P_i，如表 11.5 所示。第二种方法为机械化装配方法。采用此法要增加 40 元的设备费用，而不合格率 θ_i 仅为 2%。每发现装好的机件中有 1 个不合格零件，就需花费 1.50 元的改装费。试用 Bayes 法帮助红星机械厂做项目决策：求最佳装配方案 a^* 及其项目的期望装配费用 EMV*、完全情报期望值 EVPI。

表 11.5 人工装配的不合格率及其概率

i	1	2	3	4	5
θ_i	0.02	0.05	0.10	0.15	0.20
P_i	0.40	0.30	0.15	0.10	0.05

这显然是一个有关费用的风险型决策问题。状态空间和决策空间的元素分别表示不合格率和装配方法，记为

$$\text{状态空间 } \Theta=\{\theta_1,\theta_2,\theta_3,\theta_4,\theta_5\}$$
$$\text{决策空间 } A=\{a_1,a_2\}$$

其中，a_1 表示人工装配方法；a_2 为机械化装配方法。

下面我们分别用费用（支付）表和机会损失表两种方法进行求解。

解法一：对于两种方法的条件费用分别为

$$CC_{i1}=800\times\theta_i\times 1.5=1\,200\,\theta_i \quad i=1,2,3,4,5$$
$$CC_{i2}=800\times 20\%\times 1.5+400=640 \quad i=1,2,3,4,5$$

当 $i=1$ 时，

$$CC_{11}=1\,200\times 0.02=24\,（元）$$

表示用人工装配方法、不合格率为 0.02 时的费用。相应的期望费用：

$$EC_{11}=CC_{11}\times P_1=24\times 0.40=9.6\,（元）$$

余类推。对于机械化装配方法，不合格率只为 2%，故对 $i=1,2,3,4,5$ 都有 CC=640（元）。

我们把计算出来的费用列入表中。表 11.6 中（横的）一行数据表示同一状态下各方法的费用值，（竖的）一列数据表示同一方法时的各状态的费用值。最后一列为某状态下两行为中期望费用最小者，故记为 EC。它们之和是理想中的最低支付费用，即必然费用 ECC 的值，列于表 11.6 的右下角。

表 11.6 Bayes 决策法费用（支付）

i	θ_i	P_i	a_1 CC$_{i1}$	a_1 EC$_{i1}$	a_2 CC$_{i2}$	a_2 EC$_{i2}$	$EC_j^* = \min EC_{ij} \, j=1,2$
1	0.02	0.40	24	9.6*	64	25.6	9.6
2	0.05	0.30	60	18.0*	64	19.2	18.0
3	0.10	0.15	120	18.0	64	9.6*	9.6
4	0.15	0.10	180	18.0	64	6.4*	6.4
5	0.20	0.05	2 400	12.0	64	3.2*	3.2
合计		1.00		EMV$_1$=75.6		EMV$_2$=64.0*	ECC=46.8

$$EMV^* = \min(EMV_1, EMV_2) = \min(75.6, 64.0) = 64.0 \text{（元）}$$

故最优方法取机械化装配：$a^* = a_2$。

一批零件的最小期望装配费用为 64 元。完全情报价值：

$$EVPI = EMV^* - ECC = 64.0 - 46.8 = 17.2 \text{（元）}$$

它表示市场上有关零件不合格率的概率的售价上限，或进行抽样检查该项状态不合格率的概率时费用的最大值。而必然期望费用 ECC 表示一批零件理想的最小费用仅需 46.8 元，但实际上是难以达到这个目标的。

解法二：条件机会损失是指决策不当造成的费用的增加。所以，有

$$COL_{ij} = CC_{ij} - \min_{j \in [1,n]} CC_{ij}$$

例如，当 θ_1 状态发生时，由表 11.6 知 a_1 和 a_2 的条件费用分别为 24 元和 64 元。故，

$$COL_{11} = 24 - 24 = 0 \text{（元）}, \quad COL_{12} = 64 - 24 = 40 \text{（元）}$$

又如，当 θ_4 状态发生时，表 11.6 给出 a_1、a_2 的条件费用分别为 180 元和 64 元。故，

$$COL_{41} = 180 - 64 = 116 \text{（元）}, \quad COL_{42} = 64 - 64 = 0 \text{（元）}$$

期望机会损失 EOL$_{ij}$ 只要用 COL$_{ij}$ 乘以该状态发生的概率 P_i 就可得到。

故，完全情报价值为

$$EVPI = \min(28.8, 17.2) = 17.2 \text{（元）}$$

故 $a^* = a_2$。

下面，我们介绍另一种求 EMV 的方法。由表 11.4 中费用这一列的完全情报价值来计算：

$$EVPI = EMV^* - ECC$$

得到

$$EMV^* = EVPI + ECC$$

因此，我们只要算出 ECC，问题就解决了。我们知道，ECC 是理想中的最小费用。即无论未来发生什么状态，我们总是选定了最小费用的方法行事。另外，由表 11.6 知，当状态 θ_1 和 θ_2 发生时，方法 a_1 优于 a_2，故期望费用用 a_1 的公式计算：EC$_{11}$=9.6（元），EC$_{21}$=18.0（元）。而当状态 θ_3、θ_4 和 θ_5 发生时，方法 a_2 优于 a_1，故期望费用用 a_2 的公式算得：EC$_{32}$=9.6（元），EC$_{42}$=6.4（元），EC$_{52}$=3.2（元）。所以，两种解法结果一样。

【例 11.5】（多行为问题，又称报童问题或破产销售问题）由第一百货商场关于商品

B 的销售量记录，销售不出去余下的将全部报废。求 B 的最佳日订货量 a^* 及相应的期望收益金额 EMV^* 和 EVPI。

解法一：这是一个收益型风险决策问题，故应用表 11.4 收益型公式求解。

首先由表 11.7 求出各销售量状态发生的概率表 11.8。表 11.8 中各状态发生的概率由这种状态的发生天数除以总天数 200 得到。状态空间 Θ 和决策空间 A 的元素分别表示日销售量 θ_i 和日订货量 a_i。它们都由五个元素（$i=1, 2, 3, 4, 5$）组成。

表 11.7 B 商品的销售量记录

i	1	2	3	4	5
日销售量 θ_i/件	5	6	7	8	9
天数/天	20	40	80	30	30

表 11.8 B 商品的状态分布

i	1	2	3	4	5
日销售量 a_i/件	5	6	7	8	9
P_i	0.10	0.20	0.40	0.15	0.15

$$\Theta=\{\theta_1, \theta_2, \theta_3, \theta_4, \theta_5\}=\{5, 6, 7, 8, 9\}（件）$$
$$A=\{a_1, a_2, a_3, a_4, a_5\}=\{5, 6, 7, 8, 9\}（件）$$

条件收益可由下式得出

$$CP_{ij} = \begin{cases} (5-2)a_j = 3a_j & a_j \leq \theta_i \\ (5-2)\theta_i - 2(a_j - \theta_i) = 5\theta_i - 2a_j & a_j > \theta_i \end{cases}$$

则期望收益为

$$EP_{ij}=CP_{ij}\times P_i$$

把 θ_i 和 a_j 的具体数据代入上两式，计算结果见表 11.9。从表 11.9 中可以看出，最大期望收益为

$$EMV^*=EMV_3=1\,900（元）$$

故最优订货量应为

$$a^*=a_3=7（件）$$

则完全情报价值为

$$EVPI=EPC-EMV^*=2\,115-1\,900=215（元）$$

它是市场上关于 B 商品需求情报的最高价格。必然期望收益（或称盈利）EPC 表示，B 商品每天理想的最大利润可达 2 115 元。而实际上平均期望利润的最可能极大值为 1 900 元（EMV^*）。此时应每日订 7 件。

表 11.9　Bayes 决策法收益表

i	θ_i/件	P_i	a_1=5 件 CP$_{i1}$/元	EP$_{i1}$/元	a_2=6 件 CP$_{i2}$/元	EP$_{i2}$/元	a_3=7 件 CP$_{i3}$/元	EP$_{i3}$/元	a_4=8 件 CP$_{i4}$/元	EP$_{i4}$/元	a_5=9 件 CP$_{i5}$/元	EP$_{i5}$/元	$EP_j^* = \max_{j \in [1,n]} EP_{ij}$
1	5	0.10	1 500	150*	1 300	130	1 100	110	900	90	700	70	150 元
2	6	0.20	1 500	300	1 800	360*	1 600	320	1 400	280	1 200	240	360 元
3	7	0.40	1 500	600	1 800	720	2 100	840	1 900	760	1 700	680	840 元
4	8	0.15	1 500	225	1 800	270	2 100	315	2 400	360*	2 200	330	360 元
5	9	0.15	1 500	225	1 800	270	2 100	315	2 400	360	2 700	405	405 元
合计		1		EMV$_1$ 1 500		EMV$_2$ 1 750		EMV$_3$ 1 900		EMV$_4$ 1 850		EMV$_5$ 1 725	EPC 2 115 元

解法二：条件机会损失是指决策不当造成的利润减少，所以：

$$COL_{ij} = \max_{j \in [1,n]} CP_{ij} - CP_{ij}$$

例如，当状态变量=7 件时（i=3），由表 11.10 得

$$COL_{31} = \max_{j \in [1,5]} CP_{3j} - CP_{31}$$

$$= \max(15, 18, 21, 19, 17) - 15 = 6$$

$$COL_{33} = 21 - 21 = 0$$

$$COL_{34} = 21 - CP_{34} = 21 - 19 = 2$$

又如，当 i=4 时，

$$COL_{41} = \max(15, 18, 21, 24, 22) - 15 = 24 - 15 = 9$$

$$COL_{42} = 24 - 18 = 6$$

$$COL_{44} = 24 - 24 = 0$$

余类推。将所有的条件机会损失乘以相应的状态发生概率，就得到期望机会损失。把这些结果全部列入表 11.10 中。根据表 11.10 的数据和表 11.4 的收益列公式，有

$$a^* = a_3 = 7（件）$$

EVPI=215（元）　EPC=（5-2）×$\bar{\theta}$=2 115（元）

EMV*=EPC-215=2 115-215=1 900（元）

结果同解法一相同。

表 11.10　Bayes 决策法机会损失表

i	θ_i/件	P_i	a_1=5 件 COL$_{i1}$/元	EOL$_{i1}$/元	a_2=6 件 COL$_{i2}$/元	EOL$_{i2}$/元	a_3=7 件 COL$_{i3}$/元	EOL$_{i3}$/元	a_4=8 件 COL$_{i4}$/元	EOL$_{i4}$/元	a_5=9 件 COL$_{i5}$/元	EOL$_{i5}$/元
1	5	0.10	0	0	200	20	400	40	600	60	800	80
2	6	0.20	300	60	0	0	200	40	400	80	600	120
3	7	0.40	600	240	300	120	0*	0	200	80	400	160
4	8	0.15	900	135	600	90	300	45	0	0	200	30
5	9	0.15	1 200	180	900	135	600	90	300	45	0	0
合计		1		615		365		215*		265		390

为巩固所学概念，下面我们介绍条件机会损失 COL_{ij} 和必然期望盈利 EPC 的另一种算法。

当商品 B 供不应求时，即 $a_j \leq \theta_i$，造成了不足机会损失［指由于决策不当（订少了货）而少赚的那部分收入金额，即利润损失］。所以，此时：

$$COL_{ij} = (5-2) \times (\theta_i - a_j) \quad a_j \leq \theta_i$$

反之，如果订货有余卖不出去，即造成了过量机会损失［指由于决策不当（订多了货）而浪费了卖不出的那部分货的购进总金额，即成本损失］。所以，此时：

$$COL_{ij} = 2(a_j - \theta_i) \quad a_j > \theta_i$$

概括如下式：

$$COL_{ij} = \begin{cases} 3(\theta_i - a_j) & a_j \leq \theta_i \\ 2(a_j - \theta_i) & a_j > \theta_i \end{cases} \quad i,j=1,2,\cdots,5$$

不难检验，用上式计算得出的数据与表 11.10 所列完全一致。

EPC 是指理论上的最高盈利。这就意味着能神机妙算，有百分之百准确的情报，即每天的订货量都不多不少，恰好等于销售量，各类机会损失达最小值零，而收益最大。所以，

$$EPC = (5-2)(5 \times 0.10 + 6 \times 0.20 + 7 \times 0.40 + 8 \times 0.15 + 9 \times 0.15) \times 100$$
$$= 2\,115（元）$$

2）盈亏转折分法（平衡点法）

该方法的关键在于找出盈亏平衡的状态转折点，在此状态转折点上各行为等价（即有相同的收益或费用，各行为的优劣一样），故只能用于求解两行为问题。

下面我们只对收益型问题推导该算法公式，费用型问题依此类推。

假设在第 i 个状态发生时两行为的收益函数分别为

$$Q_{i1} = m_1 \theta_i + b_1 \tag{11.21a}$$
$$Q_{i2} = m_2 \theta_i + b_2 \tag{11.21b}$$

其中，$Q_{ij} \geq 0$，$\theta_i \geq 0$，其概率为 $P_i \geq 0$（$i=1,2,\cdots,m$；$j=1,2$）。且设问题有解，即 $\theta_b > 0$ 存在。既不失一般性，又为叙述方便，我们还设 $m_1 > m_2$（否则可调换两行为顺序标号），则必有 $b_1 < b_2$。根据盈亏转折点 θ_b 的概念，有

$$Q_{b1} = Q_{b2}$$
$$m_1 \theta_b + b_1 = m_2 \theta_b + b_2 \tag{11.22}$$

所以

$$\theta_b = \frac{b_2 - b_1}{m_1 - m_2} \tag{11.23}$$

另外，状态 θ_i 的均值记为 $\bar{\theta}$，并有

$$\bar{\theta} = \sum_{i=1}^{m} \theta_i P_i \tag{11.24}$$

行为 j（$j=1,2$）的期望收益额：

$$EMV_j = \sum_{i=1}^{m} P_i (m_i \theta_i + b_1) = m_j \bar{\theta} + b_j \tag{11.25}$$

要判断两行为的优劣，必须比较其期望收益值的大小。由于：

$$\begin{aligned}\mathrm{EMV}_1-\mathrm{EMV}_2&=\sum_{i=1}^{m}P_i(m_1\theta_i+b_1)-\sum_{i=1}^{m}P_i(m_2\theta_i+b_2)\\&=\sum_{i=1}^{m}P_i[(m_1-m_2)\theta_i-(b_2-b_1)]\\&=(m_1-m_2)\sum_{i=1}^{m}P_i\theta_i-\sum_{i=1}^{m}P_i(b_2-b_1)\\&=(m_1-m_2)\bar{\theta}-(b_2-b_1)\times1\\&=(m_1-m_2)\left[\bar{\theta}-\frac{b_2-b_1}{m_1-m_2}\right]\\&=(m_1-m_2)(\bar{\theta}-\theta_b)\end{aligned}$$

加上我们一开始假定的条件：

$$m_1>m_2$$

所以，有以下结论：

当 $\bar{\theta}>\theta_b$ 时，$a^*=a_1$，$\mathrm{EMV}^*=\mathrm{EMV}_1$

$$\mathrm{EVPI}=\sum_{\theta_i<\theta_b}P_i(Q_{i2}-Q_{i1}) \qquad (11.26)$$

当 $\bar{\theta}<\theta_b$ 时，$a^*=a_2$，$\mathrm{EMV}^*=\mathrm{EMV}_2$

$$\mathrm{EVPI}=\sum_{\theta_i<\theta_b}P_i(Q_{i1}-Q_{i2}) \qquad (11.27)$$

当 $\bar{\theta}=\theta_b$ 时，两行为的期望收益额相等（两者之差值为零），故它们等价，无优劣之分。

费用型决策问题可以此类推，结论正好同收益型决策问题相反：设行为 j（$j=1,2$）在状态发生时的费用支付函数：

$$F_{ij}=m_j\theta_i+b_j \quad i=1,2,\cdots,m;\ j=1,2 \qquad (11.28)$$

且设 $\theta_i>0, \theta_b>0$，$m_1>m_2$ 等其他条件不动，则当 $\bar{\theta}<\theta_b$ 时，有

$$a^*=a_1,\ \mathrm{EMV}^*=\mathrm{EMV}_1$$
$$\mathrm{EVPI}=\sum_{\theta_i<\theta_b}P_i(F_{i1}-F_{i2}) \qquad (11.29)$$

当 $\bar{\theta}>\theta_b$ 时，有

$$a^*=a_2,\mathrm{EMV}^*=\mathrm{EMV}_2$$
$$\mathrm{EVPI}=\sum_{\theta_i<\theta_b}P_i(F_{i2}-F_{i1}) \qquad (11.30)$$

当 $\bar{\theta}=\theta_b$ 时，两行为同等优劣。

【例 11.6】 用盈亏转折分析法再解【例 11.4】。

我们已经知道，人工装配的费用支付函数为

$$F_{i1}=CC_{i1}=1\,200\theta_i$$

而机械化装配费用为

$$F_{i2}=CC_{i2}=64$$

即 $m_1=1\,200$，$b_1=0$；$m_2=0$，$b_2=64$。已满足 $m_1>m_2$ 的条件，故设人工装配为第一种方法是妥当的，令两个行为的费用相等：

$$1\,200\theta_b=64$$
$$\theta_b=0.053\,3$$

平均次品率：
$$\bar{\theta}=0.02\times0.40+0.05\times0.30+0.10\times0.15+0.15\times0.10+0.20\times0.05$$
$$=0.062\,4$$

它大于状态转折次品率 0.053 3，故有以下结论：最优方法为机械化装配，即行为 a_2。

$$\text{EMV}^*=\text{EMV}_2=\sum_{i=5}^{5}P_i\times F_{i2}=64（元）$$

$$\text{EVPI}=\sum_{\theta_i<0.053\,3}P_i(64-1\,200\theta_i)=64\sum_{\theta_i<0.053\,3}P_i-1\,200\sum_{\theta_i<0.053\,3}\theta_iP_i$$
$$=64\times(0.4+0.3)-1\,200\times(0.02\times0.4+0.05\times0.3)$$
$$=17.2（元）$$

结论与【例 11.4】的完全一样。

3）后验分析法

如果我们获得了一些新的有关状态概率的情报［像从市场住处中心购买某商品的下年需求量信息，由专家调查、抽样检验等途径得到状态（如次品率）的样本概率等］，并用它来修正我们原来的状态概率（即修正先验概率），就得到后验概率。用后验概率代替先验概率进行 Bayes 决策，这就是后验分析法。在修正概率的过程中需要消耗人力、物力和财力。为了考虑这些因素，后验分析法增加了抽样情报期望金额（EVSI）和抽样情报净收益（ENGS）两个指标（见表 11.4 中的后验部分）。

【例 11.7】华能公司准备开发一种新项目（a_1）。公关部提供的该项目未来市场需求情况为好（θ_1）、中（θ_2）和差（θ_3）的概率及其收益数据见表 11.11。也可以花 60 万元买一个市场情报。该情报的可靠性见表 11.12。请问是否值得买这个情报？有关收益为多少？

表 11.11　新项目市场信息

需求状态	发生概率（P）	条件收益（CP）/万元
好（θ_1）	0.25	$\text{CP}_1=1\,500$
中（θ_2）	0.30	$\text{CP}_2=100$
差（θ_3）	0.45	$\text{CP}_3=-600$

表 11.12　市场情报的可靠性数据

$P(S_j/\theta_i)$		实际需求状态		
		好（θ_1）	中（θ_2）	差（θ_3）
情报提供的需求状态	好（S_1）	0.65	0.25	0.10
	中（S_2）	0.25	0.45	0.15
	差（S_3）	0.10	0.30	0.75
合计		1	1	1

我们知道，不买情报时，根据公关部提供的情况计算得

$$\text{EMV}_n = 1\,500 \times 0.25 + 100 \times 0.30 + (-600) \times 0.45$$
$$= 135\,(万元)，a = a_1\,（开发新项目）$$
$$\text{EPC} = 0.25 \times 1\,500 + 0.30 \times 100 = 405\,（万元）$$
$$\text{EVPI}_n = 405 - 135 = 270\,（万元）$$

如果买市场情报，并用它修正公关部提供的情况，这一做法是否合算？为了权衡利弊，必须先计算买情报时的 EMV。由概率知识，联合概率：

$$P(\theta_i S_j) = P(S_i/\theta_i) P(\theta_i) \quad i=1,2,3;\ j=1,2,3 \tag{11.31}$$

条件概率：

$$P(\theta_i/S_j) = P(\theta_i S_j)/P(S_j) \quad i=1,2,3;\ j=1,2,3 \tag{11.32}$$

其中，边际概率 $P(S_j) = P(\theta_1 S_j) + P(\theta_2 S_j) + P(\theta_3 S_j)\,(j=1,2,3)$，见表 11.13 和表 11.14。

表 11.13 联合概率和边际概率

$P(\theta_i/S_j)$	θ_1	θ_2	θ_3	$P(S_1)$
S_1	0.162 5	0.075	0.045	0.282 5
S_2	0.062 5	0.135	0.067 5	0.265 0
S_3	0.025	0.09	0.337 5	0.452 5
$P(\theta_i)$	0.25	0.3	0.45	1

表 11.14 条件概率的计算结果

$P(\theta_i/S_j)$	θ_1	θ_2	θ_3
S_1	0.575	0.266	0.159
S_2	0.236	0.509	0.255
S_3	0.055	0.199	0.746

此时的期望收益：

$$\text{EP} = \sum_{i=1}^{3} P(\theta_i/S_j) \text{CP} \quad i,j=1,2,3 \tag{11.33}$$

根据上述三个公式及表 11.11 和表 11.12 的数据，各概率的计算结果列式中，下标表示买情报方案时采用的值。由式（11.33）、表 11.11、表 11.13、表 11.14 的数据计算得

$$\text{EP}_{1y} = 1\,500 \times 0.575 + 100 \times 0.266 + (-600) \times 0.159 = 793.7\,（万元）$$
$$\text{EP}_{2y} = 1\,500 \times 0.236 + 100 \times 0.509 + (-600) \times 0.255 = 251.9\,（万元）$$
$$\text{EP}_{3y} = 1\,500 \times 0.055 + 100 \times 0.199 + (-600) \times 0.746 = -345.2\,（万元）$$

这就意味着，如果情报预测未来市场需求状况分别为好、中或差时，新项目开发的期望收益分别为 793.7 万元、251.9 万元或 -345.2 万元。但这些状态出现的可能性 $P(S_j)$ 分别为 0.282 5、0.265 0 或 0.452 5，故买情报时的期望收益金额：

$$\text{EMV}_y = 793.7 \times 0.282\,5 + 251.9 \times 0.265\,0 + 0 \times 0.452\,5$$
$$\approx 291\,（万元）$$

上式的最后一个加项的前一个因子取零，而不用−345.2。这是因为：预测结果此时会亏损 345.2 万元，决策方案应为不开发新项目，使收益升为 0 值。扣除买情报的费用后，净收益为

$$291-60=231（万元）$$

它大于不买情报，即大于用先验概率决策的期望收益金额 EMV=135（万元）。因此，最优决策为买情报，当情报预测市场需求状况为好或中时，开发新项目，否则不开发。

最优期望收益：

$$\text{EMV}^*=231（万元），\text{EVPI}_y=405-231=174（万元）$$

情报期望金额：

$$\text{EVSI}=291-135=156（万元）$$

情报净收益：

$$\text{ENGS}=156-60=96（万元）$$

综上所述，后验分析法的计算步骤可简明地概括于图 11.1 中。

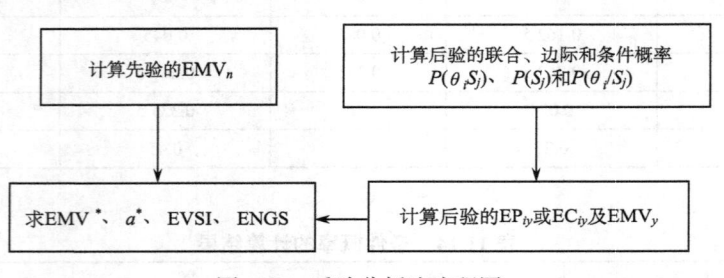

图 11.1　后验分析法流程图

【例 11.8】 东兴机械厂要对一台机器的换代问题做出决策。有三种决策方案：第一种方案 a_1 为另买一台新机器，第二种方案 a_2 为对老机器进行改造，第三种方案 a_3 是加强对老机器的管理。对于输入同质量的原料，三种方案的收益见表 11.15。约有 35% 的原料是质量好的，还可以花 600 元对原料的质量进行测试。这种测试的可靠性见表 11.16。求最优方案。

表 11.15　各方案的收益表（单位：万元）

原料质量 θ_i	新机器（a_1）	改造机器（a_2）	老机器（a_3）
好（θ_1）	3.0	1.2	0.8
差（θ_2）	−1.5	0.3	0.6

表 11.16　测试可靠性表

P		原料的实际质量	
		好（θ_1）	差（θ_2）
测试结果	好（S_1）	0.8	0.3
	差（S_2）	0.2	0.7

如果不做测试，各方案的先验收益如下：
$$EMV_n^1 = 3.0 \times 0.35 + (-1.5) \times 0.65 = 0.075（万元）$$
$$EMV_n^2 = 1.2 \times 0.35 + 0.3 \times 0.65 = 0.615（万元）$$
$$EMV_n^3 = 0.8 \times 0.35 + 0.6 \times 0.65 = 0.67（万元）$$

为便于识别，我们用右上角小数码表示方案号。显然，不做测试的话，最优方案为
$$a^* = a_3, EMV^* = 0.67（万元）$$

所以，先验决策是仍用老机器，只不过加强对它的管理。同时，我们还可以算出它的其余各指标：
$$EPC_n = 3.0 \times 0.35 + 0.6 \times 0.65 = 1.44（万元）$$
$$EVPI_n = 1.44 - 0.67 = 0.77（万元）$$

为了计算后验概率，先求取联合概率：
$$P(\theta_1 S_1) = P(S_1/\theta_1) P(\theta_1) = 0.8 \times 0.35 = 0.28$$
$$P(\theta_1 S_2) = P(S_2/\theta_1) P(\theta_1) = 0.2 \times 0.35 = 0.07$$
$$P(\theta_2 S_1) = P(S_1/\theta_2) P(\theta_2) = 0.3 \times 0.65 = 0.195$$
$$P(\theta_2 S_2) = P(S_2/\theta_2) P(\theta_2) = 0.7 \times 0.65 = 0.455$$

再求边际概率：
$$P(S_1) = 0.28 + 0.195 = 0.475$$
$$P(S_2) = 0.07 + 0.455 = 0.525$$

最后得到后验概率：
$$P(\theta_1/S_1) = P(\theta_1 S_1)/P(S_1) = 0.28/0.475 = 0.589$$
$$P(\theta_1/S_2) = P(\theta_1 S_2)/P(S_2) = 0.07/0.525 = 0.133$$
$$P(\theta_2/S_1) = P(\theta_2 S_1)/P(S_1) = 0.195/0.475 = 0.411$$
$$P(\theta_2/S_2) = P(\theta_1 S_2)/P(S_2) = 0.455/0.525 = 0.867$$

后验决策的各项指标计算如下（为简化算式，我们用矩阵形式）：

$$EP_y = \begin{bmatrix} 0.589 & 0.411 \\ 0.133 & 0.867 \end{bmatrix} \begin{bmatrix} 3.0 & 1.2 & 0.8 \\ -1.5 & 0.3 & 0.6 \end{bmatrix} \begin{matrix} S_1 \\ S_2 \end{matrix}$$

$$= \begin{bmatrix} 3.0 \times 0.589 + (-1.5) \times 0.411 & 1.2 \times 0.589 + 0.3 \times 0.411 & 0.8 \times 0.589 + 0.6 \times 0.411 \\ 3.0 \times 0.133 + (-1.5) \times 0.867 & 1.2 \times 0.133 + 0.3 \times 0.867 & 0.8 \times 0.133 + 0.6 \times 0.867 \end{bmatrix}$$

$$= \begin{bmatrix} 1.150\,5^* & 0.830\,1 & 0.717\,8 \\ -0.901\,5 & 0.419\,7 & 0.626\,6^* \end{bmatrix}$$

这个矩阵告诉我们，如果测试的结果为原料的质量好，则用新机器生产（因为它的第一行3个数字的最大者在第一列）；若结果为质量差，则用老机器生产（因为它的第二行3个数字的最大者在第3列）。此时：

$$\text{EVSI}_y = \begin{bmatrix} 0.475 & 0.525 \end{bmatrix} \begin{bmatrix} 1.150\ 5 \\ 0.626\ 7 \end{bmatrix} = 1.150\ 5 \times 0.475 + 0.626\ 7 \times 0.525$$

$$\approx 0.875\ 5(万元)$$

$$\text{EMV}_j^* = \max(\text{EMV}_n, \text{EMV}_y - \text{CS}) = \max(0.67, 0.877 - 0.6)$$

$$= 0.815\ 5（万元）$$

EVSI=0.875 5–0.67=0.205 5（万元）

ENGS=0.205 5–0.06=0.145 5 （万元）

4）决策树方法

决策树分析表示项目所有可供选择的行动方案、行动方案之间的关系、行动方案的后果，以及这些后果发生的概率。

决策树是形象化的一种决策方法，用逐级逼近的计算方法，从出发点开始不断产生分枝以表示所分析问题的各种发展可能性，并以各分枝的损益期望值中最大者（如求极小，则为最小者）作为选择的依据。

决策树的画法如下。

（1）先画一个方框作为出发点，叫做决策点。

（2）从决策点向右引出若干条线，每条线代表一个方案，叫做方案枝。

（3）在每个方案枝的末端画一个圆圈，叫做状态点；在每个枝上都注明该种后果出现的概率，故称概率枝。

（4）如果问题只需要一级决策，在概率枝末端画△表示终点，并写上各个自然状态的损益值。

（5）如果是多级决策，则用决策点□代替终点△重复上述步骤继续画出决策树（图11.2）。

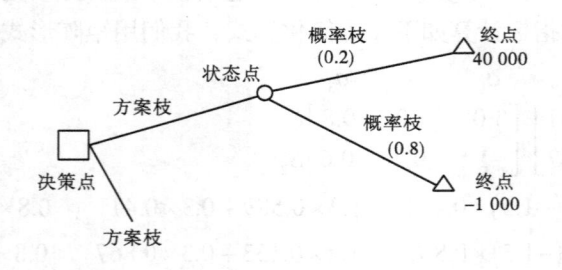

图 11.2　决策树

【例 11.9】承包商向某工程投标，采取两种策略：一种是投高标，中标机会为 0.2，不中标机会为 0.8；另一种是投低标，中标与不中标机会均为 0.5。投标不中时，则损失投标准备费 5 万元。根据表 11.17 中的数据，用决策树做出决策，如图 11.3 所示。

表 11.17 【例 11.9】中的数据

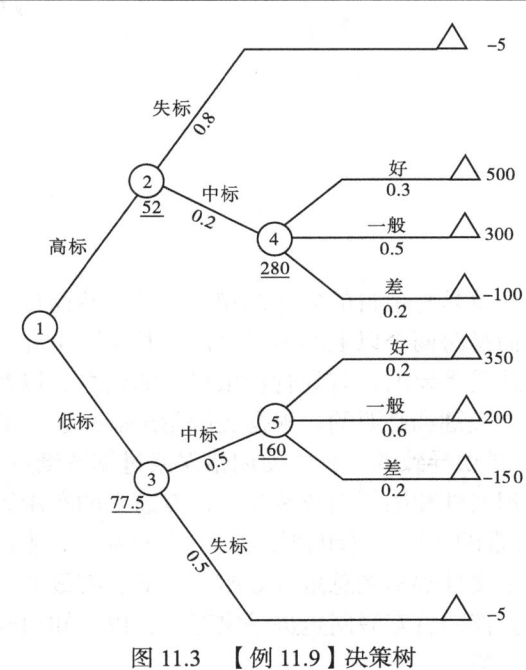

方案	效果	可能获利/万元	概率
高标	好	500	0.3
	一般	300	0.5
	差	−100	0.2
低标	好	350	0.2
	一般	200	0.6
	差	−150	0.2

图 11.3 【例 11.9】决策树

高标：500×0.3+300×0.5−100×0.2=280（万元）
　　　280×0.2−5×0.8=52（万元）
低标：350×0.2+200×0.6−150×0.2=160（万元）
　　　160×0.5−5×0.5=77.5（万元）

最大损益期望值为 77.5 万元，故取低标策略。

思考题

1. 决策的特点是什么？
2. 项目决策的类型有哪些？
3. 风险型决策的模型有哪些？
4. 决策树法的步骤是什么？

第 12 章

项目信息管理

项目管理的各项工作总是与项目的生命期相联系的,然而许多工作并不是局限于项目生命期的某个阶段,而是跨两个以上的项目阶段,甚至是贯穿项目生命期的全过程,在项目实施过程中,沟通是重要的,有效管理项目中的信息,以及把有效的信息传播和共享给项目的成员是非常关键和必要的。根据美国 Bricsnet 公司的一份调查显示,项目成本中的 3%~5%是信息错误导致的,其中使用错误或过期图纸造成的占 30%。在美国,平均每年为传递项目管理文件和图纸而花费在特快专递上的费用约为 5 亿美元,项目成本中的 1%~2%都用于日常的印刷、复印和传真等。调查显示,建设项目参与任何一方在竣工时所掌握的有用记录文件都不到总量的 65%。因此,有效的项目信息管理是企业实施项目管理成功的基础。伴随着互联网走进千家万户,以及知识经济时代的到来,项目管理信息化已成为必然趋势。

12.1 项目信息管理概述

12.1.1 项目信息

项目信息是指报告、数据、计划、安排、技术文件、会议等与项目具有联系的各种信息。

1. 项目信息的表现形式

项目信息主要有以下表现形式。

(1) 书面材料:包括图纸及说明书、项目手册、工作条例和规定、项目组织设计、情况报告、项目报告、谈话及会议记录、报表、信件、合同等提供的信息。

(2) 个别谈话:包括口头分配任务、作指示、汇报、工作检查、建议、批评、介绍情况、谈判交涉等产生的信息。

（3）集体口头形式：包括工作讨论和研究、会议、培训班、特殊任务的工作班子、检查组、工作队等产生的信息。

（4）技术形式：包括电话、电报、传真、录像、录音、电子邮件、光盘等产生的信息。项目管理者应灵活运用上述各种项目信息形式，尽量减少项目信息传递的障碍，保证项目信息传递的准确和快捷。

2. 项目信息的特点

（1）信息量大。项目本身涉及多部门、多环节、多专业、多用途、多渠道、多形式，因此具有信息量大的特点。

（2）系统性强。由于项目具有单件性和一次性的特点，所以虽然项目信息数量庞大，但却都集中于较为明确的项目对象中，因而容易系统化，这就为项目信息系统的建立和应用创造了非常有利的条件。

（3）传递障碍多。一条项目信息往往需要经历提取、收集、传播、存储及最终进行处理这样一个过程。在这一过程中，往往是由于信息传递人主观方面的因素，如对信息的理解能力、经验、知识的限制而产生障碍；也会因为地区的间隔、部门的分散、专业的区别等造成项目信息传递障碍；还会因为传递手段或使用不当而导致项目信息传递障碍。

（4）信息反馈滞后。信息反馈一般要经过加工、整理、传递，然后才能到决策者手中，如果反馈不及时，将会影响信息及时发挥作用。

组织的信息系统包括正式的信息，用于描绘组织的状态、战略和业绩。广义上说，信息还包括非正式的信息，即来自于非正式的、非官方组织的谈话。这种非正式的信息能使项目经理看到人们对项目的真实感受。人们的感觉可能比事实更重要，可能会影响他们的想法和行动。知道人们对正在发生的事的感觉能使经理更好地知道项目团队工作的有效性。一个聪明的项目经理会找到连接非正式信息渠道的途径，而且通过这么做，他会发现团队成员和利益相关者对于现在的战略的感觉如何，以及这样的战略如何做出最好的改变以保证项目在正确的方向发展。

同利益相关者共享项目信息变得越来越普遍。当项目管理信息系统为利益相关者提供信息时，就促进了利益相关者的协作。如果利益相关者认为项目经理对项目信息有所保留，利益相关者就有可能认为项目经理不信任他们。信息的共享可以增进利益相关者之间的信任感。而且，当项目利益相关者审查项目信息时，如项目面临的问题，他们可能会对问题的解决提出有用的建议。项目信息的共享在保持项目团队工作的凝聚力、促进共同协作以及更好地利用项目资源中起着非常重要的作用。每个项目经理都应当对项目信息的数量和质量问以下几个重要的问题。

- 作为项目经理，需要哪些信息来完成工作？
- 必须和项目利益相关者共享哪些信息才能使他们了解项目的状况？
- 在组织中，还需要与该项目有关的其他项目的哪些信息？
- 要知道项目是如何同组织的总体战略相一致的，需要公司的哪些相关信息？
- 需要哪些信息来协调该项目活动与组织中的其他活动的关系？

- 如果没有充分的项目信息，会有什么样的后果？
- 在做项目管理工作时，不需要哪些项目信息？

3. 项目信息的分类

从项目管理的角度来分，项目信息可分为以下几类。

（1）进度控制信息：如项目总进度规划、总进度计划、分进度目标、各级进度计划、单体计划、操作性计划、物资采购计划、实际进度统计信息、项目日志、计划进度与实际进度比较信息等。

（2）质量控制信息：如项目的功能、使用要求、相关标准和规范、质量目标和标准、设计文件、资料、说明、质量检查、测试数据、隐蔽验收记录、质量问题处理报告、各类备忘录、技术单、材料及设备质量证明等。

（3）合同管理信息：如各类法规、招投标文件，项目参与各方情况，各类合同、合同执行情况信息、合同变更、签约记录等。

（4）费用控制信息：费用控制信息包括费用规划信息，如投资计划、估算、概算、预算资料，资金使用计划、各阶段费用计划、费用定额、指标等；实际费用信息，如已支出的各类费用、各种付款账单、费用变更情况、物价指数、人工、材料、设备等的市场价格信息等；费用计划与实际值比较分析信息；费用的历史经验数据、现行数据、预测数据等。

（5）项目其他信息：如政策法规、规章制度等文件，政府及上级有关部门批文，项目往来信函，会议信息及会议记录等。

12.1.2 项目信息管理概念

项目信息管理是指对项目信息的收集、整理、处理、储存、传递与应用等一系列工作的总称，也就是把项目信息作为管理对象进行管理。项目信息管理的目的就是根据项目信息的特点，有计划地组织信息沟通，以保证决策者能及时、准确获得相应的信息。为了达到信息管理的目的，就要把握信息管理的各个环节，并在此基础上建立项目信息管理系统。

项目管理过程总是伴随着信息处理过程。对于大型工程建设项目，随着项目的启动、规划、实施等项目生命期的展开，项目的文件、报告、合同、照片、图纸、录像等各种纸介质信息会不断产生，项目信息管理的效率和成本直接影响其他项目管理工作的效率、质量和成本。因此，如何有效、有序、有组织地对项目全过程的纸介质信息资源进行管理，是现代项目管理的重要环节。以计算机为基础的现代信息处理技术在项目管理中的应用，又为大型项目信息管理系统的规划、设计和实施提供了全新的信息管理理念、技术支撑平台和全面解决方案。

12.2 项目信息管理的主要内容及组织规划

12.2.1 项目信息管理的主要内容

项目信息管理系统有人工管理信息系统和计算机管理信息系统两种类型。项目信息管理的主要内容有项目信息收集、项目信息加工、项目信息传递。

1. 项目信息收集

项目信息收集是项目信息管理各环节中关键的第一步，是后续各环节得以开展的基础。全面、及时、准确地识别、遴选、收集原始数据是确保信息正确性与有效性的前提。面对复杂的信息世界，在数据收集过程中，应坚持目的性、准确性、适用性、系统性、及时性、经济性等原则，紧紧围绕信息收集的目的，以尽可能经济的方式准确、及时、系统、全面地收集适用的数据。

信息的来源主要有内部信息和外部信息两类。作为企业内部的信息来源包括企业各部门的统计报表和工作总结，企业作业现场的计划、指标、原始记录及各类凭证和统计资料。企业外部的信息来源则更为广泛，包括各新闻媒体公开发布的信息，政府部门发布的政策、法规，各类科研机构和大专院校所掌握的最新研究成果，企业的供应商、代理商、顾客以及竞争对手方面的信息等。

信息收集的方法也是多种多样，概括起来主要有网上调查法、出版资料查询法、内部资料收集法、口头或书面询问法、传媒收听法、专家咨询法、现场观察法、试验法、有偿购买法、信息员采集法等。在项目的实施过程中，要灵活应用以上各种方法。任何项目都是从可行性研究开始的，这就需要收集大量的信息资料，必须有专人负责，必要时还需要亲自调研。

在项目实施过程中，为了有效地进行项目信息管理，也需要组织专门的信息人员，收集进度信息、人力资源信息、费用信息、合同信息、设备信息等。

2. 项目信息加工

信息的来源广泛，通过各种途径和方法收集到的信息往往是杂乱无章、独立存在的，必须结合项目的具体情况经过加工和处理，才能获得可供使用的真实可靠的信息资料。

信息的加工过程主要有鉴别真伪、分类整理、加工分析、编辑与归档保存四个步骤。鉴别真伪是通过对信息渠道、内容和时效进行审查与判断，达到去伪存真的目的。分类整理则是把各种收集到的信息按照一定的标准，如时间、地点、使用目的、所反映的业务性质等分门别类，排列成序。加工分析是信息加工中最重要的一环，需要利用数理统计和运筹学等工作方法将数据信息进行加工，明确信息的价值。编辑与归档保存是把加工处理过的信息贮存起来，以供随时调用。对于手工处理的信息一般采用"档案法"进行保存，即将各种文件编辑成册，按照一定的形式归档保存。现在，随着计算机的广泛应用，并且电子文档具有使用方便、存贮量大和调用查询方便等优点，人们更多的是采用电子数据库方式来进行信息资料的管理。

3. 项目信息传递

信息传递也称信息传输，是指信息以信息流的形式传递给信息的需求者。项目的组织机构设计是项目内部信息传递的基本渠道。为了提高信息的传递速度和效率，应当合理地设置项目的组织机构，明确规定信息传递的级别、流程、时限和各方责任，建立一套合理的信息传递制度。

项目管理中常用的信息传递方式有专人负责信息的传递、通过通信方式传递信息及通过会议方式进行信息传递等。

在信息传递过程中，应注意尽可能采用现代化的传递工具，如电话、传真、计算机网络通信等，尽量减少人工传递。

12.2.2 项目信息管理的组织规划

对于周期短、规模小的项目，项目信息管理没必要在项目运作的业务流程中单独构成一个独立的管理环节。但是对于周期较长、规模较大的项目，信息管理对于项目的成功将起到重要的作用。项目信息管理组织机构的规划主要有以下原则。

（1）限额以上的大型项目在项目概念阶段的组织和资源规划中必须设立专门的信息管理机构，部门名称可以叫项目信息中心或项目信息办公室。如果受人员编制的限制，可以把信息管理部门与档案管理部门等合并设置，但必须保证至少两名信息管理人员的专职编制。

（2）成立以项目总经理为核心的项目信息管理系统建设领导小组，统一规划部署项目信息化工作，设立项目信息总监或项目总信息师，其行政及工资待遇应与项目总工程师、项目总会计师、项目总经济师相同，项目信息化领导小组办公室设在项目总信息师办公室。条件具备时，项目信息总监最好由项目总经理亲自兼任，也可以由项目总工程师兼任，但必须制定与总工程师办公室的职能和程序相独立的项目信息管理岗位职责和信息采集、流转、处理、存储管理程序。

（3）在项目的计划、财务、合同、物资、档案、质量、办公室等职能部门设立部门级项目信息员。项目信息员受部门领导和总信息师双重领导，从而形成上通下达的项目信息资源管理组织体系。

（4）目前大型项目的信息管理系统的建设费用在每个行业的项目划分和投资估算中没有专门列编，许多单位从总预备费或办公管理费用中列支计算机网络、数据库、项目管理软件等采购费用。

12.2.3 项目执行过程中的信息收集和分析

1. 项目进展报告

项目执行过程中，要收集关于项目进展情况的信息以及项目的完成情况，并且向项目利益相关者、项目组成员、管理层及其他相关方面作报告。还要在此基础上对项目未来的进展情况进行预测。项目进展情况报告一般包括项目范围、进度、费用、技术状态等方面的执行状态，以及对未来趋势的预测。项目进展报告的示例见表 12.1 和表 12.2。

表 12.1 项目进展报告（一）

项目名称：		项目编号：	
关键问题		是	否
任务范围有变化吗？			
超过目标日期了吗？			
有估算问题吗？			
有技术问题吗？			
有评审问题吗？			
对跟踪项目的解释：			
下一周任务计划：			
问题和办法：			
完成人：	日期：	评审人/日期：	

表 12.2 项目进展报告（二）

项目管理报告：		项目号：	
项目名称：		报告日期：	
项目经理：		项目报告数：	
状态总结		是	否
1. 实际进度超过 10%吗？			
2. 已投入工作时间加未完成工作的计划时间超计划时间的 10%吗？			
3. 完成任务的数量超计划的 10%吗？			
4. 提交物能满足性能要求吗？			
5. 项目能按时交货吗？			
6. 满足用户的要求吗？			
7. 与用户的关系被接受了吗？			
8. 附上职员工作总结、资源计划总结、累计完成任务总结报告了吗？			
人员配备状况：			
技术状况：			
任务完成估测：			
附上的用户进度报告：			
审批：			
项目经理：		日期：	

在获取项目进展状态信息的过程中，要用到多种工具和技术，包括以下内容。

（1）一般管理技能。对项目团队成员，尤其是项目经理来说，掌握领导、谈判、沟通等管理技能将会在项目计划实施中发挥积极的作用。

（2）产品所需的技能和知识。对项目产品所需的技能和知识有适当的了解，项目团队才能够按照预定计划生产出项目产品或提供工作成果。

（3）工作授权体系。工作授权体系是批准项目工作的一个正式程序，用来确保按照适当的时间、合适的顺序完成工作。

（4）执行状况检查例会。执行状况检查例会是一种定期的正式交换项目信息的方式，使项目的进展情况能及时、有效地得到交流。项目经理通常是例会的官方发布人员，应以书面形式把会议时间和地点通知与会者，在会议举行前应公布一份议程，在会议时要坚持议程。重要的是，项目团队成员要对项目经理诚实，项目经理也要正确对待他们报告的内容。

（5）项目管理信息系统。项目管理信息系统包括用于收集、综合和分发项目管理过程输出的工具和技术。它常用来支持项目从启动到收尾的各个方面，并且通常分为人工系统和自动系统。

2. 项目进展情况的分析

对项目计划的执行情况进行分析时，可以用到偏差分析、趋势分析和挣值分析等多种技术。

偏差分析用来在项目进展过程中比较期望的项目计划结果和实际结果，以确定是否存在偏差。典型情况下，项目进度和项目成本是度量的主要方面，但是质量、执行技术指标、风险和项目范围也是可以度量的要素。

趋势分析用来确定随着时间的推移，项目的执行是否得到了提高，其方法是定期地分析项目结果。这些结果都用数学公式进行了度量，试图根据历史信息和结果预测项目的产出。可以使用多个公式来预测未来的行为或发展趋势。

挣值分析是常用的绩效测量技术，该方法用三值指标来比较项目获得的成果和付出的代价，可以综合分析进度、费用及项目的范围。关于挣值分析的具体介绍参见第4.5.3 小节。

在实际项目中，这几种方法是结合在一起交叉使用的。

12.2.4 项目信息管理的原则

（1）信息采集要及时。项目信息管理人员必须及时地记录、收集项目执行过程中出现的各种信息，并且要以最快的速度将信息加工并传递给有关部门。

（2）信息采集要真实。信息的真实准确性是项目信息管理的关键，否则就会"垃圾进、垃圾出"，基于不真实信息得到的任何结论都会偏离真实情况，做出的任何决策都会导致损失。项目信息管理人员在收集信息的过程中必须保证信息的真实性和可靠性，在加工过程中必须防止和减少各种干扰，保证信息不失真。

（3）信息处理要适用。对项目信息的处理应该适合项目管理的需要，便于利用。例如，在收集阶段，先要保证信息的完整性；在加工阶段，根据管理需要对信息进行分类整理，便于传输和利用；在传输阶段，选择适合高效的媒介和手段；在信息存储方面，将信息进行分类、登记、编码，便于查询和利用。

12.3 项目管理信息系统

项目管理信息系统就是以计算机、网络通信、数据库作为技术支撑，对项目整个生命期中所产生的各种数据进行及时、准确、高效的管理，为项目所涉及的各类人员提供必要的高质量的信息服务。

12.3.1 项目管理信息系统的特点

项目管理信息系统的特点主要有：①系统集成化；②管理规范化；③计算机化；④支持决策。

以建设项目为例，一个大型建设项目的信息管理涉及项目业主、规划设计、勘察设计、技术设计、政府相关管理部门（环保、土地、质监、金融、工商等）、施工单位、设备制造与供应、材料供应、调试单位、监理单位等众多项目参与方（信息源），每个项目参与方既是项目信息的供方（源头），也是项目信息的需方（用户），每个项目参与方由于其在项目生命期中所处的阶段与工作不同，相应的项目管理信息系统的结构和功能会有所不同。

对于投资业主，必须在项目概念阶段对项目管理信息系统的内部信息处理流程和外部信息供需关系进行战略规划与设计。对于外部信息需求，必须在招标文件中向所有供应商明确指明本项目信息系统拟采用的网络平台、数据库平台、安全控制平台等系统特性；对于项目管理中常用的工具软件，如项目财务软件、进度控制软件、图纸档案管理软件等，必须明确指明业主拟采购的厂商、版本号及数据接口。统一和规范项目管理信息系统外部处理流程必须在全部采购开始之前完成，业主项目管理信息系统的范围与外部处理流程规划设计报告必须作为全部采购招标文件的重要附件和当然标的。

项目管理信息系统的性能、效率和作用不取决于系统的内部结构与功能，而取决于系统的外部接口结构与环境，这是项目管理信息系统区别于企业管理信息系统的特点与规律。

12.3.2 项目管理信息流

弄清项目管理各部门的信息传递关系对于建立项目管理信息系统是至关重要的，而这首先取决于项目管理的组织形式。一个项目的组织分解结构确定下来之后，项目信息流路线就确定下来，以进一步确定各部门信息流的传递关系，保证信息沟通渠道的正确、通畅，不致造成信息漏传或误传现象。图 12.1 是一个工程项目在项目生命期内的信息流图。

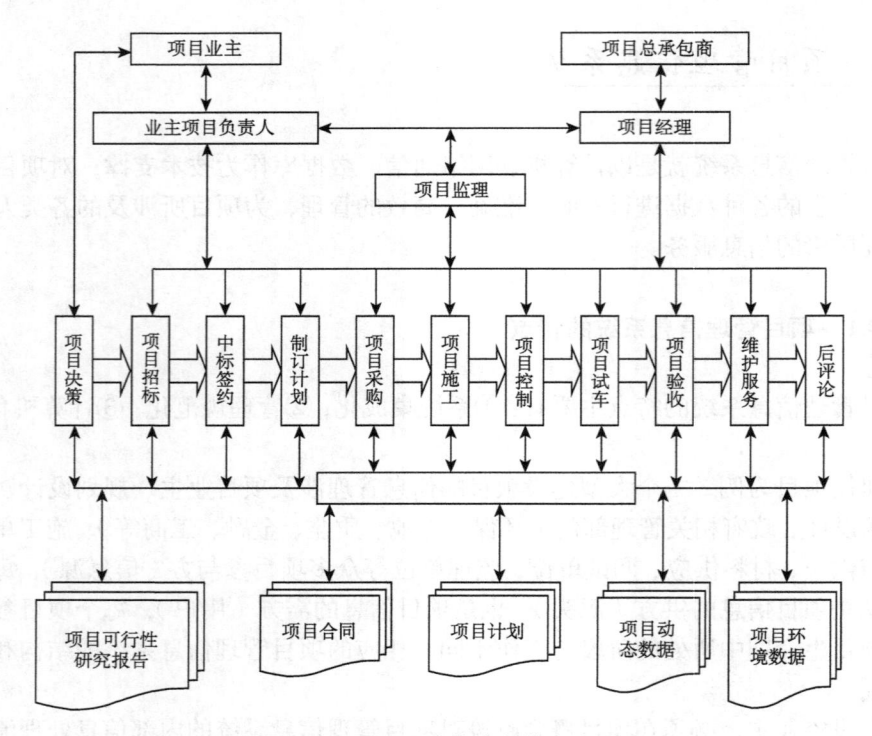

图 12.1　项目生命期内的信息流图

12.3.3　项目管理信息系统的实施

项目管理信息系统经历了从无到有的发展，但总的来说还不是很成熟，只能说是项目管理软件。近几年来，商品化的项目管理软件大量涌现出来，它们可以用于整个项目管理过程的各项活动，帮助用户制定任务、管理资源、进行成本预算、跟踪项目进度等，功能越来越强，并提供了便于操作的图形界面。

1. 项目管理信息系统的总体规划

由于项目管理信息系统是一个大系统，复杂程度高、投资大、开发周期长，因而在启动初期必须以整个系统为分析对象，确定这个系统的总目标和主要功能。也就是从总体上来把握系统的目标功能框架，提出实施的解决方案，继而研究论证这个总体方案的可行性，这样就给今后系统分析、系统设计和系统实施打下好的基础。

总体规划阶段主要包括以下工作：按照项目的具体要求，进行初步调查、分析以确定系统的目标；制订出实施的策略与具体方案；进行系统的可靠性研究并编写可靠性报告。

1）确定新系统目标

为了确定系统的目标与功能，先要进行初步的调查研究，旨在从总体上了解概况。初步调查的主要内容如下。

（1）整个组织的概况：规模、历史、系统目标、人力、物力、设备和技术条件、管理体制等。

（2）组织的对外关系：与哪些外部实体有联系，哪些环境条件对本组织有影响。

（3）现行系统的概况：功能、人力、技术条件、工作效率、可靠性等，各方面对现行系统的情况及新系统持怎样的态度。

（4）新系统的条件：包括管理基础、原始数据的完整和准确、计算机方面的设备和人员情况、开发新系统的经费来源等。

新系统目标是新系统建立后所要求达到的运行指标。正如新产品设计初期需要提出设计性能一样，新系统开发初期也要提出目标，它是进行可靠性研究、系统分析与设计以及系统评价的重要依据。

2）项目管理信息系统的实施策略与方案

当前项目管理信息系统的正确建设策略和措施如下。

（1）以项目信息门户网站作为项目管理信息系统的战略目标。建立不同项目生命期信息系统之间的数据流程和接口是项目信息系统规划的核心任务和目标。

（2）项目管理信息系统的规划设计必须列入工程项目概念阶段方案拟订和认证的必备内容。

（3）以造价（概预算）、合同、财务管理为主线和重心构建项目信息管理系统。

（4）建立进度项目划分、费用项目划分和质量项目划分三者之间编码的统一或对应关系是项目管理系统开发的重点和难点。

（5）一把手先用起来是项目管理信息系统成功运用的关键。全员参与是项目管理信息系统成功运用的保障。

3）可行性分析与研究

可行性的意思是指：在当前的具体条件下，这个信息系统是否具备必要的资源条件及其他条件。可行性包括可能性和必要性两个方面。开发的可能性就是指开发的条件是否具备，而必要性是指客观上是否需要。

可行性研究可从下面三个方面考虑：

（1）技术方面：根据新系统目标衡量所需要的技术是否具备，如硬件、软件和其他应用技术，以及从事这些工作的技术人员数量及水平。

（2）经济方面：估计新系统开发所需要的投资费用和将来的运行费用，并同估计的新系统收益进行比较，看是否可行。

（3）运行（组织管理）方面：评价新系统运行的可能性及运行后所引起的各方面变化（组织机构、管理方式、工作环境等），将对社会及人的因素产生的影响。

2. 项目管理信息系统的设计开发

设计开发项目管理信息系统的工作应包括以下三个方面。

1）系统分析

通过系统分析，确定项目管理信息系统的目标，掌握整个系统的内容。因此，首先，调查建立项目管理信息系统的可靠性，即对系统的现状进行调查。有哪些部门，每个部门有哪些信息需求，产生哪些文件和资料数据，并在此基础上列出目录，研究建立项目管理信息系统所需要的资金、资源、技术条件和时间，确定如何分期、分批、分阶段实现该系统。其次，调查建立系统的信息量和信息流，确定各部门需要保存的文件、输出和传递的数据格式；分析用户的要求，确定纳入管理信息系统的哪些内容可以由电子计算机处理，哪些可以由人工计算，绘制信息系统的数据流程图。最后，确定电子计算机的技术要求，提出对电子计算机硬件和软件的要求，然后进行方案选优，同时还要注意为未来数据量留有扩展余地。

2）系统设计

利用系统分析的结果进行系统设计，建立系统流程图，提出程序的详细技术资料，为程序设计做准备。系统设计分两阶段进行：先进行概要设计，内容包括输入、输出文件格式的设计，代码设计，信息分类，子系统模块和文件设计，确定流程图，提出方案的优缺点，判断方案是否可行，并提出方案所需要的物质条件；然后进行详细设计，将前一阶段成果具体化，包括输入、输出格式的详细设计，流程图的详细设计，程序说明书的编写等。

3）系统实施

系统实施的内容包括程序设计、程序调试和系统调试、系统维护、项目管理和系统评价。

（1）程序设计。先根据系统设计明确程序设计的要求，如用何种语言、文件组织，数据处理等；然后确定计算机操作程序，绘制程序框图；再编写程序，检查并写出操作说明书。

（2）程序调试和系统调试。程序调试是对单个程序进行语法和逻辑检查，是为了消除程序和文件的错误。系统调试分两步进行。先对各模块进行调试，确保其正确性；再进行总调试，即将主程序和功能模块高度联结起来，这是为了检查系统是否存在逻辑错误和缺陷。

（3）系统维护。为了使程序和数据能够适应环境和业务的变化，需要对系统进行维护，包括改写程序、更新数据、增减代码、设备维修等。

（4）项目管理。把项目管理信息系统作为一个"项目"进行管理，要组织一套操作管理人员，拟订工作计划，并实施控制和检查。

（5）系统评价。为了检查系统运行结果是否达到系统设计提出的预定目的，需要进行系统管理效果评价，包括工作效率、管理和业务质量、工作精度、信息完整性和正确性等方面的评价；还要对系统的经济性进行评价，包括系统的一次性投资额、经营费用、机时成本和生产费用的节约额等。

12.4 项目管理软件介绍

目前，市场上有 100 多种项目管理软件工具。这些软件各具特色、各有所长。下面将介绍几种国内外比较典型的项目管理软件。

12.4.1 国外项目管理软件

1. Microsoft Office Project 2010

1）概述

Project 2010 基于 Windows 操作系统，已成为世界上应用最普遍的项目管理软件，其主界面如图 12.2 所示。Project 的用户群在全球已超过 500 万人，其中包括各种各样的用户类型，从掌握一般知识的工作人员到专家级的项目经理。Project 为普通工作人员或项目管理人员提供对于项目的整体规划和跟踪，并按照业务需求交付相应的结果。作为一个项目管理软件，Project 2010 能够帮助单位协调商业计划、项目及资源，从而获得更好的商业业绩。通过使用其灵活的报告和分析功能，可以利用可操作的信息来优化资源、安排工作优先顺序并协调项目与总体商业目标。

图 12.2 Project 2010 界面

Project 2010 系列产品包括 Microsoft Office Project Standard 2010、Microsoft Office Project Professional 2010 以及 Microsoft Office Project Server 2010。Project 2010 是 Microsoft Office 系统中不可缺少的一部分，它可以灵活地满足管理工作人员的需要，无论是独立管理项目，还是在小组、部门或组织中以项目组合的方式管理项目，都可以很好地利用 Project 2010。Microsoft Office Project Standard 2010 提供常见的、易于使用的工具，从而可以从桌面上独立地管理项目。它与以前的 Microsoft Project 版本兼容，在 Project 2007 或更早版本中创建文件，然后在 Project 2010 的缩减功能模式下打开和编辑这些文件，也可以在 Project 2010 中创建文件，然后将其转换为 Project 2007 或更早版本。该系统功能强大，具有包括项目计划、资源分配、项目跟踪等各种功能，界面易懂、图形直观，还可以在该系统使用宏、VBA（Visual Basic for Application，即 Visual Basic 宏语言），通过 Excel、Access 或各种 ODBC（open database connectivity，即开放数据库连接）数据库、CSV（comma-separated values，即逗号分隔值）和制表符分隔的文本文件兼容数据库存取项目文件等。另外，它还新增了很多功能，举例如下：①演示向导，可以将项目数据无缝地转移到 Microsoft PowerPoint、Microsoft Word 或者 Microsoft Visio；②打印向导，轻松地处理格式并打印简明的项目计划；③XML（extensible markup language，即可扩展标记语言）报告向导，从项目数据生成 XML 文件，创建自定义的报告；④资源可用性图表，评估资源的使用量和可用性，并且解决过度分配问题；⑤资源信息导入，从 Microsoft Active Directory 或 Microsoft Exchange 地址簿导入资源信息。

Microsoft Office Project Professional 2010 和 Microsoft Office Project Server 2010 被设计为一起工作，共同组成 Microsoft 针对企业项目管理（energy efficiency and productive maintenance，EPM）的解决方案。该解决方案使组织能够合理安排业务活动、项目和资源，以获得更理想的业务结果。通过使用该企业项目管理解决方案中灵活的报告和分析功能，组织可掌握工作进度方面的信息，从而可针对整体业务目标以项目组合为单位来优化资源，确定工作的优先顺序和合理安排项目。

2）Project 2010 的主要功能

Project 2010 的功能主要包括范围管理、进度管理、资源管理、沟通管理、综合管理等多个方面，具体表现在以下方面。

（1）项目范围管理。利用 Project 2010 的项目分解功能，可以方便地对项目进行分解，并可以在任何层次进行信息汇总。

（2）项目进度管理。Project 2010 提供了多种进度计划管理方法，如甘特图、日历图、网络图等方法，利用这些方法，用户可以方便地在分解的工作任务之间建立相关性，使用关键路径法计算任务和项目的开始、完成时间，自动生成关键路径，方便用户对项目进行更有效的管理。Project 2010 提供了一些日程排定增强功能，改进了对日程的控制。用户可以通过 Excel 或 Word 创建初始任务列表。任务可以是手动排定日程的，可以被放置在日程中的任何位置。

（3）项目资源管理。在资源费用管理中，Project 2010 采用了自下而上的估算技术，并结合其他技术，使费用的估算更为准确。在人力资源管理中，Project 2010 提供了"资源平衡""责任矩阵""资源需求直方图"等技术，力求对资源进行更合理的分配，同时统计资源的工作量、成本、工时信息等参数。

（4）信息沟通管理。Project 2010 使用丰富的视图、报表，为项目中不同类别的人员提供了所需的信息，项目管理者还可以利用电子邮件和 Project Central 直接分配任务，更新任务信息，跟踪控制任务完成情况。Project 通过 SharePoint 列表同步改进协作，从而向项目经理提供一种共享状态或创建报表的方式。

（5）项目综合管理。Project 2010 包含了项目管理中多方面重要的技术和方法，可以对整个项目的计划、进度、资源进行综合管理和协调，改善项目管理的过程，提高管理水平，最终实现项目的目标。Project 2010 增加了非活动状态下任务的管理，它们仍将被保留在项目中，这些任务通常具有对于存档目的很有价值的关键信息。

3）Project 2010 用户体验的改进

（1）改进的界面。Project 2010 引入了多个能够显著改善查看和使用项目的功能。

功能区：用户首次启动 Project 2010 时，会看到"功能区"而非传统的菜单和工具栏，"功能区"有利于帮助用户快速找到完成任务所需的命令。功能区上的所有选项卡和组都是可完全自定义的。如果需要一些业务上特有的功能，则可以将这些功能组织到独自的功能区选项卡上。

Backstage：单击"文件"选项卡，用户将会转到 Backstage，这是一个用于管理项目文件的一站式图形目的地。Backstage 包含可用来打开、保存和打印项目文件的基本命令。用户还可以使用 Backstage 来管理其 Project Server 连接以及签出和发布项目。

"工具"菜单上的"选项"命令现在已移到 Backstage 中。此命令可打开"项目选项"对话框，用户可以在其中输入、检查或更改用于控制 Microsoft Project 的工作方式和外观的首选项。

快速查找命令：通过右键鼠标可以找到最常用的命令。用户单击视图中的任何项时，将显示一个包含常用命令列表的微型工具栏。这是一种可以在使用项目时节省时间的方法，如图 12.3 所示。

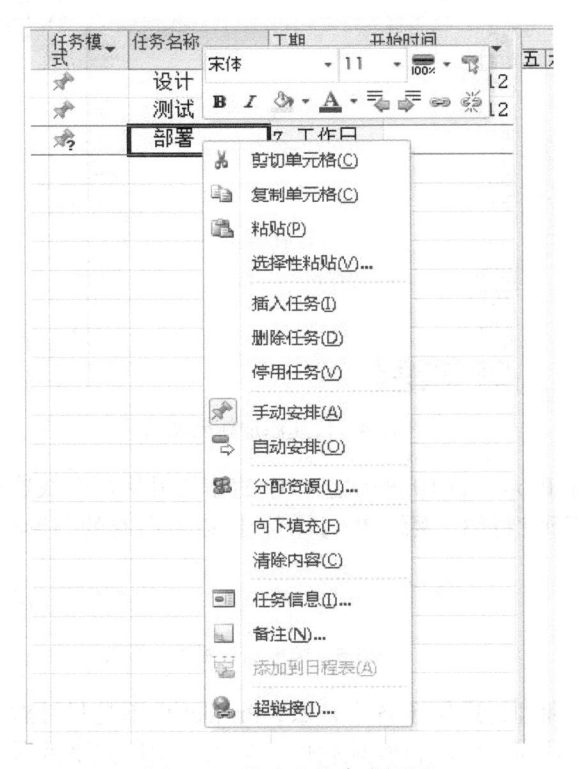

图 12.3　快速查找命令视图

（2）新的查看选项。Project 2010 新增了一些查看功能，可以帮助用户更加清楚地了解工作组的工作情况和过度分配人员的所在。用户也可以使用日程表视图来查看项目全貌以及可能的主要资源问题。

工作组计划程序：Project Professional 2010 用户现在可以使用工作组计划程序，这是一种资源日程排定视图。此视图以一种以前在早期版本的 Project 中不可能实现的方式与日程进行交互。通过使用工作组计划程序视图，用户可以清楚地了解到工作组成员当前从事的工作，并且可以将任务从一个人转移到另一个人。用户也可以在一个视图中完成查看和分配未分配的工作、查看过度分配以及查看任务名和资源名。

日程表：Project 2010 包括一个自动显示在其他视图之上的"日程表"视图，其中会显示整个日程的简明概览。用户可以将任务添加到日程表中，也可以为整个项目的摘要报告打印日程表以吸引人的注意力，或者以电子邮件的形式生成一份即时报告。

（3）视图自定义。相比以往的版本，Project 2010 在安排显示和控制项目的处理上有了较大改进。

快速添加新列：用户可以通过单击工作表视图右端的"添加新列"标题，然后键入或选择列名称生成新列，也可以通过单击现有列的标题并键入不同的列名称来快速重命名现有列，如图 12.4 所示。

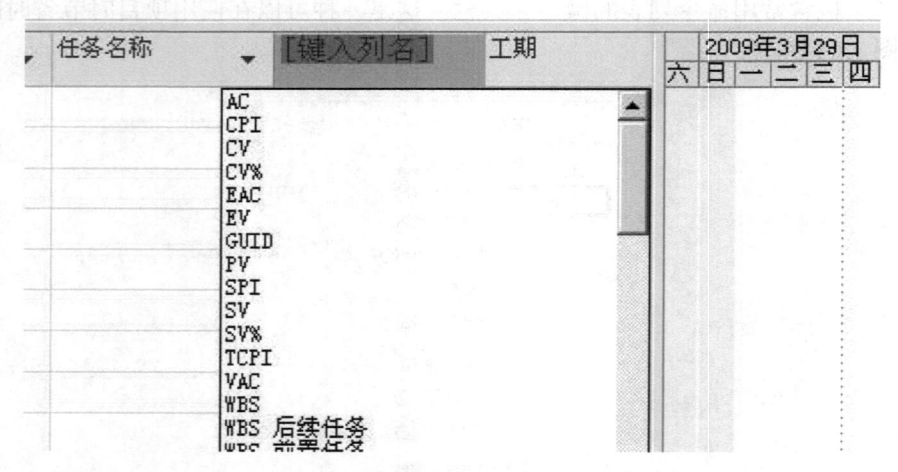

图 12.4　快速添加新列视图

缩放滑块：使用 Project 2010 的状态栏中的缩放滑块可以快速缩放视图的时间分段部分。缩放滑块可用于甘特图、网络图、日历视图以及所有的图形视图，如图 12.5 所示。

图 12.5　缩放滑块视图

项目管理的方法和理论适用于各个领域，Project 也不是只针对某一个或几个行业而设计的系统，它是一款通用的项目管理软件，适用于国民经济的各个领域，如 IT 项目、钢铁冶金、石油、煤炭、铁路、公路、航空航天、水利、市政、民用建筑及科学研究等。

Project 2010 可以用于不同的部门。对于从事项目施工的企业来说，使用它编制施工计划是一个理想的选择。对于建设单位而言，也可以使用它安排项目投资分配，检查承包方项目进展报告的真实性，从而有效地控制项目进展。对于项目经理，要进行进度控制，它更是一个不可多得的工具。对于软件开发项目，它可以帮助规划和优化开发过程的组织和控制，随时向用户提供各种数据。

2. Primavera Project Planner

1）概述

Primavera Project Planner（P3）工程项目管理软件是美国 Primavera 公司的产品，是国际上最为流行的项目管理软件之一，并且已成为项目管理软件标准，其主界面如图 12.6 所示。美国 Primavera 公司成立于 1983 年，是专门从事项目管理软件开发与服务的公司。该公司成立伊始，便推出了 P3。P3 的精髓是广义网络计划技术与目标管理的有机结合，是全球用户最多的项目进度控制软件，尤其适用于大型项目和多项目的协同管理。

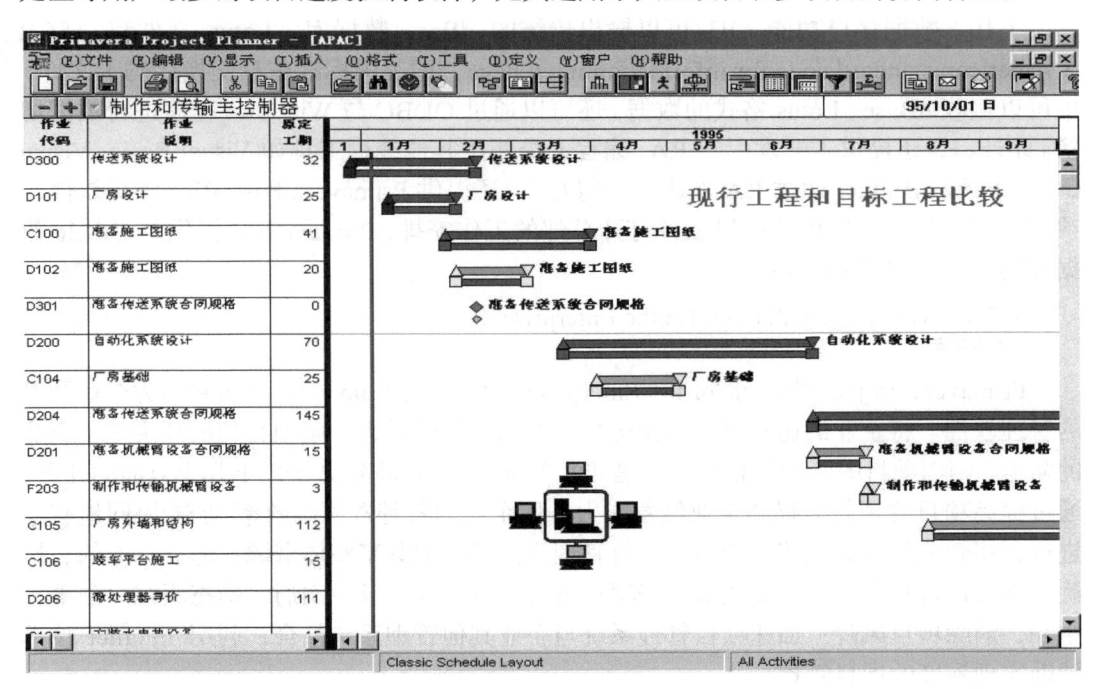

图 12.6　P3 使用界面

2）主要功能

（1）在多用户环境中管理多个项目。P3 可以有效管理这样的项目：项目团队遍布全球各地，多学科团队，高度密集、期限短的项目，共享有限资源的公司关键项目。它也可以通过多用户来支持项目文档安全模拟，这意味着要不断更新信息。

（2）有效地控制大而复杂的项目。P3 被设计用来处理大型规模、复杂的、多面性的项目。为了使数千个活动按进度执行，P3 提供了无限的资源和无数的目标计划。

（3）平衡资源。P3 可以对实际资源消耗曲线及工程延期情况进行模拟。

（4）利用网络进行信息交换。P3 可以使各个部门之间进行局部或 Internet 网络的信息交换，便于用户了解项目进展。

（5）资源共享。P3 可以同 ODBC、Windows 进行数据交换，这样可以支持数据采集、存储和风险分析。

（6）自动调整。P3 处理单个项目的最大工序数达到 10 万道，资源数不受限制，每道工序上可使用的资源数也不受限制。P3 可以自动解决资源不足的问题。

（7）优化目标。P3 还可以对计划进行优化，并作为目标进行保存，随时可以调出来与当前的进度和资源使用情况进行比较，这样可以清楚了解哪些作业超前、滞后，或按计划进行。

（8）工作分解功能。P3 可以根据项目的工作分解结构进行分解，也可以将组织机构逐级分解，形成最基层的组织单元，并将每一工作单元落实到相应的组织单元去完成。

（9）对工作进行处理。P3 可以根据工程的属性对工作进行筛选、分组、排序和汇总。

（10）数据接口功能。P3 可以输出传统的 dBase 数据库、Lotus 文件和 ASCII（American standard code for information interchage，即美国标准信息交换代码）文件，也可以接收 dBase、Lotus 格式的数据，还可以通过 ODBC 与 Windows 程序进行数据切换。此外，P3 还提供了开发引擎 RA，编程人员使用其他编程工具如 Visual Basic、Visual C++、Power-Builder 通过 RA 来读写 P3 数据；还提供 Primavera Postoffice 邮局软件，项目施工人员可以使用该邮局软件打开总部的工作安排，Primavera 还提供与 Oracle 数据库的双向接口 Datastore。

3. Primavera Project Planner for the Enterprise

1）概述

Primavera Project Planner for the Enterprise（P3e）是 Primavera 公司专门为企业开发的管理软件。将企业的运营过程看做运行一系列项目的过程，则项目的成败决定了企业的命运，因而项目的管理对企业来说是非常关键的。P3e 将致力于以下几个方面的任务：通过提高项目管理能力提高企业经营能力；使企业的各种资源高效率/协调/协同地有序进行；将企业行为既能按多个项目进行管理又能够全面共享整体资源；建立标准的、精确的项目评价制度；在企业内部围绕项目进行全盘计划、及时沟通、动态跟踪；预警、中和、消除项目风险；加速项目管理系统与企业其他管理系统整合；利用 Internet 技术辅助实现深度的项目管理。

P3e 的企业项目结构（enterprise project structure，EPS）使得企业可按多重属性对项目进行层次化的组织，使得企业可基于企业项目结构层次化结构的任一点进行项目执行情况的财务分析。P3e 中设置有一系列层次化编码，如企业项目结构、工作分解结构、组织分解结构（organization breakdown structure，OBS）、资源分解结构（resource breakdown structure，RBS）、费用分解结构（cost breakdown structure,CBS）、作业分类码与文档编码等。运用这些编码可使企业对项目的管理深入浅出、纵横有序。P3e 支持基于企业项目结构、工作分解结构的"自上而下"的预算分摊；P3e 支持按项目权重、里程碑权重、作业步骤及其权重进行绩效衡量，这些设置连同多样化的挣值技术使得"进度价值"的计算方法合理化而又符合客观实际。

2）功能特点

（1）P3e 是一个全面的、多工程进度计划和控制的项目管理软件。P3e 以 Oracle 和 Microsoft SQL Server 相关的数据库为基础，可以独立地进行项目和资源管理，也可以和其他的 Primavera 产品，如 P3、Sure Trak 联合使用，来巩固正在进行的多个分散项目的计划的分析。P3e 能够为用户提供所有项目的整体规划——从成本核算和整体资源分解结构的总结，到项目问题和风险的预先控制。P3e 的界面很简单，易学易用。通过广泛的项目网络和相应的产品可以进行丰富的分析和报告，以使用户的项目进展可视化程度更强。

（2）可对整个工程的生命期进行管理。P3e 是一个全面的项目管理方案，涉及项目生命期的每个阶段。它包括像建设、工程、电信、公用设施和石化处理等项目驱动型行业所要求的深度项目管理能力。P3e 是那些需要同时管理多个项目和支持不同部门的多个用户或整个企业的组织的理想工具。它可以支持无数个项目、项目组或大型项目、活动、基线、资源、用户定义的工作分解结构和活动代码。

（3）完善的数据通信。P3e 通过保持所有项目团队成员和利益相关者不断更新知识来使其适合当前的分布式工作环境。它的动态项目网站包括广泛的项目信息，如活动和资源分配细节、步骤、项目问题和风险、项目报告等。根据工作分解、资源分解和活动代码结构，项目网站是完全适用的。为了进一步分散项目信息，利用公司产品，以网络为基础的 Primavera 团队沟通进展报告，由执行主管和分析师所做的项目和大型项目的 Primavera 组合进行分析和比较。

（4）可集中控制资源。P3e 通过不同项目资源的组合来简化管理。它的全企业范围的资源确保了资源利用项目以所有项目要求的真实时间为基础，并且要有效利用、跟踪、管理资源。P3e 的图形用交互式柱状图表示了资源使用情况，可以通过时间期限和资源组合用户化来表示不同项目的资源使用。

（5）事务管理和风险分析。P3e 能够帮助项目经理在任何时候集中于最重要的事务。由于有成本、进度或偏差等标准，当某些因素超过这些标准时，P3e 可以自动地发现问题。项目经理可以为出现的问题排优先级，并利用 P3e 发布电子邮件来向负责部门提出警告，以确保迅速解决问题。为保证正确地量化项目风险，P3e 将风险管理和对这些风险的影响进行评价结合起来。通过估算影响和可能性因素，P3e 可以快速进行"如果……那么……"的模拟来确定项目的进度和成本风险。风险可以分类，风险控制计划可以作为整个项目计划的一部分。

（6）Primavera 进度报表生成器。进度报表生成器可以提供全面的工作组支持和项目资源的协调。每个团队成员都收到分配的活动——即使在不同项目之间。项目团队用进度报表生成器沟通时间表，并利用局域网、电子邮件和国际网直接向项目经理和项目数据库反馈活动状态。

（7）Primavera 决策分析工具。组合分析者提供唯一的项目总结，并利用丰富的图表、电子数据表和报告为执行主管、高级管理者和项目分析者跟踪信息。项目组合是根据项目的性质或等级来对项目进行分组，以便于比较和分析。为了提供用以分析和讨论的详细信息，组合分析者交互式界面允许快速下载信息。P3e 同组合分析者和进度报表生成器组合形成了管理企业内的所有项目最高级的方案。

4. 基于 web 的项目信息管理系统

1）概述

随着 web 应用的推广，基于 web 的项目信息管理系统（project information management system，PIMS）为管理提供了更加灵活的应用平台。在一个 PIMS 中需要包含项目完整的管理功能，包括项目计划和评估管理、项目实施管理、成本控制和预算管理。此外，它还应该具备 web 应用的共同特点：①跨平台访问系统；②便捷的访问控制；③多用户使用；④系统统一版本安装和维护；⑤集中化的数据仓库；⑥相应速度稍慢于普通桌面应用程序；⑦用户离线或者服务器关闭时项目信息无法获得；⑧用户可以通过其他途径获得数据的备份。

PIMS 是定制化的，由许多子系统或模块组成，但是具体模块可能随行业或领域的不同而不同，因此不具备完全一致的功能模块和用户视图。下面仅以太平洋共同体秘书处（Secretariat of the Pacific Community，SPC）为例，简单介绍基于 web 的 PIMS 的主要功能。SPC 的信息系统的登录界面如图 12.7 所示。

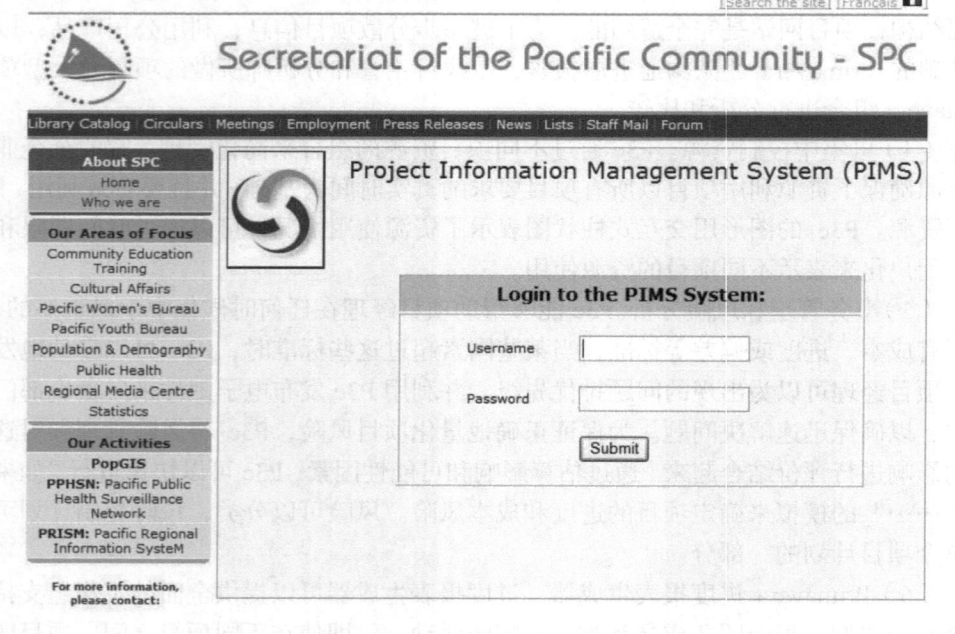

图 12.7　SPC 的 PIMS 用户登录界面

一个 PIMS 是多用户的，所有与项目权益相关者都应该成为系统的一个用户。系统根据项目成员的职责创建用户角色，每一个角色具备系统不同的权限。实现用户权限管理直接与 PIMS 的安全级别相关联。每个用户使用独立的用户名密码登录系统。不同角色进入系统后可操作的功能模块不同。基层工作人员只能操作工作范围内的项目报告，项目经理可使用项目方案管理、阶段执行情况管理、成本管理等更多功能，可以生成最终的项目报告提交项目审核。图 12.8 为 PIMS 系统中一个用户主报告选择菜单视图。

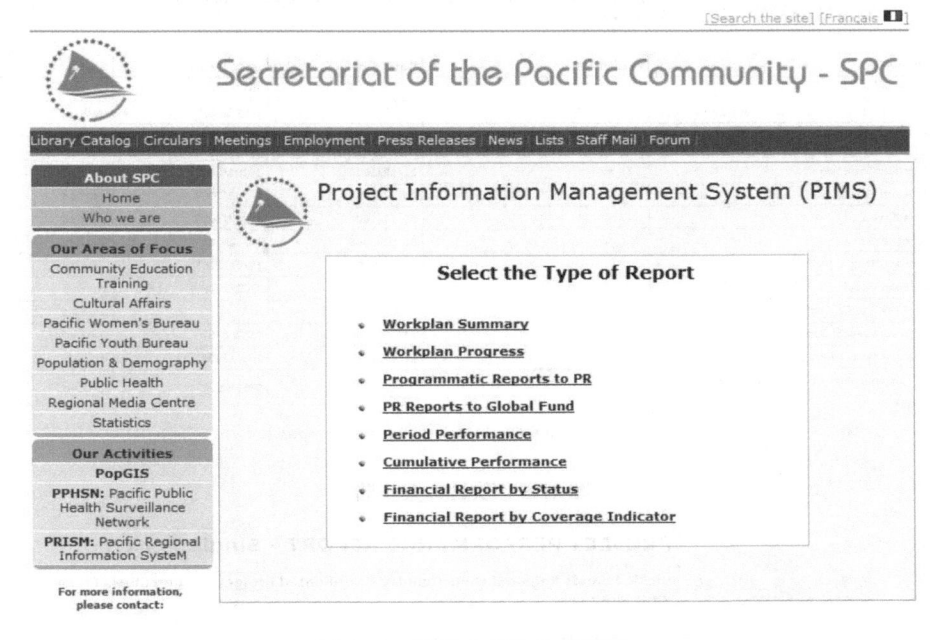

图 12.8　用户主报告选择菜单

2）PIMS 的主要功能

案例中的 PIMS 主要包括项目方案报告、项目阶段执行报告、项目累计执行报告、项目成本报告。

（1）项目方案报告。项目方案报告在项目审核中被用来管理项目的整体进度，是项目实施过程中的基准和依据，由项目负责人带领项目团队集体制作完成。它由一系列子项目报告组成。每一个子项目报告都在项目审核提供的统一框架下完成，显示子项目的进度计划和具体内容。项目管理人员通过项目方案报告对项目的阶段成果完成情况进行监控，实时分析并做出相应的调整。图 12.9 是项目方案报告的一个有关内容和布局的实例。

（2）项目阶段执行报告。项目根据设定的里程碑被划分成若干个阶段。项目阶段执行报告主要用在项目实施过程中对每一个独立阶段的管理和监控，主要分为两个部分：①项目阶段计划；②项目阶段实施进度。每一个部分中都应当包含本阶段项目需要完成各项工作的目标值和当前已经完成的实际值，并计算出相应的比例。图 12.10 为该报告的一个实例。

这个比例是进度控制的重要依据，在案例中设定 80% 为项目进度的阈值，达到这个比例的工作被视为执行情况良好，在图中用绿色标出。低于阈值的工作被认为执行状况较差，在图中用红色标记。

308 现代项目管理学

图 12.9 项目方案报告

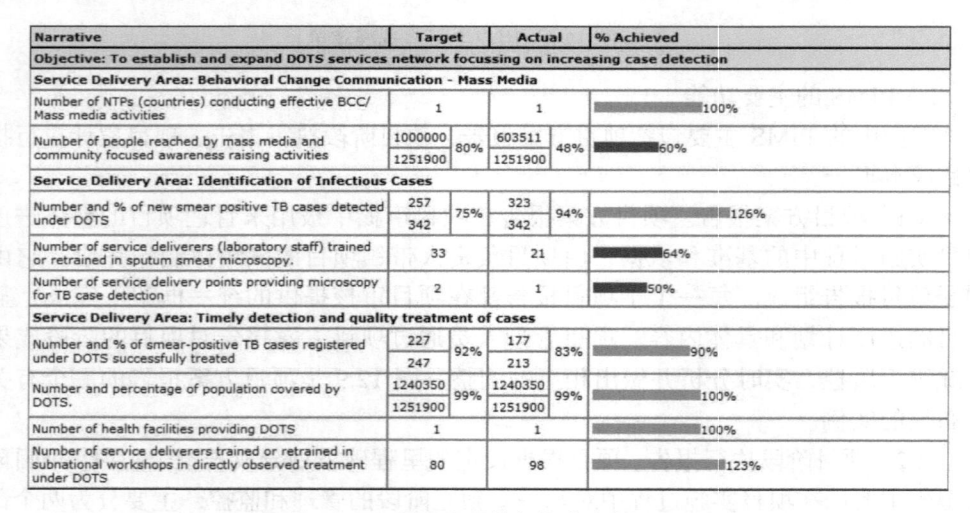

图 12.10 项目阶段执行报告实例

项目管理人员根据项目方案报告对项目阶段完成情况进行监控，如果某些原因可能会导致项目结束时间提前或者延后，项目负责人应提前申请并做好计划的变更。对于项目进度延后的，应当分析产生延后的原因，确定纠正偏差的对策，以便项目管理人员能够进行调整，以保证在确定的期限内消除实际进度与项目计划之间的偏差。项目阶段执行报告是项目管理人员检查和掌握项目实施进度信息，做好项目计划执行分析和采取调整和补救措施的重要依据。

（3）项目累计执行报告。这个报告与阶段执行情况报告相似，唯一的区别是这个报告中显示的进度是针对项目整体而言的，它是从项目开始到当前阶段的累计值。它与阶段实施报告不同的意义在于，它更加强调当前阶段与整体目标的差距。虽然项目划分阶段是彼此相对独立的，但是处于项目开始阶段和接近项目结束阶段项目的灵活性不同。前期阶段有更大的可调整的空间，对于延后的工作也更具有分析原因的必要性。它与阶段执行报告结合，为管理人员提供重要依据，做出项目管理上的调整。图 12.11 是项目累计执行报告的实例。

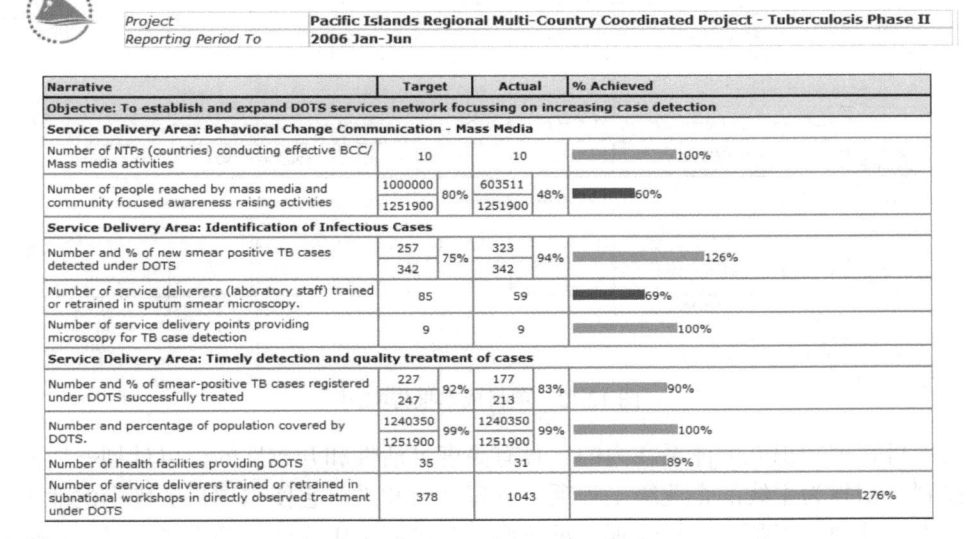

图 12.11　项目累计执行报告实例

（4）项目成本报告。项目成本控制是项目组织为保证在变化的条件下实现其预算价值，按照事先拟订的计划和标准，通过采用各种方法，对项目实施过程中发生的各种实际成本与计划成本进行对比、检查、监督、引导和纠正，尽量使项目的实际成本控制在计划和预算范围内的管理过程。项目成本报告是项目成本控制的重要依据，管理人员通过监督成本绩效，比较实际成本与计划之间的偏差，弄清楚原因，确保所有恰当的变更都准确地记载于成本基准之中，阻止不正确、不恰当或未经批准的变更纳入成本基准中，从而采取措施将预期成本限制在可接受的范围之内。措施采取不当将可能造成后续质量和进度问题，并带来无法承受的巨大风险。图 12.12 是项目成本报告的实例。

12.4.2　国内项目管理软件

1. 项目管理中心平台

1）概述

项目管理中心平台（LinkProject）是梦龙科技有限公司研制的项目管理类软件之一。它采用了最新的 IT 技术，在大型关系数据库 SQL Server 和 Oracle 上构架起企业级的、包

FINANCIAL REPORT - by Milestone Status

Project: Pacific Islands Regional Multi-Country Coordinated Project - Malaria Round 5
Implementing Agency: All
Display Currency: USD

Milestone	Milestone Description	Workplan Time Period	Date Disbursed	Funds Received	Funds Spent not Acquited	Funds Spent and Acquited	Funds Remaining	Status
G5M 1.1.1.2	MS - Training of trainers (TOT) for Guadalcanal, Honiara, Malaita and Makira doctors (2) and nurses (6)	2006 Jul-Dec	24/10/2006	$8,000	$0	$0	$8,000	Completed as planned
G5M 3.3.1.2	MS - Coordination & administration - recruitment of GF coordinator & asst;	2006 Jul-Dec	12/12/2006	$5,600	$733	$0	$4,867	Completed as planned
G5M 3.3.1.7	MS - SIMIS maintenance	2006 Jul-Dec	23/11/2006	$3,000	$7,704	$0	-$4,704	Completed as planned
G5M 3.3.1.8	MS - Costs of e-mail, telephone & communications in SIMTRI	2006 Jul-Dec	24/10/2006	$1,500	$0	$0	$1,500	Completed as planned
G5M 3.3.3.7	MV - 3 small boats procured and distributed	2006 Jul-Dec	26/03/2007	$36,000	$759	$26,544	$8,697	Completed as planned
G5M 3.3.3.8	MV - 1 medium boat procured and distributed	2006 Jul-Dec	6/03/2007	$60,000	$17,099	$44,422	-$1,521	Completed as planned
G5M 3.7.1.11	MV - Program Administration Function (VCCM)	2006 Jul-Dec	24/10/2006	$5,000	$0	$0	$5,000	Completed as planned
	Total for Milestones Completed as planned			**$119,100**	**$26,295**	**$70,966**	**$21,840**	
G5M 1.1.2.1	MS - 20 microscopists trained in 2 SIMTRI training workshops for four priority areas: Guadalcanal, Malaita, Makira and Western.	2006 Jul-Dec	24/10/2006	$8,000	$0	$0	$8,000	Completed with exception
G5M 1.1.3.16	MV - Supervisory visit to 12 target microscopy services	2006 Jul-Dec	24/10/2006	$4,500	$0	$0	$4,500	Completed with exception
	Total for Milestones Completed with exception			**$12,500**	**$0**	**$0**	**$12,500**	
G5M 1.1.1.3	MS - Training of 100 nurses in Malaita, Guadalcanal, Honiara and Makira	2006 Jul-Dec	24/10/2006	$5,000	$0	$0	$5,000	Disbursed
G5M 1.1.1.6	MV - Intergrated malaria management guideline reviewed by STC	2007 Jan-Jun	23/04/2007	$15,000	$0	$0	$15,000	Disbursed

图 12.12　项目成本报告实例

含现代项目管理知识九大体系在内的、具有高度灵活性和开放性的、以计划—协同—跟踪—控制—积累为主线的企业级工程项目管理平台软件。它使得项目实施中的业主、总包、监理、计划工程师、项目经理、承包商、分包商及供应商等都需要进行快速而高效的沟通与协作才能正确地完成自己承担的工作。它支持多用户在同一时间内集中存取所有项目的信息，是一个集成的解决方案，包括基于 B/S（browser/server，即浏览器/服务器）、基于 C/S（client/server，即客户机/服务器）等不同结构的组件，以满足不同角色项目管理人员的使用需求。LinkProject 的易用性使得项目管理集成简单化、使项目管理的概念清晰明朗，它增强了协同工作功能（即时沟通/项目工作管理/项目信息发布/项目文档管理等协作平台），并且既支持团队管理单一的项目，也支持企业管理复杂的大型项目。

2）功能简介

（1）LinkProject 是在企业内建立一个有效的项目信息沟通网络、项目数据信息处理中心和一个灵活的项目事务协同机制，以提高企业的整体项目管理水平。

（2）完善的宏观分析功能：单位领导可以通过该系统随时随地掌握每个工程项目的进度、资金、质量、利润等情况，辅助领导做出正确的决策及宏观分析。

（3）规范项目管理：规范项目进度、投资控制行为，提升项目管理专业水平，工程项目部及分包商可以通过系统实现规范化管理，进度分析调整，资源合理分配，提高管理水平，降低管理成本。

（4）科学的管理工具：项目成员及分包商通过项目管理软件及时了解工程管理中的合同、进度、资金、质量。

（5）信息快速沟通共享：项目各种成员通过系统可使任何项目信息都能迅速沟通，协同工作，项目数据能共享，便于统一汇总整理。

3）模块介绍

（1）统一的项目管理服务平台及授权管理。其主要功能如下。

Linkworks 平台（Linkworks）：安全加密、即时通信及所有系统信息流服务。

授权管理系统（MrAdmin）：组织机构、权限管理、软件授权、身份认证。

软件接口系统：可直接将办公系统与业务系统挂接，避免信息孤岛，不用专业人员可直接将原有软件挂接。

（2）项目即时通信子系统（MrICU）。其主要功能包括身份认证、在线感知、即时消息、网络会议、内部邮件系统、语音通信、消息广播、电子邮局、文件传输、持续通信、查看屏幕等。

（3）项目工作管理子系统（MrWorks）。其主要功能包括项目工作总结、项目日程安排、项目日程列表、项目任务备忘、项目个人助理、项目请示汇报、审核项目总结、项目人事管理。

（4）智能项目动态控制系统（MrPert）。其主要功能包括计划编制、资源分配、动态控制、定额管理、关键路径、组件流水、任务分发、资源曲线、前锋线控制、模式图转换等。

（5）合同管理与控制子系统（MrContract）。其主要功能如下。

合同管理：合同信息、合同录入、合同变更、合同查询、合同修订、合同提醒。

资金管理：资金计划、资金进度、资金统计、签订资金、实际资金、项目资金汇总、资金管理、明细报表。

合同执行：合同争议、合同变更、合同索赔、合同一览表、合同修订、合同提醒。

动态成本：非合同性成本、管理费用、费用维护、成本明细表、统计台账、供应表、自定义报表。

系统维护：数据库引入引出、用户管理、项目授权、模板维护、法规查询、导出 Execl 表格等。

（6）项目信息发布子系统（MrInfosys）（含后台管理）。其主要功能包括自动生成内部门户网站、智能后台管理系统、公司通知公告、规章制度、项目交流、项目资料库、项目成员通讯录、智能后台管理系统。

（7）项目文档管理子系统（MrDocuments）。其主要功能包括：项目公文流转系统（含流程设计、发文管理、收文管理）、文档网络传输、即时通知、流程查看、项目文档的审批及办理、项目文档分发、公文处理工具、痕迹保留、督办功能、项目文档归档；项目文档管理系统（含文档管理、文档检索、借阅管理）、项目文档管理、项目文档检索、项目文档浏览、项目文档属性、项目文档借阅管理。

（8）项目管理总控中心（LinkProject）。其主要功能包括：有效地组织管理项目，了解项目进度；控制项目成本，查看项目形象；管理项目文档，管理项目合同；协调项目数据，协调人员工作。

2. 新中大工程项目管理软件

1）概述

新中大工程项目管理软件（project management software，Psoft）是新中大公司针对现代项目管理模式吸取了 PMBOK、FIDIC 条款等来设计系统模块和流程，并结合中国企业的管理基础研究开发的一体化大型管理系统。它所体现的设计思想内涵是"现代工程、互动管理"。

Psoft 产品为建设单位、监理、工程企业或项目型的企业普遍关心的合同管理、进度管理、成本管理、物流管理、协同办公管理等项目管理以及相关的企业管理提供完善的解决方案。其主要功能模块分为项目管理、物资管理、协同办公管理、人力资源管理、客户关系管理、经理查询及财务管理七大部分，其中财务管理部分主要是指新中大国际财务管理软件 Intif、新中大国际 ERP 软件 A3 及新中大简约型 ERP 软件"银色快车 SE"；人力资源管理主要是指新中大人力资源管理 HR；客户关系管理主要是指新中大 CRM。

新中大工程项目管理软件 Psoft 在总体规划中采用了国际先进的现代化管理技术。例如，引入先进的项目管理理论；采用进度多级协同与 CPM 技术进行进度计算；采用 EVMS（earned value management system，挣值管理系统）技术建立成本预算评测基准；采用 PDCA（plan，do，check，action，即计划、执行、检查、行动）闭环管理进行工作驱动；采用目标管理技术，设立各种（进度、成本预算、质量等）考核基准，建立项目与企业的动态控制体系与评测方法等，同时充分考虑了新中大多年来在工程行业信息化工程中的经验和企业实际情况。

2）新中大工程项目管理软件产品架构

Psoft 软件分为单用户、工作组版和大型版三种版本。其中，Psoft 工作组版包括：①项目管理，即承包商评价、国际工程报价、招投标管理、合同管理、进度管理、成本预算、成本控制、成本分析、质量管理、安全管理、沟通管理、风险管理、人工管理及机具管理；②协同办公管理，即工作流管理、事务管理、知识管理及日常办公；③物资管理，即采购管理（一般采购）、库存管理、材料管理；④经理查询；⑤财务管理（Intfi）；⑥人力资源管理（HR）；⑦客户关系管理（CRM）等功能模块，适合于中小型项目的项目管理、中小型施工企业、中小型项目型业主方的应用。Psoft 大型版除了涵盖标准版的功能外，还包括了采购管理（国际采购）等功能模块，主要适合于大中型项目的项目管理或大中型工程企业管理的应用。

3）新中大工程项目管理软件的功能特点

（1）管理思想上与国际接轨充分参考了 PMBOK、FIDIC 条款等管理思想来设计合同管理、进度管理、采购管理、沟通管理等系统模块。

（2）进度多级协同管理通过使用 web 界面在项目组织中按岗位、职责有条件地管理、分配、共享项目信息，包括工序、问题的跟踪及状态报告等，从而实现多组织、多项目、多级进度的协同管理与在线沟通。

（3）提供企业级的资源管理功能，可以将项目管理中的计划资源与企业采购管理进行信息共享，进入企业资源的采购流程，从而实现最优调配整个企业级别的资源。

（4）以 EVMS（earned value management system，即挣值管理系统）技术为基础

的成本预测和评价体系，以货币量来测量工程的实施状态，包括项目的进度执行情况及其可能的完工时间、项目的成本支出分析及其成本预测。

（5）全方位一体化设计，避免信息孤岛，其中包括财务业务一体化、办公业务一体化、企业管理和项目管理一体化。这种设计不仅可避免信息孤岛现象的产生，更重要的是可使企业与项目层之间、各部门之间、与外部协作之间建立起有序、高效的信息流通机制（信息交互）。

（6）采用工作流技术作为知识管理的底层支持，自定义企业管理模式。本系统通过编辑制定健全的工作规范与工作流程，建立项目建设各方及企业内部畅通的运作轨道和约束机制，继而对工作进度、工作质量以及工作目标进行各种评测与监控。将企业管理与项目业务管理完全一体化，支持企业的机构职能、体系规范、工作流、工作目标与绩效考核等管理。

（7）强大的在线知识管理系统可以维护、积累企业内部的各种信息，及时为相关人员提供知识积累。

（8）基于组件化设计思想，模块的组合使系统适用于业主、监理、总包、承包商等不同的单位，同时支持这些单位间的协同管理。

（9）独立设计的工作平台，使系统更加人性化，工作平台审批流、预警信息、邮件信息、日常办公等集成在一起，使使用者随时掌握个人信息和工程信息。

（10）采用 B/S 架构和 C/S 架构相结合，同时可通过 Windows 2003 终端方式支持远程项目管理。

思考题

1. 什么是项目信息？项目信息的表现形式主要有哪些？
2. 按照不同的"信息流"流向，项目信息可分为哪几种？
3. 什么是项目信息管理？项目信息管理的主要内容有哪些？
4. 项目管理信息系统的主要特点是什么？
5. 你所熟悉的项目管理软件有哪些？试比较这些软件的异同。

案例

第13章

项目管理案例

13.1 大型客机项目进度风险管理

大型客机项目作为一项高科技重大科研项目,具有工程性强、技术新、中间环节多、系统操作复杂、参与人员众多、研制和生产周期长、耗费资金巨大、包含未知因素多以及影响面广等特点。在大型客机项目研制的整个过程中,如果不对其中的不确定性加以有效的管理,一旦某一环节出现问题,就有可能轻则降低大型客机的性能,延长研制和生产周期,增加整个项目的投资,重则引起机毁人亡,造成巨大的经济损失,所以开展大型客机项目风险管理具有重大意义。

大型客机项目的风险来源、风险的形成过程、风险潜在的破坏机制、风险的影响范围以及风险的破坏力错综复杂,单一的管理技术或单一的工程、技术、财务、组织、教育和程序措施都有一定的局限性,必须综合运用多种方法、手段和措施,坚持不懈地跟踪整个项目生命周期的进展情况,逐步形成项目风险管理的闭环系统,对大型客机项目各个阶段、各个环节进行风险预测、风险识别、风险分析、风险评估及风险处理,确保大型客机项目的风险降到最低。因此,项目风险管理是大型客机项目管理中的重要环节,科学的风险管理可有效提高项目管理水平,为大型客机项目的顺利完成提供重要保证。

限于篇幅原因,本书仅以大型客机项目进度风险为例介绍大型客机项目风险管理的过程。

13.1.1 大型客机项目进度风险管理特点

综合大型客机项目在研制模式、技术难度、管理模式和国家的战略意义等方面的特点,大型客机项目进度风险管理具有以下特点。

(1)进度风险影响面大。进度风险是项目风险的主要风险,大型客机项目进度风险也是大型客机项目的主要风险。进度风险对大型客机项目影响面大，一旦进度风险事件发生，轻则影响项目的正常进展和项目费用，重则影响国家战略目标的实现。

（2）进度风险源多。大型客机项目具有技术新、中间环节多、研制和生产周期长、耗费资金巨大、包含未知因素多以及影响面广等特点，这些特点决定了影响大型客机项目进度的风险因素多、涉及面广，包括工程、技术、财务、组织、管理等方方面面。

（3）进度风险元素相互交叉影响。影响大型客机项目进度的风险因素众多，这些因素间相互影响、相互交叉。例如，费用问题影响研发进展，反过来技术研发又需要大量的资金投入。进度风险因素交织在一起，开展进度风险管理需要将这些交叉在一起的风险因素剥离开来，以免影响风险管理的效果。

（4）主制造商-供应商模式进一步加大了进度风险管理的难度。"主制造商-供应商"的模式对于 A 公司大型客机项目管理层而言是一个全新的管理模式，A 公司项目管理部缺乏相关管理经验。据研究表明，供应商风险是造成波音 787 项目和空客 A380 项目风险的主要因素。国内外供应商的技术力量、供货方式、时间和质量都将直接影响项目进度，同时对于国内外供应商的管理也是对大型客机项目进度风险管理的极大挑战。

（5）由技术跨度引发的风险有可能成为项目进度的主要风险源。技术跨度大技术风险是大型客机项目的主要风险，也是项目进度的主要风险。由于我国民机技术储备不足、基础差，在超音速巡航技术、喷管矢量技术、高推重比技术等方面都有一定差距，综合设计能力也低，设计实践经验欠缺，设计规范落后，要实现大飞机研制计划需要跨越很多技术障碍和克服很多困难。在大型客机项目上的这些技术跨度也加大了进度风险管理的难度。

13.1.2 大型客机项目进度风险管理流程

1. A 公司项目管理部进度风险管理流程

A 公司项目管理部负责项目总体进度风险管理和进度控制，负责进度风险管理程序、方法、措施等的制定，监督和指导各中心进度风险管理工作。

2. A 公司各中心进度风险管理流程

各中心根据 A 公司项目管理部关于大型客机项目进度风险管理的规定，完成本单位进度风险管理规划，实施进度风险管理。其具体操作步骤见图 13.1。

（1）关键路径分析。各中心在每年年初根据本年度的研制计划开展进度计划分析，采用关键路径法确定年度计划的关键路径，明确关键路径上的关键活动；而 PERT 能有效地确定项目的关键路径，找出影响进度的关键活动，为进度风险管理的进行做好了基础。确定项目的关键路径具有如下优点：①关键路径上的活动持续时间决定了项目的工期，关键路径上所有活动的持续时间总和就是项目的工期。②关键路径上的任何一个活动都是关键活动，其中任何一个活动的延迟都会导致整个项目完工时间的延迟。③关键

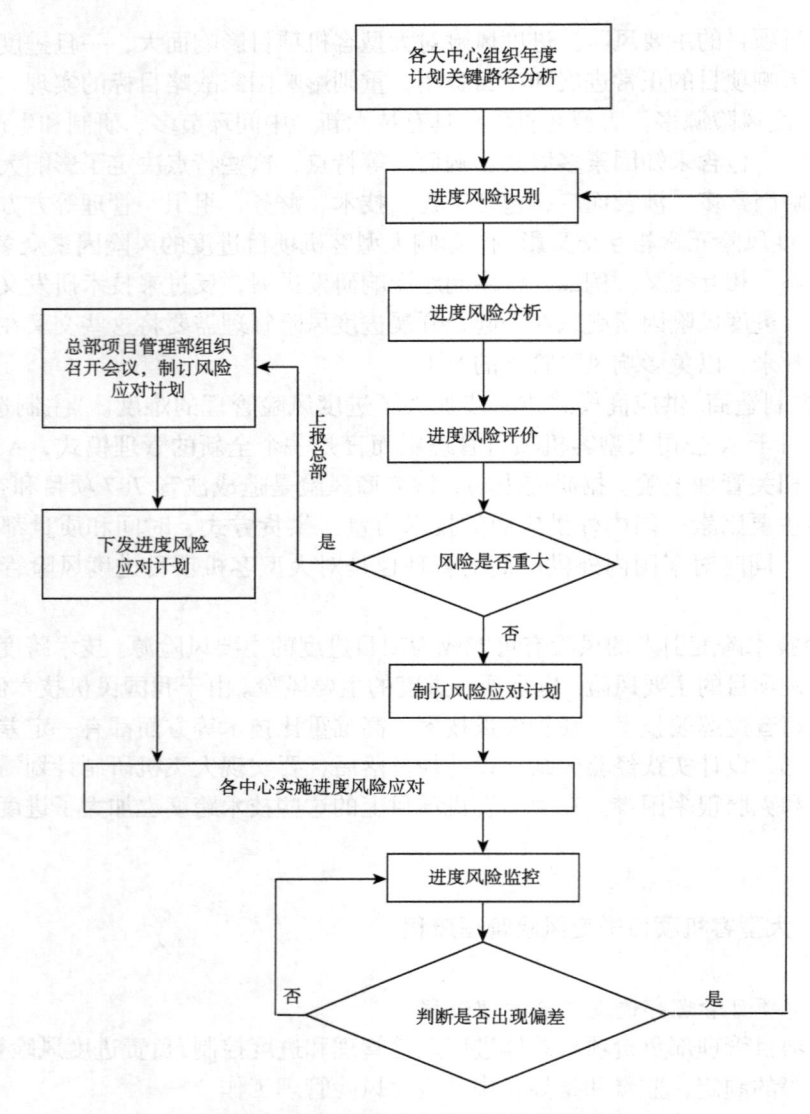

图 13.1　A 公司各中心进度风险管理流程

路径上的耗时是可以完工的最短时间量,若缩短关键路径的总耗时,会缩短项目工期;反之,则会延长整个项目的总工期。但是如果缩短非关键路径上的各个活动所需要的时间,也不至于影响工程的完工时间。④关键路径上的活动是总时差最小的活动,改变其中某个活动的耗时,可能使关键路径发生变化。⑤可以存在多条关键路径,它们各自的时间总量肯定相等,即可完工的总工期。由于关键路径法的简单和可操作性,其用于大型客机项目进度风险管理是可行的。

（2）进度风险识别。对每一项关键活动自行或邀请专家从技术、供应商、组织、保障、费用、不可抗力六个方面分析它们对该关键活动的影响。

（3）进度风险分析。分析技术风险、供应商风险、组织风险、保障风险、费用风险和不可抗力等发生的可能性和带来的影响。

（4）进度风险评价。建立三维风险分析模型，根据每一风险发生的可能性、可能的影响和可检测性，确定各个风险的等级。

（5）进度风险应对。针对不可接受的进度风险制订风险应对方案，提出资源需求，执行风险应对计划。

（6）进度风险监控。实时跟踪项目进度计划的实施情况，若出现实际进度与计划偏差过大则做相应的计划调整或其他措施。

13.1.3 大型客机项目进度风险识别

1. 大型客机项目进度风险识别的流程

大型客机项目进度风险识别的流程如图 13.2 所示。

图 13.2 大型客机项目进度风险识别流程

大型客机项目进度风险识别从可行性论证、预发展、工程发展三个阶段和技术风险、供应商风险、组织风险、保障风险、费用风险、不可抗力六个方面开展。

1）风险资料收集

通过历史资料收集、现场调研和相关人员座谈等方式收集国内外民用航空企业风险管理资料以及本单位相关项目风险管理资料。风险管理资料包括进度风险事件记录资料、分析资料，以及进度风险管理的成功经验资料。

（1）历史资料收集：收集 A 公司和国内其他同类航空企业以及国外波音、空客等欧美航空企业项目研发过程中已发生的事件和事故信息。

（2）现场调研：依据网络计划对各阶段各主要作业活动进行访谈分析，找出可能存在的进度风险因素，以及到同类航空企业调研访谈。

（3）相关人员座谈：召集各相关安全管理人员、专业人员、管理人员、操作人员，讨论分析各作业活动存在的可能导致进度延误的风险因素，对调研和资料分析得出的结果进行补充和确认。

2）关键工作识别

分析年度计划，确定关键路径，根据分析结果和专家意见明确进度计划中的关键工作。

3）初步风险识别

进度风险分析人员汇总分析收集的资料，目前宜采用检查表法等方法识别影响关键工作进度的潜在风险源。初步风险识别时，需要针对每一项关键工作，从技术、费用、组织、供应商、保障和不可抗力六个一级风险因素来考虑。关键工作的性质不同，受到的影响也不尽相同，有的关键工作可能只受到六个风险因素中的一个或两个或者几个因素的影响，有的则可能要受到六个方面的影响，所以在初步风险识别时一定要实际情况实际对待，从六个影响方面排除不受影响的因素，形成初步风险识别结果。

4）识别结果形成

由专家组对初步分析结果进行评审，最终形成统一审核意见，根据专家意见确定风险识别结果，形成风险识别清单。

2. 大型客机项目进度风险识别方法

大型客机项目进度风险识别时结合历史经验和实际调研的成果，采用检查表法等方法得到初步风险识别的结果，通过 A 公司年度项目工作会和月度项目工作会以及各中心的年度项目工作会和月度项目工作会讨论确定。

检查表法比较适合于总装制造中心硬件风险的识别，主要对各类试验、总装、试飞等关键活动所需的仪器设备等硬件进行风险识别，当然也适用于其他方面风险的识别。此外，还有 Delphi 法和故障树法等分析方法。

3. 大型客机项目进度风险因素分析

影响大型客机项目进度的风险因素可以分层来识别。一级风险因素包括技术风险、供应商风险、组织风险、保障风险、费用风险和不可抗力。可以在一级风险因素的基础上继续分出二级、三级、四级等风险因素，直至找出风险根源。以下是一级风险因素识别情况。

1）技术风险

技术风险是从原有设计水平向较高性能设计水平演进过程中技术性能水平达不到预期的要求所带来的风险。大型客机项目是一个技术复杂、不确定性因素多、周期长的大型项目，在研发过程中可能会因技术因素导致产品性能水平不能满足研发要求、研发周期延长或研发成本增加，甚至研发失败。航空材料、发动机、机载设备是大型客机项目的三大关键性技术。技术风险是大型客机项目的最大风险，也是大型客机项目进度的最大风险源，其主要体现在民机技术储备少、复合材料的研制、发动机的研制、制造力量薄弱、人才的问题、适航取证等几个大的方面。

2）供应商风险

大型客机采用"主制造商–供应商"模式，大型客机的机体、动力装置、系统设备、材料及标准件等都需要招标采购。供应商供货的时间是否按时、质量和性能指标是否达到大型客机要求等将直接关系到大型客机项目进度。所以，供应商风险是大型客机项目进度风险的重要风险源。

（1）供应期拖延。关于供应期拖延的原因：一是来自供应商方面，主要体现在供应商技术达不到产品要求、供应商研制资金短缺、供应商管理存在问题以及其他的供应商影响产品供应问题。二是来自 A 公司，主要体现在 A 公司给予供应商的研制时间过短、A 公司合同款未按时间节点结算以及其他问题。

（2）供应商研制能力不足。在选择供应商时，对于供应商的研制能力、技术水平、资金水平和信誉等考察不够，而导致的供应商提供的产品不满足大型客机性能要求，造成大型客机项目进度拖延。

（3）合同风险。A公司在与国外航空制造公司的合作和沟通上缺乏经验，在国际合作合同订立上经验不足，可能会造成合同条款不明或者存在漏洞，从而造成大型客机项目进度的延迟。

（4）沟通风险。A公司与国内外供应商沟通不到位也可能造成大型客机项目进度的延迟。

（5）运输风险。各供应商位于我国各个省区，距A公司制造中心有千里之遥，而国外供应商距离更远，供应商提交上海的产品的运输受到气候、交通情况的制约和其他一些突发事件的影响，可能会造成不能按进度要求的时间到达，以致延误进度。

3）组织风险

组织风险包括组织结构风险、管理制度风险、组织文化风险、人力资源风险（表13.1）。

表13.1 大型客机项目组织风险源

风险源	风险事件
组织结构风险	决策低效 各中心间或总部职能部门间或各中心与总部间协作不利 流程效率低下 权责不明 岗位配置的风险
管理制度风险	总部与各中心间及各中心之间制度协调统一风险 制度不完善风险 制度监督风险 制度的变化风险 制度操作风险 制度人性化风险
组织文化风险	沟通不力风险 协作不利风险
人力资源风险	责任心风险 素质能力风险 工作态度风险 人才流失风险 关键岗位人员调动风险

4）保障风险

大型客机项目研发服务系统务必做好保障工作，保障不充足、研制保障条件建设跟不上项目发展需求也将影响项目进度（表13.2）。例如，原先适合小型飞机试验和总装的厂房和设备已经不适用于大型客机，所以适合大型客机总装和各类试验的相关设备的购置以及相关的配套设施的购置进度也影响到大型客机项目的进度。

表 13.2 大型客机项目保障风险源

风险源	风险事件
设备购置风险	设备选择风险 设备质量风险 设备供货时间延误风险
设备安装风险	设备安装质量风险 设备安装监督风险
厂房建设风险	建设材料质量风险 建设设计风险 建筑材料供应风险 建设施工方选择风险 商飞监理风险
停机坪、试飞跑道等建设风险	建设材料质量风险 建设设计风险 建设材料供应风险 建设施工方选择风险 商飞监理风险
其他风险	其他保障条件建设风险

5）费用风险

费用风险主要考虑的是费用在使用过程中的风险，即考虑如何将预算经费有效地利用，发挥有效作用，解决关键费用问题，避免因经费问题延误项目进度（表 13.3）。

表 13.3 大型客机项目研制费用风险源

风险源	风险事件
环境与形势风险	自主性差，依赖性强 类似项目、相关项目出现的问题波及本项目 某些关键子系统、部件、材料来源单一，不具竞争性 不可抗力 国家、政府政治变动 当事人、相关方倒闭或破产 物价调整等
管理风险	项目管理规范性不强，项目管理制度、流程、作业文件合理性即可执行性不强 管理机制、体制不适应，管理机构不合理，组织机构不适宜 决策、判断失误，或者没有决策判断能力 失职、失误，疏忽 项目范围、目标、可交付成果没有清楚定义，未被明确理解 项目管理目标和组织管理目标不协调、不相容，项目目标体系、评价体系、分配体系不健全， 项目管理理念、方法、技术、工具、手段不先进，不适应，项目管理的组织文化不适宜，项目管理环境不匹配 项目计划分解不尽合理、计划不切实际、不充分（项目工作分解结构、资源分解结构不细致），不落实 费用概算、分解、预算、分配不合理，费用过程控制不到位以及费用拨付强度和任务不匹配 采购、外协控制不严，招标工作不细致，外协单位调查不足、外协单位选择不当 缺少风险管理规划、分析与决策

续表

风险源	风险事件
管理风险	合同管理不妥当，缺乏并行工程理念和集成管理思想 全寿命周期管理不到位 客户关系管理不畅，缺少项目沟通管理 项目资源配置不合理 项目管理中没有实现任务、组织、人员统一，时间、费用、质量统一，责任、权利、利益统一，能力、贡献、权益统一 项目组织临时性、不具有稳定性，易产生短期行为，忽视长期规划 项目要完成的是以前未曾做过的工作，具有独创性，项目人员对此认识、把握不够 没能在性能、时间、费用等因素之间做好权衡等
汇率风险	汇率的变化造成总研制经费的相对减少 合同条款支付的延后造成研制经费的损失 在项目实施的日常运作过程中汇率波动导致的汇率风险 将不同币种计价的企业资产、负债、收入与费用按本币折算时，因折算时的适用汇率与当初入账时的汇率不一致，而产生的会计账面损失风险 以外币计价进行的交易或持有的货币性资产负债，因为交易日至结算日之间未预期的汇率变动而引起的损失或利得 由于未预期到的汇率变动对项目的一种或几种飞机的采购设备或原材料价格等的影响而带来的经济风险

6）不可抗力

我国是自然灾害多发国家，尤其是近年来特重大自然灾害频发，地震、台风、洪涝、泥石流以及其他极端天气等自然灾害也可能影响到大型客机项目的开展。

4. 大型客机项目可行性论证阶段进度风险识别

以大型客机项目可行性论证阶段为例说明大型客机项目面临的主要进度风险，如表13.4所示。

表13.4 大型客机项目可行性论证阶段进度风险分解结构

项目	一级风险因素	风险条目	条目说明
可行性论证阶段进度风险 R02	技术风险 R0201	设计是否符合预期目标要求？	关键技术项目准备是否充分？总体设计要求是否明确？数据分析是否准确？是否存在分析错误？
		适航取证工作方案制订是否符合要求？	对适航取证工作要点分析是否存在不足？相关管理人员是否缺乏适航取证工作经验？
		总体技术方案编制是否符合要求？	总体技术方案中个别问题考虑是否全面？
		关键工艺是否能攻关？	工艺方案是否完善？是否缺乏工艺技术验证？对关键工艺的认识是否存在不足的可能？
	费用风险 R0202	研制经费概算是否准确？	研制经费概算是否存在漏项？在预算过程中是否考虑汇率和物价变化等给概预算带来的不良影响？
		经费估算是否准确？	研制经费概算的不准确是否会给

续表

项目	一级风险因素	风险条目	条目说明
可行性论证阶段进度风险 R02	费用风险 R0202	经费估算是否准确？	估算带来影响？在估算过程中是否考虑汇率和物价变化等可变因素给估算带来的不良影响？
	费用风险 R0203	项目研制计划编制是否符合要求？	项目研制计划的编写关系到整个项目的进度，计划编制不完善将严重影响整个项目的进度
		管理体系建设是否完善？	项目管理模式选择是否符合组织目标的实现？质量管理体系、人力资源管理体系、客户服务体系建设是否符合原先计划要求，是否能达到大型客机项目"主制造商–供应商"管理模式需要？

13.1.4 大型客机项目进度风险评估

由于我国缺乏民航项目进度管理的数据库和案例库，大型客机项目进度风险分析时风险因素可能发生的概率和可能造成的进度延误日期由专家结合有限的历史数据给出。若无历史数据，则风险因素可能发生的概率和可能造成的进度延误日期由专家判断给出。大型客机项目进度风险分析采用三维风险评价模型，其评价分析框架如图 13.3 所示。

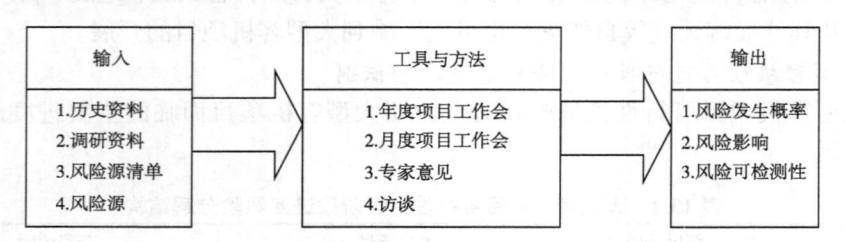

输入	工具与方法	输出
1.历史资料 2.调研资料 3.风险源清单 4.风险源	1.年度项目工作会 2.月度项目工作会 3.专家意见 4.访谈	1.风险发生概率 2.风险影响 3.风险可检测性

图 13.3 大型客机项目风险分析框架

1）风险发生概率分析

风险发生概率分析主要是依据航空研发项目历史资料进行分析，根据历史上影响项目进度的风险因素的发生频率来预测在大型客机项目中进度风险因素的发生概率。若无历史资料可依据，则根据专家判断来确定。风险因素发生概率范围如表 13.5 所示。

表 13.5 大型客机项目进度风险概率判断标准

概率等级	发生的可能性	表示
很高	81%~100%，很有可能发生	5
较高	61%~80%，发生可能性较大	4
中等	41%~60%，在项目中预期发生	3
较低	21%~40%，不可能发生	2
很低	0~20%，非常不可能发生	1

2）风险影响分析

风险影响分析同风险发生概率分析一样，也主要是依据航空研发项目历史资料进行分析，根据历史上影响项目进度的风险因素的影响来预测在大型客机项目中进度风险因素的影响。若无历史资料可依据，则根据专家判断来确定。

风险因素对进度的影响如表13.6所示。

表 13.6 大型客机项目进度风险影响判断标准

风险影响	定义或说明	表示
严重影响	一旦风险事件发生，项目完成周期延长，可能无法满足项目需求，进度滞后超过原计划的30%	5
较大影响	一旦风险事件发生，周期延长较大，进度滞后原计划的21%~30%	4
中等影响	一旦风险事件发生，周期一般性延长，进度滞后原计划的11%~20%	3
较小影响	一旦风险事件发生，周期延长不大，进度滞后原计划的5%~10%	2
可忽略影响	一旦风险事件发生，对项目进度基本没有影响，进度滞后原计划的5%以内	1

3）风险可检测性分析

风险可检测性主要是分析风险发生的时间段（范围）、发生的主要形式和主要的触发机，可以依据航空研发项目历史资料统计分析在大型客机项目中进度风险因素的可检测度。若无历史资料可依据，则根据专家判断来确定。可检测性等级划分标准如表13.7所示。

表 13.7 大型客机项目进度风险可检测性等级说明

可检测性	定义或说明	表示
可检测性高	能够清晰地判断风险事件发生的时间范围和形式等	1
可检测性较高	可以判断风险事件发生的时间范围和形式等	2
可检测性中等	基本可以判断风险事件发生的时间范围和形式等	3
可检测性较小	判断出风险事件发生的时间范围和形式的可能性较小	4
可检测性低，几乎不能检测	几乎无法判断风险事件发生的时间范围和形式等	5

4）大型客机项目进度风险评价方法

大型客机项目进度风险评价采用三维风险评价法，其输入输出的框架如图13.4所示。

输入：1.风险发生概率 2.风险影响 → 工具与方法：三维风险评价法 → 输出：风险等级

图 13.4 大型客机项目风险评价框架

三维风险评价法在A公司大型客机项目进度风险评估中可以分为以下四个步骤。

(1) 根据各项风险对项目进度的影响程度，将风险对项目的影响程度分为五个等级，并对各个等级进行解释性说明（表13.6）。

(2) 将风险发生的概率划为五个等级，并对这五个等级进行解释性说明（表13.5）。

(3) 风险的可检测性也分为五个等级，分别从风险发生的时间范围、发生形式等几个方面分析风险的可检测性。

(4) 风险等级的划分将来可以在概率等级、影响等级和可检测性等级划分更为精细的基础上进行更为细致的分类。例如，可以分为五个等级，建议A公司各大中心大型客机项目办公室根据实际需要选择等级划分的尺度。

在大型客机项目进度风险管理模式上是采用三级管理模式，A公司大型客机项目行政指挥系统为大型客机项目进度风险管理的第一级，由总经理负责重大风险决策，进度风险的日常管理归属于项目管理部；各中心行政指挥系统为第二级，负责中级风险决策，其日常管理由各中心大型客机项目管理部负责；各中心项目执行层为第三级，负责各自业务范围内中级以下风险的决策。

由此在进行项目进度风险评价分级时，将风险等级分为三个等级（表13.8），由A公司大型客机项目行政指挥系统负责高等级风险的决策，由各中心行政指挥系统负责中等及以下风险的决策。

表13.8 风险等级评定表

风险大小	风险等级
$45 \leqslant R \leqslant 125$	高
$15 \leqslant R < 45$	中等
$1 \leqslant R < 15$	低

13.1.5 大型客机项目进度风险应对

以供应商风险管理为例说明大型客机项目风险应对措施和方法。大型客机项目供应商各类风险的来源不同，不可能采取某一固定的方法来处置项目的供应商风险，项目管理者应针对各类风险的不同特点和来源采取不同的风险控制方式（表13.9），以达到最为有效、经济地控制大型客机项目供应商风险的目的。

表13.9 大型客机项目供应商各类风险的起源、特点及处置措施

风险种类	风险来源	风险的主要特点	风险处置措施
技术风险	设计方案不成熟；工艺达不到设计要求；设备落后；技术效果寿命、配套技术不确定；科技成果技术转化过程中的知识产权问题	广泛存在；造成的损失分散；具有较强的非线性	风险的控制、风险自留及转移。具体措施主要是可靠性保证、加强预先研究等

续表

风险种类	风险来源	风险的主要特点	风险处置措施
管理风险	组织结构不合理，供应商企业管理层管理经验不足；对次级供应商的管理不合理；供应商对项目的研制经费、进度、技术方案等计划不合理；各供应商系统在研制和生产中协调不力	广泛存在，造成的损失通过其他风险的形式表现出来；可以通过采取措施大幅度地减少	风险控制、风险自留及风险转移。具体措施有：促使供应商建立合理的制度，加强预先研究；建立更好的合理的组织形式，制定更为严格的规章制度并加强管控
人力风险	供应商研制人员责任心不强，人员的能力不够；研制队伍人员流动频繁，关键岗位人才流失	与管理风险密切相关；可以通过采取措施充分地降低；难以完全避免，造成的损失分散，难以估量	风险控制、风险自留、风险转移。具体表现为：加强人员的培训选拔工作；建立更为合理有效的竞争激励机制，加强宣传教育工作，提高科研人员的待遇
供应风险	供应商无法按期购买到设计要求的原材料进行生产或是原材料的质量不能满足需求或达不到环保要求；供应商给顾客发运产品过程中发生的货物灭损、发货延迟、错发错运	造成损失较大；难以采取有效的措施进行控制，难以完全规避	风险转移、风险自留。具体为：建立相应的应急措施，加强对供应商产品的质量检查

13.1.6　大型客机项目进度风险监控

大型客机项目进度风险监控的较为适宜方式是采用进度风险报告形式，应在进度风险管理过程中实行严格的进度风险报告制度，包括报告周期、报告形式和报告内容。

（1）报告周期。报告分为两级，一级是风险管理人员向 A 公司各中心项目管理部报告，报告周期为一周，在每周一报告上周风险应对计划实施情况。另一级是各中心项目管理部向总部项目管理部报告，报告周期是一个月，即在每月 1 号报告上月风险应对计划实施情况。对于特别重大的且未及时解决的进度风险问题，项目管理部部长在第一时间向大型客机项目的总指挥报告。

（2）报告形式。报告采用会议形式，所有报告内容需要以书面形式体现，突发重大事件除外。

（3）报告内容。报告内容包括项目进度基本情况、项目进度风险应对计划情况、已解决和未解决问题列表、解决问题所需资源以及进度管理经验收获等。针对不可接受的风险制定相应的措施，以使其控制在可接受的范围内。

13.1.7　大型客机项目进度风险信息管理和风险沟通

信息管理是风险管理的重要内容。历史上的进度风险信息是开展大型客机项目进度风险管理的基础，在项目进行过程中的进度风险信息是大型客机项目进度风险管理的关键。因此，做好进度风险信息管理是极为重要的。

（1）风险信息收集。风险信息收集包括：①历史上航空项目进度控制和风险管理的资料；②大型客机项目进度管理资料；③大型客机项目潜在的进度风险资料。

（2）进度风险信息处理。进度风险信息处理是指对收集到的与大型客机项目相关的进度风险资料进行数据分析，其中主要是统计分析，分析的结果被用于进度风险管理中。

（3）进度风险信息归档。进度风险管理要遵循"善后规章"的原则，即在完成进度风险管理的全过程后，要将进度风险管理过程中的经验教训和收获等进行归纳总结，升华为对项目进度管理有用的规章制度，避免在以后的项目进度管理中再出现类似的问题，以更好地指导项目进度管理，同时避免项目进度管理人员走弯路。风险信息资料是宝贵的信息财富，是以后开展航空项目进度管理的重要依据和基础，所以要做好信息的归档和备案（表13.10~表13.14）。

表 13.10　进度风险识别清单表

表格编号		单位		日期	
				第　页　共　页	
编号	风险源	风险类别	发生阶段	风险诱因	

编制：_____　审核：_____　批准：_____

表 13.11　进度风险评价表

表格编号		单位		日期	
				第　页　共　页	
风险源编号	风险源	发生概率	影响后果	风险等级	备注

编制：_____　审核：_____　批准：_____

表 13.12　进度风险应对计划表

表格编号		单位		日期	
				第　页　共　页	
风险因素编号	风险因素名称	风险等级	应对措施	风险应对负责人	备注

编制：_____　审核：_____　批准：_____

表 13.13　进度风险监测表

表格编号		单位		日期	
				第　页　共　页	
风险源编号	风险源	风险应对负责人	应对措施执行情况	风险变化情况	

编制：_____　审核：_____　批准：_____

表 13.14　进度监测表

表格编号		单位		日期		
				第　页　共　页		
活动名称	负责人	应完成时间	实际完成时间	进度偏差	偏差原因	应对措施

编制：_____　审核：_____　批准：_____

（4）风险沟通。风险沟通是风险管理中不可或缺的重要手段，因为在项目风险管理中项目组织内各部门协同合作是项目风险管理活动开展的关键，进度风险受到质量、供应商、技术、费用、组织、市场和外界环境的共同影响，通过风险沟通我们可以获得其他部门的实时的风险信息，为进度风险管理提供重要的可用信息资料。

13.2　ZY-X 卫星研制项目管理案例

13.2.1　项目概述

随着我国经济的高速发展和现代化进程的加快，一大批事关国计民生和国家声誉的为世人所瞩目的国家级重大科技工程纷纷立项上马或将要上马。显而易见，这类项目本身意义重大，投资巨大，内涵深刻，环境复杂，影响深远。早在 20 世纪 60 年代，我国研制第一代战略武器系统时，就开始形成适合中国国情的大型工程管理理论和方法。在新的体制下，重大科技工程项目更需要用现代化的管理方法和手段来配套和保障。管理设备、方法、手段的落后，极大地制约了先进技术的发展和优势，是高科技工程项目的瓶颈环节，严重阻碍了高科技工程项目的社会效益和经济效益。因此，迅速提高重大科技工程项目管理的方法和手段，改善管理软硬件，使项目管理的方法、手段和技术同步发展，应是当务之急。这些项目在管理上呼唤着新的理论和方法的出现，以提高项目的综合效益。特别是进入20世纪90年代中期，计算机技术的空前发展和普及，为重大科技工程项目管理迈上新台阶提供了新的契机。

1988年，中国和巴西两国代表正式签订了《中华人民共和国政府和巴西联邦共和国政府关于核准研制地球资源卫星的议定书》，从此双方正式开始了卫星的联合研制。资源X号（ZY-X）卫星任务是要利用先进的空间遥感技术为调查、开发、利用和管理国内资源服务。它将在农、林、牧、水利、地质矿藏、海洋、测绘、环境、气象等部门得到广泛应用。它可以促进中国空间遥感和空间技术的发展和应用；加强中国与世界各国在空间遥感和空间技术方面的交流和合作。同时，还将扩大中国与世界各国在卫星的测控和应用方面的合作。这是中国在高技术领域的第一次国际合作，引起了世界各国的普遍关注。然而由于种种原因，项目的进度一推再推，给项目管理者带来很多困难和新的课题。在软件方面，中国空间技术研究院也投资购买了微软公司的项目管理软件（MS Project for Windows），尽管该软件是商业通用型软件，功能非常强大，但由于传统和习惯的差异，使用起来还是有诸多不便：所有菜单均没有汉化，增加了使用难度；没有辅助决策功能；没有信息网络功能。

借助当今计算机最新的成熟技术，结合ZY-X卫星研制项目（简称一号项目），对项目的进度、质量、成本采用C^3I（command，control，communication and information，即指挥自动化技术系统）控制的方法，中国空间技术研究院的技术人员设计开发了"卫星研制项目三维控制计算机网络系统"（Three-Dimensional Control Computer Network System，SPCNS 1.0）。

在SPCNS 1.0系统的开发过程中，必须从技术和需求两个方面去综合考虑，如网络结构、操作系统、数据库及开发语言等都有很大的选择性，一定要处理好先进性与成熟性之间的关系，恰当地进行系统集成，使系统采用现时比较先进同时运行很成熟稳定的软硬件技术。

使用SPCNS 1.0的项目组织，可以准确及时地了解项目各阶段各部件以及各任务的各种管理信息，还可以进行各种必要的日常逻辑推理和运算。系统的最大优点是可以辅助项目负责人进行综合决策，这也是该系统区别于其他项目管理软件的重要之处。因此，这套系统不仅对该项目管理具有经济和社会意义，而且对于其他高科技项目控制也具有重要的参考价值。

由于保密等原因，本章给出的名称数据和结构全是虚拟的。

13.2.2 系统的功能

1. 功能模块

系统主要包括以下几个功能模块，功能结构见图13.5。

（1）文本处理功能：包括数据库管理，相当于微软软件的File菜单功能。

（2）项目质量控制功能：可以进行总项目分系统、子系统和部件研制的质量跟踪监督、检查、可靠性分配计算和决策控制等功能。

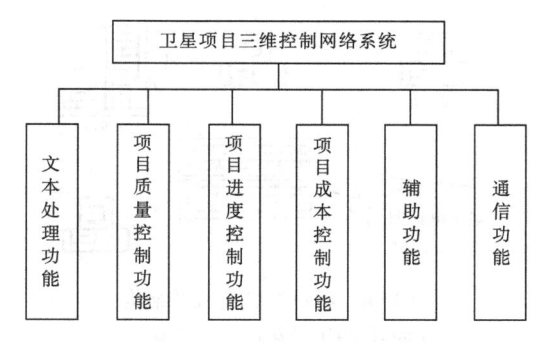

```
        卫星项目三维控制网络系统
    ┌────┬────┬────┬────┬────┬────┐
   文本  项目  项目  项目  辅助  通信
   处理  质量  进度  成本  功能  功能
   功能  控制  控制  控制
         功能  功能  功能
```

图 13.5　系统的功能模块

（3）项目进度控制功能：可以进行有关进度跟踪监督、检查和决策控制等功能；可进行进度优化，提供进度报表和查询服务。

（4）项目成本控制功能：可以进行项目成本的跟踪监督、检查和决策控制等功能；提供项目、资源、任务等成本数据查询服务；具有成本风险分析功能；具有成本超支预警功能；等等。

（5）辅助功能：提供常用的计算器、钟表、名片盒等附属功能。

（6）通信功能：实现了项目资源实时共享；异地用户间的文件传输和电子邮件功能；另外还有实时文字对话（chat）和紧急通知（winpopup）功能；具有多用户网络管理功能。

2．系统功能设计的特点

（1）系统具有良好的开放性，容易扩展和移植，网络运行稳定，通信功能灵活而适用。

（2）尤其重要的是系统的安全性要高，数据可靠性要好。

（3）界面良好，操作简便。

（4）软硬件运行稳定，便于维护。

3．系统功能设计的框架结构

（1）信息功能：收集一号项目的信息，主要为进度、质量和成本信息，可以按照不同的权限对信息进行显示、修改、增删和打印。

（2）计算功能：进行一系列计算，提供负责人进行最优决策所需的参数计算，准备供负责人进行评估判断和拟订方案用的数据，进行器材、物资分配的目标指示、控制和编制参考数据等。

（3）逻辑功能：处理各种数据（如识别），评估效果和决策结果，风险和损失评估。

（4）检查功能：检查信息、口令、命令等的传达执行情况，对设备的工作状态进行检测。

（5）通信功能：可以进行各部门的数据调用，并可进行数据保存，同时兼有电子邮件、适时通话以及广播等功能，具有网络系统管理能力。

一个项目控制的局域和广域网结构如图 13.6 和图 13.7 所示。图 13.8 给出了本系统功能模块的内部关系结构。

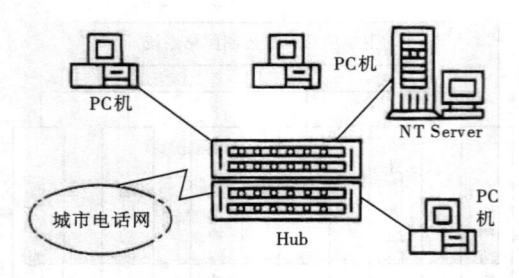

图 13.6 项目控制局域网结构

Hub 即多端口转发器，也称集线器

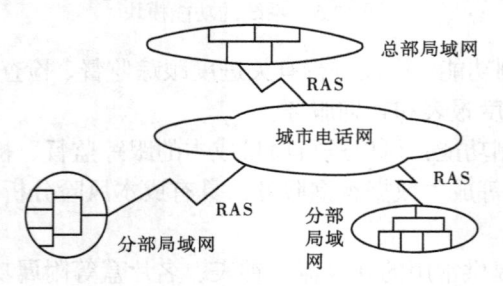

图 13.7 项目控制广域网结构

RAS (remote access service，即远程访问服务)

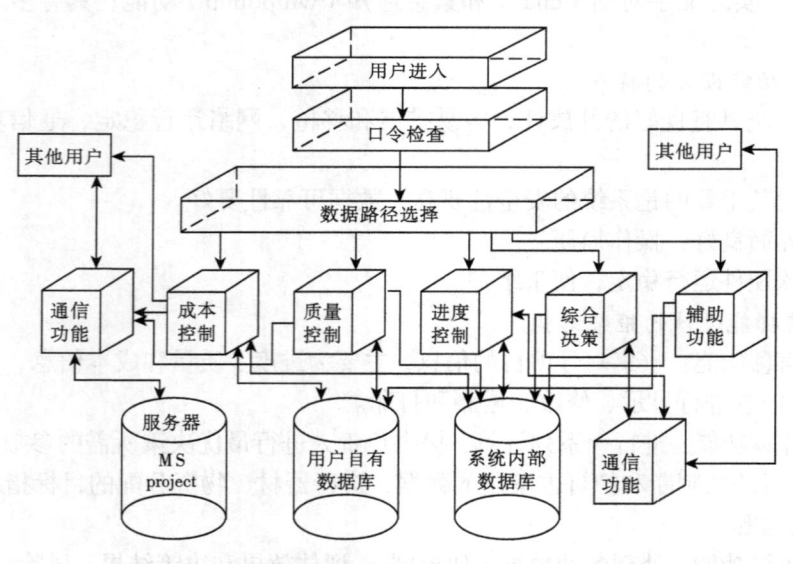

图 13.8 系统功能模块及接口的内部关系图

13.2.3 系统设计

根据一号项目组的现状和需求，在充分调研和论证的基础上，我们确定了以下系统网络方案。

1. 软硬件结构

根据用户的需求，考虑到系统的稳定性、安全性以及数据的安全和一致性要求，系统采用客户机/服务器（client/server）分布式结构。采用这种结构可以使在项目研制本部和各分部的各用户立足于自己的 PC 机进行日常工作，而且在必要时还可以对 Server 的资源进行访问。针对不同的功能，采用不同的处理方法，可以访问不同地点的不同数据库。PC 机功能较强而价格便宜，因而既满足了功能需求，又节省了资金。

采用客户机/服务器结构，主要还考虑以下几点：①建立一个管理信息系统，使管理基础工作上一个新台阶；②为项目负责人决策提供良好服务；③各部门都与进度、质量、成本有关，采用客户机/服务器结构还可使得处理尽可能地向被处理的数据靠拢，减轻网络的负荷，对于网络的带宽要求也就降低了；④出于安全考虑，把集中与分布结合起来；⑤与各部门的 PC 机联系起来，既可以上网进入三维控制系统，也可以单独处理各自的办公业务，增强了现有 PC 机的作用；⑥开放性好，易扩展。

在服务器一端，选用 Window NT Server 作为网络操作系统，是基于如下考虑。

（1）Windows NT Server 支持所有现行的实用程序、通信协议及服务系统，网络互联及互操作性强。

（2）Windows NT Server 支持标准的分布式计算，是客户机/服务器结构下功能强、可靠性高的多任务、多进程的图形化 32 位操作系统。

（3）Windows NT Server 提供的 C2 级安全标准及先进的容错功能保证信息的完整性和有效性，完全满足用户对系统的安全性要求。

（4）Windows NT Server 提供的 RAS 使得工作站—服务器的远程通信容易实现，由 RAS 提供的网络访问是透明的，远程用户可以入网分享文件和打印机，访问数据库等，满足用户对远程通信功能的要求，也使本系统具有较大的扩展性。在客户端，以 MS Windows for Workgroup 为操作系统，用 MS Project 和 Visual Basic for Windows 开发功能模块软件，而数据库根据重要性和使用范围分别放在服务器和客户机上，项目的进度、成本等信息为各部门公共数据，以 MS Project 形式放在服务器上（具有.MPP 和.MDB 两种格式），而 PC 机上则存放本地用户自有的数据库和内部数据库（.MDB 格式）。

我们把客户分为四种：第一种为综合类，需要配置进度、质量和成本控制以及综合决策模块；其他三种分别只需配置进度、质量和成本控制之一即可。进度、质量和成本控制模块具有相对独立性，都可以作为一个独立系统安装，同时也可以集成一个系统。

2. 系统的输入输出设计

考虑到通信等数据交换问题，数据库是由 Microsoft Project 4.0 以 Save to database 命令转换过来的 MS Access 格式的数据库，所以大量的数据初始化工作是在 Microsoft Project 4.0 中完成的，但在本系统中也可以对数据库进行操作。由于系统提供了各种输入数据的专用编辑界面，因此对于大多数输入数据，用户无须考虑其具体格式，只要按照编辑窗口的提示即可进行操作，使用户能够把精力集中在输出结果的分析上，并减少了输入数据时将各种错误带入系统的可能性。同时，根据需要，系统能够与用户的 Access 格式（.MDB）数据库进行数据交换［动态交换 DDI（deepspar disk imager，即数据恢复镜像工具）］。图 13.9 是其输入界面图。

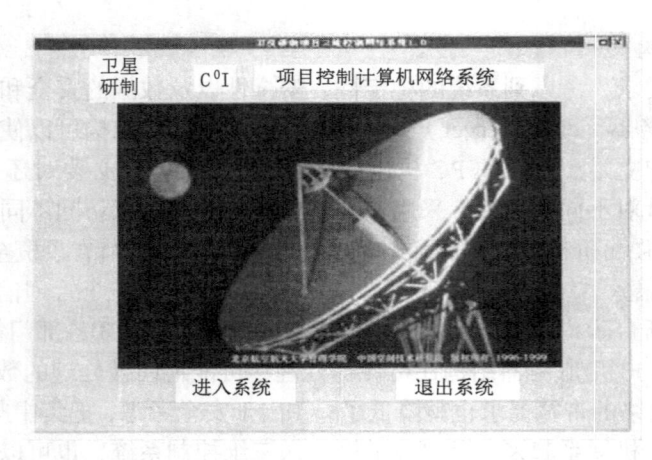

图 13.9　系统封面窗口

3. 系统接口及内部关系

系统采用客户机/服务器分布式结构，卫星研制本部和其分所的各用户不但可以立足于自己的 PC 机进行日常工作，而且在必要时还可以对服务器的资源进行访问。针对不同的功能，使用不同的处理方法，访问不同地点的不同数据库，既满足了功能需求，又提高了系统运行的经济性，而且还具有良好的扩展性。

采用客户机/服务器结构主要考虑以下几点。

（1）管理基础工作上一个新台阶。在卫星研制管理部门建立项目管理信息系统，使卫星研制项目管理的各环节、各部门和机构实现由传统的手工管理过渡到计算机管理，提高信息的及时性、准确性和丰富性，使管理工作跟上时代的步伐。

（2）为领导决策提供良好的服务。具有全局性、周期性的特点，是整个项目管理的重点之一。而项目的各级负责人能及时获得必要的、准确的成本信息，及时做出决策。

（3）各部门都与成本、进度和质量有关，而部门分布地点之间的距离远至几千米，集中式处理的通信量大，成本高。

（4）出于安全性考虑，把集中与分布统一起来。

（5）与各部门的 PC 机联系起来，既可以上网进入各自的成本信息系统（质量管理信息系统或者进度管理信息系统），也可以脱离网络单独处理各自的办公业务，增加了现有 PC 机的作用。

数据库根据重要性和使用范围分别放在服务器和客户机上，项目的成本、进度和质量等信息为各部门公共数据，以 MS Project 4.0 形式放在服务器上（具有.MPP 和.MDB 两种格式），而 PC 机上则存放本地用户自有的数据库和系统内部数据库。

4. 用户界面

系统以 MS Windows for Workgroup 3.11 或以上版本为操作系统，以 Chinese Star for Windows v2.0 为汉字平台，汉字输入、显示标准直观。系统的所有功能在激活时，屏幕下方均有功能和操作提示，再加上帮助功能，非常易于学习和使用。屏幕显示以深蓝色为背景，主菜单为蓝白色，功能窗口以浅灰色为底色，色调柔和，视觉效果良好，具有一定视力保健效果。虽然系统是针对少数专业人员开发的，但为了用户尽可能方便和轻松地学习该系统的使用和操作，系统提供了一些基本的帮助信息。

5. 软硬件环境及配置

（1）硬件。PC Intel（R）i5 3.19GHz 以上处理器；2.00GB 以上内存；至少 1G 硬盘剩余空间；通用型打印机；网络卡，路由器；星形结构型网络；至少一台服务器（NT Server）。

（2）软件。MS Windows for Workgroup 3.11 以上客户机操作系统；MS Project 4.0；MS Windows NT Server 3.5 以上服务器操作系统。开发平台为 Visual Basic 3.0、Microsoft Access 1.0~2.0、Microsoft Project 4.0。

6. 系统特点

由于采用 Windows NT Server 和 Windows for Workgroup 及前端工具 MS Project 和 Visual Basic、MS Access 等，因此系统具有以下突出的特点。

（1）远程通信的扩展性：允许项目总部和本市或外埠的分部之间进行远程数据查询、远程文件交换和远程系统管理。

（2）系统能快、准、精地进行日常业务处理，极大地提高管理现代化水平。

（3）实现了信息流通实时化，项目的各级负责人和管理人员能及时、有效地控制各工作环节。

（4）综合决策模块为项目组织的中层、上层负责人提供了决策支持。

（5）项目管理数据实现了标准化、统一化和完整化。

（6）客户机/服务器结构采用了开放系统和工业标准的策略，增强了系统的可移植性和可扩展性。

（7）将不同性质的应用处理分类进行，不同性质的客户可以配置不同的模块，减轻了网络负担，提高了运行效率。

（8）加强了分散的业务部门之间的信息联系。

（9）窗口图形界面提供给用户友好的对话界面，视觉美观，操作方便。

（10）系统以 MS Project 4.0 为平台，具有 Project V4.0 的所有功能，同时又克服了 MS Project 4.0 中某些不符合中国人习惯的弊端，增加了决策和网络功能，既发挥了通用商业软件的特长，又结合了卫星项目的特点，是一套具有卫星特点的项目管理软件。

7. 系统的安装

系统安装盘被压缩为一张高密的 CD-ROM 光盘，在 Windows 下用 Setup.exe 文件安装在硬盘上。安装时，可以有四种选择。

在安装过程中还可以选择安装目录，并可自动创建目录和工作组，还须设置用户口令等。只要按照提示安装，就可轻松而顺利地完成安装工作。

8. 案例演示

进入系统后屏幕上首先出现如图 13.9 所示的系统封面（这里是指综合控制用户）。单击"进入系统"按钮后显示用户口令输入框，通过口令检查后，系统要求用户选择项目数据的路径和名称，若进入系统的主菜单，这时用户可以根据需要运行不同的功能模块，进入综合决策块中的 FDC 法后的界面，这时决策人员可点按屏幕上方的按钮来查看不同的数据，做出判断并可进行决策。

13.2.4　ZY-X 卫星研制项目与系统项目管理实务

本节以 ZY-X 卫星研制项目的项目管理软件开发子系统的项目管理实施为例，综合介绍项目管理实务全过程。

1) 目标

（1）完成 ZY-X 卫星某子系统项目管理软件开发包的方案认证、设计、制造（发射）和行动（回收）等全寿命过程。

（2）项目的工程为 6 个月。

（3）项目总经费为 35 万元。

2) 项目时间计划甘特图

此项目时间计划甘特图见图 13.10。

图 13.10　项目时间计划甘特图

3) 项目里程碑图

为对项目进行监控，规定三个工程检查点（里程碑）如图 13.11 所示。

图 13.11　项目的里程碑图

4) 工作内容分解

ZY-X 卫星某子项目管理软件开发工作分解结构如图 13.12 所示。

5) PERT 图、关键路径、各时间参数

ZY-X 卫星某子项目管理软件开发网络图如图 13.13 所示。

6) 资源成本分析

假设参与项目的每位工作人员每天工作 8 个小时，将项目经费预算列于表 13.15 中。它给出了项目各任务需要的工时、任务的工期、人力资源的名称、人力资源的费率、完成任务所需要的除人力资源外的其他投入等。

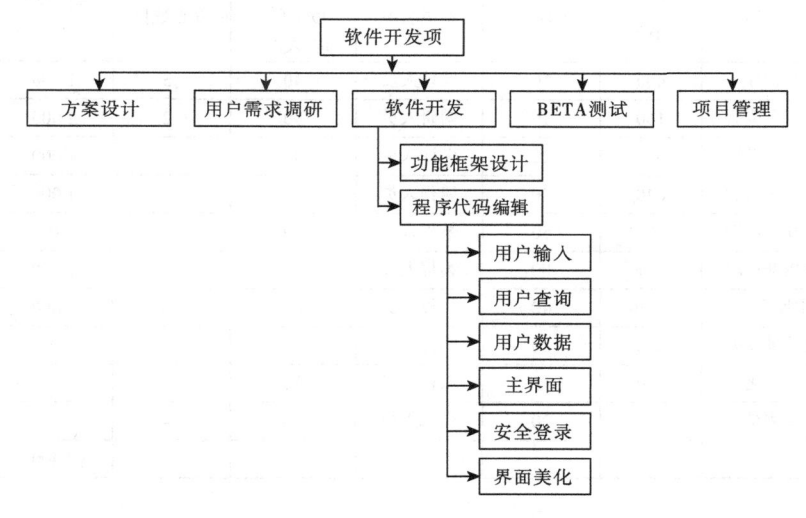

图 13.12 工作内容分解图

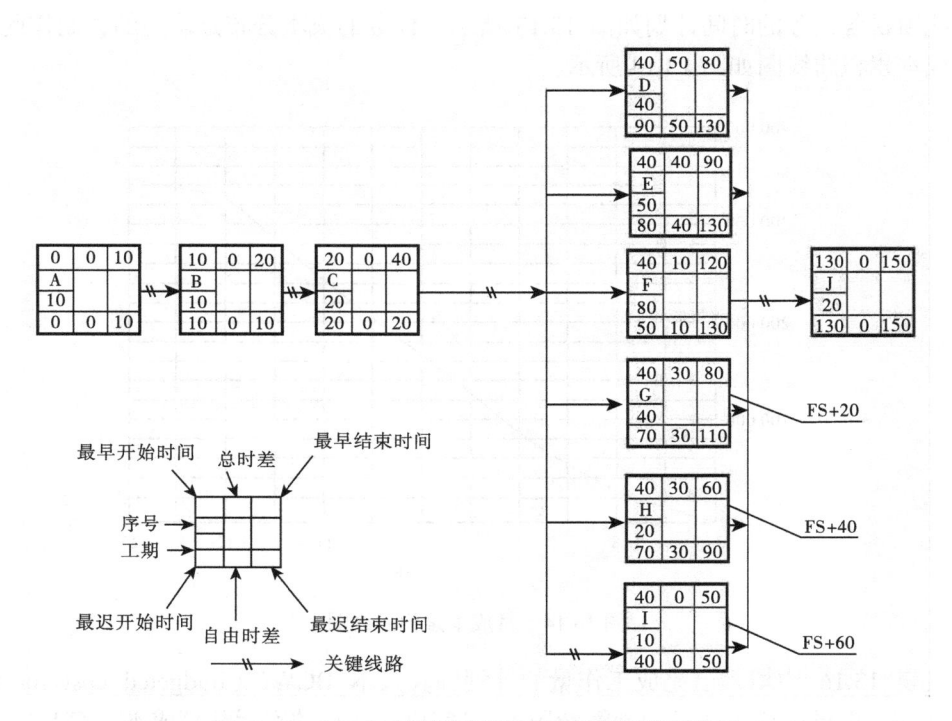

图 13.13 ZY-X 卫星某子项目管理软件开发网络图

表 13.15　项目经费预算表

序号	任务名称	工时/小时	工期/天	资源名称	资源费率/[元/(小时·人)]	资源数目	其他投入/元	成本预算/元
A	方案设计	400	10	设计人员	40	5	1 400	17 400
B	用户需求调研	160	10	调研人员	30	2	2 000	6 800
C	功能框架设计	640	20	设计人员	40	4	1 000	26 600
D	用户输入功能	640	40	编程人员	50	2	1 000	33 000
E	用户查询功能	1 600	50	编程人员	50	4	0	80 000
F	用户数据功能	1 600	80	编程人员	50	2.5	1 000	90 000
G	主界面	1 120	40	编程人员	50	3.5	1 000	57 000
H	安全登录界面	240	20	编程人员	50	1.5	—	12 000
I	界面美化	160	101	编程人员	50	2	—	8 000
J	Beta 测试	640	20	测试人员	30	4	—	19 200
合计							7 400	350 000

计算每项任务所需要的人力资源的数目及每项任务的预算成本，将计算结果填入表 13.15 中。该项目任务成本预算的计算过程示例如下：40×400+1 400=17 400（元），假使此项目各任务的时间计划如图 13.13 所示，任务的成本分布是均匀的，制作此项目的月成本累积曲线图如图 13.14 所示。

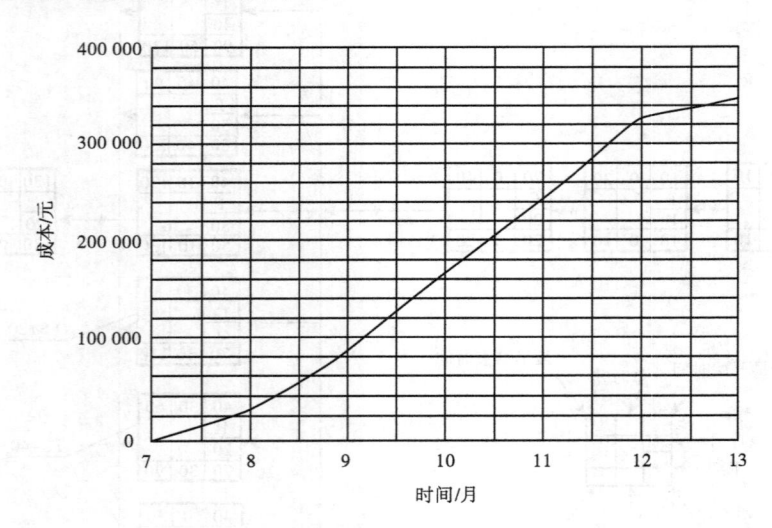

图 13.14　月成本累积曲线图

在表 13.16 中填入已完成工作量的计划预算成本 BCWP（budgeted cost for work performed，即已完成工作量的预算费用）、已完成工作量的实际预算成本 ACWP，并评价此时经费超支了还是节省了。

表 13.16 成本分析表（单位：元）

序号	任务名称	成本预算	已完成工作量的实际成本 ACWP	已完成工作量的计划预算成本 BCWP	任务完成时的预测成本	计划工作量的预算费用 BCWS
A	方案设计	20 000	18 000	20 000	18 000	20 000
B	用户需求调研	10 000	11 000	10 000	11 000	10 000
C	功能框架设计	25 000	21 000	25 000	21 000	25 000
D	用户输入功能	30 000	15 000	12 000	37 500	30 000
E	用户查询功能	85 000	0	0	85 000	85 000
F	用户数据功能	80 000	40 000	40 000	10 000	4 000
G	主界面	50 000	30 000	25 000	60 000	0
H	安全登录界面	10 000	12 000	10 000	12 000	0
I	界面美化	10 000	0	0	10 000	0
J	Beta 测试	20 000	0	0	20 000	0
合计		340 000	147 000	142 000	28 4500	174 000

从表 13.16 中可以看出：BCWP<ACWP，所以项目超支了。

计算截止状态日期 2009 年 10 月 15 日项目各任务的计划工作量的预算费用 BCWS，并将计算结果填入表 13.16 中。从中可以看出：BCWP<BCWS，所以说项目拖期了。

2009 年 10 月 15 日的挣值分析结果表明，该子项目既超支又拖期了。因此，还需进一步对各具体活动做挣值分析，才能找出问题，有的放矢地进行管理。

综上所述，ZY-X 研制项目的 C^3I 网络系统实现了 ZY-X 卫星对进度、费用和质量进行指挥、控制、通信和信息一体化的管理。

13.3 Y 型号航空发动机研制项目管理案例

13.3.1 项目概述

项目管理案例选取自国内某大型航空发动机研制生产商，由于保密等原因，案例的名称数据和结构部分为虚拟的。为提高我国航空发动机的研制水平，满足动力装置需求，解决发动机动力系统面临的无法从国外采购的难题，为其装配具有自主知识产权的动力装置，该生产商以 A 系列发动机技术为基础开展研制，采用中等循环参数及高部件效率的设计思想，尽量采用成熟的技术、材料和制造工艺。项目目标的成功实现通常受到三个因素的制约，即进度要求、项目成本和市场满意度。发动机项目目标的实现，需要项目经理在三个制约因素之间取得最优平衡。

该研制厂商的项目管理结构为矩阵型组织结构，可以最大限度地利用组织中的资源和能力而发展起来。它是职能型和项目型的混合体，既有项目结构注重项目和客户的特点，又保留了职能结构里的职能专业技能。矩阵型组织通过让项目管理和职能管理共同分担责任来建立一种协作机制。项目经理对项目的成功负有全部责任，但另外，职能部门有责任为项目提供最好的技术支持，如图 13.15 和图 13.16 所示。

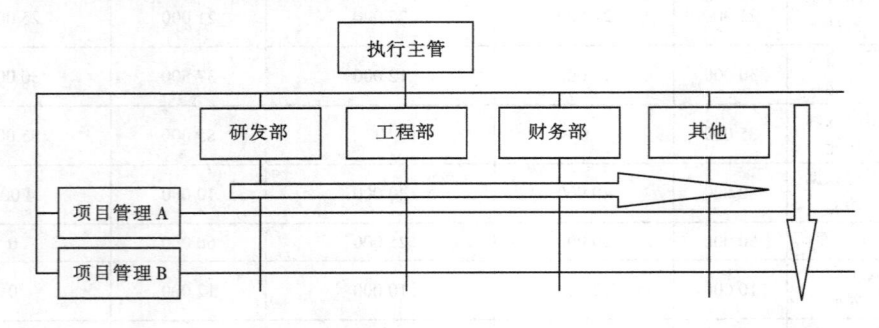

图 13.15　矩阵型组织结构

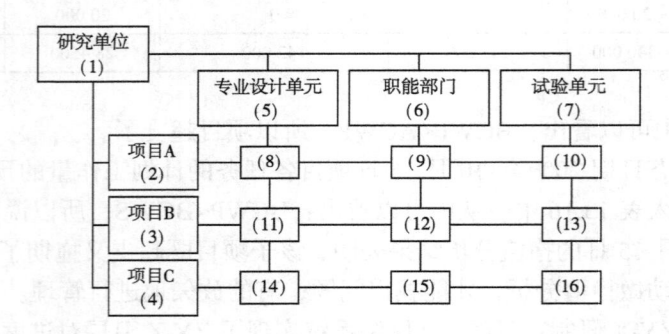

图 13.16　矩阵型组织机构图

该厂商项目研制的系统信息结构见图 13.17，信息传递方式为交叉传递，具有更高的效率。

为研究该型号航空发动机的项目研制管理能力，应该建立其评价指标体系，指标体系的第一层是评估总目标——型号研制项目管理能力 A。第二层（准则层）是对总目标的评价维度，包括项目基本管理要素 B1、型号项目管理要素 B2 和项目团队管理要素 B3。第三层（子准则层）是对第二层指标的进一步度量。其中准则 B1 项目基本管理要素，主要是以项目管理知识体系规定的职能领域为指导，衡量型号研制中通用项目管理模块运作的情况，包括项目范围管理 C1、项目进度管理 C2、项目质量管理 C3、项目经费管理 C4、项目人力资源管理 C5、项目物资保障管理 C6、项目信息沟通管理 C7、项目风险管理 C8；准则 B2 型号项目管理要素，是从国防工业型号管理的特点出发，衡量组织在航空型号项目方面的管理情况，包括项目技术状态管理 D1、项目可靠性管理 D2；准则 B3 项目团队管理要素，涵盖了项目团队人员能力 E1、组织内部环境 E2 方面的指

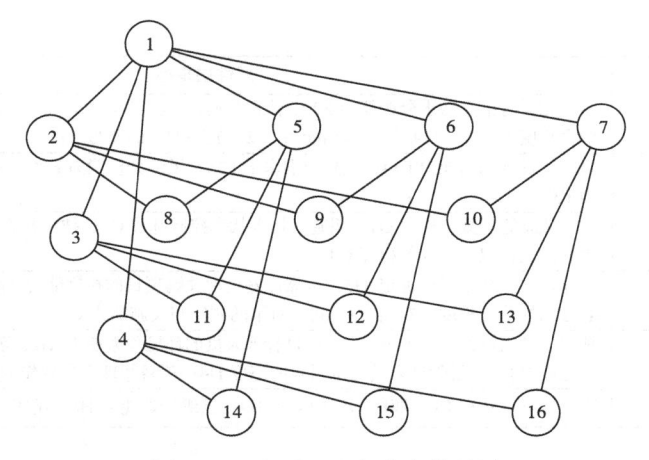

图 13.17 矩阵型组织信息传递图

标，这部分的能力关系到项目团队持续改进的能力。第四层（属性层）是子准则层各指标对应的评价属性，见图 13.18 和表 13.17。

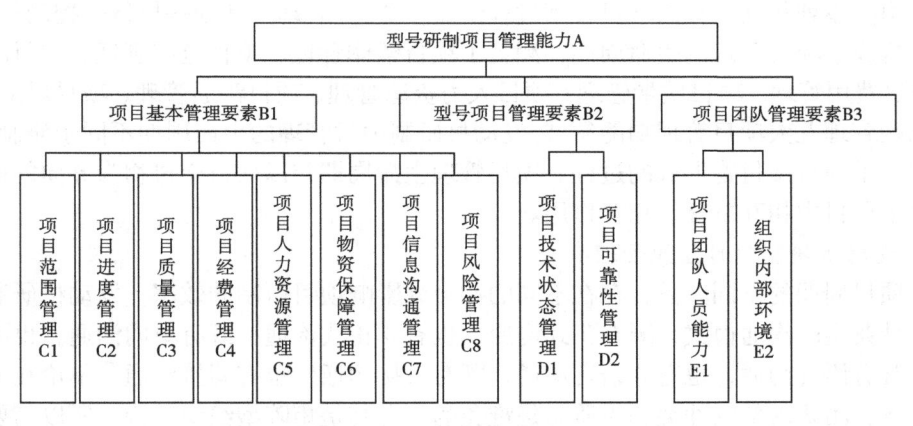

图 13.18 发动机研制项目管理能力评价指标体系

表 13.17 型号研制项目管理能力评价属性层指标

子准则层指标	属性层指标
项目范围管理 C1	项目目标的界定能力 F1；工作分解结构的合理性 F2；系统技术要求及性能的定义能力 F3；范围变更控制的能力 F4
项目进度管理 C2	进度管理规划能力 F5；工作时间估计的准确率 F6；进度按计划执行的程度 F7；各级系统进度之间的衔接度 F8；进度跟踪及进展数据的收集能力 F9
项目质量管理 C3	质量管理规划能力 F10；质量标准、体系的规范化程度 F11；按标准规范执行的程度 F12；质量保证体系的规范程度 F13；质量改进过程的规范程度 F14；产品的交付使用能力 F15
项目经费管理 C4	经费管理规划能力 F16；项目经费指标分解的合理性 F17；项目经费控制与审计系统的规范程度 F18；成本绩效指数 F19
项目人力资源管理 C5	团队人员角色职责的明确定义 F20；考核与激励的有效性 F21；项目团队的建设能力 F22
项目物资保障管理 C6	物资保障规划能力 F23；采购管理过程标准与规范的健全程度 F24；供应商管理能力 F25；物资配套能力 F26；项目合同管理能力 F27；物资管理信息化程度 F28

续表

子准则层指标	属性层指标
项目信息沟通管理 C7	利益相关者信息需求分析能力 F29；信息沟通的方法和渠道的规范性 F30；项目信息系统的健全程度 F31；信息收集和归档能力 F32；处理冲突的能力 F33
项目风险管理 C8	风险管理规划的能力 F34；风险识别水平 F35；风险分析能力 F36；风险应对方案的制订能力 F37
项目技术状态管理 D1	技术状态管理规划能力 G1；明确的技术状态控制基线 G2；技术状态更改控制能力 G3；技术状态确认程序的规范程度 G4
项目可靠性管理 D2	可靠性安全性项目的确定 G5；可靠性安全性关键项目的控制能力 G6；可靠性安全性项目验证的规范化程度 G7；故障模式与对策的制定与实施能力 G8
项目团队人员能力 E1	项目管理人员的技术能力 H1；项目管理人员的环境关系能力 H2；项目管理人员对待责任的态度 H3；项目管理人员对待风险的态度 H4；项目管理人员合作的态度 H5
组织内部环境 E2	高层领导的重视 H6；职能部门的支持 H7；组织培训能力 H8；组织资源库的构建 H9

13.3.2　Y型号发动机项目管理具体流程

为了更好地实现Y型号发动机研制目标，该公司开展了型号项目管理工作。项目管理工作由一系列相互依赖的项目管理过程组成，按照"启动—计划—执行—控制—收尾"的次序构成了项目管理的生命周期，涵盖了项目整体管理、项目范围管理、项目时间管理、项目费用管理、项目质量管理、项目人力资源管理、项目沟通管理、项目风险管理、项目采购管理九大项目管理功能领域。发动机研制项目管理的生命周期不同于研制流程，后者规范了项目交付物形成的过程。项目管理生命周期与以项目交付物为导向的研制过程在整个项目中相互重叠、相互作用。

1. 发动机研制项目组织管理

在项目周期的不同阶段，存在不同的冲突源影响项目研制的效率，发动机研制项目存在几种典型的沟通模式，既有正式沟通，也有非正式沟通；既有单向沟通，也有双向沟通；既有语言沟通，也有非语言沟通；既有直接沟通，也有间接沟通。不论在何种沟通方式下，团队内部的冲突和矛盾总是难免的，尤其是矩阵型组织结构，所以需要适时的有针对性的应对和解决。

由于Y发动机的研制是一项大型复杂的系统工程，项目管理采用的是国际通行的项目管理模式。通过与国外的相关研发技术公司签订协议，双方成立对等的三个层次的合作组织，即合作执行委员会（Corporation Executed Committee，CEC）、项目管理委员会（Project Management Committee，PMC）及工程管理组（Project Management Team，PMT）。

各组织机构主要职责如下。

1）合作执行委员会

合作执行委员会是合作组织的最高领导机构，成员由公司总裁、主管副总裁（行业和工程）以及项目经理组成。合作期间每季度召开一次合作执行委员会会议。其主要职责是：①确定项目管理的主要原则；②批准合作协议、合作合同的修改；③批准项目管理委员会建议；④对项目管理委员会提出的影响项目进度、成本、客户满意度的重要关键问题进行决策。

2）项目管理委员会

项目管理委员会由项目经理、项目总设计师、工艺制造、质量、后勤支持负责人和商务代表等人员组成。项目管理委员会每月召开一次会议。其主要职责是：①管理项目所有活动，通过双方定期会议，监督、检查项目进度、成本和质量；②向合作执行委员会提出对关键决策的建议；③管理项目并向合作执行委员会报告；④根据工程管理组提出的问题做出决定；⑤建议合作协议、合作合同的修改。

3）工程管理组

（1）工程管理组构成。工程管理组由项目总师领导，由工程（设计试验）、质量、制造、采购和后勤、财务、适航、售后支援等方面人员组成。在初步设计阶段（框架协议签署至初步设计评审），该组织的设置结构应便于进行大量的设计迭代。项目联合工作组将分为项目工作组和设计工作组两个小组，且均对公司和中方的总师负责。

项目工作组：受总师直接领导，旨在确保总的项目组织以及中长期项目工作。

设计工作组：由初步设计工程师领导，完成每一部件或总体的设计，设计的负责方应确保其设计的代表性。

（2）工程管理组职责。

执行高层的技术决议/决策。

由项目管理委员会授权，设计和试验技术工作由项目总设计师负责，工程和制造组织工作由项目总工程师负责。

处理/解决项目研发阶段的技术问题；组织设计各阶段会议（如工程评审会、高层评审会）等。

管理项目管理委员会解决不了的有关问题的技术申诉。

2. 发动机研制项目进度管理

进度管理就是采用科学的方法确定进度目标，编制进度计划和资源供应计划，进行进度控制，在与质量、费用目标协调的基础上，实现工期目标。项目研制的进度采用项目进展报告的方法了解项目执行过程中是否正常、存在的问题及趋势。进行项目进度控制的方法见图13.19。

通常采用如下沟通形式来掌握项目的进展情况。

（1）年度工作会议，由型号总指挥主持，设计单位、工厂主要主管领导参加，对研制工作进行部署和检查，对重大问题研究决策。

（2）专题会议，对研制中的重大问题根据需要召开，如专题协调会、重大评审会议等。

（3）月份计划协调会。

（4）周工作例会。

3. 发动机研制项目费用管理

该项目使用全寿命费用管理方法，即自项目可行性研究造价预测开始，至经济评价、建设期资金运用、项目实际费用确定，以及完工决算、后评价等各个阶段实行全过程的费用管理。项目费用管理是一项系统工程，贯穿于从项目立项、决策到建设实施、竣工的全过程。表13.18展示了在项目的各个阶段应该采用的费用估算方法。

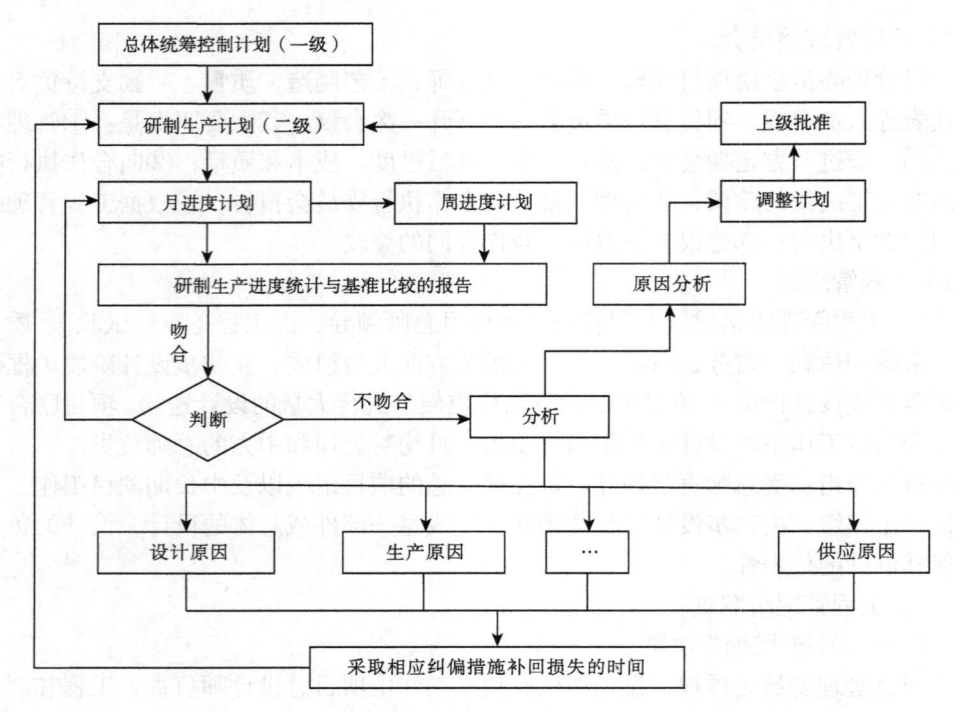

图 13.19 项目进度控制

表 13.18 发动机全寿命期各阶段可采用的费用估算方法

项目	方案探索	论证与确认	全面发展（前期）	全面发展（后期）	生产
参数法	P	S	S	NA	NA
类比法	S	P	S	NA	NA
自下而上的工程法	NA	S	P	P	P
Delphi 法	P	P	S	NA	NA

注：P 表示该阶段采用的主要方法，S 表示该阶段采用的次要方法，NA 表示通常不采用的方法

（1）论证阶段：该阶段由于方案尚不明确，因而广泛采用类比法和 Delphi 法。这时估算寿命周期费用的目的是得到一个初步的寿命周期费用目标。

（2）方案阶段：进行详细的寿命周期费用估算，这时参数法和自上而下的工程法相结合，得到一个确切的费用目标。

（3）工程研制、设计定型、生产定型阶段：要在既定的费用目标下分配资金，在实际的设计工作中降低费用，广泛采用按费用设计准则，以从根本上降低寿命周期费用。

（4）生产阶段：将全寿命费用的流程划出，控制生产过程的费用。

（5）使用保障阶段：要详细列出使用保障费用，同时向研究生产机构反馈使用和维护费用情况。

4. 发动机研制项目风险管理

风险计划的编制目的是希望通过前期的调查分析，进行风险识别、风险分类、风险评估并制订相应的风险应对方案。

项目风险识别过程一般可分五步，即确定目标、明确重要的参与者、收集资料、估计项目风险形式以及根据直接或间接的症状将潜在的项目风险识别出来。

Y发动机研制项目的风险识别程序如下。

第一步：确定目标。对Y发动机研制项目来讲，风险识别的目标是识别出所有的技术风险、管理风险、过程风险等，并找出每个风险的来源、风险的触发器等。

第二步：明确主要的参与者。主要参与者包括飞机研制的技术人员、项目的负责人、集团的负责人和其他利益相关方。

第三步：收集资料。其主要包括已经形成的项目文献、类似项目的相关文献等。

第四步：估计项目风险形势。风险形势估计就是要明确项目的目标、战略、战术以及实现项目目标的手段和资源，以确定项目及其环境的变数。通过项目风险形势估计可以将项目规划时没有被意识到的前提和假设找出来。

第五步：根据直接或间接的症状将潜在的项目风险识别出来。通过前面的工作得到Y发动机研制项目风险来源表、每种风险的触发器等与风险相关的内容，并整理成文件。

Y发动机研制过程中可能存在的风险按照领域可以分为以下几大类，即技术风险、费用风险、进度风险、保障性风险、组织风险、外部风险等。

1）技术风险

技术风险是指Y发动机研制过程中使用的新技术、新材料、新工艺、新设计对型号提出前所未有的性能要求所承担的风险，该类风险与性能密切相关。技术风险存在于发动机型号研制项目全寿命的各个阶段。技术风险主要来自于技术的物理特性、材料特性、辐射特性、测试/建模、综合/接口、软件设计、安全性、需求更改、使用环境、成熟/不成熟工艺、独特/专用资源等方面。

2）费用风险

费用风险是指Y发动机研制过程中超出工程项目费用的风险，它是由费用估计不正确而造成的，也可能是由一些性能和设计技术问题扩大了计划的工程项目，造成费用的增长。该类风险源与计划、技术、保障性、进度等的风险敏感性有关。

3）进度风险

进度风险是Y发动机研制项目不满足重大里程碑的风险，它是由预计的进度目标不合理或是其他原因而造成的，如研制过程中经常由于加工件的拖延造成进度的延缓。该类风险源与技术、计划、保障性、进度以及关键路径数有关。

4）保障性风险

保障性风险是与Y发动机研制的生产和维修有关的风险，该类风险源是与保障性相关的，如可靠性与维修性、人力、保障设备、共用性、运输性、安全性、技术资料等因素。保障性风险包含技术（风险）与计划（风险）两方面特征。

5）组织风险

组织风险是指由于Y发动机研制项目有关各方关系不协调以及其他不确定性引起的风险。由于Y发动机研制项目需要各个科室、协同加工单位一起来实现，并且研制项目的流程特殊，因此造成在运行过程中有关各方参与项目的动机和目标不一致，在项目进行过程中可能出现一些不愉快的事件，影响合作者之间的关系、项目进展和项目目标的实现。

6）外部风险

项目外部风险主要是指与Y发动机研制项目有关的政治、经济、环境的变化。航空发动机产品是一种特殊商品，它不是卖方市场，是买方市场，用户对产品的技术性能指标要求是不断变化的，这种变化可能会引起研制方案的重大修改，带来风险损失。此外，发动机产品的技术性能不适应这种市场需求变化，还会导致接不到更多订单的风险。在Y发动机研制过程中，往往需要从国内外市场采购大量的原材料、元器件、设备等生产要素，这些生产要素市场是变化的，特别是国际市场受国际政治、经济等多种因素影响，可能会造成其供应的不确定，从而引起风险。航空发动机产品往往直接关系着国家国力，影响着国防现代化水平，对国际政治关系有较大影响，所以Y发动机研制项目对政治形势的变化是非常敏感的，政治形势变化带来的风险损失也是非常大的。例如，国家的政治动荡、经济形势恶化、国际关系不稳定等都会对Y发动机研制产生较大的不利影响，造成风险损失。

上述这些风险是相互联系的，一般情况下，技术风险、组织风险和保障性风险决定着费用风险和进度风险，随着情况不同，风险种类也会发生变化。例如，技术风险可能产生费用、进度、保障性和组织方面的影响，一个带有进度风险的严格的试验也可能产生严重的技术影响。

综上所述，Y发动机研制项目根据其特点，在组织管理、进度管理、费用管理和风险管理等方面进行了一系列卓有成效的管理工作。

参考文献

白思俊. 2002. 现代项目管理. 北京：机械工业出版社
陈勇强. 2002. 项目采购管理. 北京：机械工业出版社
戴明 W A. 2003. 戴明论质量管理. 钟汉清，戴久永译. 海口：海南出版社
杜嘉伟，郑煜，梁兴国. 2001. 哈佛模式项目管理. 北京：人民日报出版社
范自立，汪万昌，邱良辉. 1998. 可行性研究入门. 长沙：湖南人民出版社
冯俊文，高朋，王华亭. 2009. 现代项目管理学. 北京：经济管理出版社
冯之楹，何永春，廖仁兴. 2000. 项目采购管理. 北京：清华大学出版社
甘华鸣. 2002. 项目管理（下）. 北京：中国国际广播出版社
纪燕萍，张婀娜，王亚慧. 2002. 21世纪项目管理教程. 北京：人民邮电出版社
克劳士比 P B. 2003. 来谈质量. 克劳士比中国学院管理顾问中心译. 北京：经济科学出版社
李南. 2000. 工程经济学. 北京：科学出版社
李晓林，何文炯. 2001. 风险管理. 北京：中国财政经济出版社
联合国工业发展组织国际工业研究中心. 1986. 工业可行性研究报告编写手册. 北京：中国对外翻译出版公司
梁世连. 2001. 工程项目管理学. 大连：东北财经大学出版社
林荣瑞. 2000. 品质管理. 厦门：厦门福友企业管理顾问有限公司
刘广第. 2003. 质量管理学. 北京：清华大学出版社
刘志新. 2001. 期权投资学. 北京：航空工业出版社
卢家仪，蒋冀. 2001. 财务管理. 北京：清华大学出版社
卢向南. 2004. 项目计划与控制. 北京：机械工业出版社
卢有杰. 2004. 现代项目管理学. 北京：北京首都经济贸易大学出版社
卢有杰，卢家仪. 1998. 项目风险管理. 北京：清华大学出版社
美国项目管理协会. 2005. 项目管理知识体系指南. 第3版. 许江林译. 北京：电子工业出版社
美国项目管理协会. 2015a. 项目管理知识体系指南. 第5版. 许江林译. 北京：电子工业出版社
美国项目管理协会. 2015b. 项目管理知识体系指南（PMBOK指南）——软件分册. 第5版. 朱郑州译. 北京：电子工业出版社
美国项目管理协会. 2015c. 组织级项目管理成熟度模型. 王庆付，蔡蓉，陈和兰译. 北京：电子工业出版社
美国项目管理协会. 2015d. 组织级项目管理实践指南. 汪小金译. 北京：中国电力出版社
彭璧玉. 2006. 组织生态学理论述评. 经济学家，（5）：111-117

彭力扬. 2005. Project 2003 项目管理案例分析. 北京：清华大学出版社
邱菀华. 2001. 项目管理学. 北京：科学出版社
邱菀华. 2003. 现代项目风险管理方法与实践. 北京：科学出版社
邱菀华，张婀娜. 2003. 国家职业资格培训教程——项目管理师. 北京：机械工业出版社
邱菀华，等. 2001. 项目管理学. 北京：科学出版社
邱菀华，沈建明，杨爱华，等. 2002. 现代项目管理导论. 北京：机械工业出版社
邱菀华，等. 2009. 现代项目管理导论. 北京：机械工业出版社
邱菀华，等. 2013. 现代项目管理学. 第3版. 北京：科学出版社
孙裕君，朱其鳌. 2010. 现代项目管理学. 第2版. 北京：科学出版社
特纳 R，西米斯特 S. 2004. 项目管理手册. 丁彬译. 北京：机械工业出版社
威索基 R K，麦加里 R. 2004. 有效的项目管理. 费琳，李盛萍，等译. 北京：电子工业出版社
邬适融. 2005. 现代企业管理——理念、方法、技术. 北京：清华大学出版社
许成绩. 2003. 现代项目管理教程. 北京：中国宇航出版社
许谨良，周江雄. 1998. 风险管理. 北京：中国金融出版社
杨保华. 2010. 神舟七号飞船项目管理. 北京：宇航工业出版社
杨钢. 2002. 质量无惑. 北京：中国城市出版社
杨志波. 2004. 基于 Project 2003 的项目管理. 北京：电子工业出版社
易志云，高民杰. 2002. 成功项目管理方法. 北京：中国经济出版社
袁家军，欧立雄，王卫东. 2015. 神舟飞船项目管理成熟度模型研究. 中国空间科学技术，（5）：1-9
翟松涛. 2004. 项目——如何进行成功的项目管理. 天津：南开大学出版社
张金锁. 2000. 工程项目管理学. 北京：科学出版社
张勤国. 2003. 管理学——理念、方法与实务. 上海：立信会计出版社
张勤国，朱敏. 2003. 管理学——理念、方法与实务. 上海：立信会计出版社
赵杰，李涛. 2005. Project 2003 企业项目管理. 北京：清华大学出版社
赵小津，王卫东. 2014. 航天科研生产管理评估. 北京：中国宇航出版社
中国（双法）项目管理研究委员会. 2008. 国际卓越项目管理评估模型及应用. 北京：电子工业出版社
中华人民共和国国家质量监督检验检疫总局. 2015. 中国国家标准化管理委员会 GB/T1 9001-2015/ISO9001:2015 质量管理体系要求. 北京：中国标准出版社
朱宏亮. 2002. 项目进度管理. 北京：清华大学出版社
朱兰 J M. 1999. 朱兰论质量策划. 杨文士译. 北京：清华大学出版社
Scottish Qualifications Authority. 2005. Project Management. 北京：中国时代经济出版社
Lawrence P L. 2000. Critical Chain Project Management. London：Artech House Publish
Leach L P. 2000. Critical Chain Project Management. London：Artech House Publish
Newbold R C. 1998. Project Management in the Fast Lane. Boca Raton：St. Lucie Press
Project Management Institute. A Guide to the Project Management Body of Knowledge（PMBOK Guide）.
http://www.maxwideman.com/pmglossary/PMG_P14.htm

相 关 网 站

1. 美国项目管理协会，网址为 http://www.pmi.org。美国项目管理协会建立于 1969 年，现在已成长为一个重要的项目管理专业组织。该组织制定项目管理标准，建立了项目管理知识体系。

2. 国际项目管理协会，网址为 http://www.ipma.ch。国际项目管理协会是一个非营利性组织，于 1965 年在瑞士注册，它的宗旨是促进全球项目管理的发展。

3. 中国（双法）项目管理研究委员会，网址为 http://www.pm.org.cn/。中国项目管理研究委员会成立于 1991 年 6 月，是我国唯一的跨行业、跨地区、非营利性的项目管理学术组织，并作为中国项目管理专业组织的代表加入了国际项目管理协会，成为其成员组织。

4. 中国项目管理网，网址为 http://www.project.net.cn。中国项目管理网是由国家经济贸易委员会经济干部培训中心和白景中可项目管理研究所主办。

5. 中国管理咨讯网，网址为 www.MBA321.com。中国管理咨讯网是全球最大的企业管理资料库之一。它立足于管理理念、管理工具与信息技术发展的国际前沿，打造中国最好的企业经营管理知识共享、学习和交流的网络平台。

6. 中国项目管理在线，网址为 http://www.pm.org.cn。中国项目管理在线是由中国项目管理研究委员会创建的。

7. 北京现代卓越管理技术交流中心，网址为 http://www.cpmi.org.cn。北京现代卓越管理技术交流中心是经美国项目管理协会审核注册认可的中国首家专业项目管理教育培训机构。

8. 国际采购与供应管理联盟（International Federation of Purchasing and Supply Management，IFPSM），网址为 http://www.ifpsm.org。国际采购与物资管理联盟于 1974 年 5 月 13 日~14 日在英国牛津和剑桥俱乐部创立，由欧洲采购联盟和美洲国际采购联盟合并而成。该联盟的创建成员来自四大洲 24 个国家的 26 个全国性协会，目前该联盟的会员包括世界上 40 多个全国性的采购协会，其中包括了 20 万名采购物流专家。

9. 英国皇家采购与供应学会（Chartered Institute of Purchasing and Supply，CIPS），网址为 http://www.cips.org。英国皇家采购与供应学会具有近 80 年的历史，现有世界各地会员近 4 万人，是欧洲最大的采购与供应专业组织。

10. 加拿大采购管理协会（Purchasing Management Association of Canada，PMAC），网址为 http://www.pmac.ca。加拿大采购管理协会成立于 1919 年，是全球最具权威的采购与供应链管理领域的培训认证专业组织，它是国际采购管理联盟（International Federation of Purchasing and Materials Management，IFPMM）的成员，也是加拿大采购研究基金会（Canadian Purchasing Research Foundation，CPRF）的发起人，在北美采购与供应领域享有最高的专业权威和声誉。

11. 中国物流与采购联合会（China Federation of Logistics & Purchasing，CFLP），网址为 http://www.chinawuliu.com.cn。中国物流与采购联合会是经国务院批准设立的中国第一家物流与采购行业社团组织，总部设在北京。

12. 上海普华科技发展有限公司，网址为 http://www.p3china.com。1992 年，普华公司成为著名的美国项目管理专业软件公司 Primavera Systems Inc.在中国的总代理，并从此开始在中国国内进行项目管理软件的应用推广。

13. 北京梦龙科技有限公司，网址为 http://www.morrowsoft.com。北京梦龙科技有限公司潜心于软件产品开发与应用推广，工作产品涉及全方位的项目管理系统、企事业单位办公系统、企业招投标系统、网络系统集成、网站建设与技术开发、企业信息情报处理系统等众多领域。

14. 新中大软件股份有限公司，网址为 http://www.newgrand.cn。新中大软件股份有限公司是大型的先进管理软件开发商、供应商及电子商务时代解决方案供应商。

附录A 累积泊松分布表

λ＼Q	0	1	2	3	4	5	6	7	8	9	10	11	12
0.02	0.980	1.000											
0.04	0.961	0.999	1.000										
0.06	0.942	0.998	1.000										
0.08	0.923	0.997	1.000										
0.10	0.905	0.995	1.000										
0.15	0.861	0.99	0.999	1.000									
0.20	0.819	0.982	0.999	1.000									
0.25	0.779	0.974	0.998	1.000									
0.30	0.741	0.963	0.996	1.000									
0.35	0.705	0.951	0.994	1.000									
0.40	0.670	0.938	0.992	0.999	1.000								
0.45	0.638	0.925	0.989	0.999	1.000								
0.50	0.607	0.910	0.986	0.998	1.000								
0.55	0.577	0.894	0.982	0.998	1.000								
0.60	0.549	0.878	0.977	0.997	1.000								
0.65	0.522	0.861	0.972	0.996	0.999	1.000							
0.70	0.497	0.844	0.966	0.994	0.999	1.000							
0.75	0.472	0.827	0.959	0.993	0.999	1.000							
0.80	0.449	0.809	0.953	0.991	0.999	1.000							
0.85	0.427	0.82	0.945	0.989	0.998	1.000							
0.90	0.407	0.772	0.937	0.987	0.998	1.000							
0.95	0.387	0.754	0.929	0.984	0.997	1.000							
1.00	0.368	0.736	0.920	0.981	0.996	0.999	1.000						
1.10	0.333	0.699	0.900	0.974	0.995	0.999	1.000						
1.20	0.301	0.663	0.879	0.966	0.992	0.998	1.000						
1.30	0.273	0.627	0.857	0.957	0.989	0.998	1.000						
1.40	0.247	0.592	0.833	0.946	0.986	0.997	0.999	1.000					
1.50	0.223	0.558	0.809	0.934	0.981	0.996	0.999	1.000					
1.60	0.202	0.525	0.783	0.921	0.976	0.994	0.999	1.000					
1.70	0.183	0.493	0.757	0.907	0.970	0.992	0.998	1.000					
1.80	0.165	0.463	0.731	0.891	0.964	0.990	0.997	0.999	1.000				
1.90	0.150	0.434	0.704	0.875	0.956	0.987	0.997	0.999	1.000				
2.00	0.135	0.406	0.677	0.857	0.947	0.983	0.995	0.999	1.000				
2.20	0.111	0.355	0.623	0.819	0.928	0.975	0.993	0.998	1.000				
2.40	0.091	0.308	0.570	0.779	0.904	0.964	0.988	0.997	0.999	1.000			
2.60	0.074	0.267	0.518	0.736	0.877	0.951	0.983	0.995	0.999	1.000			
2.80	0.061	0.231	0.469	0.692	0.848	0.935	0.976	0.992	0.998	0.999	1.000		
3.00	0.050	0.199	0.423	0.647	0.815	0.916	0.966	0.998	0.996	0.999	1.000		
3.20	0.041	0.171	0.380	0.603	0.781	0.895	0.955	0.983	0.994	0.998	1.000		
3.40	0.033	0.147	0.340	0.558	0.744	0.871	0.942	0.977	0.992	0.997	0.999	1.000	
3.60	0.027	0.126	0.303	0.515	0.706	0.844	0.927	0.969	0.988	0.996	0.999	1.000	
3.80	0.022	0.107	0.269	0.473	0.668	0.816	0.909	0.96	0.984	0.994	0.998	0.999	1.000
4.00	0.018	0.092	0.238	0.433	0.629	0.785	0.889	0.949	0.979	0.992	0.997	0.999	1.000

续表

λ\Q	0	1	2	3	4	5	6	7	8	9	10	11	12	13	14
4.20	0.015	0.078	0.210	0.395	0.590	0.753	0.867	0.936	0.972	0.989	0.996	0.999	1.000		
4.40	0.012	0.066	0.185	0.359	0.551	0.720	0.844	0.921	0.964	0.985	0.994	0.998	0.999	1.000	
4.60	0.010	0.056	0.163	0.326	0.513	0.686	0.818	0.905	0.955	0.980	0.992	0.997	0.999	1.000	
4.80	0.008	0.048	0.143	0.294	0.476	0.651	0.791	0.887	0.944	0.975	0.99	0.996	0.999	1.000	
5.00	0.007	0.04	0.125	0.265	0.440	0.616	0.762	0.867	0.932	0.968	0.986	0.995	0.998	0.999	1.000
5.20	0.006	0.034	0.109	0.238	0.406	0.581	0.732	0.845	0.918	0.960	0.982	0.993	0.997	0.999	1.000
5.40	0.005	0.029	0.095	0.213	0.373	0.546	0.702	0.822	0.903	0.951	0.977	0.990	0.996	0.999	1.000
5.60	0.004	0.024	0.082	0.191	0.342	0.512	0.670	0.679	0.886	0.941	0.972	0.988	0.995	0.998	0.999
5.80	0.003	0.021	0.072	0.170	0.313	0.478	0.638	0.771	0.867	0.929	0.965	0.984	0.993	0.997	0.999
6.00	0.002	0.017	0.062	0.151	0.285	0.446	0.606	0.744	0.847	0.916	0.957	0.98	0.991	0.996	0.999
6.20	0.002	0.015	0.054	0.134	0.259	0.414	0.574	0.716	0.826	0.902	0.949	0.975	0.989	0.995	0.998
6.40	0.002	0.012	0.046	0.119	0.235	0.384	0.542	0.687	0.803	0.886	0.939	0.969	0.986	0.994	0.997
6.60	0.001	0.010	0.040	0.105	0.213	0.355	0.511	0.658	0.780	0.869	0.927	0.963	0.982	0.992	0.997
6.80	0.001	0.009	0.034	0.093	0.192	0.327	0.480	0.628	0.755	0.850	0.915	0.955	0.978	0.99	0.996
7.00	0.001	0.007	0.030	0.082	0.173	0.301	0.450	0.599	0.729	0.830	0.901	0.947	0.973	0.987	0.994
7.20	0.001	0.006	0.023	0.072	0.156	0.276	0.420	0.569	0.703	0.810	0.887	0.937	0.967	0.984	0.993
7.40	0.001	0.005	0.022	0.063	0.140	0.253	0.392	0.539	0.676	0.788	0.871	0.926	0.961	0.980	0.991
7.60	0.001	0.004	0.019	0.055	0.125	0.231	0.365	0.510	0.648	0.765	0.854	0.915	0.954	0.976	0.989
7.80	0.000	0.004	0.016	0.048	0.112	0.210	0.338	0.481	0.620	0.741	0.835	0.902	0.945	0.971	0.986
8.00	0.000	0.003	0.014	0.042	0.100	0.191	0.313	0.453	0.593	0.717	0.816	0.888	0.936	0.966	0.983
8.50	0.000	0.002	0.009	0.030	0.074	0.150	0.256	0.386	0.523	0.653	0.763	0.849	0.909	0.949	0.973
9.00	0.000	0.001	0.006	0.021	0.055	0.116	0.207	0.324	0.456	0.587	0.706	0.803	0.876	0.926	0.959
9.50	0.000	0.001	0.004	0.015	0.040	0.089	0.165	0.269	0.392	0.522	0.645	0.752	0.836	0.898	0.940
10.00	0.000	0.000	0.003	0.010	0.029	0.067	0.130	0.220	0.333	0.458	0.583	0.697	0.792	0.864	0.917
10.50	0.000	0.000	0.002	0.007	0.021	0.050	0.102	0.179	0.279	0.397	0.521	0.639	0.742	0.825	0.888
11.00	0.000	0.000	0.001	0.005	0.015	0.038	0.079	0.143	0.232	0.341	0.460	0.579	0.689	0.781	0.854
11.50	0.000	0.000	0.001	0.003	0.011	0.028	0.06	0.114	0.191	0.289	0.402	0.520	0.633	0.733	0.815
12.00	0.000	0.000	0.001	0.002	0.008	0.020	0.046	0.090	0.155	0.242	0.347	0.462	0.576	0.682	0.772
12.50	0.000	0.000	0.000	0.002	0.005	0.015	0.035	0.070	0.125	0.201	0.297	0.406	0.519	0.628	0.725
13.00	0.000	0.000	0.000	0.001	0.004	0.011	0.026	0.054	0.100	0.166	0.252	0.353	0.463	0.573	0.675
13.50	0.000	0.000	0.000	0.001	0.003	0.008	0.019	0.041	0.079	0.135	0.211	0.304	0.409	0.518	0.623
14.00	0.000	0.000	0.000	0.000	0.002	0.006	0.014	0.032	0.062	0.109	0.176	0.260	0.358	0.464	0.570
14.50	0.000	0.000	0.000	0.000	0.001	0.004	0.010	0.024	0.048	0.088	0.145	0.220	0.311	0.413	0.518
15.00	0.000	0.000	0.000	0.000	0.001	0.003	0.008	0.018	0.037	0.070	0.118	0.185	0.268	0.363	0.460

续表

λ \ Q	15	16	17	18	19	20	21	22	23	24	25	26	27	28	29
4.20															
4.40															
4.60															
4.80															
5.00															
5.20															
5.40															
5.60	1.000														
5.80	1.000														
6.00	0.999	1.000													
6.20	0.999	1.000													
6.40	0.999	1.000													
6.60	0.999	0.999	1.000												
6.80	0.998	0.999	1.000												
7.00	0.998	0.999	1.000												
7.20	0.997	0.999	0.999	1.000											
7.40	0.996	0.998	0.999	1.000											
7.60	0.995	0.998	0.999	1.000											
7.80	0.993	0.997	0.999	1.000											
8.00	0.992	0.996	0.998	0.999	1.000										
8.50	0.986	0.993	0.997	0.999	0.999	1.000									
9.00	0.978	0.989	0.995	0.998	0.999	1.000									
9.50	0.967	0.982	0.991	0.996	0.998	0.999	1.000								
10.00	0.951	0.973	0.986	0.993	0.997	0.998	0.999	1.000							
10.50	0.932	0.960	0.978	0.988	0.994	0.997	0.999	0.999	1.000						
11.00	0.907	0.944	0.968	0.982	0.991	0.995	0.998	0.999	1.000						
11.50	0.878	0.924	0.954	0.974	0.986	0.992	0.996	0.998	0.999	1.000					
12.00	0.844	0.899	0.937	0.963	0.979	0.988	0.994	0.997	0.999	0.999	1.000				
12.50	0.806	0.869	0.916	0.948	0.969	0.983	0.991	0.995	0.998	0.999	0.999	1.000			
13.00	0.764	0.835	0.890	0.930	0.957	0.975	0.986	0.992	0.996	0.998	0.999	1.000			
13.50	0.718	0.798	0.861	0.908	0.942	0.965	0.980	0.989	0.994	0.997	0.998	0.999	1.000		
14.00	0.669	0.756	0.827	0.883	0.923	0.952	0.971	0.983	0.991	0.995	0.997	0.999	0.999	1.000	
14.50	0.619	0.711	0.790	0.853	0.901	0.936	0.960	0.976	0.986	0.992	0.996	0.998	0.999	0.999	1.000
15.00	0.568	0.664	0.749	0.819	0.875	0.917	0.947	0.967	0.981	0.989	0.994	0.997	0.998	0.999	1.000

附录 B 熵函数定义的证明

本段的目的是证明作为不确定性程度的数值特性的量——熵函数的定义是唯一的、简明而合理的。

假设满足下列概率表：

实验结局	A_1	A_2	$\cdots$	A_k
概率	$p(A_1)$	$p(A_2)$	$\cdots$	$p(A_k)$

的实验 α 的熵 $H(\alpha)$（不确定性程度的度量），只依赖于 $p(A_1)$, $p(A_2)$, $\cdots$, $p(A_k)$（是这些量的函数）。这里，我们用 p_1, p_2, $\cdots$, p_k 分别表示概率 $p(A_1)$, $p(A_2)$, $\cdots$, $p(A_k)$，而用 $\varphi(p_1, p_2, \cdots, p_k)$ 表示熵 $H(\alpha)$。

现在我们简明地陈述函数 $\varphi(p_1, p_2, \cdots, p_k)$ 所自然需要满足的那些条件。首先很明显，这个函数不应该依赖于各数 p_1, p_2, $\cdots$, p_k 的次序：要知道改变这些数的次序，只表示在概率表中改变列的次序，而和实验 α 本身无论怎样的改变无关。因此，第一个条件的内容如下。

1° 函数 $\varphi(p_1, p_2, \cdots, p_k)$ 的值当任意交换各数 p_1, p_2, $\cdots$, p_k 的次序时不变。

这样也自然有第二个条件：

2° 函数 $\varphi(p_1, p_2, \cdots, p_k)$ 是连续的，即当各概率 p_1, p_2, $\cdots$, p_k 改变很小时，这个函数也改变很小——因为当各概率改变很小时，实验的不确定性程度也应该只有很小的改变。

我们要引入的第三个条件是比较复杂的，为了对它的意义有较清楚的理解，我们先假设所考虑的实验 α 只有 A_1、A_2、A_3 三个结局，即这个实验的概率应具有如下形式：

实验结局	A_1	A_2	A_3
概率	p_1	p_2	p_3

这个实验的不确定性的度量 $H(\alpha)$ 等于 $\varphi(p_1, p_2, \cdots, p_3)$；这个不确定性是我们不知道实验 α 的三个结局中正好是哪一个结局出现所造成的。现在我们将分两个阶段来查明实验 α 的哪一个结局实际出现。也就是首先查明前两个结局 A_1 和 A_2 之一或最后一个结局 A_3 是否出现。这意味着我们用具有概率表

实验结局	B	A_3
概率	$p_1 + p_2$	p_3

的新实验 β 来代替实验 α。这个新实验的不确定性的度量等于 $H(\beta) = \varphi(p_1 + p_2, p_3)$。显然，实验 α 的不确定性的度量应该比 β 的不确定性的度量大——这是由于知道 β 的结

附录 B 熵函数定义的证明

局后不能完全确定 α 结局的缘故，因为 β 的结局确定后，α 的结局还可能有某种不确定性。

我们来指出 α 的不确定性的度量比 β 的不确定性的度量应该正好大多少，这个是不困难的。显然，假若我们多次重复实验 α，并且每次都着手查明实验 β 有否结局 B 或 A_3，那么在某些场合——实验 α 有结局 A_3 的那些场合——这种查明的结果就可解决 α 的结局问题。而在另一些场合——亦即实验 α 有结局 A_1 或 A_2——确定 β 的结局后，我们还应该决定实验 α 正好有这两个结局中的哪一个，这等价于查明具有概率表

实验结局	A_1	A_3
概率	$\dfrac{p_1}{p_1+p_2}$	$\dfrac{p_2}{p_1+p_2}$

的新实验 β′ 的结局，显然，这个实验 β′ 的不确定性的度量等于 $H(\beta')=\varphi\left(\dfrac{p_1}{p_1+p_2},\dfrac{p_2}{p_1+p_2}\right)$。而因为在实验 β 实现之后尚须进一步查明实验 β′ 结局场合的概率（即平均频率）等于 p_1+p_2，所以自然认为：实验 α 的不确定性的度量应该比实验 β 的不确定性的度量多一个量 $(p_1+p_2)H(\beta')$，即下列等式应该成立：

$$\varphi(p_1,p_2,p_3)=\varphi(p_1+p_2,p_3)+(p_1+p_2)\times\varphi\left(\dfrac{p_1}{p_1+p_2},\dfrac{p_2}{p_1+p_2}\right)$$

把同样的考虑应用到具有概率表实验结局 $A_1,A_2,A_3,\cdots,A_k$ 概率 $p_1,p_2,p_3,\cdots,p_k$ 的实验 α，就可导出函数 $\varphi(p_1,p_2,\cdots,p_k)$ 的第三个性质。

3° 函数 $\varphi(p_1,p_2,\cdots,p_k)$ 满足关系式：

$$\varphi(p_1,p_2,\cdots,p_k)=\varphi(p_1+p_2,p_3,\cdots,p_k)+(p_1+p_2)\times\varphi\left(\dfrac{p_1}{p_1+p_2},\dfrac{p_2}{p_1+p_2}\right) \quad (1)$$

这个关系式表示，把实验的前两个结局合并在一起而得到的，具有概率表

实验结局	B	A_3	$\cdots$	A_k
概率	p_1+p_2	p_3	$\cdots$	p_k

的实验 β 的不确定性 $H(\beta)$，比这个实验的不确定性 $H(\alpha)$ 要小一个数，这个数等于实验 β′ 的不确定性的度量乘以 p_1+p_2，其中实验 β′ 是假如实现了这两结局中的某一个的话。查明实验 α 的前两个结局中正好哪一个出现。

可以证明：上述三个条件 1°、2° 和 3° 已经完全肯定了函数 $\varphi(p_1,p_2,\cdots,p_k)$ 的形式，满足这三个条件的唯一的函数，具有如下形式[①]：

$$\varphi(p_1,p_2,\cdots,p_k)=c(-p_1\log p_1-p_2\log p_2-\cdots-p_k\log p_k) \quad (2)$$

---

① 如果要求系数 c 是正数，那么还必须说，函数 $\varphi(p_1,p_2,\cdots,p_k)$ 应该是正的 [当然，如把某一个量 $\varphi\left(\dfrac{1}{2},\dfrac{1}{2}\right)$ 是正的这个要求加入基本条件中就够了]。还应指出，若不预先规定对数的基底系统，则在（*）式中可以去掉因子 c（因为 $c\log_a p=\log_b p$，其中 $b=a^{1/c}$）。

然而这个事实的证明十分复杂，所以建议读者去阅读Д.К.法杰耶夫（фаддеев）的原著。在我们的叙述中还将利用一个条件，一般地说，它可以从条件1°~3°导出，然而引入这个条件显然可使全部讨论简化。

函数 $\varphi(1/k, 1/k, \cdots, 1/k)$ ——具有 k 个等概结局的实验 α_0 的不确定性的度量——将起重大作用，显然根据实验 α_0 的全部结局的等概率性，它的不确定性程度 $H(\alpha_0)$ 只应依赖于结局的个数：$\varphi(1/k, 1/k, \cdots, 1/k) = f(k)$，其中函数 f 正是表示 H 对于数 k 的这种依赖性的。同样明显的是：实验的不确定性程度应该是当这个实验的个数越大时也越大。因此可以断言：

4° 函数 $\varphi(1/k, 1/k, \cdots, 1/k) = f(k)$ 随着数 k 的增大而增大。

现在我们来证明，满足条件 1°~4° 的函数 $\varphi(p_1, p_2, \cdots, p_k)$ 一定具有式（2）的形式（其中 c 是某个正数）。为此，我们需要稍稍推广条件 3° 中的等式（1）。首先证明：

$$\varphi(p_1, \cdots, p_k) = \varphi(p_1 + \cdots + p_i, p_{i+1}, \cdots, p_k) + (p_1 + \cdots + p_i)$$
$$\times \varphi\left(\frac{p_1}{p_1 + \cdots + p_i}, \frac{p_2}{p_1 + \cdots + p_i}, \cdots, \frac{p_i}{p_1 + \cdots + p_i}\right), i < k,$$

[显然，这个等式的意义和原来的等式（1）类似，差别只在于这里是合并实验 α 的 i 个结局 $A_1, A_2, \cdots, A_i$ 成一个结局 B]。当 $i=2$ 时，这个等式就和式（1）相同，因而由条件 3° 知，它是正确的。现在假设，对某个值 i，已经证明了它的正确性；在此情况下，同样利用 $i=2$ 时它的正确性就可得到

$$\varphi(p_1, p_2, \cdots, p_k) = \varphi(p_1 + p_2 + \cdots + p_i, p_{i+1}, \cdots, p_k) + (p_1 + p_2 + \cdots + p_i)$$
$$\times \varphi\left(\frac{p_1}{p_1 + \cdots + p_i}, \cdots, \frac{p_i}{p_1 + \cdots + p_i}\right)$$
$$= \varphi(p_1 + p_2 + \cdots + p_i + p_{i+1}, p_{i+2}, \cdots, p_k)$$
$$+ (p_1 + p_2 + \cdots + p_i + p_{i+1})$$
$$\times \varphi\left(\frac{p_1 + p_2 + \cdots + p_i}{p_1 + p_2 + \cdots + p_i + p_{i+1}}, \frac{p_{i+1}}{p_1 + p_2 + \cdots + p_i + p_{i+1}}\right)$$
$$+ (p_1 + p_2 + \cdots + p_i)$$
$$\times \varphi\left(\frac{p_1}{p_1 + \cdots + p_i}, \frac{p_2}{p_1 + \cdots + p_i}, \cdots, \frac{p_i}{p_1 + \cdots + p_i}\right)$$

另外，因为对于值 i，我们认为等式已证明过，所以

$$\varphi\left(\frac{p_1}{p_1 + \cdots + p_{i+1}}, \cdots, \frac{p_i}{p_1 + \cdots + p_{i+1}}, \frac{p_{i+1}}{p_1 + \cdots + p_{i+1}}\right)$$
$$= \varphi\left(\frac{p_1 + \cdots + p_i}{p_1 + \cdots + p_{i+1}}, \frac{p_{i+1}}{p_1 + \cdots + p_{i+1}}\right)$$
$$+ \frac{p_1 + \cdots + p_i}{p_1 + \cdots + p_{i+1}} \times \varphi\left(\frac{p_1}{p_1 + \cdots + p_i}, \frac{p_2}{p_1 + \cdots + p_i}, \cdots, \frac{p_i}{p_1 + \cdots + p_i}\right)$$

由此后式代入上式就立刻得到所要证明的等式对于值 $i+1$ 也成立：
$$\varphi(p_1, p_2, \cdots, p_k) = \varphi(p_1 + p_2 + \cdots + p_{i+1}, p_{i+2}, \cdots, p_k)$$
$$= (p_1 + p_2 + \cdots + p_{i+1}) \times \varphi\left(\frac{p_1}{p_1 + \cdots + p_{i+1}}, \cdots, \frac{p_i}{p_1 + \cdots + p_{i+1}}, \frac{p_{i+1}}{p_1 + \cdots + p_{i+1}}\right)$$

根据数学归纳法原理，我们现在可以确信所要求的等式对任何值都成立。

因为函数 $\varphi(p_1, p_2, \cdots, p_k)$ 与自变量 $p_1, p_2, \cdots, p_k$ 的次序无关（条件 1°），那么，从所证明的结果也可得到

$$\varphi(p_1, p_2, \cdots, p_{i-1}, p_i, p_{i+1}, \cdots, p_j, p_{j+1}, \cdots, p_k)$$
$$= \varphi(p_1, p_2, \cdots, p_{i-1}, p_i + p_{i+1} + \cdots + p_j, p_{j+1}, \cdots, p_k) + (p_i + p_{i+1} + \cdots + p_j)$$
$$\times \varphi\left(\frac{p_i}{p_i + \cdots + p_j}, \frac{p_{i+1}}{p_i + \cdots + p_j}, \cdots, \frac{p_j}{p_i + \cdots + p_j}\right), \quad 1 \leqslant i \leqslant j \leqslant k$$

而一般地，

$$\varphi(p_1, \cdots, p_{i_1}, p_{i_1+1}, \cdots, p_{i_2}, p_{i_2+1}, \cdots, p_{i_s}, p_{i_s+1}, \cdots, p_k)$$
$$= \varphi(p_1 + \cdots + p_{i_1}, p_{i_1+1} + \cdots + p_{i_2}, \cdots, p_{i_s+1} + \cdots + p_k)$$
$$+ (p_1 + \cdots + p_{i_1}) \times \varphi\left(\frac{p_1}{p_1 + \cdots + p_{i_1}}, \cdots, \frac{p_{i_1}}{p_1 + \cdots + p_{i_1}}\right)$$
$$+ (p_{i_1+1} + \cdots + p_{i_2}) \times \varphi\left(\frac{p_{i_1+1}}{p_{i_1+1} + \cdots + p_{i_2}}, \cdots, \frac{p_{i_2}}{p_{i_1+1} + \cdots + p_{i_2}}\right) \quad (3)$$
$$+ \cdots + (p_{i_s+1} + \cdots + p_k) \times \varphi\left(\frac{p_{i_s+1}}{p_{i_s+1} + \cdots + p_k}, \cdots, \frac{p_k}{p_{i_s+1} + \cdots + p_k}\right),$$
$$1 \leqslant i_1 < i_2 < i_3 < \cdots < i_s \leqslant k$$

这个形式上十分复杂的等式，是在很一般的形式下表示出了熵的加法法则[①]。

我们所需要的并不是关系式（1）的推广式（3）本身，而只是它对函数 $f(k)$ 的应用。设 $k=Lm$，其中 L 和 m 都是任意的整数，用在式（3）中出现的 $k=Lm$ 个概率 $p_1, p_2, \cdots, p_k$ 全都彼此相等（因而都等于 $\frac{1}{Lm}$）——在这种情况下，这个等式的左端等于 $f(Lm)$。其次，假设在这同一个等式（3）中出现的各组 $(p_1, \cdots, p_{i_1}), (p_{i_1+1}, \cdots, p_{i_2}), \cdots, (p_{i_s+1}, \cdots, p_k)$，每组都由 l 个数组成；这时，这些组的个数等于 m。所以我们得到

$$p_1 + \cdots + p_{i_1} = p_{i_1+1} + \cdots + p_{i_2} = p_{i_s+1} + \cdots + p_k = l \times \frac{1}{lm} = \frac{1}{m}$$

[①] 不难相信：若 $i_1=i, i_2=2i, i_3=3i, \cdots, k=(s+1)i$，而各个量 $p_1, p_2, \cdots, p_{i_1}$；$p_{i_1+1}, p_{i_1+2}, \cdots, p_{i_2}$；$\cdots$ 是复合实验 $\alpha\beta$ 的各结局 A_1B_1，A_1B_2，$\cdots$，A_1B_i；A_2B_1，A_2B_2，$\cdots$，A_2B_i；$\cdots$的概率，因此，各和式 $p_1+p_2+\cdots+p_{i_1}$，$p_{i_1+1}+p_{i_1+2}+\cdots+p_{i_2}$，$\cdots$将等于实验 α 的各结局 A_1，A_2，$\cdots$的概率，则等式（2）就成为熵的加法法则。

因而，等式（3）右端的第一行就成为 $\varphi\left(\dfrac{1}{m},\dfrac{1}{m},\cdots,\dfrac{1}{m}\right)=f(m)$。而等式（3）右端的其他各项的项数等于 m，且它们全都等于：

$$\left(p_1+\cdots+p_{i_1}\right)\times\varphi\left(\dfrac{p_1}{p_1+\cdots+p_{i_1}},\cdots,\dfrac{p_{i_1}}{p_1+\cdots+p_{i_1}}\right)$$

$$=\dfrac{1}{m}\varphi\left(\dfrac{1/ml}{1/m},\cdots,\dfrac{1/ml}{1/m}\right)=\dfrac{1}{m}\times\varphi\left(\dfrac{1}{l},\cdots,\dfrac{1}{l}\right)=\dfrac{1}{m}f(l)$$

因此，在所考虑的情形，等式（3）就具有如下简单的形式：

$$f(lm)=f(m)+m\times\dfrac{1}{m}f(l)=f(m)+f(l) \tag{4}$$

特别地，从关系式（4）可得到

$$f(k^2)=f(k\times k)=f(k)+f(k)=2f(k),$$
$$f(k^3)=f(k^2\times k)=f(k^2)+f(k)=3f(k),$$
$$f(k^4)=f(k^3\times k)=4f(k)$$

而一般的有

$$f(k^n)=nf(k) \tag{5}$$

我们知道，关系式（4）对于函数 $f(k)=c\log k$ 是成立的。也不难证明函数 $c\log k$ 是满足关系式（4）和条件 4° 的唯一函数，事实上，设 k 和 l 是两个任意的正整数，我们再选任意大的整数 N，并取如此的数 n，使

$$l^n \leqslant k^N > l^{n+1}$$

根据条件 4°，应用

$$f(l^n)\leqslant f(k^N)<f(l^{n+1})$$

或者由关系式（5），得

$$nf(1)\leqslant Nf(k)<(n+1)f(l)$$

由此即可推出

$$\dfrac{n}{N}\leqslant\dfrac{f(k)}{f(l)}<\dfrac{n+1}{N}$$

现在指出，从不等式 $l^n\leqslant k^N<l^{n-1}$ 可以得到

$$n\log l\leqslant N\log k<(n+1)\log l \quad\text{或}\quad \dfrac{n}{N}\leqslant\dfrac{\log k}{\log l}<\dfrac{n+1}{N}$$

由此可见，比式 $\dfrac{f(k)}{f(l)}$ 和 $\dfrac{\log k}{\log l}$ 都包括在同一个范围内，因而应该彼此接近：

$$\left|\dfrac{f(k)}{f(l)}-\dfrac{\log k}{\log l}\right|<\dfrac{1}{N}$$

而因为最后这个不等式对任何值 N 都成立，所以

$$\dfrac{f(k)}{f(l)}=\dfrac{\log k}{\log l} \quad\text{或}\quad \dfrac{f(k)}{\log k}=\dfrac{f(l)}{\log l}$$

这个关系式对于 k、l 这两个数的每一个都成立，因而
$$\frac{f(k)}{\log k} = \frac{f(l)}{\log l} = c$$
其中，c 与 k、l 都无关，这就表示：
$$f(k) = c\log k$$
而因为函数 $f(k)$ 是递增的，所以 $c>0$。

现在假设 $p_1, p_2, \cdots, p_k$ 是任意的真分数，使得 $p_1 + p_2 + \cdots + p_k = 1$，$p_1 = \dfrac{q_1}{p}$，$p_2 = \dfrac{q_2}{p}, \cdots, p_k = \dfrac{q_k}{p}$，其中 p 是这些分数的公分母。根据公式（3）可得

$$f(p) = \varphi\left(\underbrace{\frac{1}{p}, \frac{1}{p}, \cdots, \frac{1}{p}}_{k\uparrow}\right) = \varphi\left(\underbrace{\frac{1}{p}, \cdots, \frac{1}{p}}_{q_1\uparrow}, \underbrace{\frac{1}{p}, \cdots, \frac{1}{p}}_{q_2\uparrow}, \cdots, \underbrace{\frac{1}{p}, \cdots, \frac{1}{p}}_{q_k\uparrow}\right)$$

$$= \varphi\left(\frac{q_1}{p}, \frac{q_2}{p}, \cdots, \frac{q_k}{p}\right) + \frac{q_1}{p} \times \varphi\left(\underbrace{\frac{1}{q_1}, \frac{1}{q_1}, \cdots, \frac{1}{q_1}}_{q_1\uparrow}\right) + \frac{q_2}{p} \times \varphi\left(\underbrace{\frac{1}{q_2}, \frac{1}{q_2}, \cdots, \frac{1}{q_2}}_{q_2\uparrow}\right)$$

$$+ \cdots + \frac{q_k}{p} \times \varphi\left(\underbrace{\frac{1}{q_k}, \frac{1}{q_k}, \cdots, \frac{1}{q_k}}_{q_k\uparrow}\right)$$

$$= \varphi(p_1, p_2, \cdots, p_k) + p_1 f(q_1) + p_2 f(q_2) + \cdots + p_k f(q_k)$$

由此即可得
$$\varphi(p_1, p_2, \cdots, p_k) = f(p) - p_1 f(q_1) - p_2 f(q_2) - \cdots - p_k f(q_k)$$
$$= (p_1 + p_2 + \cdots + p_k) f(p) - p_1 f(q_1) - p_2 f(q_2)$$
$$- \cdots - p_k f(q_k)$$
$$= p_1(f(p) - f(q_1)) + p_2(f(p) - f(q_2)) + \cdots$$
$$+ p_k(f(p) - f(q_k))$$

而因为
$$f(p) - f(q_1) = c\log p - c\log q_1 = -c\log\frac{q_1}{p} = -c\log p_1$$
$$f(p) - f(q_2) = -c\log p_2, \cdots, f(p) - f(q_k) = -c\log p_k$$

于是最后得到
$$\varphi(p_1, p_2, \cdots, p_k) = c(-p_1 \log p_1 - p_2 \log p_2 - \cdots - p_k \log p_k)$$

最后的等式暂且只对有理数 $p_1, p_2, \cdots, p_k$ 证明了。但因为函数 $\varphi(p_1, p_2, \cdots, p_k)$ 是连续的，于是就可得到它对任何的 $p_1, p_2, \cdots, p_k$ 都正确的结论。我们的论证到此结束。

附录 C 熵函数的性质

首先考察一下函数 $\varphi(x)=-x\log x$ 的性质，显然，对于 $x>0$，均有 $\varphi''(x)<0$，因此 $\varphi(x)$ 是 $(0,\infty)$ 上的上凸函数，即对于任意的 $p>0,q>0$，且 $p+q=1$，不等式：
$$p\varphi(x_1)+q\varphi(x_2)<\varphi(px_1+qx_2)$$
对一切 $0<x_1<x_2<\infty$ 成立。

一般地，不难用归纳法证明如下分析引理：

引理（Jensen 不等式） 设 $\varphi(x)$ 是 $[a,b]$ 上的上凸函数，而 $x_1,x_2,\cdots,x_n$ 是 $[a,b]$ 中的任意点，$\lambda_1,\lambda_2,\cdots,\lambda_n$ 是和为 1 的正数，则

$$\sum_{i=1}^n \lambda_i\varphi(x_i) \leqslant \varphi\left(\sum_{i=1}^n \lambda_i x_i\right) \tag{1}$$

等号成立当且仅当诸 x_i 相等。

下面证明熵的若干性质。

（1）当且仅当 $p(A_i),i=1,2,\cdots,n$ 之中的一个等于 1 时，熵 $H=0$，其他情况下，熵恒为正。

（2）在有 n 个可能结果的试验中，等概试验具有最大熵，其值为 $\log n$。

证明 在引理中，取 $\varphi(x)=-x\log x, x_i=p(A_i), \lambda_i=\dfrac{1}{n}$，代入式（1），得到

$$\frac{-1}{n}\sum_{i=1}^n p(A_i)\log p(A_i) \leqslant \frac{-1}{n}\log\frac{1}{n}$$

即

$$H(p(A_1),\cdots,p(A_n)) \leqslant \log n = H\left(\frac{1}{n},\cdots,\frac{1}{n}\right)$$

下面考虑两个试验 α 及 β，设它们的结果及概率如下：

$$\alpha:\begin{Bmatrix} A_1, & \cdots, & A_m \\ p(A_1),\cdots, & p(A_m) \end{Bmatrix} \quad \beta:\begin{Bmatrix} B_1, & \cdots, & B_n \\ p(B_1),\cdots, & p(B_n) \end{Bmatrix}$$

又以 $\alpha\beta$ 记这两个试验联合起来所构成的新试验，于是试验 $\alpha\beta$ 的可能结果为 $A_kB_l, k=1,2,\cdots,m, l=1,2,\cdots,n$，相应的概率为 $p(A_kB_l)$。按定义：

$$H(\alpha\beta)=-\sum_{k,l} p(A_kB_l)\log p(A_kB_l)$$

（3）若试验 α 与试验 β 独立，则
$$H(\alpha\beta)=H(\alpha)+H(\beta)$$

证明 在这种场合 $p(A_kB_l)=p(A_k)p(B_l)$，因此

$$\begin{aligned}H(\alpha\beta)&=-\sum_{k,l}p(A_k)p(B_l)\log p(A_k)p(B_l)\\&=-\sum_{k,l}p(A_k)p(B_l)[\log p(A_k)+\log p(B_l)]\\&=H(\alpha)+H(\beta)\end{aligned}$$